Le rôle de l'économie sociale dans les dynamiques socioéconomiques locales

Des concepts aux initiatives d'innovation sociale à l'échelle des quartiers en Europe et à Roubaix, France

P.I.E. Peter Lang

Bruxelles · Bern · Berlin · Frankfurt am Main · New York · Oxford · Wien

Oana Ailenei

Le rôle de l'économie sociale dans les dynamiques socioéconomiques locales

Des concepts aux initiatives d'innovation sociale à l'échelle des quartiers en Europe et à Roubaix, France

"Intégration régionale et cohésion sociale"
n° 7

Remerciements à Harlan Koff, assistant professeur en sciences politiques à l'Université de Luxembourg et président fondateur du Consortium for Comparative Research on Regional Integration and Social Cohesion (RISC).

Ce livre a été publié avec le soutien financier de la collection RISC.

Éditions scientifiques internationales
Bruxelles, 2011
1 avenue Maurice, B-1050 Bruxelles, Belgique
www.peterlang.com ; info@peterlang.com

Imprimé en Allemagne

ISSN 2030-8787
ISBN 978-90-5201-714-3
D/2011/5678/47

Information bibliographique publiée par « Die Deutsche Nationalbibliothek »

« Die Deutsche Nationalbibliothek » répertorie cette publication dans la « Deutsche Nationalbibliografie » ; les données bibliographiques détaillées sont disponibles sur le site http://dnb.ddb.de.

À Aldric

Sommaire

Tableaux

Sigles et acronymes

AAH	Allocation aux adultes handicapés
ADAR	Aide à domicile en activités regroupées
AF	Arts Factory
AIR	Association Inter Quartiers
ALENA	Accord de libre-échange nord-américain
ALMOLIN	Alternative Model for Local Innovation
AME	Association des maisons de l'enfance
ANPE	Agence nationale pour l'emploi
API	Allocation de parent isolé
APIM	Agence pour la promotion de la métropole lilloise
APL	Aide personnalisé au logement
APQ	Atelier projet de quartier
APU	Atelier populaire d'urbanisme
APV	Atelier Projet Ville
AQS	Associazione Quartieri Spagnoli
ASBL	Association sans but lucratif
ASS	Allocation solidarité spécifique
ASSEDIC	Association pour l'emploi dans l'industrie et le commerce
ASVJ	Association Sports Voyages Jeunes
ATTAC	Association pour une taxation des transactions financières
Bac	Baccalauréat
BAPAAT	Brevet d'aptitude professionnelle d'aide animateur technique
BCD	Bibliothèque centre documentaire
BEP	Brevet d'études professionnelles
BEPC	Diplôme national du brevet
BHAC	Butetown History and Arts Centre
BM	Banque mondiale
BOM	BuurtOntwikkelingsMaatschappij (néerlandais)[1]
BTP	Bâtiment et travaux publics

1 Neighbourhood Development Corporation.

CAF	Caisse d'allocations familiales
CAL-PACT	Centre d'amélioration du logement
CAN	Cooperative Assistance Network Limited
CAP	Certificat d'aptitude professionnelle
CBE	Comité de bassin d'emploi
CBS	Community Business Scotland Network
CCI-LRT	Chambre de commerce de Lille-Roubaix-Tourcoing
CDD	Contrat à durée déterminée
CDEC	Corporations pour le développement économique communautaire
CDI	Contrat à durée indéterminée
CDS	Centre des démocrates sociaux
CEC	Contrat emploi consolidé
CECA	Communauté européenne du charbon et de l'acier
CEJ	Contrats emplois jeunes
CEP	Certificat d'études professionnelles
CEPAL	Commission économique pour l'Amérique latine
CES	Contrats emploi solidarité
CESAF	Centre d'excellence pour la santé des femmes
CIL	Comité interprofessionnel du logement
CIVIS	Contrat d'insertion dans la vie sociale
CLERSÉ	Centre lillois d'études sociologiques et économiques
Cmaf	Coopératives, mutuelles, associations et fondations
CMED	Commission mondiale sur l'environnement et le développement
CNCA	Coordinamento Nazionale delle Comunità di Accoglienza
CNRS	Centre national de la recherche scientifique
CONSCISE	Contribution of Social Capital in the Social Economy
COOPEC	Coopérative d'épargne et de crédit
CPER	Contrat Plan État-Région
CRES	Chambre régionale de l'économie sociale
CRISES	Centre de recherches sur les innovations sociales
C.Ri.S.I.	Cantiere per la Riqualificazione Sociale Integrata
CSP	Catégorie socioprofessionnelle
CUDL	Communauté urbaine de Lille

DATAR	Délégation à l'aménagement du territoire et à l'action régionale
DDTE	Direction départementale du travail et de l'emploi
DEA	Diplôme d'études approfondies
DIV	Délégation interministérielle à la ville
DRIRE	Direction régionale de l'industrie, recherche et de l'environnement
DSQ	Développement social des quartiers
DSU	Développement social urbain
EJE	Éducateur de jeunes enfants
ENSAIT	École nationale supérieure des arts et industries textiles
FAO	Food and Agriculture Organization of the United Nation
FEDER	Fonds européen de développement régional
FMI	Fonds monétaire international
FPH	Fonds de participation des habitants
FSE	Fonds social européen
GAM	Groupe d'actions municipales
GAR	Groupe d'action et de réflexion
GATT	Accord général sur les tarifs douaniers et le commerce
GPU	Grand projet urbain
GPV	Grand projet de ville
GREMI	Groupe de recherche européen sur les milieux innovateurs
HBM	Habitations bon marché
HLM	Habitation à loyer modéré
IAD	Integrated Area Development
IDH	Indicateur de développement humain
IFRÉSI	Institut fédératif de recherche sur les économies et les sociétés industrielles
IICA	Inter-American Institute for Cooperation on Agriculture
INSEE	Institut national de la statistique et des études économiques
ISEC	Association intermédiaire d'intervention économique et sociale
ISF	Impôt de solidarité sur la fortune
JOC	Jeunesse ouvrière chrétienne
KFW	Kommunales Forum Wedding
LA21	Agenda 21 locale

LCR	Locaux collectifs résidentiels
LETS	Local Exchange and Trading System
LMCU	Lille métropole communauté urbaine
LVMH	Groupe Moët Hennessy & Louis Vuitton
MCE	Movimento di Cooperazione Educativae
MRERS	Mouvement des réseaux d'échanges réciproques de savoirs
NDC	New Deal for Communities
NGO	Non governmental organization
NPdC	Région Nord-Pas-de-Calais
OCDE	Organisation de coopération et de développement économique
OIT	Organisation internationale du travail
OMC	Organisation mondiale du commerce
ONG	Organisation non gouvernementale
ONLUS	Organismes non lucratifs d'utilité sociale
ONU	Organisation des Nations unies
OPAH	Opération programmée d'amélioration d'habitat
PACT	Pact Arim pour l'amélioration de l'habitat
PAI	Pôle d'attraction interuniversitaire
PAIO	Permanences d'accueil, d'information et d'orientation
PAS	Programmes d'ajustements structurels
PCRD	Programme cadre de recherche & développement
PIB	Produit intérieur brut
PIC	Programme d'initiative communautaire
PLIE	Plan local pour l'insertion et l'emploi
PME	Petites et moyennes entreprises
PNB	Produit national brut
PNUD	Programme des Nations unies pour le développement
PRP	Projet de recherche sur les politiques
R&D	Recherche & Développement
RGP	Recensement général de la population
RISO	Regionaal Instituut voor Samenlevingsopbouw (néerlandais)[2]
RMI	Revenu minimum d'insertion

[2] Foundation for Community Building Antwerp.

SEL	Système d'échange local
SEMVNE	Société d'économie mixte du versant nord-est
SFIO	Section française de l'Internationale ouvrière
SFS	Sociétés à finalités sociales
SGAR	Secrétariat général aux affaires régionales
SIAR	Syndicat intercommunal de l'agglomération roubaisienne
SIF	Social Impulse Fund
SINGOCOM	Social Innovation, Governance and Community Building
SMIC	Salaire minimum interprofessionnel de croissance
SOMA	Stedelijke OntwikkelingsMaatschappij (néerlandais)[3]
TIC	Technologies de l'information et de la communication
UDF	Union pour la démocratie française
UE	Union européenne
UEM	Union économique et monétaire
UFC	Union fédérale des consommateurs
Ufjt	Union nationale des foyers et services pour jeunes travailleurs
UNESCO	Organisation des Nations unies pour l'éducation, la science et la culture
UQAM	Université du Québec à Montréal
URSPIC	Urban Redevelopment and Social Polarisation in the City
URSS	Union des républiques socialistes soviétiques
VESPA	Vastgoed en StadsProjecten Antwerpen (néerlandais)[4]
VFIK	Flemish Fund for the Integration of Low-Opportunity Citizens
VPC	Vente par correspondance
ZFU	Zone franche urbaine
ZUP	Zone à urbaniser en priorité

3 City Development Corporation.

4 Real Estate and Urban Projects.

INTRODUCTION

L'économie sociale

Simple palliatif ou véritable levier de changement social ?

Quel rôle sociétal pour l'économie sociale ?

La problématique générale de ce livre pointe la crise traversée par les pays européens développés (EU-15) depuis plus d'une vingtaine d'années, traduite par l'accroissement du nombre de personnes touchées par la pauvreté (selon EU-SILC 2007[1], 17 % des Européens vivent dans la pauvreté). Un examen plus détaillé de la répartition démographique et socio-économique de la pauvreté montre que les chômeurs (41 %), les enfants de moins de 15 ans (23 %) et les personnes de plus de 65 ans (21 %) sont des groupes particulièrement vulnérables dans l'UE-15. Ainsi, le premier postulat à la base de ce livre est que les pays européens développés connaissent des dynamiques multidimensionnelles d'exclusion sociale comme l'extension galopante de la pauvreté, le recul des droits sociopolitiques et la destruction des liens sociaux : « Si les inégalités les plus marquantes sont entre le Nord et le Sud, il est non moins évident que les inégalités s'accentuent à l'intérieur des pays du Nord comme des pays du Sud et que les phénomènes d'exclusion ou de grande pauvreté tendent à s'accroître » (Roustang, 2006, p. 176).

Le deuxième postulat concerne les changements dans le rôle de l'État, jusqu'alors au centre des politiques de développement. Le rôle de l'État – dans l'après-guerre, l'acteur dominant sur la scène du développement – s'est transformé sous l'impact du processus de libéralisation dans les années 1980 (en particulier au Royaume-Uni et aux États-Unis) et par des changements institutionnels liés à la décentralisation régionale ou fonctionnelle de l'État (pays de l'Europe continentale). Cette évolution du rôle de l'État s'accompagne d'un accroissement du nombre et de l'implication d'autres acteurs issus des collectivités locales, de la société civile et du secteur privé lucratif.

Ces deux prémisses nous conduisent à réfléchir sur le rôle de l'économie sociale dans les dynamiques socioéconomiques locales d'inclus-

[1] European Union Statistics on Income and Living Conditions.

sion sociale et de développement, qui est la question centrale de la livre. Cette question en appelle d'autres : L'économie sociale est-elle seulement une réponse immédiate à de besoins urgents pour pallier aux insuffisances de l'État ou à l'indifférence du marché ? Est-elle aussi un levier de changement sociétal, voire un modèle de développement alternatif viable ?

Eme et Laville (2006, p. 310) distinguent deux perspectives principales de recherche et d'action dans le domaine de l'économie sociale : la problématique d'un tiers secteur regroupant l'ensemble des organismes sans but lucratif (la formulation dominante, issue de l'économie néoclassique) et la problématique de l'économie solidaire (qui complète l'approche juridico-institutionnelle et normative de l'économie sociale).

La première perspective, désignant le tiers secteur comme option de remplacement en cas de défaillances de l'État ou du marché, est critiquable notamment en raison de son insistance sur le rôle de la non-lucrativité dans la création de la confiance et sur la dominance de l'intérêt économique qui conduit à ignorer les enjeux de la participation démocratique et de l'intégration sociale. La deuxième perspective accorde une place centrale à l'égalité formelle des membres et au fonctionnement démocratique, en analysant l'action collective à travers le principe de solidarité et les raisons de vivre de l'organisation. Cette perspective se différencie d'une conception axée seulement sur la croissance des activités économiques pour aborder aussi la problématique du changement institutionnel au sein d'une économie plurielle (Eme et Laville, 2006, p. 310-311).

Pour Defourny et Favreau (1997), l'économie sociale contribue d'une façon significative aux grandes fonctions économiques : l'allocation des ressources par la production de biens et de services d'utilité collective dans divers domaines (social, médical, culturel, sportif), la redistribution par l'apport des bénévoles mobilisés dans le cadre des services gratuits ou quasi-gratuits, la régulation de la vie économique par la mise en œuvre de partenariats entre les secteurs associatif, public et privé, notamment dans la création d'emplois (emplois de proximité, formation au travail, remise au travail de chômeurs de longue durée). Pour Isambert (1996), les initiatives de l'économie sociale peuvent jouer un rôle essentiel dans la transition vers l'emploi, sans oublier toutefois que cela peut avoir aussi des effets pervers à partir du moment où elles entrent en concurrence avec les processus économiques normaux.

Isambert (1996, p. 107) souligne aussi la dimension locale des initiatives d'économie sociale : « les moyens d'animer une économie dont l'intérêt commun soit un moteur au même titre que l'intérêt individuel » sont plus faciles à l'échelle des quartiers ou des municipalités. En effet, la recherche de nouvelles réponses à la pauvreté et à l'exclusion sociale qui touchent aujourd'hui les régions, les villes et les quartiers passe de plus en plus par une remise en cause des modèles traditionnels de développement. La recherche de réponses alternatives aux problèmes sociaux actuels a conduit dans les années 1980 à une revalorisation du potentiel de développement local et régional, notamment à travers les modèles territoriaux d'innovation (Moulaert, 2000, 2002). Ces modèles, fruits d'une vingtaine d'années de débats, se confrontent aujourd'hui à une nouvelle vague d'idées autour du développement territorialement intégré et du rôle de l'économie sociale au niveau local. L'économie sociale est-elle porteuse d'un véritable projet de « réencastrement » de l'économie dans le social et dans les territoires, peut-elle peser véritablement sur les modes de régulation économique et sociale ?

Encastrement et désencastrement social de l'économie

Nous ne souhaitons ni porter sur une critique virulente du néolibéralisme, ni exulter les bienfaits de la social-démocratie, mais mettre en évidence la tension continue entre le mouvement de « désencastrement » et d'« encastrement » social de l'économie. Notre objectif est de situer ce livre qui porte sur le rôle de l'économie sociale dans les dynamiques d'inclusion sociale et de développement local, dans un champ de recherche spécifique à partir d'une critique de la théorie néoclassique standard : face aux dégradations sociales et aux déséquilibres écologiques, il s'agit de « (...) sortir d'un modèle de développement où une place trop grande est conférée à l'économie » (Laville et Cattani, 2006, p. 10). Selon Santos (2002, p. 24-25, cité par Gaiger, 2006, p. 352), « penser et lutter pour des alternatives économiques et sociales est particulièrement urgent, au moment où le capitalisme n'a jamais été aussi universellement considéré comme le seul chemin possible, du fait du discrédit de l'alternative systémique que représentaient les économies socialistes centralisées du siècle dernier ».

Dans les années 1940, Karl Polanyi (1944) attirait pertinemment l'attention sur le péril représenté par le mouvement de « désencastrement » de l'économie hors des autres sphères de la vie sociale et par la place grandissante du marché dans la régulation sociale (Laville et Cattani, 2006 ; Hirschman, 1980). Pour éviter le danger de « cette entreprise utopique par laquelle le libéralisme économique a voulu créer un système de marché autorégulateur », Polanyi (1983, p. 53-54) se prononce en faveur des projets interventionnistes afin d'encadrer le marché, défaillant dans la fourniture des biens et services d'intérêt général (Golub et Maréchal, 2006). En même temps, il plaide pour une extension systématique de l'État social afin d'assurer la protection de tous contre les risques sociaux et d'éviter la dépendance personnelle par l'accès aux droits sociaux, politiques ou civiques (Laville, 2006).

Après la Seconde Guerre mondiale, les pays occidentaux connaîtront une période d'extraordinaire expansion économique, technologique et sociale, désignée par Fourastié (1979) par l'expression les Trente Glorieuses. D'abord, le plan Marshall soutiendra la reconstruction des pays européens dévastés par la guerre (France, Royaume-Uni, Allemagne, Italie, Belgique, pays scandinaves). L'aide massive, utilisée dans le cadre des politiques typiquement keynésiennes, permettra le développement des secteurs stratégiques (énergie, sidérurgie, travaux publics, transports) et conduira à l'absorption rapide de la main-d'œuvre disponible à la fin de la guerre (anciens militaires ou ouvriers dans l'industrie d'armement, réfugiés de guerre). La dynamique ainsi entamée sera encadrée par la suite par le modèle de développement industriel fordiste qui articule la production des biens standardisés avec la consommation de masse. Pour Leborgne et Lipietz (1988, p. 2), « la période d'hégémonie d'une ou plusieurs nations adoptant des variantes du même modèle peut être considérée comme la période d'hégémonie de ce modèle ». Selon ces auteurs, le fordisme se manifeste d'abord aux États-Unis dans les années 1950 et début des années 1960, au Royaume-Uni dans les années 1960, en France à la fin des années 1960 et début des années 1970 et en Espagne vers la fin des années 1970. L'application de ce nouveau paradigme (fordisme-taylorisme) engendra un progrès des gains de productivité sans précédent dans l'histoire qui, « en synergie avec une demande de biens durables, alimente une croissance économique soutenue » (Lallement, 2006, p. 591).

La croissance de la productivité du travail, surtout dans les branches de biens de consommation, a été accompagnée par une hausse presque égale du pouvoir d'achat (indexation des revenus à la productivité et aux prix), ce qu'on appelle couramment le « compromis fordiste ». Le partage des gains de productivité est régi par l'État qui agit comme un garant de ce compromis tacite (Lipietz, 1993)[2] et par les conventions collectives qui s'impliquent dans l'amélioration des conditions de travail et imposent des limites à la liberté de licencier les travailleurs. Le développement industriel fordiste a ainsi « permis aux salariés de profiter en tant que consommateurs de l'enrichissement général et de donner aux salariés un statut et une véritable protection sociale » (Roustang, 2006, p. 147).

La consommation de masse qui a caractérisé cette période s'adressait à tous, mais spécialement aux groupes socioéconomiques traditionnellement exclus de la consommation, en leurs suggérant qu'eux aussi ont des revenus suffisants pour s'acheter des voitures, des télévisions, des appareils électroménagers ou pour partir en vacances (*American way of*

[2] Salaire minimum fixé par l'État, plus une garantie des revenus (Lipietz, 1993).

life). La possession de ces biens équivalait à l'insertion dans la société de consommation de ces prolétaires exclus auparavant faute de revenus suffisants. Par ailleurs, l'État assume des responsabilités dans la généralisation de la monnaie de crédit, ce « (...) qui assure un relâchement progressif de la contrainte monétaire et financière et, de la sorte, devient le soutien de la consommation et de l'investissement » (Boismenu, Loranger, Gravel, 1995, p. 1124). Par conséquent, l'État, en mesure de manœuvrer la demande sociale effective et la liquidité monétaire, procéda à une augmentation considérable des dépenses sociales. Ces dépenses serviront, d'une part, à la mise en place des systèmes collectifs de protection sociale et de services de base (santé, éducation, logement) considérés comme indispensables au développement socioéconomique de la société, et, d'autre part, à l'extension des fonctions traditionnelles de l'État à travers les politiques agricole et industrielle, le financement de la recherche et du développement, la nationalisation de certaines industries, le développement des réseaux de transports publics ou les initiatives dans l'aménagement du territoire et l'urbanisme. Le scénario prédit par Polanyi en 1944 paraissait ainsi infirmé par ce mouvement d'« encastrement » du marché dans le social, favorisé par le système fordiste-keynesiste-tayloriste. Grâce à la législation socioéconomique adoptée partout en Europe occidentale et aux revendications portées par les mouvements sociopolitiques, une « grande transformation » semblait avoir eu lieu : après près d'un siècle de triomphe (1830-1930), le marché est contraint de se replier en faveur de l'intervention publique dans la sphère économique et sociale (Simonnet, 2005).

Au début des années 1970, le capitalisme subit une baisse de croissance et de rentabilité qui s'explique, au moins selon certaines analyses régulationnistes, par le ralentissement des gains de productivité s'associant à une hausse continue des salaires réels (Chesnais, 1994). Vers la fin des années 1960, « les nouveaux mouvements sociaux (étudiants, féministes, écologistes) (...) mettent en avant des revendications d'autogestion, de qualité de vie, de créativité et de réalisation de soi (...) dont la satisfaction dépasse le seul partage des gains de productivité » (Lévesque, 2006, p. 603). Ce premier « séisme », qui contribue à l'éclatement du compromis fordiste et amorce la rupture avec le keynésianisme, sera suivi dans les années 1980 par un deuxième : l'émergence des politiques néolibérales qui désignent l'intervention étatique et les coûts associés à cette stratégie (endettement public, lourdeur fiscale et bureaucratique, inflation, etc.) comme étant les causes principales de la crise économique (Lévesque, 2006 ; Langlois, 1999). Tant sur le plan théorique qu'idéologique, on assiste à une montée en puissance du néolibéralisme, doctrine qui, selon la politologue franco-américaine Susan George (2000), fait des mécanismes de marché l'épicentre de la vie économique, politique et sociale.

Mais comment donc le néolibéralisme qui, dans les années 1950, n'avait que seulement quelques adeptes regroupés autour l'École de Chicago, a-t-il réussi à obtenir un tel gain de cause et à devenir une théorie orthodoxe (ou même *mainstream*) mondialement acceptée ? Selon Langlois (1999, p. 3), les idées de droite ont été lancées et propagées dans les années 1980 aux États-Unis grâce aux financements accordés par les fondations conservatrices à de nombreux *think tanks*. George (2001, p. 1) rejoint cette idée en montrant l'existence d'un lien étroit entre l'idéologie néolibérale, les fondations et le monde académique : « une douzaine de fondations américaines, construites sur des fortunes colossales, donnent chaque année plusieurs centaines de millions de dollars à des chercheurs, des périodiques, des chaires universitaires et des stations de radio, créant ainsi leur propre circuit d'information et leurs propres "boîtes à penser" ». Comme le montre Langlois (1999, p. 3), quelques années plus tard, la croisade conservatrice pour discréditer l'État comme véhicule de progrès social porte ses fruits :

> À l'échelle de la planète, les politiques publiques des années 1980 seront inspirées en grande partie par les travaux des économistes américains qui ont soit recyclé les classiques (théorie de l'offre, monétarisme) ou bien entrepris de démontrer les effets pervers de l'interventionnisme (écoles des anticipations rationnelles et du *public choice*).

Au début des années 1980, la croisade conservatrice marque une victoire importante aux États-Unis et au Royaume-Uni (Merrien et Mendy, 2006), ce qui renforcera davantage la position du néolibéralisme comme idéologie dominante. En optant pour des politiques inspirées par le credo néolibéral, les gouvernements Thatcher et Reagan commencent

> (...) à remettre en cause les concessions faites au prolétariat au cours des précédentes décennies : les marchés financiers sont devenus tout-puissants ; le libre-échange et la levée des restrictions sur les mouvements des capitaux ont permis aux multinationales de délocaliser de plus en plus de productions vers les pays à bas salaires et sans protection sociale ; et finalement des réformes fiscales ont réduit les impôts des riches et le montant des dépenses sociales, occasionnant une redistribution des revenus à l'envers. (Singer, 2006, p. 298)

La crise financière des pays de l'Amérique latine, la crise de la dette des pays de l'Afrique, la faillite des économies administrées au début des années 1990 cautionnent, elles aussi, la montée de la doctrine néolibérale et remettent en question l'interventionnisme de l'État :

> (...) les politiques étatiques, industrialistes et sociales sont dénoncées comme des politiques créatrices de rentes et d'inefficacité économique. Les priorités doivent aller à l'assainissement des finances publiques, à la libéralisation des économies et à la privatisation des entreprises et des services sociaux. (Merrien et Mendy, 2006, p. 493)

Dans les années 2000, un quart de siècle après la résurgence du néolibéralisme, les États-Unis continuent à appliquer des recettes d'inspiration keynésienne et le Royaume-Uni réinvestit massivement dans le secteur public afin de combler une partie du retard des années 1980-1990. Le gouvernement britannique « (...) dépense aujourd'hui deux fois plus par élève qu'il y a dix ans. Pendant cette décennie, il a recruté 200 000 enseignants et assistants, 20 000 médecins et 70 000 infirmières. Le budget de la santé a triplé depuis 1997. Et la moitié des emplois créés l'ont été dans les services publics » (Langellier, 2007). D'autres grands pays (Chine, Inde, Brésil) décollent en profitant des opportunités ouvertes par la mondialisation tout en refusant les contraintes opposées à leurs intérêts : par exemple, la construction des barrages hyper géants en Chine ou en Inde fait toujours l'objet de critiques acerbes à l'échelle internationale en raison d'un usage non durable des ressources naturelles (Petrella, 2006, p. 537). Aujourd'hui, la théorie économique libérale se trouve dans une position paradoxale : « d'un côté, elle s'affirme comme seul programme de recherche scientifique en économie, (...) d'un autre côté, cette tradition fait l'objet de critiques fortes » (Bazzoli, 1999, p. 11). De plus en plus de voix s'élèvent pour critiquer cette « pensée unique », du fait du décalage entre son discours abstrait et les problèmes concrets auxquels se confronte la société contemporaine, liés à l'extension de la pauvreté (Bazzoli, 1999).

Depuis les années 1970, dans un contexte de mondialisation du capital, les pays industrialisés connaissent un processus profond de restructuration industrielle basée sur la dominance du marché et l'hégémonie de la pensée économique libérale. Les effets des politiques développées dans la lignée du modèle du pôle de croissance se font attendre, surtout dans les zones où les liens structurels entre les nouveaux investissements et la tradition économique des régions étaient restés artificiels (Martinelli, 1998). L'insuccès des politiques d'inspiration néolibérale est visible dans certaines régions, en particulier dans les grandes villes européennes d'ancienne tradition manufacturière. Cela se traduit par la réduction de la protection sociale et des investissements de l'État dans la santé, l'éducation ou la construction de logements et par l'augmentation des disparités socioéconomiques intra-régionales et intra-urbaines. Au plan théorique, le débat axé sur le binôme État/marché privé bascule vers un débat centré sur le développement socioéconomique par « le local semi-privé » et sur les nouvelles formes partenariales d'action publique (État, société civile, sphère marchande). Entre les solutions exclusives, axées soit sur les politiques publiques soit sur le secteur privé lucratif, se préfigurent d'autres possibilités : « entre le tout-État et le tout-marché, émerge l'idée d'un tiers secteur assumant des missions de service public » (Lipietz, 1998). Les deux ou trois dernières décennies se caractérisent par la redécouverte de « l'importance considérable des entreprises et organisations qui combinent des modes de création et de gestion privés mais collectifs (de type associatif) avec des finalités non centrées sur le profit » (Defourny, 2006, p. 279).

Choix théorico-méthodologiques et structure du livre

Le constat que la science économique orthodoxe se trouve de plus en plus en difficulté pour formuler des réponses aux défis actuels (pauvreté, chômage, exclusion sociale, mutations sur le marché du travail, vieillissement de la population, etc.) nous amène à interroger des faits économiques d'un point de vue sociologique. Nous nous sommes arrêtés d'abord sur la sociologie économique, définie par Swedberg (2006, p. 2) comme « (…) l'application d'une perspective sociologique aux phénomènes économiques ». Après une longue période de fragmentation et de spécialisation (sociologie industrielle, sociologie du travail, sociologie du développement, sociologie des organisations, des entreprises, etc.), la nouvelle sociologie économique « (…) s'attaque à l'objet même de la science économique en proposant non seulement une critique (déconstruction) mais également une reconstruction de ce qui concerne l'économie » (Lévesque, Bourque et Forgues, 2001, p. 18). En effet, les années 1980 marquent un renouveau de la sociologie économique, surtout en ce qui concerne l'explication des phénomènes actuels dans une perspective anthropologique. Notamment la dynamique de reconfiguration des rapports entre l'État, le marché et la société civile sera interrogée dans ce livre à travers des travaux dans le champ de la sociologie économique, en se demandant « (…) quelle place occupent, dans chaque type de pratique économique aujourd'hui, les logiques respectives du marché, de la hiérarchie redistributive et du don réciproque » (Caillé, 2006, p. 174).

Afin d'appuyer nos propos, on évoquera tout au long de ce livre un certain nombre de contributions dans le champ de la sociologie économique, en particulier celles des auteurs qui s'inscrivent dans le courant de l'économie sociale et solidaire (Defourny, Eme, Favreau, Lévesque, Laville, Nyssens), du régulationnisme français (Jessop, Le Galès, Lipietz, Moulaert, Swyngedouw, Benko, Pecqueur), de la nouvelle sociologie économique (Granovetter, Burt) ou du mouvement anti-utilitariste dans les sciences sociales (Latouche, Godbout).

D'autre part, la perspective institutionnaliste (institutionnalisme sociologique et économie institutionnelle) adoptée dans ce livre permettra d'analyser le rôle de l'économie sociale à l'échelle du quartier en prenant en compte les trajectoires locales de développement et les spécificités culturelles, les caractéristiques des divers modèles d'économie sociale, les interactions locales qui façonnent l'intervention sociale et la capacité institutionnelle de répondre aux besoins (Moulaert et Nussbaumer, 2005b). Selon Gonzales et Healey (2005), l'institutionnalisme sociologique opère le déplacement d'une vision centrée sur la conception des projets et des politiques et sur leurs résultats matériels vers une vision qui se focalise sur l'infrastructure institutionnelle qui facilite les projets et les politiques, ainsi que sur leurs effets autres que les effets matériels (en termes d'identité, de culture ou de savoir-faire). Le quartier est considéré ainsi non seulement comme un lieu des activités de routine (manger, dormir, acheter, etc.) ou de récréation, mais aussi comme un espace où les individus s'expriment, dialoguent et redécouvrent leur identité et leur esprit de solidarité, où ils construisent des liens avec d'autres réseaux nationaux et régionaux (politiques, de solidarité, d'intérêts économiques).

Comment lier la démarche théorique et la démarche empirique ? Comment lier l'analyse à l'échelle microsociale et les tendances sociétales générales ? Comment combiner les informations de nature qualitative avec les données quantitatives ? Comment analyser des initiatives particulières dans un contexte plus large de changement social ? Pour répondre à ces questions d'ordre méthodologique, nous avons combiné une approche holiste avec une démarche anthropologique-monographique. La méthodologie holiste fait le lien entre les divers thèmes et met les variables, les contextes institutionnels et les caractéristiques socioéconomiques des différents espaces géographiques dans un cadre comparatif d'analyse. L'examen des divers modèles et théories renforce l'aspect trans-thématique et trans-contextuel comparatif de notre approche. En restant dans un cadre holiste, l'analyse anthropologique-monographique complète les modèles généraux et ajoute des informations qualitatives et des données quantitatives collectées sur le terrain. La démarche anthropologique-monographique est également enrichie d'une approche inspirée du pragmatisme (implication des usagers, observation participante, aller-retour entre la théorie et la pratique) qui facilite la construction des liens avec les stratégies et les politiques.

Notre démarche de recherche se découpe en deux parties (théorique et empirique), chacune composée de deux chapitres. La première partie consiste dans une réflexion théorique autour d'un ensemble de concepts qui nous semblent pertinents pour la question de recherche explorée. Le premier chapitre est consacré à l'identification et à l'analyse des différentes lignées de pensée afin d'aboutir à une « reconstruction » analytique d'une première série de concepts-clés : économie sociale, capital social et gouvernance locale. Nous nous attachons ainsi à rechercher le lien historique entre les besoins humains et l'émergence des organisations d'économie sociale comme mécanismes alternatifs de solidarité et de redistribution. Nous procédons ensuite à une analyse des réalités couvertes par certaines notions utilisées parfois de manière interchangeable (économie sociale, troisième secteur, économie solidaire). Enfin, il s'agit de réfléchir sur quelques définitions issues de la pratique actuelle de l'économie sociale et de les mettre en perspective historique. Cette démarche nous permet de définir un cadre analytique opérationnel pour l'examen empirique de l'économie sociale à l'échelle locale. Dans la deuxième et la troisième section nous proposons pour les deux autres concepts-clés (capital social et gouvernance locale), des cadres d'analyse cohérents avec notre définition de l'économie sociale. Cette « reconstruction » conceptuelle à la lumière des débats théoriques fondateurs nous permettra à la fin du chapitre d'identifier les liens entre les trois concepts qui constituent les piliers de notre démarche.

Dans le second chapitre nous abordons des approches théoriques pour analyser le phénomène d'exclusion sociale, ainsi que les dynamiques d'innovation sociale et de développement socioéconomique au niveau local (la deuxième série de concepts-clés). Nous précisons d'abord les caractéristiques et les dimensions du processus d'exclusion sociale auquel l'économie sociale tente apporter des solutions. Nous analysons ensuite et critiquons certaines approches du développement qui ont marqué la théorie et la pratique économique après la Deuxième Guerre mondiale par la place qu'elles ont donnée à la notion de croissance économique, aux effets de polarisation des grands centres urbains et au rôle de l'industrie lourde. Dans les années 1980, l'alternative à ces conceptions dominantes du développement se concrétise dans une série de « modèles territoriaux d'innovation » qui combinent différents facteurs locaux afin de créer une dynamique endogène de développement. Nous tentons en particulier de montrer les limites de toutes ces approches « par le haut » ou « par le bas », notamment par rapport à la place et au sens donnés à la notion d'innovation. C'est dans ce cadre que s'inscrit la démarche de définir la notion d'innovation sociale. Nous nous intéressons ensuite au « modèle territorial de développement intégré » pour montrer que notre vision de l'innovation sociale se caractérise par une profonde affinité avec celle à la base de ce modèle. Parmi la diversité des approches que nous avons identifiées dans la littérature, nous avons retenu la définition de l'innovation sociale et le modèle développés par le réseau de recherche SINGOCOM (*Social Innovation, Governance and Community Building, 2001-2004*)[3] dans la lignée de l'approche de développement territorial intégré car ils nous semblent adaptés à nos besoins théoriques et empiriques. Nous concluons le deuxième chapitre en présentant les fondements théoriques et les dimensions du modèle ALMOLIN (*Alternative Models for Local Innovation*) pour l'analyse de l'innovation sociale à l'échelle locale.

3 http://users.skynet.be/bk368453/singocom/index2.html.

La deuxième partie du livre, également organisée en deux chapitres, présente l'analyse empirique. En utilisant le modèle ALMOLIN nous procédons dans le chapitre quatre à une analyse comparative de six études de cas concernant des organisations d'économie sociale en Belgique, Italie, Royaume-Uni et France[4] : dynamiques d'exclusion sociale et besoins des habitants, dynamiques d'inclusion et mobilisation des ressources, dynamiques organisationnelles et institutionnelles, impacts sur le capital social, changements des modes de gouvernance, *empowerment*, etc. Nous tentons, à partir de cette mise en perspective, de tirer certaines leçons générales. Dans le quatrième chapitre, cette méthode est mobilisée de nouveau pour analyser le rôle d'une structure d'économie sociale développant des activités à Roubaix (ville de la région Nord-Pas-de-Calais, France). Grâce à une immersion de plusieurs mois sur le terrain, nous avons pu appliquer le cadre analytique développé de manière approfondie. D'abord, nous montrons comment la ville de Roubaix s'est structurée spatialement et socialement autour de l'industrie textile, quels sont les politiques et les dispositifs interférant dans cette ville, qui sont ses habitants et quelles sont les caractéristiques de l'action collective locale. Ensuite, nous analysons des aspects qui nous renseignent sur les dynamiques d'exclusion dans le quartier : caractéristiques socioéconomiques et sociodémographiques, styles de vie, structure et dynamique des réseaux sociaux personnels et institutionnels, problèmes et besoins des habitants. Enfin, nous nous penchons sur les dynamiques de développement et d'inclusion sociale dans le quartier, tout particulièrement sur les activités développées par l'association Alentour en suivant son cycle de vie de la naissance jusqu'à sa réorganisation en 2003.

---

4 Les six cas ont été sélectionnés parmi les seize études SINGOCOM.

CHAPITRE 1

Économie sociale, capital social et gouvernance locale

Introduction

Ce chapitre est consacré à l'analyse de la première série de concepts-clés : économie sociale, capital social et gouvernance locale. La nécessité de définir l'économie sociale, d'abord dans une perspective historique essentialiste-abstraite et puis dans une perspective holiste-contextuelle, découle naturellement de notre question de recherche : « Quel est le rôle de l'économie sociale dans les dynamiques socioéconomiques locales d'inclusion sociale et de développement ? » Les deux autres concepts-clés examinés dans le premier chapitre sont le capital social et la gouvernance locale : ces concepts, en apparence éloignés de notre sujet, se situent en réalité en son cœur si on se penche sur le rôle des relations sociales dans l'économie.

Ces choix découlent d'un bilan préalable des théories de développement qui ont émergé après la Deuxième Guerre mondiale et qui feront l'objet d'un examen plus approfondi dans le deuxième chapitre. Le survol de ces éléments théoriques met en évidence une tendance progressive à dépasser l'acception restrictive de développement centrée sur la notion de croissance économique, pour s'inscrire dans une vision plus large, construite autour de la multi-dimensionnalité du développement. Le concept de développement multidimensionnel permet d'intégrer dans la définition du processus de développement des facteurs éthiques, culturels et sociaux, longtemps ignorés dans les approches économiques orthodoxes. La notion de culture se révèle particulièrement utile pour souligner que la dynamique de développement « provient des transformations endogènes à la société, même si elle est influencée par des événements extérieurs » (Nussbaumer, 2002).

À la suite de Moulaert, Sekia et Boyabé (1999, p. 40-41), nous mobilisons le concept de culture locale pas uniquement dans le sens des traits culturels qui participent à l'efficacité marchande des activités locales (la culture industrielle, selon Camagni, 1995)[1], mais aussi dans le sens de forces créatives qui dépassent la logique marchande. Ce deuxième sens renvoie à l'idée qu'en réalité, les agents économiques s'insèrent dans des réseaux de relations sociales pour atteindre leurs objectifs économiques, car cela leur permet de combiner les différentes ressources dont ils disposent et de coordonner leurs actions pour améliorer la production et les échanges (Nussbaumer, 2002). Les contributions des relations sociales au développement économique (réduire l'incertitude, contrôler les comportements opportunistes ou déviants, limiter l'asymétrie de l'information, susciter la coopération, etc.) peuvent être appréhendées à travers le concept de capital social (Angeon et Callois, 2004).

Selon Moulaert (2000/2002), l'interaction entre divers types de capital peut avoir des conséquences à la fois positives et négatives. Cet auteur souligne le rapport entre les trajectoires du développement local et le capital social : un déclin économique durable peut paralyser le capital social (même si les réseaux sociaux et l'identité culturelle locale survivent au déclin économique, les relations sociales seront affectées). Et, dans l'hypothèse de Bourdieu selon laquelle le capital social et le capital économique sont inter-liés, le capital social existant peut s'atrophier.

Mais si l'économie est appréhendée non seulement à travers les mécanismes du marché, mais aussi à travers l'organisation institutionnelle des relations sociales outre le marché, cela signifie que la recherche de la coordination des interactions entre les différents acteurs impliqués dans la vie économique devient très importante. Ainsi, le concept de coordination devient essentiel pour rendre compte du déplacement de la focalisation sur les types de capitaux (financier, humain, social, naturel) vers leur combinaison par les acteurs (Hirschman, 1964 ; Nussbaumer, 2002). La notion de gouvernance, grâce à sa focalisation particulière sur l'articulation des relations socioéconomiques, reflète exactement cette recherche de coordination.

1.1 Économie sociale

L'examen des différents usages du concept d'économie sociale dans la littérature scientifique et la pratique institutionnelle francophone et anglophone des dernières cent cinquante années met en évidence une terminologie très riche. Cela s'explique par le fait que des dimensions particulières de l'économie sociale reçoivent des noms spécifiques dans

---

1 Le premier sens a été intégré dans le concept de milieu innovateur défini par Camagni (1995, p. 193) comme « ensemble de relations qui unissent un système local de production, un ensemble d'acteurs, de représentations et une *culture* industrielle, générant un processus dynamique localisé d'apprentissage collectif ».

des circonstances sociales et économiques particulières. Le terme d'économie sociale est utilisé dans ce livre avec deux sens : dans un sens très général ou comme concept « parapluie » (Favreau, 2003) représentant une variété d'autres notions qui couvrent à leur tour des réalités diverses, et dans un sens plus restreint, comme secteur d'activité et pratique économique, dont nous établirons les contours dans cette section.

Le défi de l'économie sociale est de faire revenir les valeurs de la justice sociale dans l'économie au sens large : par exemple, combattre l'exclusion sociale en encourageant le développement des localités particulièrement défavorisées et en réinventant la solidarité dans les relations de production. Comme nous allons le voir plus loin, la réintroduction du principe de justice sociale dans les systèmes de production et d'allocation (la principale innovation sociale dans l'économie) n'est pas une idée nouvelle car elle a déjà été théorisée par Walras (1896) et Gide (1912) au XIXe siècle.

La littérature sur l'économie sociale aborde assez vaguement les questions analytiques qui émergent de la pratique de l'économie sociale. Les survols existants (par exemple Salomon et Anheier, 1995 ; Laville et Delfau, 2000, Leyshon *et al.*, 2003) soulignent une variété de caractéristiques de l'économie sociale : redistribution des revenus et de la richesse dans le cadre de l'économie du marché, différents systèmes d'allocation et leur gouvernance sociopolitique, relations de solidarité et de réciprocité, satisfaction des besoins collectifs et individuels, rôles du secteur public, du secteur privé et du troisième secteur dans l'organisation de l'économie sociale, etc. Pourtant, ces analyses n'éclairent pas suffisamment les liens théoriques entre ces caractéristiques, d'où notre objectif de vérifier que ces rapports représentent une condition-clé pour expliquer la reproduction de l'économie sociale et de sa gouvernance.

Une large partie de cette littérature utilise une perspective historique, mais les conséquences analytiques qui découlent du contexte de chaque époque et espace social particuliers ne sont pas suffisamment prises en compte pour la construction d'une théorie de l'économie sociale. Par conséquent, le défi méthodologique de cette section est d'établir une définition de l'économie sociale qui mobilise, d'une part, des concepts ou des catégories abstraites généralement acceptés, et, d'autre part, une terminologie spécifique aux contextes particuliers.

En tenant compte de ces observations, nous partons de l'idée que chaque époque se caractérise par des conditions socioéconomiques qui impliquent des opportunités et des défis pour le lien solidaire. Cycliquement, les moteurs de la croissance économique se trouvent en perte de vitesse et les mécanismes formels de distribution commencent à se lasser. Nous montrons d'abord comment de nouvelles forces sociales émergent en réaction aux grandes crises et émanent des institutions et des mécanismes alternatifs de solidarité et de redistribution. Ainsi, nous distinguons plusieurs périodes dans les dernières cent cinquante années. Pendant ces périodes, des initiatives institutionnelles particulières ont été mises en place pour combattre la pauvreté : soit à l'intérieur de l'État formel (politiques sociales) et du système de marché (initiatives entrepreneuriales), soit dans le cadre des circuits alternatifs (par exemple l'économie sociale). Chaque période se caractérise aussi par sa philosophie et sa propre théorie de l'exclusion et de la solidarité, du développement social et de la distribution, reconnues plus tard comme inspiratrices de l'analyse et des pratiques de l'économie sociale.

Ensuite, nous nous focalisons sur les débats contemporains autour de l'économie sociale. D'abord, nous passons en revue les reconceptualisations récentes de l'économie sociale dans les contextes francophones et anglophones. Ensuite, nous examinons le potentiel de ces reconceptualisations pour la pratique et l'analyse empirique de l'économie sociale à la lumière des enseignements dégagés des deux premières sections. Nous concluons cette section en proposant une définition de l'économie sociale axée sur la satisfaction des besoins humains.

1.1.1 Détour par l'histoire de l'économie sociale en Europe

1.1.1.1 Anciennes pratiques de l'économie sociale

Le retour sur l'histoire des pratiques associatives nous apprend que l'économie sociale contemporaine représente une construction progressive qui s'est réalisée à travers la tension continue entre pratiques, théories et idéologies. Si les anciennes organisations se sont sans cesse transformées et adaptées pour préparer le terrain aux formes modernes d'économie sociale, l'explication est sûrement liée à la nature humaine. Les individus ont toujours eu le réflexe de nouer des relations sociales et de s'associer pour faire face aux problèmes et pour satisfaire leurs besoins : « (...) il est clair que, si chaque citoyen, à mesure qu'il devient individuellement plus faible et par conséquent plus incapable de préserver isolément sa liberté, n'apprenait pas l'art de s'unir à ses semblables pour la défendre, la tyrannie croîtrait nécessairement avec l'égalité » (Tocqueville, 1968, p. 279). Eme et Laville (2006, p. 304) parlent de « la prédominance initiale de la réciprocité et de l'engagement mutuel entre les êtres ; ce lien constitue l'impulsion réciprocitaire de l'émergence des pratiques économiques ». Nous argumentons plus loin que l'économie sociale est la « fille de la nécessité » (Desroche, 1976) : les besoins évoluent et se diversifient au fil du temps et à chaque type de besoin correspondent des réponses innovatrices qui se matérialisent dans de nouvelles formes d'économie sociale.

Le mouvement associatif en Europe occidentale prend ses racines dans une histoire dense et complexe qui remonte aux pratiques d'entraide caractéristiques à l'Antiquité : les fonds de secours collectifs égyptiens, les fonds grecs pour l'organisation rituelle des cérémonies funéraires ou les collèges d'artisans romains (Demoustier, 2001 ; Defourny et Develtere, 1997 ; Defourny, 2006). À Rome, la tradition de distribution par métiers prend une extension extraordinaire sous l'Empire : « toutes les catégories d'ouvriers, fort nombreuses, parce que la division du travail était déjà poussée fort loin, semblent s'être constituées en collèges » (Durkheim, 1995, p. 35). La fonction principale des collèges romains était d'assurer à leurs membres des funérailles décentes. Dans le même temps, à travers les fêtes et les repas communs, elles opéraient une redistribution d'argent et des vivres en faveur des plus démunis.

Les types actuels d'organisations d'économie sociale ont été préfigurés par une série de formes associatives apparues en Europe pendant le Moyen Âge, comme les guildes, confréries, corporations, compagnonnages, jurandes[2], etc. (Bidet, 1997). Ces pratiques se manifestent non seulement en Europe, mais aussi sur d'autres continents : les corporations alimentaires dans la Byzance médiévale, les guildes post médiévales dans les pays musulmans, les castes professionnelles en Inde, les confréries d'artisans dans l'Afrique primitive et dans l'Amérique précolombienne (Defourny et Develtere, 1997). Les premiers siècles de notre ère se caractérisent par l'accalmie de la vie corporative : néanmoins, les communautés religieuses (couvents, abbayes, monastères, ermitages) continueront d'abriter les activités associatives, ainsi que les arts, les sciences et les traditions (Defourny et Develtere, 1997). Rattachées à l'ancienne tradition germanique du *convivium*[3] et placées sous le patronage d'un saint, les guildes et les confréries médiévales sont attestées dès le VIIIe siècle en Allemagne du Nord, en France et en Angleterre. Ces formes associatives ont un caractère essentiellement charitable, leur fonction étant de secourir leurs membres en cas de maladie ou de décès (Bidet, 1997).

Les guildes et les confréries préfigurent l'apparition des corporations : « le XIe et le XIIe siècle (...) paraît être l'époque où les artisans commencent à sentir le besoin de s'unir et forment leurs premières associations » (Durkheim, 1950, p. 36). Le but des corporations, regrou-

---

2 Les célèbres fruitières apparues au XIVe siècle dans les villages des montagnes de Jura sont souvent citées comme les premières activités coopératives sur le territoire de la France. Ces institutions coopératives s'occupaient de la collecte, de la production et de la vente des produits laitiers ou du vin et divisaient les profits proportionnellement aux contributions individuelles.

3 Le latin *convivium* désigne les banquets sacrés au cours desquels s'élaboraient des nombreux traités aboutissant à la création des guildes.

pements à vocation directement professionnelle, était de garantir le minimum vital et de protéger les compagnons en les obligeant à s'entraider par la création des premières caisses de secours mutuel en faveur des ouvriers victimes d'accidents (Bidet, 1997, p. 17). En même temps, elles établissaient des règles en matière de fabrication et s'occupaient de la formation professionnelle des apprentis (le terme compagnon, qui signifiait à l'origine « celui qui mange le même pain », prend au XVe siècle le sens « d'ouvrier qui a fini son apprentissage »). Pour Durkheim (1950), la corporation devient vers le XVIe-XVIIe siècle l'élément fondamental de la structure sociopolitique des communautés, comme instance majeure de socialisation. Elle permettait, « au moyen des règles qu'elle structure, la double extension de l'intérêt individuel à celui du groupe (le moment social de l'intégration), de celui du groupe à celui de l'ordre social en son entier (le moment politique) » (Gautier, 1994, p. 845). Le rôle des corporations était de faire contrepoids afin d'éviter le risque que l'État ne devienne despotique et oppresseur (Bévort et Bucolo, 2006, p. 88) : « en dehors de l'État, quoique soumis à son influence, des groupes plus restreints (territoriaux et professionnels, il n'importe pour l'instant), mais fortement constitués et doués d'une individualité et d'une autonomie suffisantes pour pouvoir s'opposer aux empiétements du pouvoir central ». Mais au moment de l'émergence de la grande industrie, les corporations, trop centrées sur les intérêts municipaux, n'étaient plus adaptées aux besoins d'une vie économique qui devenait de plus en plus vaste et qui affectait désormais les intérêts généraux de la société et de la grande industrie : « (la corporation) n'a pas su se transformer à temps pour se plier à ces nouveaux besoins, et c'est pourquoi elle a été brisée » (Durkheim, 1995, p. 46).

1.1.1.2 Théorisation de l'économie sociale au XIXe siècle

L'histoire de l'économie sociale européenne montre que ses racines se plongent dans les plus anciennes formes associatives, ainsi qu'aux pratiques de solidarité du Moyen Âge et de la Renaissance. Mais, selon Gueslin (1987), c'est au XIXe siècle que le concept d'économie sociale a été « inventé ». Cette affirmation peut paraître exagérée, mais elle peut être argumentée. L'émergence de l'économie sociale comme concept solide résulte de la théorisation d'un nombre d'expérimentations intenses des formes d'action sociale et politique et d'initiatives de défense des populations défavorisées à l'époque de la Révolution industrielle, moment de grande pauvreté et d'injustice sociale générale en Europe (pauvreté et exploitation, absence de protection sociale). Ces expériences sont nées en Europe au XIXe siècle, « (...) quand la prolétarisation du monde du travail a provoqué l'apparition d'un mouvement ouvrier associatif et des premières coopératives de production autogérées » (Gaiger, 2006, p. 347).

Ces initiatives des travailleurs opprimés (ouvriers ou paysans), qui se tournent vers un « mécanisme de coordination aux antipodes de l'intérêt, l'association » (Eme et Laville, 2006, p. 306), ont toujours été en lien avec les théories véhiculées par les penseurs qui se sont penchés sur la condition ouvrière au XIXe siècle. Bidet (1997), Favreau (2003) et Defourny (2006) citent parmi les principales sources intellectuelles et politiques qui ont alimenté le processus de conceptualisation de l'économie sociale le socialisme utopique (popularisé notamment par Owen, Saint-Simon, Fourier, Proudhon), le christianisme social (exprimé surtout dans l'encyclique *Rerum Novarum* de 1891 qui encourage l'essor des organisations d'économie sociale) et le courant libéral (Walras, Mill). Ce dernier, en promouvant le principe du *self-help* (« s'aider soi-même »), privilégie la liberté économique et incite à la création des associations d'entraide, tout en refusant les interférences de l'État. Plus tard, le communisme considérera les activités économiques des coopératives, des mutuelles et des associations plutôt comme « un détournement de la lutte contre le capital » que de moyens en faveur de l'émancipation ouvrière (Favreau, 2003, p. 13). Pour leur part, les chrétiens sociaux appelaient à la création « des corps intermédiaires pour lutter contre l'isolement de l'individu, tare du libéralisme, et contre l'absorption de l'individu dans l'État, piège du jacobinisme » (Defourny, 2006, p. 281). Selon cet auteur, cette perspective philosophique a été à l'origine des premières caisses rurales d'épargne et de crédit fondées par Raiffeisen en Allemagne au XIXe siècle.

L'utopisme, en tant que réaction radicale et idéaliste au capitalisme, domine la pensée socialiste du XIXe jusqu'à l'apparition du marxisme : le Village d'Harmonie de Owen, le Phalanstère de Fourier, l'Icarie de Cabet, représentent des exemples de communautés idéales, de visions alternatives aux brutalités de l'industrialisation capitaliste. Les théories fondatrices des utopistes français, réinterprétées par leurs disciples, contribuent d'une manière essentielle au développement de plusieurs modèles d'économie sociale, notamment à la structuration du mouvement coopératif (Gueslin, 1987). Parmi les expériences utopistes, rappelons le Familistère de Godin, qui anticipe l'institution de la Sécurité sociale avec son projet de Mutualité nationale, et le Commerce véridique et équitable de Derrion, qui inspira les coopératives de consommateurs.

La fin du XIXe siècle marque également la reconnaissance juridique des trois piliers de l'économie sociale : les mutuelles, les coopératives et les associations. Prenons l'exemple de la France. Les multiples répressions ou pressions sur le mouvement associationiste (le décret d'Allarde du 1791, la Loi Chapelier du 1791, la Révolution française en 1789, l'article 291 du Code pénal de 1810, etc.), n'ont pas réussi à arrêter le foisonnement des diverses formes associatives (par exemple les utopies concrètes de la première moitié du XIXe siècle) et leur reconnaissance au plan juridique : sociétés de secours mutuels (1852), sociétés de crédit agricole (1894), sociétés d'habitation bon marché (1906), sociétés de crédit immobilier (1908), sociétés ouvrières de production et de crédit (1916), sociétés coopératives de consommation (1917), sociétés de cautions mutuelles et banques populaires (1918), la liberté de constitution des syndicats sans autorisation du gouvernement (1884), loi de la mutualité (1898) (Clément et Gardin, 1999, p. 9).

La loi de 1901 relative à la liberté d'association à but non lucratif marque la fin d'un long processus d'expérimentation et d'innovation sociale qui a caractérisé le XIXe siècle. Depuis lors, les associations, les coopératives et les mutuelles « qui prennent directement et explicitement en compte les questions éthiques et sociales » (Favreau, 2003, p. 13) constituent le cœur de l'économie sociale moderne (Monzón Campos, 1997, p. 92 ; Lipietz, 2003). Ces types d'organisations sont « fortement tributaires du modèle social et économique dans lequel ils s'insèrent, en particulier de la séparation qui s'instaure et se renforce entre l'économie de marché et l'État social » : les coopératives se perçoivent comme des entreprises sur le marché ou comme formes particulières de société de capitaux qui se focalisent sur la fonction de production ou de consommation, les mutuelles se concentrent sur la fonction de secours, alors que les associations, qui essayent de se cantonner dans la sphère sociale, voient limité leur objet d'activité dès lors qu'il est couplé à une activité économique (Laville et Eme, 2006, p. 308).

1.1.1.3 L'émergence de l'économie sociale et les grandes crises

Plusieurs auteurs argumentent que l'émergence et la réémergence de l'économie sociale (d'un point de vue pratique, conceptuel ou institutionnel) sont liées aux périodes de grandes crises socioéconomiques. Ainsi, l'économie sociale représente un moyen de répondre aux besoins humains non satisfaits ou abandonnés par le secteur privé traditionnel ou par le secteur public. Bouchard, Bourque et Lévesque (2000, p. 6) distinguent trois générations d'entreprises dans le cadre de ce qu'ils appellent « l'ancienne économie sociale », liées aux trois grandes périodes de crise d'avant-guerre.

La première génération d'organisations modernes d'économie sociale émerge dans les années 1840-1850, dans le contexte du passage de la « régulation à l'ancienne » (par exemple les corporations pour le travail artisanal) à la « régulation concurrentielle »[4]. Ainsi, des sociétés

---

[4] Selon les régulationnistes, un mode de régulation concurrentiel représente l'ensemble des procédures de gestion de la force de travail qui caractérise la seconde moitié du XIXe siècle : « (...) détermination souple des salaires et des prix qui varient en fonc-

de secours mutuel, des comptoirs alimentaires et des coopératives de production apparaissent au milieu du XIXe siècle comme formes de résistance des ouvriers, groupés selon leur profession, dans le but d'assurer la satisfaction des besoins de base (s'abriter, se nourrir) et la protection contre les risques sociaux (maladie, accidents, décès) ou professionnels (chômage, grèves) (Gueslin, 1987 ; Demoustier, 2001 ; Nussbaumer, 2002). La deuxième génération rassemble les coopératives agricoles et les coopératives d'épargne qui se constituent comme réponses aux besoins des petits producteurs affectés par la crise qui touche le régime extensif d'accumulation[5] (1873-1895) et exige des investissements lourds dans les secteurs de l'agriculture et des ressources naturelles (Boyer, 1986). La troisième génération émerge à la suite de la grande crise de 1929-1932, due en grande partie à l'impasse de la régulation concurrentielle. Les coopératives de consommation permettaient alors aux ouvriers et aux chômeurs de se procurer des biens et services à des prix abordables (aliments ou logements).

Une périodisation, en fonction des mécanismes spécifiques de crise, peut être réalisée également pour la période récente de l'histoire capitaliste. Dans les années 1960-1970, les initiatives dans le champ de l'économie sociale ont été, d'une part, des réactions à la crise du système de production en masse, et, d'autre part, des réponses à la crise de l'État social. Le retour au *Small is beautiful* (selon l'expression de Schumacher, 1978) suppose la création des petites et moyennes entreprises pour le développement économique local et l'émergence des organisations sans but lucratif (*not-for-profit organisations*) avec des objectifs sociaux. Les coopératives de travail et les services collectifs sont nés pour améliorer les conditions de vie quotidienne et pour répondre au besoin de travailler « autrement » en favorisant la production écologique et coopérative « soucieuse de préserver l'environnement, de critiquer l'absence de participation des usagers à la conception et au fonctionnement des services qui les concernent, de soumettre à la réflexivité les rapports entre les sexes ainsi qu'entre les âges, de faire émerger les sujets sociaux comme maîtres de leur trajectoire » (Eme et Laville, 2006, p. 308-309). L'objectif des usagers était de produire un bien-être collectif et de recréer des liens sociaux dans leur communauté, en proposant des alternatives aux services assurés habituellement par l'État (Lipietz, 2003).

---

tion des conditions prévalant sur le marché du travail et des biens. » (Lallement, 2006, p. 591)

5 « La notion de régime d'accumulation peut être définie à partir d'une approche sectorielle (la façon dont les sections de biens de production et de biens de consommation sont inter-reliées) ou encore des modes d'obtention, de partage et de diffusion des gains de productivité (salaire et profit, branches et sections). » (Bélanger et Lévesque, 2006, p. 270)

Le niveau élevé du chômage dans les années 1980 et plus encore dans les années 1990, ainsi que la mise en cause de la protection assurée par le système social expliquent l'intérêt élevé pour l'économie sociale et pour la recherche des solutions à la crise de l'emploi à travers la création des entreprises d'insertion et des coopératives ouvrières (Mellor, Hannah et Stirling, 1988). Si dans les années 1970, les services collectifs assurés par des organisations de l'économie sociale proposent des services alternatifs et souvent complémentaires à ceux de l'État, dans les années 1990, elles essaient également de répondre aux besoins négligés par l'État dans le contexte de la crise des finances publiques (Bouchard, Bourque et Lévesque, 2000, p. 7).

Dans le dernier quart du XXe siècle, on peut constater le développement d'un « (...) nombre d'initiatives qui renouent avec l'élan associatif de la première moitié du dix-neuvième siècle : elles mettent, au cœur de leur passage à l'action économique, la référence à la solidarité » : services de proximité, organisations productives alternatives ou des finances solidaires, commerce équitable, réseaux d'économie non monétaire (Eme et Laville, 2006, p. 309).

Cette renaissance ou (ré)émergence contemporaine de l'économie sociale comme économie sociale et solidaire apparaît comme une réaction contre les principes néolibéraux et l'idéologie individualiste :

> Ce qui distingue l'économie solidaire, c'est tout de même que l'initiative vient de citoyen(ne)s résolu(e)s à faire quelque chose, parce qu'ils (elles) intègrent dans leur comportement individuel l'utilité pour tous, donc pour eux-mêmes, de retisser des liens sociaux, d'accumuler du capital social, d'améliorer leur environnement, de défendre leurs voisins (parce qu'avoir des voisins constitue souvent la première ressource). (Lipietz, 2001a, p. 51)

L'économie solidaire se propose ainsi de créer des synergies entre les acteurs (autorités locales, entreprises privées, État, citoyens) et de générer des emplois à travers des nouveaux services (par exemple, les associations pour le développement des services de proximité ou les régies de quartier en France).

Le détour par l'histoire de l'économie sociale met en évidence deux dimensions essentielles des expériences dans le champ de l'économie sociale (Favreau, 2003) : l'une de nature socioéconomique, et l'autre de nature socioculturelle.

La première dimension, socioéconomique, renvoie au rôle traditionnel de l'économie sociale, qui naît et se développe par nécessité, pour pallier les défaillances de l'économie dominante, particulièrement en réponse à la pression des besoins non satisfaits par le marché et l'État. En effet, les coopératives de consommation se constituent pour répondre à des besoins essentiels (acheter des produits de base – nourriture, vêtements – à des prix abordables), les sociétés d'entraide émergent pour assurer un minimum de protection sociale à leurs membres, les coopératives de production traduisent la réponse des travailleurs (d'abord artisans) qui voulaient défendre leur métier face à l'industrialisation en ripostant contre les effets néfastes du capitalisme naissant par la création de leur propre entreprise (Favreau, 2003). Pour leur part, les sociétés de secours mutuel se multiplient dès le début du XIXe siècle pour couvrir les risques d'accidents et de maladie de plus en plus élevés. Cependant, seule la dimension socioéconomique des initiatives d'économie sociale (« fille de la nécessité » selon Desroche, 1976) n'est pas suffisante pour expliquer la mobilisation sociale qui est à la base de ces manifestations.

Une deuxième dimension de l'économie sociale, de nature socioculturelle, fait référence aux identités collectives des membres, reliés par le travail, par une même culture populaire de la solidarité, par la conscience d'un destin commun, ou par les luttes sociales (Favreau, 2003). La dimension socioculturelle renvoie à un deuxième rôle essentiel des organisations d'économie sociale, celui de « levier du changement social » qui se propose de « faire vivre des rapports sociaux de solidarité dans et par des activités économiques » et qui assume le rôle de révéler et d'entretenir l'engagement public (Favreau, 2003, p. 7).

Comme le montre Castel (1995), les différents types d'organisations nés au sein du mouvement social du monde ouvrier (syndicats, partis ouvriers, mutuelles, coopératives, associations) ont contribué significativement à la transformation de la « condition prolétarienne » du XIXe siècle (marginalité sociale, précarité du travail, absence de droits) en « condition ouvrière » (obtention de certains droits, reconnaissance des organisations propres) et ensuite en « condition salariale » (pleine citoyenneté, protections sociales universelles à caractère public).

Dans le temps, certaines grandes coopératives et mutuelles, organisations syndicales ou certains partis politiques de gauche ont connu un affaiblissement de ce rôle de levier du changement social : cela s'accompagne par une tendance à l'institutionnalisation avec « ses avantages (reconnaissance sociale), ses contraintes (encadrement régulateur de l'État) et ses possibilités (démocratisation du développement dans les secteurs où les initiatives s'investissent) » (Favreau, 2003, p. 7). Après la Deuxième Guerre mondiale, des parties significatives de l'économie sociale ont été incorporées au système social. En France, certaines activités connectées à l'économie sociale sont intégrées par les institutions nationales, comme les sociétés de secours mutuel, reconnues comme des partenaires du système social.

Dans le monde anglo-saxon, l'organisation de la prévoyance sociale au lendemain de la Seconde Guerre mondiale « ne s'appuiera pas sur des associations de prévoyance mutuelle comme ce fut le cas, suivant la typologie d'Esping-Andersen (1999), dans des pays à tradition corporatiste (Allemagne, Belgique, Pays-Bas, France) » (Nyssens, 2006, p. 621). Le phénomène d'« isomorphisme institutionnel » ou de « dégénérescence », du point de vue de l'économie solidaire, est observé notamment dans le cas des coopératives. Cela s'explique, selon Singer (2006), par l'augmentation de la taille et du nombre de leurs membres, mais notamment par une perte d'intérêt des travailleurs pour l'autogestion en raison de leur réconciliation avec le travail salarié.

1.1.2 Élucidation conceptuelle et terminologique

Comment conceptualiser l'économie sociale telle qu'elle existe et se développe aujourd'hui ? Partout en Europe occidentale, aux États-Unis, au Canada, en Amérique latine, en Afrique ou dans l'Europe centrale et orientale, le troisième secteur ou le tiers secteur (*third sector* dans les pays anglophones) coexiste avec le secteur public (subordonné à l'intérêt général) et le secteur privé (à but lucratif) traditionnels. Selon l'approche de Lévesque, Malo et Girard (1999), le troisième secteur combine des éléments formels et informels au niveau de l'organisation (marché, État, bénévolat, entraide, économie domestique), des éléments marchands et non marchands au niveau de la production/valorisation des biens et des services, et des ressources monétaires et non monétaires au niveau du financement.

Des notions telles que troisième secteur, économie sociale, économie solidaire, secteur sans but lucratif, *nonprofit sector*, *not-for-profit sector* ou *voluntary sector* sont souvent employées comme synonymes. Particulièrement les termes économie sociale, troisième secteur et économie solidaire sont utilisés d'une manière interchangeable, malgré des différences selon les pays. Ces différences font référence notamment aux formes particulières de coexistence du troisième secteur avec le secteur public et le secteur privé (coopération, dépendance ou contrôle) selon les pays, les régions ou les villes. Dans le Tableau 1, Archambault et Kaminski (2003) présentent une série de concepts qui désignent la même réalité institutionnelle dans divers pays et régions, ainsi que les concepts anglophones et francophones qui insistent sur les caractéristiques des organisations concernées.

Tableau 1. L'économie sociale : l'imbroglio terminologique

L'imbroglio terminologique (Les termes désignent à la fois les organisations et le secteur dans son ensemble.)	
charitable	– Royaume-Uni : charities/charitable sector – États-Unis : philanthropic organizations/philanthropy – Japon : koeki hodgin
bénévole	– voluntary sector : Royaume-Uni, Irlande, pays scandinaves
indépendant	– tiers secteur/third sector – (récent) troisième système/third system (UE) – États-Unis : independent sector – Organisations non gouvernementales/NGOs – (récent) société civile/civil society
exonéré fiscalement	– États-Unis : tax-exempt sector[6]
sans but lucratif/non lucratif	– nonprofit/not-for-profit sector – système de comptabilité nationale SCN/93, SEC/95
sociale/ solidaire	– économie sociale/social economy : France, Belgique, Europe du Sud, Union européenne – (récent) économie solidaire, économie populaire : UE, Brésil et Amérique latine

Source : Archambault et Kaminski (2003, p. 14)

Dans les sections suivantes, nous tentons de clarifier cet imbroglio terminologique, en analysant certaines reconceptualisations francophones et anglo-saxones contemporaines : troisième secteur, *nonprofit/ not-for-profit sector*, économie sociale et économie solidaire. L'objectif est de mettre en évidence les caractéristiques et les rapports entre ces concepts, ainsi que d'identifier les formes institutionnelles et les pratiques sociales qu'ils désignent. Nous faisons également référence à d'autres concepts parallèles (*voluntary sector, charitable sector, third system*, organisation non gouvernementale) qui ajoutent des dimensions manquantes aux quatre concepts retenus.

1.1.2.1 Économie sociale

Le terme économie sociale est fréquemment utilisé aujourd'hui, en particulier dans la littérature francophone (France, Belgique, Europe de Sud). Les racines d'une définition partagée de l'économie sociale en Europe peuvent être retracées en 1984, moment où le gouvernement Miterrand crée un département pour l'économie sociale (CONSCISE, 2000). Le terme, lancé au niveau de l'Union européenne par Jacques

---

6 Selon Archambault et Kaminski (2003), ce terme est assez fréquent aux États-Unis, où c'est le fisc qui décide quelles organisations ont le droit à une exonération partielle ou totale, déterminant ainsi les contours de ce secteur.

Delors, alors président de la Commission européenne (1984-1995), est initialement mal accepté dans l'Europe du Nord et continentale, notamment en Allemagne « où le terme d'économie sociale de marché (*Sozialmarktwirtschaft*) désigne une tout autre réalité, celle des entreprises capitalistes cogérées par le patronat et les syndicats » (Archambault et Kaminski, 2003, p. 16). Selon ces auteurs, dans les textes européens récents, le terme économie sociale est souvent remplacé par le sigle CMAF (coopératives, mutuelles, associations et fondations) ou par les termes troisième secteur ou troisième système. Composée essentiellement du secteur bénévole, du secteur sans but lucratif et du secteur coopératif, l'économie sociale devrait logiquement être considérée comme un troisième secteur (Browne, 1997, p. 1).

En général, ce terme d'économie sociale renvoie à un univers de pratiques et de formes de mobilisation des ressources économiques dont le but est la satisfaction des besoins humains qui ne sont pas satisfaits ni par les entreprises privées orientées vers le profit, ni par les institutions de l'État au sens strict. Defourny (2006) distingue dans la littérature deux manières complémentaires pour caractériser l'économie sociale. La première approche identifie les formes juridiques et institutionnelles principales mobilisées aujourd'hui par les organisations d'économie sociale : les entreprises de type coopératif, les sociétés de type mutualiste, les organisations associatives. On peut ajouter à ces trois formes principales une quatrième, les fondations, mais en différenciant les fondations mises en place par les coopératives, associations et mutuelles (par exemple Fondation Abbé Pierre ou Fondation de France) des fondations créées par des grands groupes comme Gaz de France, EDF, BNP Paribas, etc. La deuxième approche consiste à souligner les principes partagés par ces organisations : solidarité, adhésion volontaire, primauté de l'utilité sociale des biens ou des services sur l'obtention du profit, l'indépendance par rapport à l'État, l'autonomie de gestion et la gouvernance démocratique par les membres (« une personne-une voix »).

Une distinction peut être faite aussi entre le sens restreint du concept (coopératives de crédit ou de consommateurs, mutuelles d'assurance ou de prévoyance) et son sens large qui inclut une large famille de formes organisationnelles, soit un hybride d'économies de marché, de non-marché (redistribution) et non monétaire (réciprocité), montrant que l'économie « n'est pas limitée au marché, mais inclut des principes de redistribution et de réciprocité » (Laville, 1994, p. 10 ; Godbout, 2000). Si à l'origine le terme d'économie sociale était employé seulement dans les débats francophones, aujourd'hui on le retrouve partout : tant au sein de l'Union européenne (même dans les pays de l'Europe de Nord, initialement réticents à l'emploi de ce terme) que dans les pays en développement qui connaissent une forte expansion de ce secteur (Archambault et Kaminski, 2003). Mais, comme l'observent ces auteurs, à la différence des pays francophones et des pays de l'Europe du Sud, dans les pays anglo-saxons, les coopératives, les mutuelles et les caisses d'épargne sont considérées comme faisant partie du marché ordinaire. Dans les pays européens latins (Espagne, Portugal), les activités dans le champ de l'économie sociale sont même regardées comme des alternatives au socialisme d'État, devenant ainsi, selon Westlund (2003), attractives pour l'Église (sans oublier toutefois la longue tradition et les institutions de solidarité économique mises en place par l'Église). Au Royaume-Uni, le terme *social economy* est d'usage relativement récent et son sens, en évolution, fait l'objet d'interprétations souvent contradictoires (Pearce, 1999 ; Amin *et al.*, 2003).

1.1.2.2 Nonprofit sector

Aux États-Unis et au Royaume-Uni, ce sont les termes *nonprofit sector* ou *voluntary sector* qui dominent. La préférence généralisée pour le qualificatif *nonprofit sector* est liée, selon Archambault et Kaminski (2003), à l'adoption de ce terme par le système international de comptabilité nationale SCN 93/SEC 95. Certains auteurs (de Tocqueville, 1835/1945 ; Hall, 1992) considèrent que *nonprofit sector* est un concept américain, inventé comme réponse à la tradition américaine de l'individualisme et de l'hostilité envers l'État (Salamon et Anheier, 1994). Dans la terminologie anglo-saxonne, il faut faire une distinction entre le *nonprofit sector* (sans but lucratif) et les *not-for-profit organizations* (non lucratif). Pour les deux types d'organisation, la motivation dominante de l'activité n'est pas l'obtention du profit (Wolpert et Reiner, 1985). Dans le premier cas les surplus doivent être automatiquement alloués aux activités statutaires de l'organisation (Ilczuk, 2001) tandis que dans la deuxième situation ils peuvent être divisés entre les propriétaires et les actionnaires (la pratique européenne continentale en matière de coopérative).

Le terme *voluntary sector* se réfère à toutes les organisations, grandes ou petites, qui ne font partie ni du secteur d'État, ni du secteur privé (groupes communautaires, clubs sociaux ou sportifs, associations de loisir et les principales charités nationales). Mais si les concepts d'économie sociale, de *nonprofit sector* et de *voluntary sector* sont apparus dans les pays industrialisés au XIXe siècle, leurs sources sont différentes :

> L'économie sociale s'enracine dans l'associationnisme ouvrier, et le principe « une personne – une voix » qui caractérise les instances de décision reflète bien ces dynamiques des organisations d'économie sociale. Le concept de *nonprofit sector* repose, quant à lui, plutôt sur un principe de charité. La contrainte de non-redistribution des excédents aux membres garantit alors la dimension d'intérêt général de l'organisation, c'est-à-dire le fait que

les bénéficiaires ne sont pas les membres de l'organisation mais bien des personnes aidées. (Nyssens, 2006, p. 620-621)

Les notions de *charities* au Royaume-Uni, de *philanthropy* aux États-Unis et de *koeki hodgin* au Japon soulignent l'importance du don charitable, tandis que le terme de *voluntary sector* (Royaume-Uni, Irlande, pays scandinaves) met l'accent sur les apports du travail bénévole (Archambault et Kaminski, 2003). Nyssens (2006, p. 622) met en évidence une évolution du rôle des organismes appartenant au *voluntary sector* au Royaume-Uni : prestataires des services publics avec l'essor de l'État providence, sous-traitants des services publics avec le gouvernement Thatcher, partenaires dans la lutte contre l'exclusion sociale au niveau local avec *the third way* de Tony Blair.

1.1.2.3 Troisième secteur

Le terme *third sector* est employé souvent comme traduction anglaise du concept francophone économie sociale ou comme synonyme de *nonprofit sector* et *voluntary sector* (Defourny et Monzón Campos, 1992 ; Lorendahl, 1997). Le but est ainsi de distinguer la partie de l'économie nationale qui ne représente ni le secteur privé ni le secteur public et de définir toutes les activités du *voluntary sector* ou des *voluntary organisations*. Si en Europe le troisième secteur caractérise le secteur « comme une troisième force entre État et marché », aux États-Unis le terme *independent sector* affirme son opposition au secteur public (Archambault et Kaminski, 2003, p. 15). Selon Gaiger (2000), l'emploi du terme *third sector* implique également l'abandon de la dualité entre la vie sociale (*first sector*) et la vie économique (*second sector*) et de la dichotomie marché/État.

La traduction du terme économie sociale par celui de *third sector* comporte selon nous un risque d'interprétation erronée : nous expliquerons dans les paragraphes suivants pour quelles raisons. Le terme *third sector* a été popularisé en particulier par Rifkin (1995) comme le secteur qui comprend toutes les activités qui ne sont ni publiques, ni orientées vers le profit (Vuorinen *et al.*, 1999). Mais Rifkin (1995) fait une distinction entre l'usage nord-américain et l'usage européen de ce concept : tandis que le modèle « charitable » anglo-américain fait référence principalement aux organisations *nonprofit* (associations et fondations), la perception continentale européenne du troisième secteur inclut aussi les coopératives et les organisations d'aide mutuelle. Perri 6 et Vidal (1994) montrent que dans les années 1980, dans le contexte européen de la crise du travail, l'expression *third sector* était utilisée dans un sens plus étroit. Mais si ce terme a été employé dans la littérature sociologique des années 1980 pour inclure les activités en dehors du marché capitaliste, il est utilisé aujourd'hui plutôt pour désigner une modalité d'extension de la sphère du marché.

Récemment, une distinction utile a été faite à l'intérieur du troisième secteur entre les organisations non gouvernementales (ONG) et les organisations communautaires. Les premières sont plus grandes, et, malgré leur désignation, sont souvent dépendantes des contrats et financements de l'État, tandis que les secondes, habituellement plus petites, opèrent seulement au niveau de la communauté locale et sont presque indépendantes (Pearce, 1999 ; Isambert, 1996). Selon Archambault et Kaminski (2003, p. 15), le terme d'organisation non gouvernementale est de plus en plus utilisé dans les pays en développement, en raison de la prédilection de ce type d'organisation pour les causes internationales, l'aide au développement et à la résolution des conflits, l'aide d'urgence, le commerce équitable, etc.

1.1.2.4 Économie solidaire

La reconnaissance institutionnelle du terme d'économie solidaire arrive avec la création d'un éphémère secrétariat d'État d'Économie solidaire rattaché au ministère français de l'Emploi et de la Solidarité (2000), dont les attributions concernaient la vie associative, la coopération, la mutualité, les nouvelles formes d'activité et de partenariat, ainsi que l'innovation économique et sociale. Cet organe, mis en place en 2000 par le gouvernement de Lionel Jospin, a été supprimé en 2002 avec l'arrivée au pouvoir de Jean-Pierre Raffarin. Au Canada et aux États-Unis, l'équivalent du terme économie solidaire est *community development* (économie communautaire), alors qu'en Amérique latine, il tend à se substituer au terme d'économie populaire (Archambault et Kaminski, 2003). Dans les débats théoriques, le terme économie solidaire a été lancé en France par Eme et Laville pour désigner une nouvelle génération d'économie sociale avec une pluralité de formes d'activité économique (Laville, 1992) et pour opposer « (…) l'économie solidaire émergente (services de proximité, entreprises d'insertion ou de réinsertion, commerce équitable, systèmes d'échanges locaux, microcrédit) à l'économie sociale plus ancienne et insérée dans le marché » (Archambault et Kaminski, 2003, p. 17). Lipietz (2003, p. 1) mobilise ce terme pour souligner que l'économie solidaire représente une reémergence des principes de « l'ancienne économie sociale » :

> Avec la crise des années 1970, de petites structures empruntent les mêmes formes juridiques, mais en retrouvent la mystique originelle. Elles mettent en avant l'idée de « travailler autrement », l'idée « d'autonomie » et choisissent leur activité pour servir la communauté bien au-delà des besoins de leurs clients directs : on veut recréer du lien social entre les gens, redonner du sens à ce qu'on fait, commercer avec son voisin (ou des fournisseurs d'un autre continent) pas seulement pour l'intérêt du produit, mais pour se

sortir tous ensemble de la crise. Dans cette économie sociale ET AUSSI[7] solidaire, l'écologie (le rapport entre tous les humains par le biais de leur environnement) devient une préoccupation cardinale. Il faut produire, mais produire du bien-être collectif et pourquoi pas du bonheur.

L'économie solidaire est ainsi appelée à créer des synergies entre les acteurs de la société (autorités locales, entreprises privées, État, habitants) et de générer des emplois, en proposant des nouveaux services (par exemple les associations pour le développement des services de proximité ou les régies de quartier[8]).

Selon Lipietz (2001a, 2003), l'économie sociale reconnaît dans l'économie solidaire son « enfant prodige » et l'économie solidaire voit dans l'économie sociale son « parent sclérosé ». Cette image est certainement exagérée, mais elle exprime bien la nécessité d'une nouvelle approche des différents types d'activité économique, une approche qui prend en compte les défis naissants et reconnaît la valeur économique de la coopération et de la réciprocité. La (ré)émergence dans les années 1980 du concept d'économie sociale sous l'expression « économie sociale et solidaire » est étroitement liée, d'une part, à la réaction contre les principes néolibéraux et contre l'individualisme, et, d'une part, à la volonté « de renouer avec l'élan associatif de la première moitié du XIXe siècle » (Eme et Laville, 2006, p. 309).

1.1.3 Tensions entre la théorie et la pratique de l'économie sociale

1.1.3.1 Solidarité, réciprocité et non-lucrativité

Dans la section précédente, nous avons étudié l'économie sociale, l'économie solidaire, le *nonprofit sector* et le troisième secteur notamment du point de vue institutionnel. Dans cette section, ces concepts sont examinés selon leur orientation du marché (l'obtention et la distribution des profits) ou leur modèle de coopération (solidarité et réciprocité). Par exemple, dans le cas des systèmes d'échange locaux (SEL)[9] comme forme d'économie solidaire, le travail bénévole et la solidarité

---

7 En majuscules dans le texte d'origine.

8 Ce type d'association apparaît en 1980 à Roubaix, Meaux, Marseille et Besançon pour rassembler les communautés locales, les organisations des logements sociaux et les habitants en vue d'administrer leur territoire. La mission technique (maintenance des logements, des espaces verts, animation du quartier) est combinée avec des objectifs plus larges (création des liens sociaux, d'emplois, etc.).

9 Les Systèmes Locaux d'Échange sont nés en au Canada et se sont beaucoup développés au Royaume-Uni à la fin des années 1980 (*Local Exchange and Trading System*). Apparus en France en 1994, les SEL permettent d'effectuer des échanges de services évalués en monnaie fictive.

sont des critères plus pertinents que dans le cas des coopératives ou des mutuelles, où le contrôle partagé est essentiel.

Un constat important qui se dégage des distinctions effectuées dans la section précédente est que, contrairement à la littérature francophone, la littérature anglo-saxonne accorde peu d'attention aux agents du marché qui s'organisent sur la base de la solidarité et de la réciprocité (par exemple les coopératives ou les mutuelles) et qui s'investissent dans certaines niches du marché. Le principe de la solidarité peut se traduire, selon Archambault et Kaminski (2003, p. 17), « par une participation des membres proportionnelle à leur revenu et non au service qui leur est rendu ». Laville (2006, p. 609-610) distingue entre la conception philanthropique de la solidarité (« don sans réciprocité », selon Ranci, 1990) et la solidarité démocratique, axée sur l'entraide mutuelle et supposant « une égalité de droit entre les personnes qui s'y engagent ».

Lorendahl (1997) observe que la tendance parmi les chercheurs américains est d'exclure les coopératives et les organisations mutuelles du domaine de l'économie sociale à cause de leur caractère commercial. Au contraire, les définitions européennes de l'économie sociale et du troisième secteur incluent les coopératives, les mutuelles, ainsi que d'autres organisations à caractère commercial : « L'économie sociale (...) regroupe une large variété d'organisations à but lucratif comme les sociétés d'assurances mutuelles, les banques d'épargne, les coopératives et les organisations de commercialisation agricoles qui pourraient être considérées comme incluses dans la sphère commerciale » (Salamon et Anheier, 1992, p. 129, cités par Lorendahl, 1997, p. 76). Dans la littérature anglo-saxonne, ces composantes sont exclues du *non-lucrative sector* ou du secteur *Ideell* (*idealist sector* ou « travail non rémunéré » ou « travail sans bénéfices personnels », selon Lorendahl, 1997, p. 77), constitué essentiellement par des associations, considérées comme les principaux éléments de la nouvelle économie sociale.

Le concept d'économie sociale et solidaire est presque clair dans son ambition de renforcer la coopération et la solidarité entre les agents, notamment sur la base de la solidarité et du bénévolat. Au Royaume-Uni et en Irlande, les systèmes non monétaires d'échange et particulièrement les systèmes locaux d'échange constituent les piliers les plus développés de l'économie solidaire (O'Doherty *et al.*, 1999 ; North, 1999). Néanmoins, selon Lipietz (2001a, p. 56), il y a des doutes en ce qui concerne les liens potentiels entre l'économie solidaire, l'État et le marché, qui sont censés créer des synergies entre les activités appartenant au troisième secteur, au secteur privé et au secteur public ou au secteur non monétaire (domestique, aide mutuel, etc.) au nom des mêmes valeurs. Le concept de troisième secteur, comme possible consensus, exprime quelques tendances générales de la société actuelle, notamment la formation d'un troisième champ de pratiques, distinct du secteur privé et de l'État (CBS Network[10], 2003, p. 13). La variété des acteurs et des modes d'interaction sociale représente la norme pour définir le « troisième secteur ». Par contre, dans le cadre de cette typologie, les définitions du premier et du deuxième secteur ne prennent pas en compte la diversité des acteurs, des arrangements institutionnels, des activités et des objectifs. Cela conduit à des définitions déséquilibrées et incomplètes de tous les secteurs, générant trop facilement des conclusions radicales et inutilisables d'un point de vue analytique (par exemple « mauvaises entreprises du marché » *versus* « bonnes organisations d'économie sociale »).

Nous pensons que, pour avancer dans la définition de l'économie sociale, il faut aller au-delà de la question de savoir si l'économie sociale doit (ou peut) obtenir des profits ou non. Si l'école anglo-saxonne définit la non-lucrativité par la contrainte de non-redistribution des profits (*nonprofit sector* aux États-Unis ou *voluntary sector* en Grande-Bretagne), cette notion renvoie dans le contexte continental « à la finalité de services aux membres ou à la collectivité plutôt que de maximisation du retour financier sur l'investissement » (Nyssens, 2006, p. 619). Selon cette auteure, cela n'implique pas que ces organisations ne puissent pas réaliser des bénéfices, mais l'interdiction de redistribuer des surplus financiers à leurs membres. Pour leur part, les coopératives ont le droit de distribuer leurs profits aux membres dans la proportion de leurs participations à la production des biens et services. L'ambiguïté récurrente dans la littérature sur l'économie sociale concerne en effet la destination des bénéfices financiers : une association sans but lucratif peut obtenir du profit considéré comme un surplus qui est réinvesti (après avoir payé tous les partenaires), mais ce profit ne peut pas être distribué aux membres de l'association ou aux dirigeants (non-lucrativité stricte). Parfois, l'excédent peut être « distribué aux sociétaires de manière limitée, sous forme d'intérêt ou de ristournes (lucrativité limitée) » (Archambault et Kaminski, 2003).

1.1.3.2 La centralité des besoins humains dans les définitions

S'interroger sur les finalités de toute activité économique « c'est tenter de répondre à la "question politique des fins poursuivies" : quoi et comment produire pour répondre à quels besoins ? » (Roustang, 2006, p. 144). Selon Corragio (2006, p. 323), l'ensemble de besoins vitaux représente le véritable objectif de l'économie : manger, se vêtir, se loger de manière décente, se déplacer, se soigner, obtenir des tarifs sociaux pour des services indispensables, avoir accès à l'éducation et récupérer

[10] *Community Business Scotland Network* est une ONG créé il y a environ 25 ans à Edimbourg dans le but d'encourager et de soutenir les valeurs et la pratique des entreprises communautaires (www.cbs-network.org.uk/consultancy.htm).

des espaces de socialisation et de vie affective. Moulaert et Nussbaumer (2005a) classifient les besoins humains en plusieurs catégories : biologiques (se nourrir), biopsychologiques (se loger, se vêtir, se chauffer, se laver), sociopsychologiques (contacts sociaux, réalisation de soi), et socioculturels et politiques (besoins intellectuels et culturels, autonomie politique, participation à l'aménagement de son environnement naturel et social).

Malgré le fait généralement accepté que la finalité de toute activité productive est la satisfaction de ces besoins, le marché et le secteur public arrivent de moins en moins à les satisfaire, notamment là où les consommateurs potentiels sont des groupes privés des moyens financiers ou des groupes se situant à la marge de la société *mainstream* (Moulaert et Nussbaumer, 2005). Comme le montre Passet (2006, p. 83), aujourd'hui de nombreux secteurs se trouvent en situation de surproduction, mais les ressources de base sont inaccessibles aux plus démunis : par conséquent, la question ne doit plus se poser en termes de compétition, mais en termes de solidarité et de partage des ressources au sein de la même génération et entre les générations. Cette dimension d'équité sociale est prise en compte par le *Rapport Brundtland* (CMED, 1988) qui situe le développement durable à l'intersection entre la satisfaction des besoins essentiels de tous (emploi, alimentation, éducation, santé, liberté d'expression, énergie, eau, salubrité, etc.) et les conséquences des modes de développement adoptés à un moment donné (consommation des ressources naturelles, création d'irréversibilités) (Maréchal, 2006, p. 160).

Dans le même temps, de nombreuses personnes sans emploi ne sont depuis longtemps (ou n'ont jamais été) engagées dans une activité productive. Selon Weitzman (1987), cité par Monzón Campos (1997), le chômage involontaire est le plus coûteux échec du capitalisme, et les explications macroéconomiques basées sur la rigidité des salaires réels et sur la non-flexibilité du marché du travail ne sont pas suffisantes pour rendre compte de l'ampleur et de la variété de ce phénomène. Certainement, beaucoup de ces personnes pourraient s'impliquer dans des activités menant à la (auto)satisfaction de leurs besoins. C'est notamment à ce niveau que les organisations d'économie sociale pourraient intervenir :

> Leur raison d'être consiste à satisfaire les besoins matériels de leurs membres, mais aussi leurs aspirations non monétaires, à la reconnaissance sociale, à l'intégration sociale et à l'autonomie. Ce faisant, elles introduisent dans la sphère économique des questions éthiques fondamentales, des principes normatifs qui ne peuvent être réduits à une logique instrumentale et utilitaire. (Gaiger, 2006, p. 352)

Beaucoup de définitions théoriques de l'économie sociale renvoient d'ailleurs à la notion de besoins humains : l'histoire montre également que les besoins multiples et en évolution continuelle représentent la raison même de l'émergence des organisations de l'économie sociale. Selon Monzón Campos (1997), les organisations de l'économie sociale, notamment les coopératives de travail, sont des instruments efficaces à plusieurs égards. Elles participent à la fois à la stabilisation économique (en créant des emplois généralement plus stables que dans les entreprises traditionnelles), à l'allocation des ressources et à la distribution des revenus (elles représentent des formes efficaces pour l'allocation des services publics dans le champ social) et à la réinsertion professionnelle des travailleurs. Dans le même temps, elles favorisent une culture de la responsabilité et de la participation.

1.1.3.3 Pratique de l'économie sociale : définitions opérationnelles

Les analyses en termes de solidarité, de réciprocité, de non-lucrativité et de satisfaction des besoins humains se reflètent aussi dans les définitions opérationnelles proposées par des organisations locales et globales qui travaillent avec des structures ou qui coordonnent des initiatives d'économie sociale. Présentons brièvement trois définitions opérationnelles de l'économie sociale au Royaume-Uni (*Cooperative Assistance Network Limited* – CAN), à l'échelle de l'Union européenne (Initiative *Employment – Integra*) et en France (Chambre régionale de l'économie sociale – CRES de la région Poitou-Charente). En améliorant les liens entre les leçons analytiques issues des incursions historiques et des concepts parallèles qui caractérisent ce secteur, nous nous approchons d'une conceptualisation plus contextuelle de l'économie sociale.

Créée en 1989, CAN est une coopérative de production qui propose divers services aux organisations d'économie sociale (formation, études de faisabilité, consultance, accès aux divers fonds, etc.) :

> L'économie sociale est le secteur qui fonctionne pour des objectifs sociaux. Il cherche à remplir tout ou partie des critères suivants : activités durables et autofinancées qui bénéficièrent à ceux qui s'y impliquent, qui visent les besoins de ceux qui sont actuellement désavantagés, qui encouragent l'auto-aide, qui remplacent la dépendance par l'autonomie, qui favorisent la construction sociale d'une communauté. (CAN, 2002)[11]

Au mois de mai 1996, la Commission européenne a introduit un nouveau domaine dans l'initiative Employment, appelée Integra, qui remplace le domaine Horizon Disadvantaged. Les projets dans le cadre de l'Integra se caractérisent par des approches multidimensionnelles, intégrées, locales et participatives en vue de combattre l'exclusion sociale, en donnant la priorité à la lutte contre la discrimination et le racisme. La

[11] Traduction de l'auteur (http://www.co-op-assist.co.uk/).

définition suivante provient d'une publication de l'équipe irlandaise Integra :

> L'économie sociale peut être regardée comme un nouveau champ d'activité économique (ou nouvellement défini) qui se situe entre le marché, l'État et le secteur non-marché (le dernier inclut des activités qui se développent traditionnellement dans le cadre des systèmes de prise en charge et de réciprocité des familles et des quartiers, par exemple la prise en charge des enfants et des personnes âgées) ; qui poursuit des objectifs sociaux et économiques ; qui est guidée plutôt par des principes de solidarité et de durabilité que par le profit. (Employment – Integra, 1996)[12]

La troisième définition présentée, celle de la Chambre régionale de l'économie sociale (CRES) de la région Poitou-Charentes, est presque inductive. D'abord, les types d'organisations impliquées sont énumérés : entreprises coopératives (production, consommation, services, etc.), sociétés mutualistes (assurance et prévoyance) et associations à but non lucratif, gestionnaires d'équipements ou de services. Ensuite, les valeurs communes qui sont à la base de ces organisations sont expliquées :

> La solidarité donne plus de place à l'homme qu'aux moyens financiers : les bénéfices ne sont pas partagés mais ils sont réservés au développement de l'activité commune. Et à l'inverse, on fait appel aux sociétaires, à travers la cotisation ou la souscription de parts sociales, dès lors qu'un investissement nouveau dépasse les capacités ordinaires de l'entreprise : les capitaux ne sont qu'un moyen.
>
> La liberté d'adhésion et de choix garantit l'indépendance des personnes : entrer ou sortir d'une organisation d'économie sociale est un droit absolu ; aucun ticket à l'entrée n'est exigé et la porte est ouverte à tous. Ainsi la mutualité accueille-t-elle également tout citoyen, quel que soit son état de santé.
>
> Une gestion démocratique assure la transparence : un homme = une voix. Ce principe implique une information égale de tous et un effort de déconcentration de la décision qui repose sur des relais : ce sont les administrateurs et délégués bénévoles qui forment l'ossature de l'économie sociale. Banques coopératives, mutuelles, associations en comptent des milliers[13].

Ces activités ont à leur base des valeurs communes : la solidarité est plus importante que les ressources financières, la liberté d'association, le management démocratique et la transparence décisionnelle (chaque membre a une voix, un vote). « Une personne = une voix » est l'une des règles formelles de l'économie sociale : Georges Fauquet (1935/1965) suggère la notion d'« association de personnes » pour illustrer ce prin-

---

[12] Traduction de l'auteur (www.iol.ie/EMPLOYMENT/integra/sepp.html).

[13] http://www.cres-pch.org/cestquoi/default.htm.

cipe. D'autres textes disponibles sur le site de la CRES Poitou-Charentes, montrent l'importance de l'économie sociale comme véhicule du développement local et de l'émancipation sociale.

La réflexion autour de ces exemples nous conduit à faire quelques constats :

Premièrement, la satisfaction des besoins humains constitue l'objectif socioéconomique privilégié dans ces définitions pratiques contemporaines de l'économie sociale. Les besoins ne sont pas définis nécessairement sur la base des principes matériels ou existentiels, les principes sociaux et organisationnels jouent aussi un rôle important. Ainsi, la solidarité et la réciprocité dans les relations de production et d'allocation sont explicitement reconnues comme des besoins humains par beaucoup d'organisations d'économie sociale.

Deuxièmement, un accent important est mis sur les agents de la production, par rapport à d'autres définitions plus théoriques qui incluent dans un système opaque les différents types d'agents non spécifiés qui agissent comme des « mains invisibles » dans les trois secteurs de l'économie.

Troisièmement, les activités de ces agents sont définies prioritairement par rapport à ce qu'ils produisent (des biens et des services destinés à satisfaire les besoins non satisfaits par l'État ou le marché), et ensuite, dans un deuxième temps, à travers la description de leurs modes d'organisation et d'institutionnalisation.

Quatrièmement, ces définitions issues de la pratique prennent en compte, plus que les définitions théoriques, les aspects liés à la gouvernance de l'économie sociale. Toutefois, elles montrent assez peu d'intérêt à l'égard des modes d'allocation des résultats de la production.

Cinquièmement, le lien entre l'économie sociale et le développement local est explicitement reconnu : ces définitions soulignent que les expériences d'économie sociale couronnées de succès sont « encastrées » dans des contextes territoriaux spécifiques. Ce postulat est souvent basé sur des expériences satisfaisantes, à l'origine de discours positifs concernant l'économie sociale locale.

Sixièmement, on peut observer une référence claire aux valeurs éthiques de la solidarité et la réciprocité. Il s'agit de reconnaître que l'économie sociale combine un large éventail de réalités, en commençant par les entreprises du marché ayant un agenda partiellement social et en terminant par les entreprises purement solidaires ou les initiatives de type système d'échange local (SEL) où le mécanisme du marché capitaliste est complètement neutralisé.

Septièmement, il faut remarquer la focalisation explicite sur des échelles supérieures de gouvernance. Cela met en évidence le besoin de trouver des leviers de stabilisation : instruments et ressources nécessaires pour faire fonctionner l'économie sociale, et, dans le même temps, institutions capables de garantir l'impact positif de l'économie sociale sur la société. Les niveaux élevés de gouvernance font référence aux différentes échelles institutionnelles de l'État, mais également à des réseaux multi-niveaux entre les initiatives d'économie sociale à l'échelle du quartier, de la ville, régionale, nationale voir internationale (par exemple le mouvement Emmaüs[14]).

Huitièmement, nous observons également une correspondance évidente entre les leçons de la pratique et les leçons de l'histoire. Les modes d'organisation de l'économie sociale et son institutionnalisation à des époques et dans des contextes particuliers, ainsi que le lien explicite avec les valeurs éthiques mises en évidence par l'analyse historique se retrouvent également dans les définitions pratiques contemporaines. Mais il y a aussi des différences importantes, dont deux sont identifiées dans cette section.

L'analyse de la vie associative aux XIXe et XXe siècles met en évidence une évolution des petites initiatives locales vers le niveau national (les mouvements des coopératives et mutuelles) ou même international (par exemple les grands organismes humanitaires). Cette « montée d'échelle » de l'économie sociale connaît une impulsion importante pendant le fordisme, à partir du moment où le système national de protection sociale commence à travailler en partenariat avec certaines structures de l'économie sociale, notamment avec les mutuelles. Dans les années 1970, le fordisme entre dans une crise majeure, ce qui provoquera des nouvelles manifestations au sein de l'économie sociale (par exemple, des réactions contre le paternalisme de certains agents sociaux ou contre la lourdeur de la bureaucratie publique). Ces résistances expliquent pourquoi parfois certaines initiatives contemporaines d'économie sociale (focalisées sur le développement local) ne sont pas très bien organisées à des échelles plus importantes. Malgré leur tendance vers des échelles supérieures de gouvernance, ces initiatives ne bénéficient pas toujours des instruments légaux adéquats pour garantir leur durabilité et témoignent d'une grande fragilité financière.

Ces commentaires renvoient à la deuxième différence par rapport aux leçons de l'histoire : l'économie sociale a besoin de ses propres schémas de financement, de ses temporalités et des dynamiques supra-locales de gouvernance. La base financière des coopératives au XIXe siècle en fournit un exemple : les coopératives ont le droit d'en-

---

14 Les Compagnons d'Emmaüs sont un ensemble d'associations loi 1901 caritatives laïques françaises fondées à partir de 1949 par l'abbé Pierre, pour venir en aide aux plus pauvres, aux exclus, aux réfugiés et aux sans domicile fixe.

gendrer des profits, à condition qu'ils soient réinvestis ou distribués selon les règles et les normes de l'économie sociale. Selon Eme et Laville (2006, p. 304), la consolidation des pratiques d'économie sociale

> se produit par l'*hybridisation*[15] de trois types de ressources : les ressources réciprocitaires initiales (le lien de réciprocité peut s'actualiser en bénévolat, en volontariat ou en des manières d'engagement plus informelles) sont relayées par des ressources publiques qui émanent de l'État social selon le principe économique de la redistribution et des ressources marchandes fondé sur le principe du marché.

Selon ces auteurs, le recours à des principes économiques pluriels « renvoie aussi à des formes de *propriété plurielle* : aux entreprises privées et publiques, il faut ajouter des *entreprises sociales* dont la propriété est collective et le patrimoine indivisible et dans lesquelles la rémunération du capital et l'appropriation privée des résultats sont soumises à des limites ».

Aujourd'hui, l'importance de l'infrastructure matérielle de l'économie sociale semble négligée. Dans les systèmes européens continentaux, l'économie sociale reçoit des subventions des agences publiques, par exemple pour des initiatives d'insertion par l'économique en France, mais pour le court terme, ce qui fragilise la structure sur le long terme. Aux États-Unis, la longue tradition des organisations *nonprofit* offre une base financière plus consistante aux initiatives d'économie sociale par rapport aux constructions idéalistes dans les pays de l'Europe continentale. Au Royaume-Uni, l'une des sources importantes de financement est constituée par les schémas de « pseudo marché » comme le *New Deal* du troisième secteur avec l'objectif de préparer les initiatives d'économie sociale à intégrer le marché.

Cependant, dans sa critique du modèle européen de coopérative, l'approche anglo-américaine du financement de l'économie sociale ne souligne pas suffisamment le fait que beaucoup de coopératives ont été créées comme des réponses à des intérêts mutuels ou généraux de pertinence historique : par exemple, produire et distribuer des aliments à prix abordable pour la classe ouvrière, forcée initialement d'acheter ces produits à des prix trop élevés dans les magasins des usines au XIXe siècle. Malgré ces divergences par rapport aux expériences historiques d'économie sociale, certaines caractéristiques de plusieurs coopératives et initiatives communautaires aux États-Unis pourront être intégrées avec succès dans de futurs modèles opérationnels et cadres légaux de l'économie sociale en Europe, dans le but d'améliorer leur efficacité.

---

[15] En italique dans le texte d'origine.

1.1.4 Vers un cadre d'analyse de l'économie sociale

Au moins deux interrogations émergent quand on confronte l'histoire, les approches théoriques et la pratique de l'économie sociale. Est-ce que la diversité qui caractérise les conceptualisations et les pratiques de l'économie sociale laisse de l'espace pour une approche normative qui peut aider à orienter les diverses initiatives vers une plus grande efficacité sociale ? Quelles sont les lignes directrices permettant l'évaluation des activités dans le champ de l'économie sociale ? Cette problématique est importante aussi pour comprendre ce que peut signifier la « bonne gouvernance » pour l'économie sociale (Moulaert et Nussbaumer, 2005b).

Cela renvoie à une deuxième question qui surgit de l'analyse des expériences du passé. Est-ce que l'économie sociale est « durable » et selon quels critères ? Les communautés utopistes du XIXe en Angleterre ont clairement échoué (Hardy, 1979), le troisième secteur en France comme au Québec est souvent affecté par des faillites (Nussbaumer, 2002). Il apparaît que ce sont notamment les fluctuations du support accordé par l'État aux organisations d'économie sociale et du cadre institutionnel qui devrait les guider, essentiels pour leur durabilité, qui représentent une source d'incertitudes pour l'avenir (Lévesque, Bourque et Forgues, 2001 ; Lipietz, 2001b). Cette remarque est aussi liée au problème des diverses temporalités de l'économie sociale, notamment le temps nécessaire pour mettre en œuvre les projets et le temps nécessaire pour transformer la gouvernance d'État de l'économie sociale en un système qui soutient les stratégies durables.

Étant donnés les défis qui se dégagent de la pratique quotidienne et de l'analyse des dynamiques historiques, il est très difficile, et probablement inutile d'un point de vue analytique, d'essayer de concilier le vaste univers des initiatives et activités connectées à l'économie sociale dans une définition universelle. L'économie sociale est trop encastrée dans les contextes historiques, institutionnels et locaux, qui paraissent échapper à la généralisation. Elle est souvent présentée comme une famille hybride entre marché privé, État et société civile, mais cette approche classificatrice traditionnelle ne conduit pas automatiquement à une définition opérationnelle (Moulaert et Ailenei, 2005). Une définition holiste ou contextuelle de l'économie sociale devrait être plus appropriée, en prenant en compte les différents types de relations sociales, ainsi que leur inscription dans des contextes sociaux, culturaux, historiques et institutionnels spécifiques.

Cependant, quelques principes généraux émergent de l'analyse de cette variété d'expériences. Il s'agit d'abord de réfuter les visions traditionnelles de la production, de la distribution et de l'échange : en réalité, entre le fonctionnement du marché pur et l'administration étatique, il existe un éventail très large d'initiatives, d'institutions et de modes de coordination des activités économiques. Il apparaît que l'économie sociale développe en permanence des mécanismes sociaux, en combinant échange du marché, intervention de l'État et organisation du secteur civil basé sur des mouvements sociaux guidés par la solidarité et la réciprocité. Le lien entre le développement de l'économie sociale et les manifestations des crises socioéconomiques peut être interprété dans ce sens. L'insatisfaction et la frustration liées à l'intervention ou à la position dominante de l'État (ou à son absence aussi), aux échecs ou à l'arrogance du marché ou aux faiblesses des micro-économies laissent une place pour l'utilisation d'autres mécanismes (liens sociaux, souvent préexistants) afin de satisfaire les besoins physiologiques, psychologiques et culturels. C'est dans ce sens que l'innovation sociale joue un rôle important dans la définition de l'économie sociale : innovation sociale signifie nouveaux modes de satisfaction des besoins, mais aussi innovation dans les relations sociales. Ces relations sociales n'émergent pas *ex nihilo*, mais comme une réinterprétation ou une reproduction des relations sociales existantes dans d'autres contextes (Gonzales et Healey, 2005).

Eme et Laville (2006, p. 304) mettent également en évidence une tension récurrente entre la solidarité démocratique, réciprocitaire et redistributive et l'économie fondée sur le seul registre de l'intérêt matériel individuel. Ils distinguent deux dimensions principales de l'économie sociale : une dimension économique (production et distribution de biens ou services) et une dimension politique (« intégration sociale des individus à partir d'activités économiques gérées de manière démocratique »). Le défi ultime est, en élaborant les conditions de leur indépendance économique, de maintenir la possibilité d'espaces publics autonomes, distincts, mais complémentaires des espaces publics pilotés par les pouvoirs publics, car la capacité de générer des changements sociaux dépend aussi des articulations construites avec la puissance publique (Eme et Laville, 2006, p. 305).

1.2 Capital social

La véritable explosion des publications sur le capital social dans des années 1990 témoigne de l'intérêt croissant qu'il suscite dans les cercles académiques, au sein de plusieurs disciplines des sciences sociales (Judge, 2003 ; Lin, 1999). Les approches basées sur le capital social inspirent aussi de plus en plus les initiatives des décideurs des politiques publiques à la recherche de nouvelles pistes et de solutions non économiques et moins coûteuses aux problèmes sociaux. Pour certains, le capital social représente le « ciment » nécessaire pour réconcilier la perspective sociologique et la perspective économique (Portes, 1998), ou pour construire des ponts entre le monde académique et celui de la politique publique (Woolcock et Narayan, 2000). D'autres (Bullen, 1998) désignent le capital social comme la « matière première » de la société civile. Bullen et Onyx (1999) expliquent cette résurgence de l'intérêt pour le capital social notamment par la remise en question de l'idéologie libérale courante et par la recherche d'alternatives centrées sur le rôle de la société civile dans le développement économique. Selon Bévort et Bucolo (2006, p. 87), « dans l'acception qui en fait l'expression de relations de réciprocité, elle (la notion de capital social) rejoint la pensée de l'économie solidaire ».

Ce concept est également devenu l'une des plus populaires exportations de la théorie sociologique dans le langage courant, grâce notamment au travail séminal de Putnam (1993, 1995, 1996, 2000) et Bourdieu dès les années 1980. Le capital social est aussi un sujet très stimulant pour les médias et les politiques : l'idée de capital social est illustrée dans les discours de George Bush (père) aux États-Unis, et, de l'autre côté de l'Atlantique, dans celui de Tony Blair (Pontieux, 2004). Le capital social a également été au centre de nombreuses préoccupations auprès de plusieurs gouvernements (Canada, Royaume-Uni, Australie, Nouvelle-Zélande, etc.) et organisations internationales (Banque mondiale, OCDE, UNESCO, Banque interaméricaine de développement). Les autorités gouvernementales ont vu dans ce concept notamment un « outil heuristique » qui leur permet de jeter un nouveau regard sur l'intervention publique, fondé sur l'importance du lien social (Franke, 2005, p. 1). Dans la vision de la Banque mondiale, le capital social tend à être considéré comme le chaînon manquant du développement économique global (Harriss et de Renzio, 1997) et de la lutte contre la pauvreté et l'exclusion.

Si ce concept connaît un tel succès depuis la fin des années 1990, c'est aussi grâce au renouvellement de l'intérêt des économistes pour le rapport entre les activités économiques et leur contexte socio-institutionnel (Sirven, 2001). L'incapacité des économistes orthodoxes à anticiper et à apporter des réponses adéquates à beaucoup de problèmes auxquels sont confrontées les sociétés modernes a conduit à la redécouverte d'auteurs tels que Hirschman, North ou Olson, prônant une « reconvergence de l'économie vers ce qu'elle n'aurait jamais dû cesser d'être, à savoir : une science "Humaine" » (Sirven, 2001, p. 2). Selon cet auteur, cela explique l'intérêt croissant pour l'ensemble des travaux sur le rôle des institutions et de l'environnement social en économie, regroupés sous l'appellation générale de capital social.

Pour les enthousiastes, le capital social représente la panacée contre tous les malaises de la société actuelle (Portes, 1998). Selon cet auteur, ce succès remarquable s'explique par le fait que les analyses les plus influentes en termes de capital social se focalisent surtout sur les résultats positifs de la sociabilité, liés ensuite à un nombre de préoccupations majeures dans le champ des politiques publiques. Chen (2005) attribue l'intérêt croissant pour ce concept notamment à la perception positive de l'influence du capital social sur le développement économique et social. Nussbaumer (2002) argumente aussi que cette notion permet d'insister en particulier sur le volet social du développement économique et sur l'importance des institutions comme éléments-clés dans la réussite des projets de développement.

Pour leur part, les critiques notent que ce concept ressemble de plus en plus à un « chapiteau de cirque », où le capital social suppose tout ce qui est positif et relatif à la vie civique (Briggs, 2004, p. 151, cité dans Franke, 2005, p. 3). Certains, plus radicaux, comparent le concept de capital social à un « cheval de Troyes du domaine social venant envahir la citadelle de l'économie pure et complexifier l'analyse en rendant la théorie beaucoup plus particulière » (Sirven, 2001, p. 2). D'autres auteurs argumentent que la notion de capital social représente une « colonisation » des sciences sociales par les économistes qui reconnaissent les limites des visions trop individualistes du comportement humain (Fine, 2000). Il y a même des auteurs (Avis, 2002 ; Blaxter et Hughes, 2001 ; Fine, 2000) qui expliquent l'enthousiasme des décideurs politiques pour ce concept par le fait que le social est subordonné à l'économique. Ainsi, ils sont inclinés à utiliser ce terme afin de justifier une réduction des dépenses sociales (Field, 2003, p. 139).

L'idée que les liens sociaux (formels, informels, professionnels, familiaux, associatifs, etc.) et les réseaux de relations dans lesquels individus sont insérés contribuent significativement à la réussite de leurs projets (Bévort et Bucolo, 2006) et représentent une ressource essentielle dans des situations de crise est incontestable. Le scepticisme se manifeste surtout à propos des possibilités d'exploiter cette ressource à l'échelle collective ou de l'élaboration des politiques et programmes publics. En effet, les ambiguïtés conceptuelles considérables et les difficultés liées à la mesure du capital social ont soulevé de nombreuses critiques et surtout la frustration de ceux qui tentent d'appliquer le concept de capital social à l'élaboration de politiques publiques fondées sur des données probantes (Woolcock et Narayan, 2000). La question qui se pose est de savoir si le capital social, en tant que ressource qui se reproduit dans la structure relationnelle où sont insérés les individus, peut devenir une sorte d'actif collectif et prémunir davantage la communauté face aux défis qui se présentent.

Les limites sont liées notamment à la polyvalence apparente du concept « qui renvoie parfois aux réseaux sociaux, mais qui, à d'autres occasions, englobe aussi des éléments comme la confiance, la pratique religieuse, la cohésion communautaire ou l'efficacité institutionnelle » (PRP, 2005, p. 3-4). Cela s'explique par l'hétérogénéité des travaux séminaux qui dominent le débat sur le capital social (Field, 2003), et qui l'interprètent soit comme une ressource qui résulte de la structure des relations sociales (Bourdieu), soit comme une fonction de la structure sociale facilitant l'obtention d'avantages (Coleman, et, dans ses premiers travaux, Putnam). Pour sa part, Burt (2000, p. 2-3) considère la société comme « un marché sur lequel les individus échangent des biens et des idées ». Il utilise la « métaphore » du capital social pour suggérer que la réussite de certains dépend également des liens avec d'autres personnes ou groupes : « les personnes les mieux "connectées" sont celles qui disposent des meilleures informations sur les biens, les acheteurs, les vendeurs, les prix » (Bevart et Bucolo, 2006, p. 89). Burt (2000) focalise son analyse du capital social sur l'amélioration des mécanismes du réseau de relations sociales, et notamment sur le contrôle des trous structuraux, définis par « l'absence de relations entre deux personnes[16] reliées à une même tierce personne » (Bévart et Bucolo, 2006, p. 89).

Dans les paragraphes suivants, nous mettons d'abord en perspective les principales implications analytiques des approches fondatrices afin de retenir une définition opérationnelle du capital social. Ensuite, nous examinons les formes prises par le capital social et nous distinguons entre les différentes échelles d'analyse pertinentes. Enfin, nous nous penchons sur la question des effets positifs ou négatifs que peut générer l'inscription des acteurs dans une structure de relations sociales. Cette section conclut en proposant un cadre pour l'examen du capital social à l'échelle locale.

1.2.1 Approches fondatrices du capital social

Selon Field (2003), les racines de ce concept se trouvent chez les théoriciens qui se sont interrogés sur la relation entre la participation active à la vie communautaire et le développement de la société (Tocqueville, Banfield) et chez les sociologues majeurs du XIXe siècle (Durkheim, Marx). Durkheim souligne l'importance des relations sociales comme antidote à l'anomie et à l'autodestruction, tandis que Marx fait la distinction entre la classe atomisée « en-soi » et la classe « pour-soi » mobilisée et effective.

Woolcock et Narayan (2000), Putnam (2000) et d'autres auteurs datent la première utilisation du terme capital social dans un sens proche du sens actuel en 1916, dans les écrits de Lyda J. Hanifan (1916). Super-

---

[16] Il s'agit ici de personnes qui contrôlent de l'information ou des activités stratégiques.

viseur des écoles rurales en West Virginia (États-Unis), Hanifan invoque l'idée de capital social pour souligner l'importance de la participation communautaire dans l'amélioration de la performance scolaire. Après un silence d'environ trente ans, d'autres travaux ont mobilisé indépendamment ce terme (par exemple Seely, Sim et Loosely, 1956 ; Homans, 1961 ; Jacobs, 1961 ; Loury, 1977) pour suggérer que la mobilisation des relations sociales pour coopérer peut aider les individus à améliorer leurs vies (Putnam, 2000 ; Woolcock et Narayan, 2000 ; Burt, 1992). Un consensus s'est formé autour de l'idée que la notion de capital social a véritablement été théorisée depuis les années 1980, d'abord par Bourdieu (1980, 1986) et ensuite par Coleman et Putnam (Portes, 1998 ; Woolcock et Narayan, 2000 ; DeFilippis, 2001 ; Field, 2003, Plociniczak, 2004). Leurs travaux ont ouvert des pistes significatives aux efforts pour dépasser les limites des modèles économiques étroits dans l'explication du comportement social et politique des individus et des groupes, en intégrant des facteurs hors marché (sociaux) dans l'analyse de la vie sociale, politique et économique (Pantoja, 1999).

1.2.1.1 Bourdieu : le capital social et l'accès aux réseaux sociaux

Dans sa définition du capital social, Bourdieu (1980, 1986) met l'accent sur les bénéfices qu'un agent peut tirer d'un réseau de relations sociales ou de son appartenance à un groupe :

> (...) l'ensemble des ressources actuelles ou potentielles qui sont liées à la possession d'un réseau durable de relations plus ou moins institutionnalisées d'inter-connaissance et d'inter-reconnaissance ; ou, en d'autres termes, à l'appartenance à un groupe, comme ensemble d'agents qui ne sont pas seulement dotés de propriétés communes (susceptibles d'être perçues par l'observateur, par les autres ou par eux-mêmes) mais sont aussi unis par des liaisons permanentes et utiles. (Bourdieu, 1980, p. 2)

Selon Portes (1998), Bourdieu offre la première théorie contemporaine systématique et raffinée du capital social. Cependant, son analyse, inscrite dans la lignée marxiste avec l'objectif explicite d'expliquer la (re)production et la division des classes, est relativement sous-estimée dans la littérature sur le rôle du capital social dans le développement des communautés (DeFilippis, 2001). L'occultation de ses premiers développements théoriques du concept de capital social pourrait s'expliquer par le fait qu'ils ont été d'abord diffusés en français (1980) et plus tard en allemand (1983) et en anglais (1986). Pour d'autres auteurs (Godechot et Mariot, 2004, p. 245), la raison de ce manque de visibilité réside dans la faible occurrence de cette notion chez Bourdieu : à l'exception de ses « Notes provisoires » (1980), il emploie assez peu le terme de capital social dans ses travaux, considéré comme un « démultiplicateur d'autres capitaux » (économique ou culturel). Cela justifie en partie pourquoi « les partisans et les vulgarisateurs du concept de capital social ont plutôt été influencés par les travaux de Coleman et Putnam et n'ont accordé que peu d'attention au travail de Bourdieu dans le domaine » (King et Waldegrave, 2003, p. 14, citant Fine, 2001).

DeFilippis (2001) se montre particulièrement critique par rapport aux développements qui ont succédé à la théorie de Bourdieu, notamment les premiers travaux de Putnam (1993, 1995, 1996). Il souligne deux éléments-clés de la contribution bourdieusienne qui ont été quasi-oubliés dans les théories courantes du capital social : le premier est la distinction entre les réseaux sociaux et leurs effets, et le deuxième est le lien étroit entre le capital social et le pouvoir. En effet, Bourdieu (1986) opère une distinction entre les réseaux sociaux dans lesquels les individus s'insèrent et les effets de ces relations sociales. Il montre ainsi que les réseaux sociaux et leurs produits ne sont pas si facilement assimilables. Il ne faut pas oublier l'existence des réseaux sociaux très denses, mais néanmoins incapables de générer des ressources, en raison de l'accès limité de certains individus ou groupes sociaux (position sociale, statut, origines culturelles, âge, sexe, handicap, etc.). Et même si l'individu arrive à s'insérer dans certains réseaux, cela ne se traduit pas par un accès automatique aux ressources qui lui sont nécessaires. Cela dépend aussi de la quantité et de la qualité des relations que la personne peut mobiliser dans le cadre de ces réseaux et de son capital symbolique qui est instrumental à ce propos.

Plus tard, Bourdieu (1991) montre que les « pouvoirs » présents dans les réseaux de relations sociales ne sont pas tous « réels » : certains pouvoirs sont « symboliques », mais ne sont pas pour autant moins importants au regard de leurs résultats concrets. Selon Moulaert et Cabaret (2006, p. 64), le capital linguistique et les *habitus*[17], dépendant de certains facteurs et acquis dans des contextes particuliers (catégorie sociale, famille, groupes d'amis, école, etc.), sont des exemples très pertinents dans ce sens. Ses auteurs montrent ainsi que « détenir ou ne pas détenir du « capital symbolique » ne produit pas des conséquences immédiates telles que l'absence du capital économique, mais son impact est tout à fait réel ». Par exemple, ne pas parler le langage interne de certains réseaux privilégiés, peut avoir des conséquences négatives en ce qui concerne le pouvoir d'un individu ou d'un groupe[18].

L'interprétation du capital social en termes d'accès aux réseaux renvoie à la discussion autour de la relation entre capital et pouvoir, qui,

---

[17] Selon Bourdieu, le *habitus* représente « un set de structures et de manières habituelles de compréhension caractéristiques et constitutives d'une société ou d'un groupe » (Moulaert et Cabaret, 2006, p. 63, citant Connor, 1996).

[18] Traduction de l'auteur.

selon DeFilippis (2001), représente le deuxième élément-clé ignoré par les successeurs de Bourdieu. Dans la vision bourdieusienne, la (re)production du capital représente un processus inhérent au pouvoir, car le capital et le pouvoir sont conçus comme synonymes (DeFilippis, 2001). Pour Bourdieu, le capital économique comporte à la fois une composante économique et une composante non économique. Cette dernière réside dans des interactions sociales normalement jugées comme étant non économiques, telles que les relations de pouvoir. C'est justement cette dualité du capital économique qui fait que, chez Bourdieu, « le capital social, constitué de réseaux et de relations sociales, n'est jamais déconnecté du capital (économique) » (DeFilippis, 2001, p. 783). Dans un article portant sur le développement économique des villes européennes, Moulaert et Nussbaumer (2003) argumentent aussi que les divers types de capitaux dont les communautés disposent sont fortement inter-liés : par exemple, un déclin à long terme des investissements privés peut affecter de manière négative le développement du capital humain et social et retarder ainsi les actions collectives contre le déclin physique ou écologique. Le lien établi par Bourdieu entre la composante économique et celle non économique conduit à une meilleure compréhension des sources des inégalités : « l'effectivité » du capital social peut être affectée si le capital économique est insuffisamment développé à cause des relations d'exploitation et de la distribution inégale des capitaux et des revenus (Moulaert et Nussbaumer, 2005).

Bourdieu (1986) montre aussi que « (...) le volume du capital social en la possession d'un agent donné... dépend de l'ampleur des relations établies qu'il peut effectivement mobiliser et du volume du capital (économique, culturel ou symbolique) dont chaque personne avec laquelle il a des liens est elle-même pourvue » (Bourdieu, 1986, p. 249). Cet auteur met en évidence la fongibilité des différents types de capitaux : à travers le capital social, les agents peuvent accéder directement aux ressources économiques (marchés protégés, prêts subventionnés, etc.) ou augmenter leur capital culturel à travers les contacts avec d'autres agents (Portes, 1998). L'influence réciproque est également valable : l'acquisition du capital social suppose des investissements délibérés dans des ressources économiques et culturelles (Portes, 1998).

En interprétant le capital social comme un processus qui contribue au renforcement et à la reproduction des groupes privilégiés qui sont en possession de différents capitaux (économique, culturel ou symbolique), Bourdieu (1986) inscrit cette analyse dans un cadre qu'on peut qualifier de marxiste. Ainsi, le capital social représente un investissement des membres de la classe dominante (groupes ou réseaux) à travers la reconnaissance réciproque afin de maintenir et reproduire la solidarité et préserver la position dominante du groupe. Cela nécessite une densité et une « fermeture » des réseaux de relations (puissantes et réciproques), c'est-à-dire l'exclusion des *outsiders* (Lin, 1999). D'autres recherches (Granovetter, 1973 ; Burt, 1992) montrent que, surtout pour des actions instrumentales (par exemple la recherche du travail), les réseaux ouverts et les « ponts » entre les réseaux peuvent être encore plus utiles que les réseaux fermés pour obtenir des ressources additionnelles ou pour faciliter les flux d'informations et d'influence.

1.2.1.2 Coleman : l'interprétation fonctionnelle du capital social

Incontestablement, l'approche de Coleman a eu un impact majeur en termes de visibilité de concept capital social dans la sociologie américaine (DeFilippis, 2001). C'est pour cette raison qu'il est souvent considéré comme étant à l'origine de la notion de capital social (Lemieux, 2001), voire l'auteur de l'analyse la plus influente de ce concept (Foley et Edwards, 1999). On lui reconnaît le mérite d'avoir amorcé l'étude empirique approfondie du capital social (Franke, 2003), d'avoir souligné l'importance du capital humain et identifié un certain nombre de mécanismes qui génèrent du capital social (Portes, 1998). Sans nier la qualité de ses travaux, certains auteurs (Field, 2003 ; DeFilippis, 2001 ; Moulaert et Nussbaumer, 2005b) reprochent à Coleman sa lecture sélective des travaux de Bourdieu sur le capital culturel, en ne considérant quasiment pas les contributions-clés du sociologue français sur la conceptualisation du capital social.

Coleman (1988, 1990) est toutefois le premier à proposer une conceptualisation fonctionnelle du capital social. Dans sa vision, le capital social est composé d'une « série d'entités différentes » (réseaux sociaux, normes, obligations et attentes, confiance, sanctions efficaces, relations d'autorité) et fait partie intégrante de la structure des relations entre les membres d'un réseau. Comme le remarque DeFilippis (2001), chez Coleman, le capital social est normativement et moralement neutre. Son rôle essentiel est de faciliter les actions des acteurs, en mettant à leur disposition les ressources nécessaires :

> Le capital social se définit par sa fonction. Il n'est pas une entité unique, mais une série d'entités différentes qui ont deux éléments en commun : elles sont une partie constituante d'une structure sociale et facilitent certaines actions chez ceux qui évoluent au sein de cette structure. Comme les autres formes de capital, le capital social est productif : il rend réalisables des buts autrement inaccessibles. (Coleman, 1988, p. 98)

Selon cet auteur, ce type de ressource n'appartient pas aux acteurs (individus ou groupes d'individus), mais elle représente le produit des réseaux de relations entre les individus : « Contrairement à d'autres formes de capital, le capital social est inhérent aux relations entre les personnes. Il ne se situe ni dans les individus ni dans les instruments physiques de production » (Coleman, 1990, p. 302). En se focalisant sur l'utilisation du capital social par les individus qui cherchent à maximiser les résultats de leurs actions, Coleman se situe explicitement dans un cadre individualiste. Cependant, dans la mesure où les caractéristiques socio-structurelles (normes, confiance, sanctions, autorité) sont considérées comme accessibles à tous les membres d'un groupe, le capital social est implicitement regardé comme un bien collectif (Lin, 1999). Même s'il n'adopte pas la vision de classe de Bourdieu, Coleman argumente aussi que les réseaux doivent être denses et fermés afin de maintenir et renforcer la confiance, les normes, l'autorité ou les sanctions (Lin, 1993).

Selon Portes (1998), cet amalgame de catégories très hétérogènes (relations sociales, actions, résultats, conséquences, mécanismes) a significativement contribué à la prolifération de l'idée de capital social, mais dans le même temps a ouvert la voie aux confusions et aux contradictions. Pour Lin (1999), la définition de Coleman est tautologique, car la cause est déterminée par son effet : la culture, les normes et la confiance favorisent les relations sociales et la constitution des réseaux, en renforçant l'utilité des ressources encastrées et *vice versa*. Pourtant, observe le même auteur, ces catégories ne sont pas des formes alternatives du capital social, ne pouvant pas être définies l'une à travers l'autre (par exemple « confiance = capital social »). Dans son analyse du capital social, Coleman fait également une distinction implicite entre les « ressources » et « l'habileté » à les obtenir grâce à l'intégration dans diverses structures sociales, distinction qui était déjà explicite chez Bourdieu (Portes, 1998).

1.2.1.3 Putnam : réseaux, normes, confiance généralisée

La contribution de Putnam en ce qui concerne la vulgarisation du concept de capital social a été très importante, particulièrement grâce à deux de ses œuvres : *Making Democracy Work* (1993), consacré à l'étude du lien entre la performance institutionnelle et le développement économique, et *Bowling Alone* (1995, 2000), examinant les incidences du capital social sur la démocratie aux États-Unis. Selon DeFilippis (2001), le capital social, tel qu'il a été conceptualisé par Putnam (1993, 1995, 1996, 2000), a eu des influences considérables en ce qui concerne la recherche et la pratique du développement économique. Si, pour la Banque mondiale, le capital social est devenu le *missing link* du développement économique global (Harriss et de Renzio, 1997), dans les débats concernant le développement des quartiers pauvres, le capital social est souvent vu comme une sorte de *wonder drug* (Chupp, 1999).

Dans le cadre de ses premiers travaux, Putnam adapte l'approche fonctionnelle de Coleman (1990, 1998), d'abord pour comparer l'efficacité des collectivités régionales en Italie (1993), et, ensuite, pour mettre en évidence le déclin du capital social aux États-Unis (1995/2000). Il définit le capital social à travers ses trois caractéristiques essentielles (réseaux, normes, confiance), dont la fonction est de faciliter la coordination et la coopération :

> Par analogie avec les notions de capital physique et humain…, le capital social fait référence aux caractéristiques de l'organisation sociale tels les réseaux, les normes et la confiance, qui facilitent la coordination et la coopération dans l'intérêt réciproque. Le capital social renforce l'efficacité de l'investissement dans le capital physique et humain. (Putnam, 1996, p. 34)

En mobilisant le concept de capital social, Putnam désigne les aspects de la vie collective qui rendent la communauté plus productive : d'abord, les « réseaux de l'engagement civique », qui sont des formes essentielles, car elles facilitent la communication et améliorent le flux d'informations lié à la crédibilité des individus ; ensuite, les « normes de la réciprocité généralisée », qui constituent la composante productive du capital social, car elles combattent l'opportunisme et facilitent la résolution des problèmes liés à l'action collective ; enfin, la « confiance sociale », qui représente la composante morale du capital social, dans le sens accordé par A. Hirschman (1984) : c'est-à-dire une ressource qui augmente si elle est utilisée et qui diminue si elle est ignorée. Les normes et les réseaux suivent la même logique : les normes dépendent de la communication régulière, tandis que les relations sociales, si elles ne sont pas cultivées, s'atrophient (Putnam, 1993).

Dans sa démarche, Putnam part de l'idée de K. Arrow (1972) selon laquelle presque toutes les transactions commerciales contiennent un élément de confiance, surtout quand elles se déroulent sur une longue période. Selon l'économiste américain, beaucoup de retards économiques s'expliquent par le manque de confiance réciproque. Arrow distingue la « confiance personnelle », fondée sur la familiarité entre les individus (« confiance solide » chez le philosophe anglais Bernard Williams, 2000) de la « confiance sociale », indirecte et impersonnelle, caractérisant les communautés plus grandes et complexes. Putnam (1993) montre que la confiance personnelle se transforme en confiance sociale à travers deux mécanismes : les « normes de la réciprocité » et les « réseaux de l'engagement civique ».

Putnam reprend aussi l'idée des économistes néo-institutionnalistes March et Olsen (1989, 1991), selon laquelle les normes sont inculquées et soutenues par la socialisation (éducation civique), mais aussi par des sanctions. Dans la lignée de North (1990), il souligne que les normes basées sur la confiance sociale prolifèrent, car elles réduisent les coûts de transaction et facilitent la coopération. Les normes basées sur la réciprocité peuvent prendre deux formes : normes équilibrées ou spécifiques (par exemple l'échange de cadeaux ou de services entre les collègues) et normes généralisées ou diffuses (par exemple l'amitié, définie comme relation continue d'échange où les deux parties comptent sur le retour de services, ce qui implique une réciprocité généralisée).

Putnam (1993) montre que toutes les sociétés se caractérisent par des réseaux de communication et d'échange : formels ou informels, horizontaux (d'égalité) ou verticaux (dépendance, hiérarchie). Dans la conception putnamienne, les formes essentielles de capital social sont les « réseaux d'engagement civique » (associations, coopératives, clubs sportifs, partis politiques populaires, etc.), représentant des interactions formelles et horizontales. Selon Putnam (1993), la « densité de ces réseaux civiques » représente un indicateur de la capacité des citoyens à coopérer dans l'intérêt commun : étant donné que ces réseaux sont interconnectés, les bénéfices attendus des transactions simultanées ou futures sont marqués par l'incertitude si les participants aux transactions ont des comportements de tricheurs. Les réseaux de l'engagement civique incluent les « liaisons fortes » (les affaires de famille ou les minorités ethniques unies : par exemple les communautés juives ou chinoises) et les « liaisons faibles » (relations de collaboration au niveau de la communauté). Selon Granovetter (1977), les liaisons faibles (par exemple contacts sociaux ou relations entre les membres d'une association) sont parfois plus importantes que les liaisons fortes (relations d'amitié ou de famille) pour le succès de l'action collective. De plus, les liaisons faibles sont plus en mesure d'assurer la cohésion des groupes à l'intérieur d'une communauté que les liaisons fortes qui tendent à se concentrer à l'intérieur d'un groupe restreint. Dans ses travaux plus récents, Putnam (2000, 2001) recentre sa définition du capital social sur les réseaux, en soulignant que les normes et la confiance font partie du capital social seulement si elles découlent de l'adhésion aux réseaux : « les liens entre individus/réseaux sociaux et les normes de réciprocité et d'honnêteté qui en découlent » (Putnam, 2000, p. 19). Dans la nouvelle vision putnamienne, les réseaux de mobilisation civique (notamment les associations bénévoles) sont à l'origine des normes généralisées et des niveaux élevés de conscience : « La confiance sociale ne fait pas partie de la définition du capital social, mais elle est certainement une conséquence immédiate et pourrait, de ce fait, être présentée comme un indicateur de ce dernier » (Putnam, 2001, p. 45).

Les associations volontaires et les ONG, basées sur la confiance, représentent, selon cet auteur, les sources-clés de la reproduction du capital social des communautés, régions, etc. Cette conception du capital social est critiquée par DeFilippis (2001) en raison de la confusion entre le concept de capital social et une interprétation particulière, néo-tocquevillienne, de la société civile comme les associations volontaires fondées sur la confiance, et, dans ce sens, génératrices du capital social.

De plus, Putnam ne démontre pas empiriquement qu'une vie associative très active correspond à des niveaux élevés de confiance généralisée (Stolle, 2003 ; PRP, 2003), ce qui met en doute l'utilisation de la confiance comme indicateur du capital social.

Pour leur part, Moulaert et Nussbaumer (2005b) critiquent la conception putnamienne en raison de l'occultation des effets négatifs du capital social. Même si Putnam (1993) reconnaît que les normes et les réseaux qui servent certains groupes peuvent en gêner d'autres, il se focalise uniquement sur les bénéfices du capital social. Il présume que le capital social, basé sur la confiance, les normes et les valeurs communes, exerce une influence toujours positive sur le comportement humain, en déterminant les individus à agir dans l'intérêt collectif ou général. Cela nuit à la valeur analytique du concept et conduit à une vue purement normative, imprégnée de l'idée que le capital social suppose toujours des relations de type « gagnant-gagnant ». L'adoption d'une telle posture pourrait facilement conduire à l'hypothèse d'un rôle positif automatique du capital social dans le développement, ou, pire, à expliquer les échecs des actions de développement par l'absence du capital social (Moulaert et Nussbaumer, 2005b).

1.2.2 Formes et échelles d'analyse du capital social

1.2.2.1 Capital social bonding *et* bridging

L'analyse des conceptualisations pionnières (Bourdieu, Coleman, Putnam) nous permet de mettre en évidence de nombreuses divergences, mais aussi un point commun essentiel : le capital social « est essentiellement relationnel, c'est-à-dire inhérent aux interactions entre les agents » (Sirven, 2001, p. 8 ; Field, 2003). La valeur principale des approches fonctionnelles (celle de Putnam notamment) est qu'elles mettent en évidence la nécessité d'identifier les facteurs qui renforcent le potentiel productif des réseaux de relations sociales dans des enjeux majeurs comme la lutte contre la pauvreté et le développement des collectivités. Mais les visions fonctionnelles (Putnam, Coleman) englobent dans une dynamique globale un nombre de phénomènes complexes et distincts obéissant à des dynamiques différentes, voire contradictoires : normes généralisées de réciprocité, confiance sociale, participation civique, cohésion sociale (Franke, 2005 ; Bucolo, 2003). Ainsi, ces approches perdent de leur utilité explicative : en considérant ces phénomènes comme des formes du capital social, indépendamment de leurs liens avec les réseaux sociaux, elles n'arrivent pas à isoler leurs caractéristiques et leurs effets, qui sont pourtant indépendants. En revanche, les approches centrées sur les réseaux distinguent nettement entre les trois ingrédients du capital social : les « ressources sociales » encastrées dans une structure sociale, la « facilité d'accès » des agents à ces ressources grâce à leurs liens sociaux (par exemple les ressources financières ou influence) et « l'utilisation » de ces ressources pour atteindre leurs objectifs (par exemple des agendas de développement socio-économique) (Lin, 1999, p. 35).

Pour ces raisons, nous avons opté pour la définition suivante fondée sur les réseaux sociaux, en écartant les approches fonctionnelles, malgré leur succès médiatique et leurs avancées théoriques : « Le capital social désigne les réseaux de relations sociales qui peuvent donner accès à des ressources et du soutien aux individus et aux groupes » (Franke, 2005, p. 6). Comme on peut l'observer, la définition retenue a des parentés évidentes avec la conceptualisation de Bourdieu qui interprète le capital social en termes d'accès aux ressources mobilisées à travers les réseaux. Dans la foulée des travaux de Granovetter (1973, 1974), les approches par les réseaux distinguent entre un capital social affectif, basé sur des liens forts et le capital social relationnel, qui repose sur l'importance des liens faibles (Woolcock et Narayan, 2000). Granovetter insiste notamment sur la force des liens dits faibles : « Les liens entre personnes évoluant dans des cercles différents sont plus utiles que les liens forts qui me relient à mes proches. Les liens forts sont bons pour se ressourcer, se réconforter, les liens faibles sont bons pour avancer, évoluer » (Bévort et Bucolo, 2006, p. 91).

La typologie la plus fréquente les dernières années isole trois dynamiques essentielles du capital social : *bonding*, *bridging* et *linking* (Franke, 2005). Putnam (2000) met l'accent particulièrement sur la distinction entre les liens « ouverts » (*bridging*, qui font le pont entre les divers groupes) et les liens « fermés » (*bonding*, qui unissent des égaux ou des individus appartenant au même groupe).

Le capital social *bonding*, caractérisant les sociétés assez homogènes, se révèle très important pour leurs membres en cas de besoin : par exemple aide financière ou services d'entraide (Frank, 2003). Mais la puissance de certains liens forts (parenté proche, amitié, enclaves ethniques, sociétés d'aide mutuelle) implique également des risques tels que l'exclusion des étrangers ou la limitation des libertés individuelles des membres, la redondance et le manque d'originalité de l'information qui y circule ou encore le danger de « se refermer sur eux-mêmes et de tourner en rond » (Portes, 1998, p. 83).

Le capital social *bridging* caractérise des sociétés plus hétérogènes. Il repose sur des liens faibles (parenté éloignée, religion, classe, ethnie, sexe, statut socioéconomique) qui s'avèrent parfois plus utiles que les liens forts pour accéder à des ressources externes et pour la diffusion de l'information (par exemple dans la démarche de recherche d'un emploi) (Frank, 2003).

Enfin, le capital social *linking* (instrumental) est une notion lancée par Woolcock pour souligner l'importance des liens verticaux avec des personnes occupant des postes qui confèrent du pouvoir et qui pourraient faciliter l'accès des individus ou des groupes aux ressources institutionnelles (Franke, 2005). Ce concept est mobilisé pour montrer que la qualité des relations avec les « intervenants de première ligne », selon le domaine d'intervention (représentants du gouvernement, professeurs, médecins, travailleurs sociaux, etc.), a un impact considérable sur le succès ou l'échec des diverses actions (Franke, 2005, p. 12).

Pourtant, même en présence de ces réseaux denses de relations sociales, pourquoi y a-t-il des différences d'efficacité du capital social dans le cadre des diverses communautés ? Lemieux (2001) répond à cette question en soulignant la nécessité « d'un dosage adéquat » de liens forts et de liens faibles, tandis que Woolcock et Narayan (2000) mettent en évidence la complémentarité entre les liens intra-communautaires puissants et les réseaux extracommunautaires faibles.

1.2.2.2 Échelles d'analyse du capital social

En transformant le capital social d'une ressource qui est insérée dans les relations sociales en une ressource qui est possédée ou pas par les individus ou les groupes (Portes, 1998), Putnam a été le premier à tenter d'opérer une transition du capital social à l'échelle individuelle vers des groupes plus larges (Chen, 2005) : « C'est plus facile de travailler ensemble dans une communauté dotée d'un stock substantiel de capital social » (Putnam, 1993, p. 36). Il pose ainsi que le capital social est susceptible de se transformer d'une ressource individualisée en « bien public » (DeFilippis, 2001). Putnam ouvre ainsi la voie à l'étude du capital social en tant que ressource collective avec des influences positives potentielles sur le développement économique (Chen, 2005).

Cette vision est critiquée par DeFilippis (2001, p. 789) qui montre qu'à l'inverse des individus, « une communauté ne peut rien posséder », car elle n'est pas un acteur, mais le résultat d'un nombre de relations internes et externes complexes (sociales, politiques, culturelles et économiques) impliquant très souvent des luttes de pouvoir. De plus, malgré son intérêt pour l'échelle du groupe, dans ses recherches empiriques Putnam mesure le capital social par une approche appartenant à l'individualisme méthodologique (Skocpol, 1996, cité par DeFilippis, 2001) : les données témoignant du degré de l'implication civique des individus sont tout simplement agrégées afin de mesurer le capital social à des échelles supérieures.

Pour sa part, Coleman (1988) considère le capital social comme un bien collectif dans le sens où les ressources ou les caractéristiques socio-structurelles (normes, confiance, sanctions, autorité) sont accessibles à tous les membres d'un groupe qui les utilisent pour obtenir de meilleurs résultats dans leurs actions individuelles. Malgré cette focalisation sur l'échelle collective, cette vision s'inscrit également dans le cadre de l'individualisme méthodologique : selon Coleman, il revient aux individus d'adopter des comportements coopératifs pour maximiser leurs avantages. En revanche, l'analyse de Bourdieu (1988) offre une vision du capital social qui peut véritablement se décliner tant à l'échelle individuelle qu'à l'échelle collective car il développe sa théorie en termes d'accès des « agents » (individus, groupes ou institutions) aux ressources contenues dans les réseaux sociaux. Il convient de noter que, dans les travaux de Bourdieu, les institutions sont définies de manière relationnelle, comme les résultats des configurations de relations entre des acteurs individuels ou collectifs.

En fonction de l'échelle d'analyse Franke (2005) distingue trois approches du capital social : micro, méso et macro. Leur point commun est la reconnaissance de la contribution du lien social à l'amélioration du bien-être des individus et de leur qualité de vie.

L'approche micro centre la définition du capital social sur l'action collective. Le capital social représente ainsi le produit des motivations des acteurs à s'associer (ce sont les valeurs et les aspirations qui expliquent la coopération) et des perceptions qu'ils ont des enjeux collectifs (les croyances et influences culturelles). La Banque mondiale utilise la notion de « capital social cognitif » pour désigner cette approche (Grootaert et van Bastelaer, 2001), comme si l'accès au capital social était le résultat automatique d'une action volontaire. L'approche méso met en avant la valeur instrumentale du capital social. Le capital social est associé au potentiel des réseaux sociaux à produire des ressources. Cette approche s'intéresse aux structures (réseaux, position des membres au sein des réseaux, types et conditions de réalisation d'interactions) qui déterminent la nature et le mode de circulation des ressources. La Banque mondiale mobilise la notion de « capital social structurel » pour désigner cette approche (Grootaert et van Bastelaer, 2001). L'approche macro se focalise sur la valeur d'intégration et de cohésion sociale du capital social. Le capital social représente le produit de l'environnement social et politique d'une collectivité qui véhicule des valeurs et des normes (principalement la confiance et la réciprocité). À leur tour, ces normes et valeurs créent les conditions pour l'engagement social et la participation civique et politique.

Sous l'influence des travaux de Putnam, la tendance actuelle consiste à traiter le capital social notamment sous l'angle micro et macro de la participation civique, de l'engagement social et des structures de coopération et de solidarité. Selon Franke (2005), en limitant le capital social à sa dimension participationniste, ces approches affaiblissent la valeur explicative du concept et ne permettent pas de comprendre les mécanismes de (re)production du capital social. En revanche, en se focalisant sur les réseaux sociaux, l'approche méso suppose que le capital social n'est ni une propriété individuelle, ni collective, mais une ressource insérée dans les relations sociales et qui engendre des bénéfices (individuels ou collectifs) pour les membres des réseaux.

En partant du constat que la littérature traite rarement la question des articulations entre ces diverses formes et échelles du capital social, Chen (2005) propose une vision qui intègre les différents niveaux analytiques et échelles spatiales et institutionnelles associées (transnationale, nationale, institutionnelle, organisationnelle, groupes, individus). Selon cet auteur, l'articulation entre ces niveaux d'analyse fournit la clé pour la compréhension du rôle du capital social dans le développement économique et social. Par exemple, les valeurs nationales traditionnelles, enracinées dans l'histoire et renforcées par les institutions locales, influencent le degré de confiance des interactions individuelles (Fukuyama, 1996). À leur tour, la confiance et les règles informelles qui caractérisent le niveau individuel se retrouvent dans les principes et les philosophies des firmes. Également, la propension des individus pour le travail bénévole et la coopération est cruciale pour le fonctionnement des structures associatives et coopératives.

Mais le capital social ne joue pas automatiquement un rôle positif dans le développement socioéconomique : d'autres facteurs complètent ou affectent l'impact du capital social à chaque niveau d'analyse (par exemple, l'investissement dans l'éducation ou l'ouverture politique). Pour illustrer cette idée, Mondal (2000) s'appuie sur l'exemple des programmes informels d'éducation primaire mis en place au Bengladesh dans les années 1980 par des grandes ONG rurales. Grâce à ces initiatives, vers la fin des années 1990, 90 % des 1,5 million d'enfants des ménages ruraux pauvres qui avaient abandonné leur scolarité sont retournés dans des écoles, ce qui a renforcé plus tard leur capital social. En se référant au contexte chinois, Lin (2001) montre aussi comment l'investissement dans l'éducation des garçons leur permet à l'âge adulte d'obtenir des avantages en termes de capital social (accès plus facile aux réseaux de relations sociales), ce qui favorise plus tard l'obtention d'une bonne position sur le marché du travail. Chen (2000) montre également comment le capital social transnational qui a facilité les relations économiques entre Hong Kong, Taiwan et le sud de la Chine n'aurait pas pu être fonctionnel si cette région était restée sous le contrôle politique centralisé au lieu de s'ouvrir aux expérimentations capitalistes vers la fin des années 1970.

1.2.3 Impacts du capital social sur l'économie

1.2.3.1 Externalités positives du capital social

Si pour les économistes classiques les facteurs de base de la croissance économique étaient la terre, la force de travail et le capital financier, à partir des années 1950 d'autres facteurs commencent à être pris en compte dans les théories du développement. Solow montre en 1956 comment l'accroissement du stock de capital, de la quantité de travail et le progrès technique interagissent et affectent le niveau de production d'une économie. Il est suivi dans les années 1960 par Johnson (1960), Schultz (1961) et Becker (1964, 1993) qui montrent que la qualité du capital humain est décisive pour l'efficacité des autres facteurs de production (Field, 2003 ; Woolcock, 2001 ; Lin, 1999). Dans les années 1980, Bourdieu, suivi par Coleman (1988, 1990), Putnam (1993, 1995), ainsi que par nombreux autres auteurs, mobilisent le concept de capital culturel (1977) et celui de capital social (1980, 1986) pour expliquer les inégalités sociales. Ces conceptualisations, qualifiées par Lin (1992) de théories du néo-capital, mettent les relations sociales au centre du processus de développement. Cependant, comme l'observe Sirven (2001), quasiment aucun modèle économique n'a été développé en intégrant le capital social, à l'exception notable du modèle d'équilibre général de Schiff (1999) qui analyse l'impact des conditions d'intégration du marché du travail sur le capital social et sur le bien-être des individus.

Selon Field (2003), le fait qu'une simple métaphore, utilisée initialement pour décrire les liens sociaux en tant que forme de capital, ait pu se développer de cette manière et devenir un concept des sciences sociales gagnant une telle audience, est très significatif. Bien que le contenu du concept de capital social soit aujourd'hui très complexe, son apparition est liée à l'analogie avec la notion de capital, communément défini comme l'ensemble de biens possédés par un agent et qui lui procurent des revenus (Field, 2003). Selon cette logique, le capital social peut être vu comme un ensemble de relations qui s'établissent entre les agents et leurs familles, amis, collaborateurs, clients ou fournisseurs. Sirven (2001, p. 8) définit le capital social d'un agent (de l'individu à l'État) comme « une ressource sociale issue des interactions (structurelles ou culturelles) des agents, capable de générer des externalités durables qui affectent la situation économique de l'agent ». Cette formulation met en évidence le caractère social du capital social qui est avant tout une ressource insérée dans les relations sociales entre les agents. La question se pose maintenant de savoir en quoi le capital social constitue du capital.

La première partie de cette définition de Sirven (2001) fait référence à la mobilisation d'un actif ou d'un stock de capital social (les ressources sociales des agents). Selon Field (2003), dans un sens strictement économique, les facteurs de production classiques sont plus facilement évaluables, additionnables et comparables que les relations sociales qui sont difficilement réductibles à une simple série de dénominateurs communs. Grootaert (1997) et Sirven (2001) soulignent un nombre de points communs du capital social avec d'autres formes de capital, qui justifient une définition du capital social en termes de stock de capital.

Premièrement, comme d'autres types de capitaux, le capital social est cumulable (par exemple de nouveaux membres intègrent un groupe, de nouveaux liens se créent avec d'autres groupes, la confiance entre les membres d'un groupe augmente dans le temps, etc.).

Deuxièmement, comme le capital humain, le capital social peut être simultanément un bien de consommation et un investissement. Par exemple, au moment où une personne demande un service à une autre, on peut dire qu'elle consomme du capital social. Dans le même temps, elle investit dans le capital social dans le sens où cette interaction génère un plus de confiance et une « dette » du demandeur envers le prestataire du service.

Troisièmement, comme n'importe quel stock de capital, le capital social a besoin d'être entretenu : le capital social « grandit et se développe naturellement avec l'usage » et il se déprécie avec la non-utilisation (Adler et Kwon, 1999, p. 3). L'exemple le plus connu est celui des relations entre les anciens collègues de classe qui se distendent avec le temps, au point même de ne plus vouloir se reconnaître dans la rue (Sirven, 2001).

Quatrièmement, comme les autres types de capitaux, le capital social est convertible dans d'autres formes de capital (Bourdieu, 1986). Par exemple, si un parent ou un ami vous demande de l'argent et que vous consentez, il transforme son capital social en capital économique. Si cette personne vous permet en échange d'accéder à un contrat de qualification dans son entreprise, vous transformez votre capital social en capital humain (Sirven, 2001, p. 7).

Cinquièmement, le capital social peut être un substitut ou un complément d'autres ressources : cette caractéristique, comme la précédente, a été mise en évidence par Bourdieu (1986). Par exemple, si le capital humain d'une personne est insuffisant pour accéder à une fonction ou un emploi, elle peut la remplacer par le capital social, en se faisant « pistonner » (Adler et Kwon, 1999, cités par Sirven, 2001, p. 7).

Cependant, ce seul caractère de stock du capital social ne lui confère pas automatiquement le titre de « capital » (Sirven, 2001, p. 7). Pour être un capital, il faut encore que les interactions sociales entraînent des flux de capital social ou d'externalités qui influencent la situation économique des agents. Collier (1998) distingue quatre formes d'interactions sociales caractérisant la sociabilité entre les individus : l'observation (processus d'apprentissage basé sur l'expérience des autres), la hiérarchie (qui suppose que l'agent soit subordonné à un supérieur), les réseaux (associations libres et spontanées d'agents) et les clubs (formes organisationnelles avec un ensemble défini de membres). L'observation et la hiérarchie se basent sur des interactions sociales à sens unique ou asymétriques, tandis que les réseaux et les clubs se fondent sur des relations réciproques.

Les différentes associations entre ces quatre formes d'interaction sociale déterminent trois types d'externalités qui permettent de cerner les impacts du capital social sur le développement économique et social (Sirven, 2001) :

(1) La connaissance du comportement des agents : l'information véhiculée par le capital social, concernant les caractéristiques intrinsèques des individus, est particulièrement importante sur les marchés comportant des risques (travail, crédit, biens et services). Par exemple, le capital social, qui peut prendre plusieurs formes (liens personnels entre l'entrepreneur et son groupe, réseaux d'entreprises, liens entre l'entreprise et la communauté du travailleur) est très efficace sur le marché du travail, car il renseigne l'employeur sur beaucoup de caractéristiques de l'employé : niveau de formation, aptitudes, degré de motivation, honnêteté, etc. (Sirven, 2001). Cette externalité peut ainsi contribuer à la fixation d'un salaire plus proche du niveau réel de la productivité du travailleur.

Un autre exemple est celui de la méthode utilisée par les institutions de microcrédit dans la région du Chambar (Pakistan) pour diminuer le risque de non-remboursement :

> Chacun de soixante prêteurs (...) s'est constitué un cercle étroit de clients de confiance. (...) Avant d'admettre un nouveau client, le prêteur (...) s'arrange pour conclure au préalable d'autres types de transactions (portant sur le travail ou des marchandises) avec le candidat, pendant au moins deux campagnes, afin de se faire une opinion sur son sens des affaires, sa probité et sa solvabilité. Les « nouveaux » font également l'objet d'une enquête serrée, comportant visites au village, entretiens avec les voisins ou d'anciennes relations d'affaires, qui permet de déterminer leur fiabilité et leur réputation. (OCDE/World Bank, 1999, p. 75-76, cités par Sirven, 2001, p. 10)

Pour prévenir le risque de non-respect du contrat par certains agents, les organismes de microcrédit s'appuient sur des transactions répétées ou sur la bonne réputation de leurs clients. Cela accroît le niveau de confiance et fait que certaines activités économiques se déroulent même sans contrats écrits, avec un simple engagement oral.

(2) La connaissance de l'environnement des agents : ce type d'externalité a des impacts au niveau individuel (rôle d'intermédiaire entre l'individu et le marché du travail), mais aussi dans d'autres domaines comme la diffusion du progrès technique et de l'information technologique ou dans le cadre des politiques publiques (à travers les institutions de coordination qui communiquent les préférences des entreprises aux décideurs). Dans le premier cas, l'individu peut mobiliser son capital social (un réseau de connaissances – amis, famille, ex-collègues – ayant accès aux informations concernant le marché du travail) pour obtenir diverses informations utiles : types de contrats et niveaux de rémunération pratiqués, emplois disponibles, etc. (Sirven, 2001). Un autre exemple éloquent est celui de la diffusion du progrès technique dans le cadre des « districts industriels ». Les interactions intensives entre les entreprises et des entrepreneurs partageant des valeurs et normes communes contribuent à la création d'une « atmosphère industrielle » (Marshall, 1890, 1971) qui facilite la diffusion du progrès technique et les processus d'apprentissage (Sirven, 2001). Le capital social constitue ainsi un facteur de compétitivité à travers les économies d'échelle qu'il permet de réaliser (par exemple la collaboration entre les firmes de l'industrie biotechnologique pendant certaines périodes de longues et coûteuses recherches, pour redevenir ensuite concurrentielles).

(3) L'action collective : définie comme une « mise en commun des ressources (économiques, financières, culturelles, etc.) qui va permettre d'atteindre des objectifs communs, lesquels seraient inaccessibles de manière individuelle » (Sirven, 2001, p. 12 ; Collier, 1998). Cette externalité renvoie à l'idée de coopération et de coordination entre les individus ou groupes, notamment dans le domaine des projets économiques, sociaux ou financiers (par exemple les associations rotatives de crédit) à vocation communautaire (Sirven, 2001). L'un des exemples les plus parlants est celui des associations populaires type Raifessen qui ont préfiguré le développement financier de l'Allemagne (Walras, 1865). Ce type de système financier est aujourd'hui très répandu en Afrique, représenté notamment par les coopératives d'épargne et de crédit (COOPEC), dont le rôle est de collecter l'épargne et d'accorder des crédits à leurs membres (Fournier et Ouedraogo, 1996). Parmi les exemples les plus populaires, citons aussi le modèle de la *Grameen Bank*[19] fondée au Bengladesh à la suite de la famine de 1974. Cette institution de microfinance a pour vocation d'accorder des crédits aux plus démunis, habituellement exclus du système bancaire, afin de favoriser le développement économique et humain. Les piliers de la *Grameen* sont la solidité et la solidarité des emprunteurs qui se réunissent en groupes de cinq. Les

[19] *Grameen* signifie village en Bengali.

membres sont amenés à se soutenir réciproquement par un système de parrainage, de conseils et d'entraide : cette méthode est très efficace pour éviter le non-remboursement, car l'emprunteur subira des sanctions sociales associées au défaut de paiement (au sein d'un crédit collectif).

L'examen des trois externalités (connaître le comportement des agents, s'informer sur leur environnement et l'action collective) générées par la ressource relationnelle qui se reproduit à travers les interactions entre les agents permet d'affirmer que le capital social peut occuper une place privilégiée dans le processus de développement (Sirven, 2001). Les deux premières externalités privilégient la notion d'information. Le capital social joue le rôle de vecteur d'information entre les agents : ainsi, l'information concernant le comportement des agents, véhiculée par le capital social, diminue le risque lié à une information erronée ou insuffisante et permet de réduire les coûts. Également, le capital social permet de diffuser d'une manière plus rapide et moins coûteuse l'information relative à l'environnement des agents, ce qui facilite une prise de décision plus efficace, car plus proche de la réalité.

La troisième externalité, l'effet de l'action collective, implique la mise en commun des ressources, ce qui permet d'atteindre des objectifs inaccessibles de manière individuelle et des économies d'échelle traduites par la diminution des coûts individuels (et donc des gains d'efficience). Le principe de l'action collective, en mettant en place des normes et des sanctions sociales, permet aussi d'éviter les comportements opportunistes et des actions non coordonnées : cela se traduit théoriquement par un plus grand nombre de biens publics de meilleure qualité (Sirven, 2001). En étudiant le succès de l'implantation de douze très petites entreprises à Lens (commune située dans la région Nord-Pas-de-Calais), Plociniczak (2003) met en évidence la dimension « encastrée » de l'activité économique qui est modelée par le contexte social et la structure des relations sociales dans lesquelles l'entrepreneur s'inscrit (qui peuvent influencer de manière décisive l'activité économique) : les relations durables qui permettent la reconnaissance des acteurs, la norme de réciprocité qui est le moteur des réseaux, l'échange répété qui crée une norme de confiance et de réciprocité.

Cependant, en raison du manque de ponts entre les groupes ou avec d'autres communautés ou échelles spatiales ou institutionnelles (*bridging social capital*), il se peut que les effets positifs du capital social ne soient pas toujours bénéfiques pour toute la communauté ou tous ses membres. Cela suggère la nécessité de « passer de l'image de la communauté comme une collectivité fermée et statique ("communauté forteresse") à une image de la communauté comme entité vivante et dynamique, ouverte simultanément au contact et à la solidarité avec les autres communautés, à différentes échelles » (Santos et Rodriguez, 2002, p. 53, cités par Paulo de Jesus, 2006, p. 165).

Pourtant, le capital social n'a pas toujours les effets positifs supposés, il peut avoir aussi des conséquences négatives (Adler et Kwon, 2002). En s'appuyant sur l'exemple de l'organisation criminelle Mafia, la section suivante se focalise sur les potentiels effets négatifs du capital social.

1.2.3.2 Effets négatifs ou « pervers » du capital social

Un des reproches fait souvent aux conceptualisations classiques du capital social (Bourdieu, Coleman, Putnam) est qu'elles ne mettent pas suffisamment en évidence les potentiels effets négatifs pour l'individu ou la société. Selon Gupta *et al.* (2001), Bourdieu le fait, mais son analyse n'est pas exhaustive. Ce constat a été à l'origine d'analyses plus critiques des conséquences du capital social, portées par Rubio (1997), Tirole (1996), Gambetta (1993), Champeyrache (2004), Collier (1998) ou Sirven (2001). Si le capital social a toujours un impact positif sur le développement, comment expliquer l'inefficacité des institutions économiques dans une société comme la société colombienne, se demande par exemple Rubio (1997). À partir de ce questionnement, il distingue entre le capital social « productif » qui enclenche, avec ses externalités positives, un cercle vertueux au niveau collectif (entre les institutions, la culture locale et les règles de jeu favorables) et le capital social « pervers » qui restreint les opportunités de développement. Dans ce dernier cas, les réseaux, les contacts, les relations de pouvoir, le système légal, les normes informelles de comportement ou les activités politiques encouragent les situations de rente et les comportements criminels, au détriment des activités productives (Rubio, 1997).

Un des exemples les plus parlants de ce type de démarche est celui de la Mafia sicilienne, définie par Sirven (2001, p. 14) comme « groupe hiérarchisé, organisé pour mener des actions collectives visant à atteindre des objectifs communs (d'où l'emploi du terme Cosa Nostra) ». Afin d'assurer la cohésion interne de l'organisation et de se reproduire dans le temps et l'espace, cette organisation criminelle accumule et mobilise du capital social et structure des réseaux de relations qui permettent stocker des ressources par la coopération et les échanges (Bucolo, 2003, citant Sciarrione, 1998). Elle instaure ses propres normes et valeurs (crime, racket, violence, loi du silence), au détriment des activités productives et de l'innovation technologique (Rubio, 1997). Dans ce cas, il s'agit d'une approche très volontariste du capital social : la Mafia développe des liens intergroupes (par exemple entre Camorra, la mafia napolitaine et Cosa Nostra) et construit des ponts avec d'autres types de capital (par exemple avec le capital social gouvernemental).

Les effets du capital social ainsi généré se traduisent par une aggravation de la criminalité et par la corruption du gouvernement et de la justice (Sirven, 2001). Selon Collier (1998), l'État ne peut décourager les activités criminelles de la Mafia qu'en la concurrençant, c'est-à-dire en offrant de la protection et de la contrainte à des prix moins chers.

Dans ses travaux sur l'économie du Mezzogiorno, Champeyrache (1999) met en évidence le phénomène dangereux et durable de l'infiltration mafieuse dans l'économie légale. L'auteure montre que l'investissement des entrepreneurs mafieux transforme la gestion interne des entreprises, nuit au bon fonctionnement des marchés infiltrés (notamment le tourisme, le recyclage des déchets toxiques, le secteur du bâtiment, les travaux publics) et entraîne des faillites d'entrepreneurs locaux qui émigrent vers le nord. L'élimination de la concurrence s'accompagne de pressions directes ou indirectes sur les autorités locales (pratique du *lobbying*), pour saisir les appels d'offres et remporter les contrats (notamment dans le secteur du bâtiment) ou pour détourner les capitaux publics (Sirven, 2001). D'où l'apparition des phénomènes de clientélisme et de corruption, deux formes du capital social ayant des effets négatifs sur l'économie car elles rendent inefficaces les services publics et empêchent l'application des lois et des politiques de développement qui ne sont pas en concordance avec les intérêts de tel ou tel groupe de pression. Parfois, cela peut entraîner une érosion de la légitimité et des ressources de l'État qui se transforme en un « simple moyen d'enrichissement » (Sirven 2001, p. 15).

Chen (2005) argumente à quel point l'équilibre est délicat entre, d'une part, l'utilisation du capital social pour générer des bénéfices économiques et, d'autre part, son utilisation pour induire des comportements et pratiques indésirables. Par exemple, dans le sud de la Chine, mobiliser des relations familiales, même si elles ne sont pas productives, représente une obligation morale. Mais parfois, cette pratique peut se révéler inefficace de point de vue économique et peut déterminer la faillite des entreprises (Smart et Smart, 1993). Également, l'échange de cadeaux entre certains investisseurs et les représentants des autorités chinoises peut construire des relations interpersonnelles de confiance et de réciprocité, mais, en même temps, favoriser des actes de corruption. Le traitement favorable de ces investisseurs par le gouvernement central et local peut aussi entraîner une concurrence déloyale, au désavantage d'autres projets d'investissement plus compétitifs.

Selon Bucolo (2003), pour comprendre les causes des dysfonctionnements du capital social qui, malgré sa forte intensité, n'aboutit pas au développement économique, à l'engagement civique ou à la mobilité individuelle, il est nécessaire de spécifier le réseau relationnel générateur de capital social (par exemple les organisations criminelles). Pour limiter les effets négatifs du capital social, Chen (2005) propose des modifications et des déplacements des formes et des fonctions de cette ressource : par exemple, le remplacement graduel des réseaux sociaux et des associations informelles qui jouent un rôle important dans le développement socioéconomique par des structures administratives formelles ou des mécanismes impersonnels du marché. Selon Serageldin et Grootaert (2000), les mécanismes formels sont parfois plus efficaces que les réseaux informels en ce qui concerne la sélection du meilleur acheteur ou vendeur (qui ne fait pas forcément partie du réseau). Même si ce déplacement vers des institutions plus formelles (au niveau des lois, du marché ou de la gouvernance) peut affecter le capital social existant, il peut éventuellement conduire à un nouveau type de capital, encastré dans le système économique (Stiglitz, 2000).

1.2.4 Vers un cadre d'analyse du capital social

Les réseaux (la mise en configuration réelle des relations sociales) permettent soit l'accès aux diverses ressources (financières, compétences, savoir, biens, services, informations) soit le soutien aux individus et aux groupes en besoin. Choisir cette approche du capital social, c'est reconnaître que « l'unité d'analyse qui nous intéresse n'est ni l'individu isolé, ni le groupe théorique (le groupe, l'organisation) mais plutôt *les relations*[20] entre ceux-ci » (Phillipson *et al.*, 2004, p. 3, cités dans Franke, 2005). Ainsi, le problème méthodologique de l'unité de l'analyse et du niveau d'agrégation (la possibilité d'agréger ou pas les capitaux sociaux individuels pour obtenir le capital social à l'échelle d'une communauté) ne se pose plus (Franke, 2005). Comme le capital social est inhérent aux relations sociales et constitué par des relations sociales, la mesure du capital social collectif renvoie alors à une analyse des relations sociales à l'échelle des individus et des groupes sociaux (le niveau méso-sociologique qui nous intéresse particulièrement dans cet ouvrage).

L'analyse en termes de réseaux comporte l'avantage de pouvoir être appliquée pour examiner à la fois le capital social individuel et le capital social collectif : dans un réseau, les unités en relation sont soit des individus, soit des organisations, soit des groupes (ou des agents, selon Bourdieu). Si le capital social individuel renvoie aux bénéfices qu'une personne peut retirer des relations avec ses proches, avec ses amis, voisins ou collègues de travail et de son implication dans divers groupes ou associations, le capital social collectif renvoie aux bénéfices collectifs qui résultent des dynamiques participatives et collectives et des réseaux qui se créent dans un territoire. Comme le souligne Charbon-

---

[20] En italique dans le texte d'origine.

neau (2005), le capital social collectif qui émane des réseaux est toujours orienté vers un but précis, par exemple la mise en réseau de divers organismes locaux dans le but de développer une stratégie de lutte contre la délinquance juvénile, contre l'exclusion sociale des groupes à risque ou pour le développement économique. Par contre, les bénéfices associés au capital social individuel sont plus diffus et entrecroisés (attachement, identité, appartenance, utilité).

Notre recherche se centre sur les stratégies de lutte contre l'exclusion sociale et sur les politiques de développement local mises en œuvre au niveau local, ce qui renvoie à l'exploration des diverses facettes de la sociabilité (relations interpersonnelles, participation à divers groupes et associations) et des réseaux d'organismes locaux, publics ou associatifs. L'échelle d'investigation se situe au niveau du quartier (échelle méso, « (...) là où les pratiques relationnelles se concrétisent dans le contexte du milieu de vie et où les rapports sociaux se déploient de manière visible » (Franke, 2005, p. 22). Ce choix théorique nous est utile pour mettre en place une procédure d'investigation empirique, parce que ce modèle met en évidence la nature dynamique et propre au contexte du capital social. En réalité, les acteurs individuels ou collectifs font appel à des ressources diverses, contenues dans des réseaux variés, à des moments différents et en fonction de la situation. Le même réseau, qui s'est révélé très utile à un moment donné, peut être inactif ou inutile dans d'autres situations. Plusieurs études montrent que les acteurs (État, marché, société civile) jouent des rôles variables dans la poursuite des objectifs collectifs et qu'ils n'ont pas l'exclusivité des ressources nécessaires à la satisfaction des besoins et à la promotion d'un développement durable. Parmi ces acteurs, le rôle de l'État est central : il est chargé de la distribution des biens publics (droits de propriété, éducation universelle, monnaie stable), de l'application des lois ou de la médiation des alliances à travers les classes, les sexes, les convictions politiques et religieuses (Woolcock et Narayan, 2000).

Selon Evans (1992, 1995, 1996), deux conditions s'avèrent nécessaires pour faire émerger des synergies de développement : l'encastrement des relations économiques dans les relations sociales (*embeddedness*)[21] et la complémentarité entre les actions des acteurs gouvernementaux, privés et associatifs. La notion d'« encastrement » renvoie à la nature et l'extension des liens entre les citoyens et les acteurs publics (Woolcock et Narayan, 2000). Par exemple, des représentants officiels emmêlés dans les relations sociales locales seront soumis à la pression

---

[21] La notion d'*embeddedness* a été introduite par Granovetter (1985, 1992) dans un article portant sur l'encastrement des actions économiques dans les relations sociales dans le contexte des sociétés industrialisées.

de la communauté et seront par conséquent plus sensibles aux demandes. Cette synergie exige, selon Woolcock et Narayan (2000), un contexte caractérisé par des institutions compétentes, cohérentes et crédibles. La complémentarité se traduit par des relations de soutien mutuel entre les acteurs publics et privés : par exemple des cadres légaux pour protéger le droit d'association ou pour faciliter les échanges entre les acteurs associatifs et privés (les chambres de commerce).

L'exclusion sociale, concept qui sera abordé dans le deuxième chapitre, renvoie à l'aliénation des relations sociales et, par conséquent, du capital social. Au niveau individuel, cette situation peut être remédiée par un réencastrement des relations économiques dans les relations sociales à travers la combinaison de la satisfaction des besoins humains dans divers champs existentiels (travail, formation, culture, santé, etc.) avec l'objectif de reconstruction des liens sociaux. Au niveau collectif, la mobilisation, la création ou la transformation du capital social se réalise à travers d'autres types d'innovation sociale comme, par exemple, l'amélioration de la gouvernance locale qui contribue à la mise en place de réseaux et de partenariats entre les acteurs locaux.

1.3 Gouvernance locale

Étymologiquement, la gouvernance renvoie au mot *gubernantia* qui signifiait pilotage, conduite ou direction en latin médiéval (Le Galès, 2005 ; Jessop, 1994). Selon Kazancigil (2002, cité par Hermet, 2004, p. 162-163), « (...) le mot lui-même remonte au XIIIe siècle, en français comme en anglais, en espagnol ou en portugais notamment. Mais ce substantif était alors simplement synonyme de gouvernement ». Pagden (1998) lie son utilisation aux tentatives de résolution des conflits entre les pays coloniaux européens (France, Espagne et Grande-Bretagne) aux XVIIe et XVIIIe siècles. À l'époque, Kant apercevait la fin de ces conflits à travers l'instauration d'un système sociopolitique mondial basé sur la coopération mutuelle entre les États, qu'il appelle gouvernance. Selon Michaud (2004, p. 30), la notion de gouvernance s'inscrit plus directement et plus explicitement dans l'héritage de Michel Foucault, qui introduit dans les années 1970 le concept de « gouvernabilité » pour expliquer « les modes d'action du pouvoir quand il s'exerce avec la participation des sujets dans un cadre libéral ». Plus tard, en 1989, Foucault utilise le terme de « gouvernabilité » pour désigner « "l'historicité" du mode de gouvernement d'une société (par exemple, le clientélisme, comme tradition) » (Hermet, 2004, p. 164).

Le concept de gouvernance prend un sens différent selon le pays, ce qui rend encore plus laborieux l'établissement d'une définition claire et partagée. Ainsi, dans les travaux anglo-américains, les termes *governance* et *government* sont souvent utilisés indifféremment l'un de l'autre, ainsi qu'avec celui de régime (Fainstein et Fainstein, 1996). En revanche, dans les travaux menés dans les pays de tradition d'État centralisé (par exemple en France), une place importante est accordée à la distinction entre ces deux termes : ainsi, la notion de gouvernance est mobilisée soit pour montrer les limites du concept de gouvernement (Le Galès, 1995), soit pour désigner un gouvernement « réinventé », mieux géré (Stoker, 1998).

La reprise en français du terme gouvernance a été faite en 1991 par la Commission des Opérations de Bourse, pour traduire *corporate governance* par l'expression « gouvernance d'entreprise » (Holec et Brunet-Jolivald, 1999). Cette locution, désignant un nouveau mode de relation entre l'exécutif et les actionnaires dans les grandes entreprises, a connu un succès relatif, étant critiquée notamment en raison des limites de l'importation d'un concept étranger inapproprié à la situation française (Borraz, 2000). Le terme *Steuerung* (pilotage, orientation, contrôle) était abondamment employé en Allemagne dans les années 1970-1980 pour recouvrir une triple dimension : une façon d'agir, un processus, ou, encore, un élément fonctionnel des systèmes (Mayntz, 1993). Les recherches menées en Allemagne autour de cette notion mettent l'accent notamment sur l'importance des groupes alternatifs (par exemple les mouvements sociaux ou environnementaux), résistant à l'autorité de l'État et développant leurs propres règles (Le Galès, 2005).

Parallèlement, à partir des années 1980, l'anglicisme « *governance* » s'impose très rapidement dans le vocabulaire de plusieurs disciplines des sciences sociales (science politique, sociologie, relations internationales, économie, géographie, sciences régionales) et dans les discours politiques, administratifs ou économiques (Leresche, 2001). Mais un flou théorique entoure cette notion, si bien que l'on peut se demander si elle ne sert pas de refuge pour masquer l'impuissance des sciences sociales à rendre compte de la complexité de la réalité contemporaine (Bourdin, 1998). Justement, le succès de la notion de gouvernance dans la littérature scientifique et les discours politiques pourrait s'expliquer par la recherche d'un concept censé être plus pertinent que d'autres pour répondre aux questions liées aux évolutions des sociétés actuelles (Borraz et Le Galès, 2001) ou pour formaliser les relations entre les acteurs participant à l'élaboration et à la mise en œuvre des politiques publiques (Jouve, 2003).

Il est significatif aussi que les débats autour de l'opportunité de l'introduction de la notion de gouvernance dans les sciences sociales débutent dans les années 1970, en même temps que les réflexions sur la transformation du rôle de l'État face aux processus de différenciation interne, d'européanisation et de globalisation (Le Galès, 2005). La structure de l'État se trouve immobilisée entre la difficulté de gérer tout ce qui est local (d'où la nécessité vitale de décentraliser le pouvoir vers les régions) et la perte de son pouvoir dans un ensemble plus grand que l'État national (par exemple l'Union européenne) : « L'État national est trop grand pour gérer les petites choses et trop petit pour les grandes choses » (Bell, 1979).

Il n'existe pas un usage unifié de la notion de gouvernance, mais plusieurs approches qui renvoient à des disciplines, échelles ou convictions idéologiques différentes (Leresche, 2001) : gouvernance mondiale, globale, locale, urbaine, gouvernance de l'entreprise, gouvernance de l'emploi, gouvernance des politiques monétaires, gouvernance de l'Internet, etc. En histoire, ce terme est associé généralement à la politique du développement (Pagden, 1998) ; dans la théorie politique, la gouvernance est définie notamment par contraste avec la notion de gouvernement ; en sociologie politique, il est appliqué dans le contexte de la recherche de solutions plus efficaces aux problèmes urbains (Kazancigil, 1998) ; en économie néo-institutionnelle, la gouvernance désigne les mécanismes qui assurent la coordination des activités économiques autres que l'échange et la hiérarchie ; en théorie des relations internationales, les analyses en termes de gouvernance s'inscrivent dans le prolongement des études sur les régimes internationaux.

Dans cette section, nous nous interrogeons d'abord sur les significations de la notion de gouvernance à travers plusieurs sciences sociales. Holec et Brunet-Jolivald (1999) mettent aussi en évidence un glissement progressif d'une vision de la gouvernance centrée sur les économies, comme mode de coordination à l'intérieur et/ou entre les firmes ou comme instrument de renforcement de la libéralisation (dominante dans les années 1970), vers une conception axée sur les territoires et sur le politique, comme outil permettant de maintenir ou de rétablir la cohésion territoriale (à partir des années 1980). La première approche renvoie au monde de l'entreprise (gouvernance de l'entreprise) et au domaine des relations internationales (gouvernance globale ou mondiale, bonne gouvernance). La deuxième approche (gouvernance urbaine) est mobilisée notamment dans la théorie politique pour désigner les nouvelles modalités de gouvernement des agglomérations métropolitaines (Leloup, Moyart et Pecqueur, 2004, p. 4) : le contrôle vertical, centré sur une construction institutionnelle, est remis en cause au profit d'une approche plurielle et interactive du pouvoir.

L'objectif de cette introduction dans la problématique de la gouvernance est de mettre en évidence les dimensions communes aux différentes approches et de les analyser sous deux registres (analytique et normatif). Nous nous focalisons ensuite sur la notion de gouvernance urbaine et sur ses apports méthodologiques et analytiques à l'étude des articulations entre les différentes échelles spatiales et institutionnelles du pouvoir dans le processus d'élaboration et de mise en œuvre des politiques publiques. L'investigation tient compte également du contexte général dans lequel les réseaux personnels et collectifs opèrent, notamment de l'influence des divers accords institutionnels qui peuvent favoriser ou obstruer la (re)production du capital social, en tant que ressource complémentaire pour les individus et les collectivités (stratégies d'émancipation, d'organisation collective, de mobilisation ou de gouvernance comme *self-empowerment*). Enfin, nous présentons un cadre théorique à partir de l'analyse de la gouvernance urbaine développée par DiGaetano et Strom (2003), intégrant trois niveaux d'analyse : le rôle des acteurs, le contexte structurel et la culture politique locale.

1.3.1 Approches de la gouvernance centrées sur les économies

Cette sous-section présente chronologiquement trois des sources proches de l'idée contemporaine de gouvernance, groupées dans la catégorie des « approches centrées sur les économies » : gouvernance de l'entreprise, bonne gouvernance et gouvernance globale. La gouvernance d'entreprise apparaît vers la fin des années 1930, pour décrire les relations et les modes de coopération à l'intérieur de la firme. Elle est suivie au début des années 1980 par la notion de bonne gouvernance, qui intervient sur le terrain des politiques de développement, en matière de stratégies de lutte contre la pauvreté dans les pays de l'ex-Tiers monde. Vers le milieu des années 1990, c'est la notion de gouvernance globale qui s'ajoute, mais elle est « encore très fragile et sujette aux humeurs changeantes des grands pays » (Strange, 1997, cité par Hermet, 2004, p. 166).

1.3.1.1 Gouvernance de l'entreprise

Coase (1937) jette les bases du concept de *corporate governance* (gouvernance de l'entreprise) pour montrer que ce sont

> (…) les relations de coopération internes à l'entreprise qui permettent d'éliminer ou de réduire ce que l'on va dénommer les « coûts de transaction » entraînés par l'acquisition de biens et de services à l'extérieur (contrats, négociations, vérifications, définition de normes de qualités, recherche des meilleurs prix, etc.) (Hermet, 2004, p. 164).

Pour Jouve (2003, p. 30), l'originalité des travaux de Coase et de ses successeurs consiste dans leur vision du marché : « Loin d'être considéré comme une instance dotée de mécanismes d'autorégulation et où la libre fixation des prix reflète le point d'équilibre entre l'offre et la demande, le marché est au contraire l'univers de la complexité. » Cela justifie l'intérêt des firmes pour des nouveaux mécanismes de gouvernance permettant de réduire cette complexité. Coase n'invente pas seulement la notion de gouvernance d'entreprise, mais il inaugure aussi le néo-institutionnalisme, « (…) école qui, à partir de ce moment, sort du cadre étroit des relations internes de l'entreprise pour interpréter dans des termes strictement économiques les relations sociales et politiques ou également l'histoire » (Hermet, 2004, p. 164).

Williamson (1976), le chef de file de l'économie néo-institutionnaliste, réutilise la notion de *governance* pour définir les modes de coordination efficace à l'intérieur de la firme, soit par des protocoles internes, soit par des contrats, partenariats ou normes internes si la firme collabore avec des sous-traitants (Lorrain, 1998). La théorie de la firme, telle qu'elle est présentée par Williamson dans les années 1970, fait partie d'une conception générale des institutions économiques, expliquant pourquoi se mettent en place les différents types d'institutions économiques ou d'accords institutionnels, c'est-à-dire les structures de gouvernance. Dans cette optique, le marché, le contrat et la firme sont considérés comme des structures de gouvernance dont la fonction est de gérer les transactions. Ainsi, le choix d'une structure d'organisation répond avant tout à un critère d'efficacité : la meilleure structure de gouvernance est celle qui minimise les coûts de transaction. Pour d'autres chercheurs, cette vision est critiquable : « (…) même si Williamson définit la transaction comme une caractéristique relationnelle et s'il reconnaît une pluralité de modes de coordination, le déterminant ultime du comportement est lié à une exigence de minimisation de quelque chose qui s'apparente à un prix » (Rapport PAI IV, 2001, p. 108). De plus, cette vision souffre d'une absence de prise en compte de la complexité des relations entre structures, institutions et comportements individuels (Moulaert et Farcy, 1996).

Depuis les années 1980, la notion de *corporate governance* (dont on retrouve les sources théoriques chez les économistes néo-institutionnalistes) sera largement adoptée par les milieux d'affaires américains pour désigner un nouveau type de relation entre les actionnaires et l'exécutif, impliquant la séparation de la propriété et de la direction dans les grandes entreprises (Holec et Brunet-Jolivald, 1999). Une distinction est faite entre une acceptation restreinte et une acceptation plus large du syntagme *corporate governance* (Brunhes, 2001). Dans le premier cas, l'expression est utilisée pour désigner la fin des imprécisions qui caractérisent les relations entre l'exécutif et les actionnaires via les conseils d'administration (notamment l'absence d'un contrôle réel du management par les actionnaires, en particulier les actionnaires minoritaires). Dans la deuxième perspective, la décision se forme au long d'un processus complexe qui implique des rapports de force entre les acteurs habituels (management et actionnaires), mais aussi entre les consommateurs, les fournisseurs, les salariés actionnaires, d'autres organismes etc. Selon Hart (1995), il est nécessaire de définir des règles du jeu entre tous les acteurs qui participent à la prise de décision : des systèmes institutionnels et des mécanismes permettant de résoudre les conflits non prévus dans les contrats initiaux passés entre eux. Reste à savoir si tous les acteurs concernés concourent véritablement à la gestion de la firme ou seulement ceux qui ont un poids suffisamment important pour peser sur les décisions.

1.3.1.2 Bonne gouvernance

L'idée de gouvernance comme pratique spécifique de gestion des affaires d'un grand ensemble géopolitique sera popularisée par les organisations financières internationales (Banque mondiale, Fonds monétaire international, banques régionales de développement) vers la fin des années 1980, à l'occasion des bilans des Programmes d'ajustements structurels (PAS) visant à stimuler la croissance économique dans les pays de l'Afrique post-coloniale (Assogba, 2000). Certains voient même dans la notion de « bonne gouvernance » une tentative de dissimuler les échecs de ces programmes d'inspiration néolibérale mis en place par les institutions financières internationales dans les pays en développement (Holec et Brunet-Jolivald, 1999), mais qui n'auraient pas su créer les conditions institutionnelles d'accompagnement des réformes (Leresche, 2001).

En 1989, les institutions créées en 1944 à l'issue des réunions de Bretton Woods (Banque mondiale et FMI) lancent l'expression *crisis in governance* pour désigner les dysfonctionnements politiques et institutionnels considérés comme à l'origine du sous-développement des pays africains. La même année, la notion de « bonne gouvernance » apparaît dans un document de la Banque mondiale faisant état d'une « crise de gouvernance » dans les pays de l'Afrique subsaharienne (Kazancigil, 2002). La solution préconisée par ces institutions consistait alors à insérer les États postcoloniaux dans un système global, régulé non plus par des gouvernements, mais par une « gouvernance globale ». Ainsi, le concept de gouvernance développé dans le champ des relations internationales sera appliqué plus spécifiquement aux relations avec les pays en développement[22] (Holec et Brunet-Jolivald, 1999).

Le volet « bonne gouvernance » sera introduit dans les programmes des organismes internationaux de financement comme un élargissement de la notion de conditionnalité économique et politique. Adeptes de l'idéologie du néolibéralisme économique (l'efficacité à moindre coût, soit un service public de meilleure qualité avec des budgets, des effectifs

---

[22] Le président français Jacques Chirac (1995-2007) emploie le terme de gouvernance pour suggérer que les pays les plus riches ont pris « conscience de l'impérieuse nécessité d'apporter à l'Afrique une aide pour sortir de ses difficultés en matière de développement mais aussi de bonne gouvernance, de démocratie » (Jouve, 2003, p. 15).

et des règlements réduits), les bailleurs de fonds internationaux ont considéré comme nécessaire une réforme institutionnelle pour la réussite de leurs programmes économiques (Leca, 1996, cité dans Kazangil, 1998). Cette réforme s'est traduite en pratique par la privatisation des entreprises d'État, par des transformations de la fonction publique et la décentralisation de certains services publics. Les pays bénéficiaires, souvent épuisés, ont ainsi été appelés à libéraliser et déréglementer leurs marchés, c'est-à-dire à ouvrir les frontières aux investissements étrangers, maintenir des bas salaires, privilégier la stabilité des prix sur l'objectif de croissance. En réalité, on a assisté à un transfert du pouvoir du gouvernement et du secteur public vers les particuliers et les groupes privés : selon Smouts (1998), le concept de gouvernance représente un outil idéologique qui est mobilisé par les grands organismes de financement pour promouvoir une politique de l'État minimum.

En associant la bonne gouvernance à la construction d'un monde meilleur (« bonne gouvernance » pour la Banque mondiale, « gouvernance saine » pour le PNUD et « gouvernance démocratique » pour l'UNESCO, etc.), les institutions internationales ont beaucoup contribué au regain d'intérêt pour ce concept. En même temps, leurs discours ont accru la suspicion qui pèse actuellement sur cette notion et la confusion entre ses dimensions normatives et analytiques (Enguéléguélé, 1996). Certains voient la notion de *good governance* employée par les organismes prêteurs comme un outil méthodologique pour sortir d'une impasse intellectuelle et pratique. En raison de leur statut, les grandes institutions financières et de développement ne sont pas habilitées à intervenir dans la politique interne des États. En parlant plutôt de gouvernance, que de réforme de l'État ou de changement social et politique, elles ont été en mesure d'aborder des questions délicates comme la lutte contre la corruption, les relations nouvelles entre employeurs et employés, la réforme du système judiciaire et institutionnel, en évitant d'une manière élégante d'être accusées d'ingérence dans les affaires des États (Holec et Brunet-Jolivald, 1999).

1.3.1.3 Gouvernance mondiale

Les analyses en termes de gouvernance dans le champ des relations internationales trouvent leurs sources théoriques dans les études portant sur les régimes internationaux et sur les institutions internationales. Selon Krasner (1983) et Keohane (1984), ces régimes représentent de meilleurs accords qui se mettent en place comme réponses aux échecs du marché. Ils montrent que la coordination des actions visant un but précis est possible, comme résultat de l'auto-organisation des États, sans l'intervention d'une autorité centrale (Mayer *et al.*, 1997).

Holec et Brunet-Jolivald (1999) distinguent deux conceptions de gouvernance mondiale qui s'inscrivent dans le prolongement des travaux sur les régimes internationaux : une réflexion analytique sur le système international actuel et une réflexion normative sur un système de gouvernance mondiale qu'il conviendrait de construire. Le point commun de ces approches est qu'elles conçoivent la gouvernance mondiale comme une réponse à la remise en cause de la capacité des États et des institutions héritées de l'après-guerre (FMI, Banque mondiale, OCDE, ONU, UNESCO) à faire face aux bouleversements entraînés par la mondialisation et aux événements qui se sont produits depuis la fin de la guerre froide et la désintégration de l'URSS.

Ces visions (analytique et normative) de la gouvernance mondiale ont été fortement critiquées pour au moins trois raisons (Holec et Brunet-Jolivald, 1999). Cette notion, conçue par les grandes instances internationales, souligne notamment les aspects technocratiques et administratifs de la gouvernance mondiale et donc moins les enjeux de pouvoir liés à l'émergence des mécanismes informels de régulation et aux réformes des institutions internationales. En mettant l'accent sur l'incapacité des gouvernements à résoudre certains problèmes, ces interprétations de la gouvernance globale ou mondiale justifient l'émergence dans le champ de la vie publique de certains acteurs très puissants comme les grandes entreprises multinationales. En se focalisant sur l'absence d'institutions internationales réformées, et, par conséquent, incapables de suppléer les carences gouvernementales, ces visions de gouvernance mondiale imposent le marché comme unique régulateur des problèmes sociaux.

La notion de gouvernance urbaine opère dans les années 1980 un glissement vers l'espace étatique ou public qui s'observe d'abord au Royaume-Uni, durant l'époque Thatcher (1979-1990), pour s'étendre ensuite à l'Europe continentale (Hermet, 2004). La section suivante examine l'approche de la gouvernance urbaine centrée sur le rôle des acteurs locaux (les travaux précurseurs sur les « coalitions de croissance » et les « régimes urbains »).

1.3.2 Les coalitions de croissance et les régimes urbains

Dans les années 1980, presque toute l'Europe est touchée par la crise urbaine : les régions d'ancienne tradition industrielle (nord de la Grande-Bretagne, Midlands, Wallonie, nord-est de la France), les ports industriels (Liverpool, Cardiff, Marseille, Gênes, Bilbao), les agglomérations riches avec des poches de pauvreté (Londres, Bruxelles, Paris, Rome, Lyon, Hambourg, Rotterdam, Rome, Francfort, Barcelone), les villes du Sud où la pauvreté traditionnelle, provenant de l'absence de développement économique, se conjugue avec les effets de la restructuration économique (Athènes, Naples, Séville, Porto, Lisbonne) (Moulaert et Scott, 1996). Comme le montrent ces auteurs, les réactions institutionnelles face à la crise sont décalées dans le temps. Dans les pays centralisés, comme la France, où la lutte contre l'exclusion était considérée du ressort de l'État, la mobilisation des acteurs de la gouvernance locale s'était faite tardivement. Dans les pays où la crise est plus ancienne, par exemple au Royaume-Uni, les politiques urbaines orientées vers l'éradication de la pauvreté et de l'exclusion sociale ont été menées avec plus de précocité. En 1979, le gouvernement thatchérien lance une série de réformes visant la centralisation du pouvoir et la privatisation des services publics. Ces réformes attribuent une place essentielle aux acteurs privés au détriment des collectivités locales (Jouve, 2003), « obligées de fonctionner avec des ressources budgétaires très diminuées » (Hermet, 2004, p. 165).

La notion de gouvernance urbaine arrivera d'abord au Royaume-Uni, au début des années 1990, à l'occasion du financement par le gouvernement britannique d'un programme de recherche analysant les effets de la recomposition du pouvoir local sous l'impact des réformes lancées en 1979 (Holec et Brunet-Jolivald, 1999). Mais, selon Jouve (2003, p. 120), « (...) on aurait tort de vouloir résumer le débat universitaire sur la gouvernance urbaine à la simple exportation d'un cadre conceptuel fabriqué aux États-Unis ». Cet auteur parle d'un phénomène récent d'hybridation entre les travaux nord-américains et européens sur la gouvernance urbaine : si les premiers réhabilitent le poids de l'État fédéral dans le gouvernement des villes, les seconds s'intéressent davantage aux processus de régulation et de domination entre les groupes sociaux participant à la « fabrique » de la ville. Ce processus d'hybridation des problématiques américaines et européennes assure les conditions pour construire des programmes de travail réellement comparatifs sur la gouvernance urbaine (Jouve, 2003).

Examinons les principaux apports analytiques des travaux nord-américains à l'origine de la notion de gouvernance urbaine : *urban growth coalition* (coalitions de croissance) et *urban regimes* (régimes urbains). DiGaetano et Strom (2003) les désignent en tant qu'approches rationnelles, centrées sur les logiques d'action et le rôle des acteurs locaux de la gouvernance urbaine. Molotch (1976) et Molotch et Logan (1987) utilisent l'expression *urban growth coalition* pour désigner les coalitions urbaines qui s'organisent entre les élites locales (propriétaires fonciers, promoteurs immobiliers, banquiers, etc.), auxquels s'ajoutent d'autres acteurs auxiliaires (universitaires, agences d'urbanisme, médias locaux, etc.).

Dans la vision de Molotch et Logan (1987), ces coalitions sont des alliances entre ceux qui interviennent auprès des élus locaux afin d'influencer les prix du secteur foncier au moyen des politiques urbaines, et les propriétaires, pour qui ce processus conduit à un enrichissement (Jouve, 2003). La théorie d'*urban growth coalition* pose que la dynamique de développement économique impulsée par ces coalitions se traduit par des ressources fiscales et des emplois et que le bien-être social résulte du développement économique. En réalité, l'intérêt de ces coalitions est essentiellement financier, et la croissance économique ne profite pas à tous : les coalitions qui dirigent la ville se confrontent parfois à d'autres groupes sociaux, composés essentiellement par des résidents, pour lesquels le domaine foncier possède avant tout une valeur d'usage et qui subissent l'augmentation de la valeur d'échange (Jouve, 2003). Dans certains quartiers, ces *anti-growth coalitions* (Harloe, 1992) arrivent parfois à freiner l'action des coalitions de croissance (Schneider et Teske, 1993).

Le principal intérêt de la théorie des coalitions de croissance est qu'elle met en évidence le lien entre l'exercice du pouvoir local et l'objectif de développement économique local : « L'essence de toute politique de n'importe quelle localité dans le contexte américain actuel est la croissance économique. (…) la recherche de cette croissance constitue la principale motivation des élites politiques locales » (Molotch, 1976, dans Jouve, 2003, p. 125). Cette théorie a été néanmoins critiquée, notamment en raison de son fort contenu idéologique : « Ces coalitions permettent de définir quel type de croissance poursuivre mais aussi de déterminer les acteurs qui doivent assumer cette politique, les valeurs qu'ils doivent posséder, le type d'action que peut développer la société civile » (Jonas et Wilson, 1999, cités dans Jouve, 2003, p. 127). D'autres critiques portent sur l'insuffisante prise en compte du rôle du pouvoir politique, ainsi que des rapports de domination et de la question des conflits entre les groupes sociaux autour de la définition de l'ordre de jour politique (Jouve, 2003 ; Cox et Mair, 1991).

L'approche des régimes urbains se développe à l'encontre des critiques évoquées plus haut en réhabilitant le domaine politique comme médiateur des influences externes et comme régulateur des conflits et des intérêts (Le Galès, 1995). Mais le politique reste soumis à des pressions de la part de certains intérêts organisés, essentiellement des intérêts économiques (Jouve, 2003). Stone (1989, p. 6) définit le régime politique urbain comme étant un « (…) ensemble de relations formelles et informelles entre les intérêts publics et les intérêts privés, un accord relativement stable dans le cadre duquel les acteurs prennent et appliquent les décisions et gouvernent les villes »[23]. Il distingue trois types de régimes dans le contexte nord-américain (Jouve, 2003). Le premier est

[23] Traduction de l'auteur.

le régime corporatiste ou entrepreneurial (Elkin, 1987), dominé par certains segments particuliers du milieu économique local. Ce type de régime est assez proche des coalitions de croissance définies par Molotch et Logan (1987).

Le deuxième est le régime conservateur, dont le rôle principal consiste à fournir des services publics ou d'intérêt général à la population (les grands investisseurs locaux étant absents). Le troisième est le régime progressiste qui répond à une logique redistributive entre groupes sociaux et vise à maîtriser les effets du développement économique, notamment en ce qui concerne l'environnement, la qualité de la vie, les disparités socioéconomiques et la participation à la prise de décision. Ces types de régimes se caractérisent notamment par le rôle limité de l'État central et par une forte interdépendance entre le pouvoir politique local et les intérêts privés (entreprises, banques, promoteurs, professions libérales, etc.). Comme le montre Le Galès (1995), pour mettre en œuvre des politiques et gouverner la ville, les élus et les fonctionnaires locaux ont besoin de former des coalitions avec d'autres acteurs, en particulier avec les acteurs économiques qui contrôlent des ressources cruciales. Selon Elkin (1987), ce système est biaisé par les intérêts privés : le désengagement des entreprises provoque une crise financière des autorités locales et des difficultés pour les habitants (chômage, baisse du niveau de la vie).

Certains auteurs (Kooiman, 1993 ; Harding, 1993 ; Le Galès, 1995 ; Leca, 1996 ; Bagnasco et Le Galès, 1997 ; Moulaert, Morlicchio et Cavola, 2007) ont mis en évidence les limites de ces deux théories nord-américaines par rapport au contexte institutionnel et politique urbain européen. Les approches qu'ils proposent cherchent à dépasser la vision strictement fonctionnelle de la gouvernance (comme problème à résoudre) en faisant appel à des définitions plus sociologiques (prise en compte des spécificités locales et urbaines), territoriales (la gouvernance comme chance de préserver la cohésion du territoire) et critiques (mise en perspective des concepts de gouvernement et de gouvernance). Bagnasco et Le Galès (1997), par exemple, définissent la gouvernance urbaine comme un processus de coordination des acteurs, des groupes sociaux et des institutions pour atteindre des buts propres discutés et définis collectivement dans des environnements fragmentés et incertains.

D'autres critiques viennent de la part des auteurs canadiens ou américains (Jouve, 2003 ; DiGaetano et Klemanski, 1999 ; Lauria, 1994). Selon Jouve (2003), la principale différence entre les deux contextes consiste dans la moindre autonomie des villes européennes par rapport aux villes nord-américaines, étant donné que dans le contexte européen, l'organisation du capitalisme privilégie le niveau national. C'est la raison pour laquelle en Europe les villes sont davantage dépendantes de l'État, notamment à travers les transferts budgétaires :

> (...) l'autonomie des villes européennes est encore amoindrie par les marges de manœuvre plus faibles sur la fiscalité locale, alors que la négociation sur le taux d'imposition des entreprises constitue un élément central dans l'élaboration de coalitions aux États-Unis. (Jouve, 2003, p. 123)

Cette hypothèse de l'autonomie des villes nord-américaines par rapport à celles européennes est remise en cause par Lauria (1994). Cet auteur montre que le poids de l'État fédéral est largement ignoré dans la littérature initiale sur les coalitions de croissance et les régimes urbains, et que, en réalité, les sénateurs et les députés organisent une sorte de « porosité » entre les niveaux local et national dans le but de capter les ressources fédérales.

Selon Jouve (2003), les villes nord-américaines et européennes se différencient aussi du point de vue fonctionnel : si, dans un grand nombre de pays européens, les villes ont longtemps eu pour fonction de satisfaire les besoins de consommation en services publics, leur fonction principale aux États-Unis est de satisfaire les demandes des entreprises. Cependant, Orr et Stoker (1994) et Stoker (1995) montrent que la constitution des coalitions aux États-Unis ne résulte pas toujours d'un impératif économique et que les régimes ne sont pas toujours stables dans le temps, comme l'affirmait Stone (1989) à la suite de sa recherche sur la ville d'Atlanta. Pour leur part, DiGaetano et Klemanski (1999) soulignent le rôle de l'État dans la constitution des coalitions locales, en remarquant en même temps l'insuffisante prise en compte des deux variables explicatives essentielles de la structuration ou de la reconfiguration des coalitions et régimes : la culture politique locale dominante et le leadership.

1.3.3 Les approches structurelles et culturelles de la gouvernance

DiGaetano et Strom (2003) proposent une grille de lecture de la gouvernance qui intègre trois niveaux d'analyse : les conséquences institutionnelles et politiques des actions des acteurs (État, collectivités locales, secteur privé, société civile, médias), l'influence du contexte structurel (marché, structure économique et démographique, accords nationaux, régionaux et internationaux, structure démographique de la population d'origine immigrée) ainsi que le rôle de la culture politique locale (opinions, attitudes et valeurs).

L'analyse des approches dites rationnelles, centrées sur le rôle des acteurs (des coalitions de croissance et régimes urbains), a mis en évidence une série d'éléments communs : l'articulation entre l'échelle locale et le contexte institutionnel (multi-scalaire, économique et politique) dans la production des politiques urbaines ; la formation des coalitions locales entre les acteurs politiques, privés et/ou associatifs afin de lutter contre la fragmentation des ressources ; la légitimité du gouvernement urbain est assurée par sa capacité d'agir ou à produire des politiques. (Jouve, 2003).

Étudions maintenant les apports analytiques des approches qualifiées de structurelles et culturelles. Le contexte structurel est examiné par des théories qui se focalisent sur les « (...) processus de distribution, de conflit, de pouvoir et de domination, historiquement ancrés et matériellement basés, qui déterminent l'ordre social et sont le moteur du changement social »[24] (Lichbach, 1997, p. 248). Ancrées dans la pensée politique marxiste et wébérienne, ces approches mettent au centre l'importance des relations sociales et économiques dans les processus politiques et les politiques publiques (DiGaetano et Strom, 2003). Ces auteurs identifient deux courants principaux qui proposent des cadres structurels pour l'analyse de la gouvernance urbaine : l'économie politique et l'école régulationniste.

La perspective structurelle dominante dans l'étude comparative des politiques urbaines est l'économie politique : celle-ci s'appuie sur l'idée que les politiques urbaines représentent le résultat de la division du travail entre l'État et le marché en ce qui concerne les problèmes de la ville. Ainsi, l'économie politique explique comment l'interaction entre le pouvoir gouvernemental et les ressources privées contraint ou favorise le processus de prise de décision dans le contexte urbain. Les travaux comparatifs d'économie politique urbaine (Sellers, 2002 ; Kantor, Savitch et Haddock-Vicari, 1997) montrent comment les changements structurels déterminent la naissance des diverses formes de gouvernance urbaine dans des contextes différents.

Selon DiGaetano et Strom (2003), les régulationnistes proposent également un cadre structurel pour l'analyse de la gouvernance urbaine : ils cherchent à montrer comment les régulations sociales, culturelles et politiques contribuent au maintien de la stabilité du système capitaliste en crise. Selon les régulationnistes, la conséquence politique des changements structurels intervenant dans l'économie mondiale suite à la crise des années 1970 s'est traduite par « le triomphe du néo-libéralisme (conservatisme en termes américains) dans les nations capitalistes avancées » (DiGaetano et Strom, 2003, p. 358). La voie fut ainsi ouverte au post-fordisme, nouveau système productif basé sur les principes de la spécialisation flexible et du « juste à temps », sur le rôle de l'innovation technologique et organisationnelle dans la réduction des coûts de pro-

---

[24] Traduction de l'auteur.

duction et sur la flexibilité du marché du travail. Une spécificité de ce système est la domination de l'économie mondiale par les firmes multinationales, échappant au contrôle de l'État nation. Ainsi, l'État connaît une perte d'autonomie qui « (...) crée à son tour un besoin de coordination supranational et la résurgence des espaces locaux de coordination » (Jessop, 1994, cité dans Jouve, 2003, p. 36).

Dans ce contexte, le pouvoir de l'État-nation, affaibli, semble se déplacer vers le haut, mais aussi vers le bas : le processus de prise de décision administrative et politique se déplace vers des organisations supranationales (Union européenne, ALENA, Banque mondiale, FMI) et vers les systèmes urbains et régionaux de gouvernance (Moulaert, Swyngedouw et Wilson, 1988 ; Moulaert et Swyngedouw, 1989 ; Jessop, 1997 ; MacLeod et Goodwin, 1999 ; Painter, 1995 ; DiGaetano et Strom, 2003). Le programme de recherche de l'école de la régulation s'intéresse à la reconfiguration des relations entre l'État et les collectivités et à la transformation des politiques territoriales (Jouve, 2003). Dans une optique territoriale, la gouvernance apparaît ainsi comme un remède à la crise de gouvernabilité des États qui n'arrivent plus à maîtriser les phénomènes à l'intérieur de ses frontières (chômage, inégalités, grande pauvreté) et à lutter contre la fragmentation qui touche à la fois les systèmes locaux, les groupes sociaux et les activités.

L'analyse culturelle est une autre perspective théorique des politiques urbaines. Relativement récente (Ferman, 1996 ; Ramsey, 1996 ; Barnekov, Boyle et Rich ; 1989 ; Clark, 2000), elle considère les facteurs culturels comme essentiels, notamment pour la comparaison de systèmes politiques différents (DiGaetano et Strom, 2003). Ramsey (1996) montre que les participants aux processus politiques interprètent les événements locaux à travers des constructions idéologiques générant des valeurs qui se retrouvent ensuite à la base des décisions politiques. Les contextes locaux se caractérisent par des discours parfois divergents en ce qui concerne le rôle et les objectifs de la politique et des autorités publiques : le résultat de cette compétition est important, car l'action du gouvernement est déterminée par le discours ascendant (Ramsey, 1996, p. 96).

L'intérêt des analyses culturelles de la gouvernance consiste en ce qu'elles montrent comment les valeurs encastrées dans des contextes historiques et sociaux contribuent à l'émergence de modes de gouvernance persistants ou résistants face aux changements structurels. La principale critique est que ces approches expliquent davantage la persistance que le changement : les traditions culturelles tendent à préserver les accords existants et à résister aux changements au niveau des règles politiques, des normes et des pratiques (Ferman, 1996 ; Ramsey, 1996).

Pour conclure cette section, nous présentons la grille de lecture proposée par DiGaetano et Strom (2003), intégrant des éléments des approches dites rationnelles, structurelles et culturelles. Ces auteurs proposent un modèle dans lequel les modes de gouvernance urbaine résultent des articulations entre trois dynamiques institutionnelles caractérisant les différentes échelles spatiales et institutionnelles : le contexte structurel, la culture politique locale et les acteurs de la gouvernance.

Les acteurs, qui évoluent dans un contexte structurel caractérisé par des contraintes et opportunités économiques et politiques, mobilisent leurs relations et réseaux informels et formels (capital social relationnel et institutionnel) afin de jouer un rôle soit d'agent, soit de résistant face aux changements institutionnels : « Le capital social n'est pas seulement, et peut-être pas d'abord, une ressource individuelle, mais aussi, et peut-être avant tout, une ressource collective qui facilite l'action collective, un facteur de réciprocité générale, de solidarité » (Bévort et Bucolo, 2006, p. 91).

Les « accords formels » (ou les « bases institutionnelles ») désignent des acteurs ou des réseaux d'acteurs assurant une forme visible à la gouvernance urbaine à travers les règles et l'organisation (agences et organismes gouvernementaux, partis politiques, groupes d'intérêt, partenariats, etc.). Les « accords informels » renvoient aux relations entre les acteurs et dans le cadre des institutions formelles impliquées dans les politiques urbaines. Les relations sociales spontanées et les règles informelles développées à travers la pratique sont parfois plus fortes et efficaces que les règles formelles.

Le mode de gouvernance « clientéliste » se caractérise par des liens particuliers entre les politiciens et les intérêts privés. La gouvernance est basée sur des échanges pragmatiques afin d'atteindre des objectifs d'ordre essentiellement matériel, par exemple, assurer des bénéfices sélectifs aux politiciens et aux partenaires impliqués (diverses faveurs en retour du soutien politique). Le mode « corporatiste » de gouvernance implique en revanche la recherche d'un compromis entre les élites du secteur public et celles du secteur privé, mais cela débouche souvent sur la formation des coalitions exclusivistes entre des intérêts économiques et/ou communautaires puissants.

Le mode « managérial » de gouvernance est basé sur des relations formelles, bureaucratiques ou contractuelles entre les représentants gouvernementaux et les intérêts privés. La logique « managériale » de gouvernance se caractérise plutôt par des décisions politiques autoritaires que par le pragmatisme et la recherche d'un consensus entre les divers partenaires. L'objectif poursuivi concerne l'effectivité et l'efficacité des politiques et programmes gouvernementaux. Le mode « pluraliste » de gouvernance se caractérise par une concurrence accrue entre les intérêts des politiciens et des acteurs privés. Le gouvernement représente un médiateur ou une « arène » pour la confrontation des intérêts rivaux qui tentent d'imposer sur l'agenda urbain. La logique de gouvernance est le management du conflit : par conséquent, l'habileté à négocier sera fortement valorisée dans la culture politique locale.

In fine, le mode « populiste » de gouvernance émerge là où les politiciens sont amenés à recourir à la mobilisation populaire comme un moyen pour mettre en œuvre l'agenda politique. La logique de gouvernance est l'inclusion démocratique, et les individus et les divers groupes sont encouragés à participer au processus de gouvernance : de cette manière, la prise de décision pourra bénéficier de « l'intelligence sociale » de la ville (Elkin, 1987). Les acteurs-clés sont les politiciens et les leaders communautaires qui cherchent à établir des mécanismes institutionnels pour donner du poids au contrôle populaire dans la gouvernance urbaine. L'objectif politique de ce mode de gouvernance est essentiellement symbolique : intégrer des procédures et pratiques démocratiques dans le processus de gouvernance.

1.3.4 Vers un cadre d'analyse de la gouvernance locale

La gouvernance urbaine présente deux dimensions qu'il convient de distinguer : la dimension normative et la dimension analytique de la notion de gouvernance, selon que l'on cherche à préconiser des réformes administratives ou que l'on cherche à analyser des phénomènes sociopolitiques (Mayntz, 1993). La dimension normative de la gouvernance caractérise notamment les discours des institutions financières de Bretton Woods (Banque mondiale et FMI). C'est la vertu analytique de la notion de gouvernance qui nous intéresse particulièrement dans ce livre, car elle fournit une problématique nouvelle pour l'analyse de la transformation de l'action publique (Stoker, 1998 ; Leresche, 2001). Selon Balme et Chabanet (2002, p. 108), une lecture de l'action publique en termes de gouvernance permet de dépasser les limites d'une approche en termes de gouvernement, trop centrée sur le rôle de l'État et des acteurs institutionnels : la gouvernance « se distingue du gouvernement en ce qu'elle caractérise les relations entre un ensemble d'institutions et acteurs, publics et privés, plus que l'activité d'un organe centralisant l'autorité exécutive ». La notion de gouvernance permet ainsi d'intégrer l'influence des intérêts privés et sociaux qui interviennent dans l'action publique et s'articulent à différentes échelles institutionnelles (Leresche, 2001).

La multiplication des acteurs agissant collectivement apparaît d'ailleurs comme l'une des idées communes aux différentes approches de la gouvernance présentées précédemment : un processus de coordination d'acteurs définis collectivement (Bagnasco et Le Galès, 1997), une nouvelle forme de gouvernement dans laquelle les acteurs prennent part à la formulation de la politique (Marcou, 1997), la somme des différentes façons dont les acteurs gèrent leurs affaires communes (COB, 1995), etc. Par ailleurs, l'augmentation du nombre de parties prenantes à l'action publique s'accompagne d'une transformation du rôle de l'État : ainsi, la problématique de la gouvernance pourrait se révéler utile pour rendre compte des transformations des modèles traditionnels considérant les autorités politiques comme seules responsables de la gestion des affaires publiques. Selon Hermet (2004, p. 169) l'attribut essentiel de la gouvernance s'inscrit dans « l'abandon ou au moins l'affaiblissement de la hiérarchie public-privé, en conséquence dans le passage d'une espèce de verticalité de l'exercice de l'autorité politique à l'horizontalité de celui-ci ».

La notion de gouvernance renvoie également au dialogue assurant la participation des acteurs à des jeux permanents d'échanges, de négociation et d'ajustements mutuels (Smouts, 1998). Cependant, le « pilotage » de ce dialogue (attribution de responsabilités aux acteurs, fixation des objectifs, allocations de ressources) reste un problème compliqué qui peut conduire à l'échec de la gouvernance (Novarina, 1998, cité par Leresche, 2001). Une analyse en termes de gouvernance pourrait aussi montrer que les relations entre les acteurs ne se basent pas uniquement sur la hiérarchie et la domination, mais aussi sur la coordination, la participation ou la négociation, le but étant d'arriver à une vision partagée (Leca, 1996). Pour Jessop (1998), la gouvernance est un nouveau paradigme possible pour l'analyse des coordinations de l'économie, du politique et du social : mais dans le nouveau contexte local et global, le marché (relations d'indépendance) et la hiérarchie (relations de dépendance) ne sont plus appropriés comme mécanismes de coordination. Un « troisième mode de gestion des affaires publiques-privées à côté du marché et de la hiérarchie bureaucratique » (Hermet, 2004, p. 177) est possible : la « hétérarchie ». Ce terme, lancé par Jessop (1998) suppose une multiplicité d'acteurs interdépendants qui s'impliquent dans la coordination d'une action collective.

Après avoir rappelé le « socle commun » des approches de gouvernance présentées dans cette section, synthétisons maintenant quelques critiques qui pourraient contribuer à l'amélioration de l'utilité analytique de la notion de gouvernance. Une première critique souligne que cette notion permet de décrire les réseaux des acteurs et leurs interactions, mais pas le contenu de leurs échanges (Leresche, 2001). Comme le montre Novarina (1998), la construction d'un compromis dépasse la simple juxtaposition d'intérêts individuels publics et privés, car cela relève aussi de « l'interconnaissance » et de la « socialisation réciproque » entre les acteurs de la gouvernance. Dans ce sens, la notion de gouvernance devrait être enrichie en y ajoutant une dimension cognitive de l'action publique qui permet d'intégrer le monde vécu des acteurs, ainsi que leurs représentations sociales (Smith, 1995 ; Leresche, 2001). La deuxième critique émane du courant néo-institutionnaliste qui reproche à la notion de gouvernance une tendance à sous-estimer la place des institutions publiques et la question du pouvoir dans l'action publique : en mettant les intérêts publics et privés sur un pied d'égalité dans la production des politiques publiques locales, cette notion efface les conflits liés au pouvoir (Leresche, 2001).

Les néo-institutionnalistes écartent l'idée qu'une *effective gouvernance* implique nécessairement « moins d'État », ainsi que la dérégulation des services publics (privatisation ou concurrence avec le marché). Sans contester la possibilité des partenariats entre l'État, les collectivités locales et les acteurs sociaux, ils remettent en cause la parité public/privé ainsi que l'effacement entre le politique et l'économique, en plaidant pour la prise en compte dans les analyses en termes de gouvernance de la spécificité du pouvoir public (Leresche, 2001). Comme nous allons voir dans le deuxième chapitre, cette dimension sera intégrée dans la définition de la notion d'innovation sociale.

La troisième critique pose une question d'ordre éthique, celle de la démocratie politique représentative (de délégation) et participative (délibérative). Selon Duran et Monnier (1992) et Jouve (1995), derrière cette question se cache le dilemme entre la démocratie et l'efficacité technico-économique. Dans une perspective gestionnaire (centrée sur l'efficacité de l'action publique), la gouvernance peut privilégier certains acteurs, notamment ceux agissant dans le champ de l'expertise, réputés avoir les compétences et les savoirs modernes (Gaudin, 1995) et en exclure d'autres (notamment ceux en marge du système de la représentation politique). Ainsi, la gouvernance instaure une sorte de « démocratie fonctionnelle » ou de « démocratie administrative », par contraste avec la « démocratie politique » (Duran et Thoenig, 1996, cités par Leresche, 2001). Ce mode de sélection des acteurs des politiques publiques peut s'accompagner d'une démultiplication et une dispersion des espaces de débat et de pouvoir entraînant la non-imputabilité des acteurs (Leca, 1995). La multiplication des espaces publics renvoie aussi

> (…) à la crise de légitimité qui touche les institutions et les espaces publics (qu'ils soient institués, stratégiques, médiatiques) dont le fonctionnement ne permet plus l'expression propre des individus et des groupes dans la cité ; elle signale la production de nouvelles arènes publiques fondées sur la fragilité des rencontres. (Eme, 2006, p. 362)

Cela rappelle la « nature souvent temporaire – *ad hoc* – des dispositifs de mise en œuvre de la gouvernance » (Hermet, 2004, p. 169).

Pour conclure, nous définirons la gouvernance à travers ses dimensions principales : la dimension normative, qui renvoie au rôle des institutions dans la production d'une « bonne gouvernance » en termes de légitimité, de réceptivité et d'efficience, et la dimension analytique, qui rend compte d'un processus d'auto-ajustement et de coordination entre les acteurs multiples et interdépendants qui interviennent dans la majorité des actions collectives. Enfin, en soulignant la nécessité de prise en compte des enjeux de la mobilisation et de la participation des acteurs pour une « bonne gouvernance », nous ajoutons une dimension que nous qualifierons d'éthique : « les enjeux de la coordination apparaissent certes nécessaires, mais pas suffisants… il faut aussi s'intéresser aux enjeux de mobilisation, d'intégration et de participation qui peuvent également être considérés comme des pré-requis à une coordination bien comprise » (Leresche, 2001, p. 68).

Conclusion du chapitre

Dans ce chapitre, nous avons examiné trois des concepts-clés de notre livre : économie sociale, capital social et gouvernance locale. L'économie sociale, domaine de l'économie qui se définit à travers ses organisations, ses pratiques et ses dynamiques institutionnelles, constitue le concept central de ce livre. Nous l'avons présentée comme une famille hybride entre la société civile, le secteur public et le marché développant des stratégies d'inclusion sociale combinant les fonctions sociales (une mission d'intérêt collectif) avec les fonctions économiques (les activités productives représentent le support de la participation sociale). L'insatisfaction et la frustration liées à l'intervention ou à la dominance de l'État et aux échecs du marché, ainsi qu'aux faiblesses des micro-économies, laissent également une place à l'utilisation d'autres mécanismes (liens sociaux préexistants ou à reconstruire) pour satisfaire les besoins.

Il nous est apparu indispensable par la suite de combiner cette définition abstraite de l'économie sociale avec une définition holiste qui prend en compte les différents types des relations sociales, ainsi que leur inscription dans des contextes sociaux, culturaux, historiques et institutionnels spécifiques. Dans ce sens, l'un des objectifs de la partie empirique de notre livre est de comprendre l'économie sociale sous ses différents angles : statut légal, besoins satisfaits et stratégies mises en place, type d'activités et de services, catégories de bénéficiaires, mécanismes de financement et types de ressources mobilisées à l'intersection du marché, du secteur public et de la société civile.

Le deuxième concept étudié est le capital social. Nous avons retenu une définition du capital social en termes de réseaux de relations sociales qui peuvent permettre l'accès des individus et des groupes aux ressources mobilisées à travers ces réseaux (ressources financières, biens, services, compétences, savoir, information, soutien moral, liens sociaux, etc.). Ainsi défini, le capital social peut constituer un élément essentiel des stratégies visant l'inclusion sociale des populations vulnérables et le développement socioéconomique local. Potentiellement, l'insertion dans des réseaux sociaux permet aux individus et aux groupes d'accéder (surtout les populations à risque d'exclusion comme les immigrés, chômeurs de longue durée, mères seules, jeunes en difficulté) aux différents types des ressources en cas de besoin.

Le capital social peut également se révéler une ressource importante pour le développement des collectivités : ceci implique de trouver les meilleures pratiques pour construire et soutenir des réseaux dynamiques et durables qui relient les acteurs locaux et les autorités publiques à de diverses échelles spatiales et institutionnelles. L'investigation empirique du capital social tiendra compte du contexte général dans lequel ces réseaux personnels ou collectifs opèrent : contexte structurel, culture locale de l'action collective et influence des acteurs locaux.

La gouvernance locale, troisième concept-clé du livre, est définie en tant que processus de coordination de la prise de décision politique et représente le résultat des articulations de diverses dynamiques institutionnelles caractérisant différentes échelles (contexte structurel, culture politique locale et acteurs de la gouvernance). Les diverses dynamiques institutionnelles formelles (groupes d'intérêt ou partenariats qui assurent la forme visible de la gouvernance à travers les règles et l'organisation) ou informelles (relations entre et à l'intérieur des groupes formels) peuvent favoriser ou obstruer la (re)production du capital social avec des effets positifs ou négatifs en ce qui concerne les organisations d'économie sociale.

CHAPITRE 2

Les dynamiques socioéconomiques locales

Exclusion sociale, développement local, innovation sociale

Introduction

Après avoir introduit dans le premier chapitre la première série de concepts-clés (économie sociale, capital social et gouvernance locale), nous allons introduire une deuxième série de concepts essentiels pour notre recherche : l'exclusion sociale, le développement local et l'innovation sociale. L'objectif est de mettre en évidence les éléments et les aspects qui nous permettront d'envisager, dans la deuxième partie du livre, l'analyse empirique du rôle de l'économie sociale dans la lutte contre l'exclusion sociale. Nous procéderons en trois sections.

La première section se consacre à l'examen du concept et du processus multidimensionnel d'exclusion sociale. Quelles sont les principales approches et dimensions de l'exclusion ? Quels sont les mécanismes à l'origine de ce processus ? Quelles sont ses caractéristiques ? La deuxième section de ce chapitre explore dans une perspective historique les principales mutations idéologiques et conceptuelles du développement local. Quelles sont les implications profondes de la conceptualisation du développement dans les années 1950 (décolonisation, reconstruction d'après-guerre, hégémonie américaine et début de la guerre froide) ? Quelles sont les approches dominantes de développement pendant les Trente Glorieuses et quels changements interviennent après le début du processus de restructuration socioéconomique dans les années 1970 ? Quelles sont les évolutions et réactions au plan théorique ?

L'analyse des modèles territoriaux d'innovation (approches alternatives de développement local ayant émergé dans les années 1980-1990) montre que le concept d'innovation qui est au cœur de ces modèles demeure encore trop imprégné par une vision technologiste de l'innovation. À partir de cette critique, nous plaidons dans la troisième section de ce chapitre pour une meilleure intégration de la dimension sociale à la définition de l'innovation. Quelle définition de l'innovation sociale répond au mieux à cette nécessité ? Quelle approche du développement local intègre cette vision de l'innovation sociale tout en représentant une alternative aux approches basées sur les visions technologiques de l'innovation ?

Un survol de la littérature récente sur le développement local montre que l'innovation sociale, définie dans le sens de changements institutionnels censés contribuer à l'inclusion sociale (SINGOCOM, 2005), est le concept structurant de l'approche de développement intégré qui se présente comme alternative au développement « par le haut ». Cette approche met au centre le développement des quartiers comme stratégie d'inclusion sociale : sa réussite repose sur l'intégration des interventions dans les divers domaines existentiels et sur l'articulation des échelles spatiales au sein des réseaux sociaux.

2.1 Exclusion sociale

L'expression « question sociale » émerge au XIXe siècle pour rendre compte des dysfonctionnements de la société industrielle naissante (Rossanvalon, 1995) et d'une « extension imprévue de la pauvreté » (Eme et Laville, 2006, p. 306). Si, pendant les Trente Glorieuses, « on l'avait cru enterrée à la faveur de l'extraordinaire croissance économique des grands pays industriels (...) et de la foi dans le caractère inéluctable d'un développement planétaire porteur du progrès pour tous », dans les années 1980 la question sociale émerge avec une violence inattendue (Bessis, 1995, p. 6). Néanmoins, il ne s'agit pas d'un simple retour aux problèmes sociaux engendrés par l'industrialisation, mais de l'avènement d'une nouvelle question sociale, désignée couramment par le terme « exclusion ». Cette notion rend compte d'un glissement de la question sociale d'origine (l'exclusion comme résultat de confrontation entre le capital et le travail) vers une question sociale beaucoup plus complexe et multidimensionnelle, qui se différencie aussi de point de vue territorial (urbaine ou rurale), et qui, au sein des sociétés occidentales, se manifeste notamment dans les grandes villes (Topalov, 1990).

Paugam (1996) et Silver (1994) indiquent les premières utilisations de la notion d'exclusion dans deux ouvrages parus en France dans les années 1960 : « L'exclusion sociale. Étude de la marginalité dans les sociétés occidentales » (Klanfer, 1965) et « Les dividendes du progrès » (Massé, 1969). Selon Paugam (1996, p. 9), ce terme fait son apparition dans les années 1960, en pleine expansion économique, pour désigner un phénomène perçu comme « la survivance visible et honteuse d'une population maintenue en marge du progrès économique ». Mais la paternité de la notion d'exclusion est couramment attribuée à René Lenoir qui publie en 1974 « Les exclus, un Français sur dix », ouvrage qui a joué un rôle-clé dans la diffusion de la notion (Rhein, 1996). Secrétaire d'État pour l'Action sociale, Lenoir emploie ce terme pour montrer qu'un Français sur dix est un exclu de la société : handicapés physiquement et mentalement, suicidaires, personnes âgées invalides, enfants abusés, dépendants des drogues, femmes seules avec enfants, ménages nombreux en difficulté, marginaux, asociaux (Silver, 1994). À noter cependant que Lenoir ne parle pas encore de chômeurs en tant qu'exclus. Lenoir aborde la question de l'exclusion notamment en termes de pauvreté et d'inégalités : le titre du dernier chapitre de ce livre (« Celui qui a et celui qui n'a pas ») est significatif. Les solutions à ce type d'exclusion impliquent par conséquent la recherche des moyens pour diminuer l'inégalité de répartition des richesses (Rouzel, 2001).

Le principal mérite de l'ouvrage de Lenoir (1974) est d'opérer un déplacement important dans la problématique de l'exclusion. Cet auteur observe que l'exclusion n'est plus un fait marginal qui affecte uniquement les « oubliés du progrès » (ou ceux qui ne sont pas couverts par le système de sécurité sociale), mais un « processus en cours », déterminé par le fonctionnement de la société moderne et qui se propage dans tous les milieux sociaux (Paugam, 1996). Moulaert (1996) et Dubar (1996, p. 111) ont la même vision de l'exclusion comme processus : « un produit de mécanismes sociaux et non comme un état résultant d'attributs individuels ou collectifs ». La prise en compte de l'ampleur et de la signification de ce phénomène incitera l'action publique à se centrer désormais sur le principe de la prévention. En France, ce principe se traduira dans la pratique par la création dans les années 1970 de deux minima sociaux importants : l'allocation aux adultes handicapées (AAH, 1975) et l'allocation de parent isolé (API, 1976)[1].

Vers la fin des années 1970, « la menace de la perte de l'emploi dans une société salariale, jusque-là stabilisée et relativement protégée » tend à devenir un thème central et « commença, vers la fin des années 1960, à nourrir une angoisse collective » (Paugam, 1996, p. 12). Le terme « exclus » désigne désormais aussi des « normaux devenus inutiles » issus des « couches de la population considérées comme parfaitement adaptées à la société moderne et victimes malgré elles de la conjoncture économique et de la crise de l'emploi » (Paugam, 1996, p. 13). Une vingtaine d'années plus tard, il sera employé pour dénoncer le malaise social qui se généralise partout dans le monde et dans tous les milieux sociaux – et ceci à une époque où la plupart des grands pays industriels et une partie non négligeable des pays en développement renouent avec la croissance (Bessis, 1995). Moulaert, Morlicchio et Cavola (2007)

[1] L'AAH est supposée pouvoir constituer l'intégralité des ressources de ses bénéficiaires, personnes considérées comme durablement ou définitivement inactives, alors que l'institution de l'API témoigne de la montée de la pauvreté « liée à la remise en cause du modèle familial traditionnel et à la multiplication des situations d'isolement des femmes ayant la charge des enfants » (Létard, 2005, p. 9).

observent un déplacement de l'observation des catégories de pauvres et des facteurs de pauvreté vers l'analyse des divers processus d'exclusion et d'inclusion sociale et de leurs articulations à différentes échelles spatiales.

Depuis la fin des années 1980, la Commission européenne, préoccupée par le chômage de longue durée et par les problèmes rencontrés par les travailleurs non qualifiés et les émigrés, s'implique de plus en plus dans la popularisation du terme exclusion sociale (OIT, 1998). Mais, par rapport au concept de pauvreté qui associe clairement l'inégalité au manque de ressources matérielles, l'exclusion reste un concept assez imprécis, impliquant une multiplicité de causes et d'effets de l'inégalité (Arthurson, 2003). Dans la vision de la Commission européenne, le terme d'exclusion apparaît plus drastique que celui de pauvreté dans la mesure où il fait directement référence à la citoyenneté (Benassi, Ghezzi, Mingione, 1997), ainsi qu'à la multidimensionnalité et à la dynamique du processus d'exclusion : l'exclusion est un processus et la pauvreté est l'une de ses conséquences (Vranken, 2001).

Dans les sections suivantes, nous analysons d'abord les dimensions de l'exclusion sociale caractérisant les différentes sphères sociétales (économique, sociale, politique, culturelle, etc.). Ensuite, nous expliquons les changements communs qui ont été à l'origine des processus d'exclusion sociale dans les pays européens à partir des années 1970. Enfin, nous introduisons la problématique de l'économie sociale en lien avec l'exclusion sociale.

2.1.1 Approches et dimensions de l'exclusion sociale

Le terme exclusion s'utilise dans les divers pays, mais sa conceptualisation et son analyse diffèrent selon les traditions historiques et politiques spécifiques (Arthurson, 2003). À partir de différentes traditions politiques, Silver (1994) propose trois cadres théoriques pour l'analyse du processus d'exclusion et de ses causes : (1) Le modèle de la « solidarité », fondé sur la philosophie républicaine de l'État français, interprète l'exclusion à la fois comme une rupture du lien social entre l'individu et la société et comme un échec des institutions intégrantes ; (2) Dans la vision de la « spécialisation », enracinée dans la philosophie politique libérale, l'exclusion d'un domaine social particulier n'implique pas nécessairement l'exclusion de l'ensemble de la sphère sociale (OIT, 1998). L'exclusion peut prendre ainsi des formes diverses, en fonction des comportements individuels : auto-exclusion, exclusion déterminée par les intérêts ou les relations contractuelles entre acteurs, par la discrimination, par le dysfonctionnement du marché, etc. ; (3) Le paradigme du « monopole », fondé sur la philosophie politique de la démocratie sociale, conçoit la société comme une structure basée sur des relations d'inclusion ou d'exclusion entre différents groupes qui contrôlent les ressources.

Dans le premier chapitre, nous avons fait le choix d'une définition du capital social en termes d'accès aux ressources insérées dans les réseaux de relations sociales. Cette vision a des parentés évidentes avec l'approche de Bourdieu, que nous rappelons brièvement : le capital social désigne les réseaux de relations sociales qui peuvent donner accès à des ressources et du soutien aux individus et aux groupes. Posséder du capital social renforce davantage la position et le pouvoir des groupes privilégiés qui disposent déjà du capital économique, culturel, symbolique, etc. Pour préserver leur position dominante, ces groupes recourent à la fermeture et à la densification de ces réseaux puissants et réciproques. Parmi les trois approches de l'exclusion identifiées par Silver (1994), nous avons retenu le paradigme du « monopole », car il nous semble le plus cohérent par rapport à notre définition du capital social. Selon cette conception, les groupes privilégiés se caractérisent à la fois par une forte solidarité intérieure et par un comportement protectionniste par rapport aux *outsiders* en vue de limiter leur accès aux biens, services, emplois ou à d'autres ressources. Dans cette perspective, l'identité de l'exclu (émigrés, minorités ou religieuses, analphabètes, chômeurs) est socialement construite (OIT, 1998). Le chômage, par exemple, représente « une construction sociale dont la pertinence mérite d'être interrogée à l'heure où les frontières entre l'emploi, l'inactivité, la formation, le chômage… sont de plus en plus floues et perméables » (Lallement, 2006, p. 596).

Pour Chanial (2006, p. 181-182), les droits de l'homme sont indivisibles, résultant de l'articulation des trois registres des droits, et à travers eux des trois registres de citoyenneté et des trois traditions politiques (libéralisme, républicanisme, social-démocratie) : droits civils (la liberté individuelle et ses prolongements, droit de propriété et liberté contractuelle), droits politiques (droits de participation, directs ou indirects, à l'élaboration des règles régissant la communauté politique) et droits sociaux (droit au bien-être, protection et justice sociale, etc.). Selon Moulaert, Morlicchio et Cavola (2007), la citoyenneté sociale, liée au développement de l'État social, dépend de la portée du système de protection sociale afférent à un territoire ou à une activité et des droits que ce système accorde aux diverses catégories des citoyens et de non-citoyens.

La question des droits des non-citoyens renvoie au processus d'exclusion socio-économique qui affecte les émigrants, lesquels se voient interdire l'accès au marché régulier du travail au nom de la discrimination fondée sur la citoyenneté. Parfois, ils sont obligés d'accepter des emplois mal rémunérés ou de recourir à l'économie informelle. Ils sont ainsi dépourvus des plus élémentaires droits de protection sociale : dans certains cas, cette situation est compensée par des formes interethniques de solidarité (Moulaert, Morlicchio et Cavola, 2007).

Les auteurs qui se sont penchés sur la question de l'exclusion sociale identifient trois dimensions ou sphères sociétales où l'exclusion se manifeste : économique, sociale et politique (De Haan, 1999 ; Bessis, 1995).

La dimension « économique » est en relation directe avec la pauvreté : elle concerne les individus qui n'ont pas accès au marché du travail ou qui sont rejetés hors de la sphère du salariat. De ce fait, ils sont privés des ressources régulières (salaire, entreprise, fortune) ou des moyens nécessaires pour satisfaire leurs besoins (par exemple crédit, terre).

La dimension « sociale » renvoie à la perte des droits citoyens (salaire minimum, éducation, santé) et au déni de toute existence sociale, directement liés dans la plupart des sociétés à la possession d'un emploi (Bessis, 1995). Plus que la privation ou la baisse du revenu, l'exclusion sociale peut entraîner le délitement des relations sociales et le sentiment de perte de la dignité humaine.

La dimension « politique/légale » se réfère à la privation, pour certains groupes (migrants, minorités ethniques ou religieuses, femmes) de tout ou partie de leurs droits humains, civils et politiques (voter, participation à la vie de la communauté), ce qui entraîne l'exclusion des sphères où les décisions sont prises.

D'autres travaux (Madanipour, 1998 ; Somerville, 1998 ; Arthurson et Jacobs, 2003) ajoutent une dimension « morale ou culturelle » qui renvoie aux valeurs et au modèle économique et culturel dominants entraînant une exclusion symbolique des groupes particuliers en raison de leur manque d'accès aux modèles ou aux relations sociales utiles. Hancock (1995)[2] identifie aussi une dimension « temporelle » de l'exclusion qui évoque l'idée que les logiques économiques dominantes et le mode de développement non durable d'aujourd'hui compromettent la survie des générations futures.

Le réseau de recherche KATARSIS (2005)[3] identifie cinq « champs existentiels » où les individus sont les plus touchés par l'exclusion sociale : (1) Marché du travail, stratégies pour l'emploi et économie sociale ; (2) Éducation et formation ; (3) Logement et quartier ; (4) Santé

---

2 Proposée par Trevor Hancock, le premier leader du Parti Vert du Canada, l'un des experts qui a contribué à vulgariser les liens entre la santé et le développement (cité par Bessis, Synthèse du Colloque de Roskilde, 2-4 mars 1995, Danemark).

3 KATARSIS (*Growing Inequality and Social Innovation : Alternative Knowledge and Practice in Overcoming Social Exclusion in Europe*), 6th Framework Programme European Union.

et environnement ; (5) Gouvernance et démocratie. Ces domaines, concernant divers activités et besoins de la vie quotidienne, sont interdépendants : les personnes exclues d'un des domaines (économique, social, etc.) sont susceptibles d'être exclues d'autres sphères de la vie. Cette idée est soutenue par plusieurs auteurs (Madanipour, 1998 ; De Haan, 1999 ; Vobruba, 2000 ; Arthurson, 2003 ; Moulaert, Morlicchio et Cavola, 2007) qui montrent qu'une analyse articulée des dimensions et des mécanismes d'exclusion permet d'identifier des effets d'entraînement et de multiplication. Ainsi, certains individus ou groupes sont rejetés du milieu productif parce qu'ils ont d'abord été exclus des réseaux leur donnant accès au travail en raison de leur exclusion préalable de la sphère éducative ou des services de santé (Bessis, 1995). Par exemple, les jeunes migrants à faible qualification doivent se contenter d'emplois précaires et mal rémunérés dans l'économie informelle : faute de qualifications adéquates, leurs perspectives d'insertion dans le marché régulier du travail ainsi que leur accès aux revenus décents sont très limités (Mingione, Kazepov et Zajczyk, 1997 ; Paugam, 1996, cités dans Moulaert, Morlicchio et Cavola, 2007).

Un point essentiel qui résulte de l'analyse multidimensionnelle de l'exclusion sociale renvoie au rôle de certains processus relationnels (réseaux favorisant la reproduction des désavantages et de la pauvreté) dans la destruction des liens, l'isolement social et la désintégration sociale (Athurson, 2003). Comme le montrent Madanipour, Cars et Allen (1998), l'exclusion de la sphère de la production ne se traduit pas uniquement par la baisse de revenus, mais aussi par la perte des liens sociaux au travail (perte du capital social relationnel), ce qui précipite l'exclusion d'autres sphères sociétales. Parfois, la rupture du lien social (familial, affectif, travail, associatif) peut entraîner une reconstruction des solidarités autour de réseaux intégristes ou mafieux (J. Charmes, 1995)[4].

En examinant le lien entre les processus de restructuration économique et l'exclusion sociale à travers un nombre important de cas européens, Moulaert, Rodriguez et Swyngedouw (2001) mettent en évidence une articulation multi-échelle des processus d'exclusion. Par exemple, la combinaison entre les processus globaux de restructuration menés par le capital international et les pressions locales sur le marché immobilier (en raison de la perte du contrôle des autorités locales) s'est traduite dans beaucoup de quartiers par la relocalisation de certaines familles dans d'autres quartiers plus périphériques (Moulaert, Morlicchio et Cavola,

4 Jacques Charmes, Département sociétés, urbanisation, développement, ORSTOM (Paris), cité par Bessis, Synthèse du Colloque de Roskilde, 2-4 mars 1995, Université de Roskilde, Danemark.

2007), ce qui entraîne le relâchement ou la rupture des liens sociaux existants. Plusieurs auteurs (Moulaert, 1995 ; Madanipour, Cars et Allen, 1998 ; Moulaert, Morlicchio et Cavola, 2007) mettent en avant l'idée que l'échelle du quartier représente une échelle particulièrement adaptée pour l'examen des processus et pour la mise en œuvre des stratégies de lutte contre l'exclusion.

L'exclusion sociale se manifeste donc comme un processus multidimensionnel (économique, social, politique, culturel, etc.) à diverses échelles spatiales (Moulaert 1995 ; Paugam, 1996 ; Moulaert et Scott, 1997 ; Mingione, Kazepov et Zajczyk, 1997 ; Mingione et Oberti ; 2003). Ce processus représente le résultat d'une combinaison complexe de facteurs : le simple recours aux trajectoires individuelles n'est pas suffisant pour expliquer pourquoi certains individus ou groupes d'individus sont exclus du monde économique (travail et consommation) ou pourquoi ils sont relégués dans des quartiers défavorisés. Les mécanismes d'exclusion résultent à la fois des caractéristiques et des parcours individuels, mais aussi des dynamiques socioéconomiques et institutionnelles générales (par exemple désindustrialisation et restructuration économique, mondialisation, etc.).

2.1.2 Mécanismes de l'exclusion sociale dans les pays européens

Depuis la première crise du pétrole (1972-1973), dans les pays européens développés la flexibilisation du marché du travail et la restructuration des systèmes de protection sociale ont aggravé la vulnérabilité des segments larges de population et ont affaibli la position de certaines catégories sociales dans la société (KATARSIS, 2005, p. 4). Selon EUROSTAT (EU-SILC 2007), 17 % de la population européenne (UE-15) est considérée comme sujette à risque de pauvreté. Si nous déduisons les allocations de la sécurité sociale (autres que les pensions) du revenu du ménage, 26 % de la population européenne (EU-15) tomberait sous le seuil du risque de pauvreté.

Dans certains travaux sociologiques (Benassi, Ghezzi et Mingione, 1997 ; Kazepov, Benassi et Mingione, 1997 ; Kazepov et Mingione, 1995), les changements inhérents à la transition du fordisme à l'ère post-fordiste sont considérés comme étant à l'origine de nombreuses tensions dans toutes les couches sociales, notamment dans le milieu urbain. Ces tensions sont communes à tous les pays européens développés, mais elles ont été « filtrées » par les divers modèles de *welfare*, définis par le rôle des trois institutions régulatrices fondamentales : la famille, le marché et l'État (Benassi, Ghezzi et Mingione, 1997).

La notion anglo-saxonne de *Welfare State*, évoquant « l'une des nouvelles fonctions de l'État moderne : s'assurer du bien-être social des citoyens dans un souci d'équité et de solidarité », est difficilement traduisible (Merrien, 2006, p. 367). À observer que dans la littérature, les expressions « modèle de *welfare* » et « État-providence » sont souvent employées indissociablement. Pour Benassi, Ghezzi, Mingione (1997, p. 13), ces expressions n'ont pas le même contenu théorique : l'État providence désigne uniquement l'intervention publique, tandis que le système de *welfare* concerne « l'ensemble des réponses, aussi bien publiques que privées, aux besoins qui se font jour dans la société, qu'il s'agisse du bien-être, de la reproduction sociale ou d'interventions visant à résoudre des problèmes sociaux spécifiques ». Selon Merrien (2006), la notion d'État social tend de plus en plus à être employée comme synonyme francophone de *Welfare State*. Cependant, il convient de ne pas confondre la notion d'État social avec celle d'État providence, notion d'origine française « qui suggère la prise en charge étatique du social et l'opposition stricte entre un État omniscient et des citoyens atomisés et démunis » (Merrien, 2006, p. 367).

Benassi, Ghezzi et Mingione (1997) abordent la question de l'exclusion dans une perspective comparative internationale, en mobilisant les catégories idéales-typiques d'État social identifiées par Merrien (2006) et Benassi, Ghezzi, Mingione (1997) d'après Esping-Andersen (1990, 1999) : libéral « de marché » ou « résiduel » (Royaume-Uni, États-Unis, Canada) ; social démocrate « universaliste fort » (Suède, Danemark, Norvège, Finlande) et « universaliste faible » (Grande-Bretagne, Irlande) ; conservateur-corporatiste « étatiste » (Allemagne, Belgique, France, Pays-Bas) et « familialiste » (Italie, Espagne). Selon Merrien (2006, p. 368), on peut classer les États sociaux en forts, moyens et faibles, en fonction de leur degré de « démarchandisation », concept emprunté par Esping-Andersen (1990, 1999) à Polanyi (1944, 1983) pour évoquer la « possibilité qu'ils offrent légalement aux individus de s'extraire plus ou moins fortement du marché tout en prenant en compte leurs besoins ».

Benassi, Ghezzi et Mingione (1997) expliquent les processus d'exclusion à travers deux types de changement à l'œuvre dans les pays européens industrialisés à partir des années 1970 : les mutations démographiques (accompagnées par des transformations du système familial) et les bouleversements des régimes d'emploi. L'analyse de ces changements et de leurs impacts en ce qui concerne les trois institutions régulatrices (famille, marché, État) fait l'objet des sous-sections suivantes.

2.1.2.1 Mutations démographiques du système familial

À partir des années 1970, un nombre de transformations sociétales (baisse du nombre de mariages, augmentation du nombre de séparations et divorces, de familles monoparentales, etc.) et de mutations démographiques (augmentation de l'âge moyen au mariage, diminution du taux de natalité, allongement de la durée moyenne de vie) contribuent à la fragilisation du modèle familial traditionnel. Une autre tendance commune à plusieurs pays européens est la cohabitation prolongée des enfants avec leurs parents, due à la scolarisation plus longue qu'autrefois et au taux de chômage élevé parmi les jeunes. Cette prolongation du temps de dépendance par rapport à la famille contribue également à l'aggravation des conditions de vie de la famille qui dépend d'un seul revenu : surtout dans la variante « familialiste » du modèle conservateur (Italie, Espagne), la dépendance de la famille pourra être considérée comme un effet pervers de la solidarité familiale.

Cela se traduit par l'augmentation de l'âge moyen du mariage pour les deux sexes et par la diminution du taux de natalité : en Italie, Espagne, Belgique et Allemagne ces taux ont atteint récemment le minimum historique. Également, la forte réduction des naissances, combinée avec l'allongement de la durée moyenne de vie grâce à l'amélioration des conditions de vie et des soins de santé, accélère le vieillissement de la population (Benassi, Ghezzi et Mingione, 1997 ; EUROSTAT, 2005). Comme le remarquent ces auteurs, les pays de l'Union européenne sont en train de connaître des parcours démographiques semblables : le déséquilibre entre la population à l'âge de la retraite et la population active constitue un potentiel problème économique et social, car les pensions de retraite et les taux de cotisation aux régimes de pensions ne couvrent pas toujours les risques d'appauvrissement des personnes âgées. Ainsi, les personnes âgées (80 ans et plus), exclues du processus productif, souvent sans autonomie physique et sans famille pour les aider, se retrouvent de plus en plus isolées.

Ce phénomène entraîne l'augmentation des dépenses pour le développement des services de gériatrie (hôpitaux, assistance à domicile, résidences pour personnes âgées). Contrairement aux pays scandinaves où le problème de la pauvreté parmi les personnes âgées est quasi maîtrisé, dans les systèmes libéraux et conservateurs de *welfare*, la situation est beaucoup plus grave, car les pensions de retraite dépendent des cotisations versées pendant la période salariée, les interruptions de tout type (chômage, invalidité, travail intermittent) portant préjudice au montant de la pension. À la lumière de ces développements, Benassi, Ghezzi et Mingione (1997) font une distinction entre l'exclusion « par isolement », qui touche les ménages d'une seule personne, à bas revenu et sans un réseau familial protecteur (personnes âgées et familles monoparentales) et l'exclusion qui touche les familles traditionnelles (couple avec enfants) dans le contexte d'une faible croissance économique.

2.1.2.2 Bouleversements des régimes d'emploi

Les mutations démographiques ont généré de nouvelles conditions de vie familiale et de nouveaux besoins, mais qui n'ont pas pu être satisfaits par les politiques de *welfare*, compte tenu que d'autres changements surviennent simultanément. Il s'agit du bouleversement des régimes d'emploi dans les pays développés ; cela s'explique par la combinaison de deux processus : désindustrialisation, traduite par déclin de l'emploi en usine (surtout dans les grandes entreprises) et la tertiarisation de l'économie, traduite par l'augmentation du nombre d'emplois dans le secteur des services publics et privés, y compris des emplois précaires.

Benassi, Ghezzi et Mingione (1997, p. 22) mettent en évidence deux phénomènes centraux liés aux transformations du système de travail. Le premier renvoie au déclin du salaire familial de l'homme adulte soutien de la famille (comme forme dominante de la division sociale du travail) en faveur d'un système centré sur la famille multisalariée. Le deuxième phénomène consiste dans le remplacement du régime d'emploi dominé par les grandes industries manufacturières par un régime dominé par le secteur des services. Cette restructuration a des conséquences en ce qui concerne les marchés locaux du travail : certains perdent leur emploi stable (femmes, personnes âgées, immigrés spécialisés dans des tâches révolues), tandis que d'autres n'ont pas de difficultés à être embauchés (hommes cadres hautement qualifiés : par exemple les informaticiens ou les ingénieurs civils) (Martens et Vervaeke, 1997).

La globalisation rend la situation plus complexe, en favorisant l'émergence des nouvelles zones de production et des diverses réorganisations et délocalisations des entreprises (Mingione, 1998). Comme le montre Mingione (1998, p. 4), le déséquilibre des régimes d'emploi, en expansion pendant la période de l'industrialisation à grande échelle, a été provoqué par la prolifération « des perspectives d'emplois qui ne garantissent pas la stabilité, le salaire et les conditions de travail permettant l'intégration complète et durable dans une communauté d'appartenance ». Deux syndromes négatifs témoignent de la transformation de la crise de l'équilibre régulateur des régimes d'emplois en crise sociale : l'augmentation du taux de chômage (typique de quelques pays européens, comme la France, l'Allemagne, les pays méditerranéens) et du nombre d'emplois précaires insuffisamment payés (notamment au Royaume-Uni et aux États-Unis). D'autres recherches, dans le champ de la géographie urbaine (Moulaert, Rodriguez et Swyngedouw, 2001 ; Swyngedouw, Moulaert et Rodriguez, 2002), se focalisent sur le rôle des restructurations économiques dans les processus locaux d'exclusion et d'inclusion à travers l'étude de l'impact des douze grands projets urbains réalisés dans les métropoles européennes.

La crise de l'État social se traduit par des coupes dans les programmes d'assistance (Benassi, Ghezzi et Mingione, 1997), ce qui affecte les systèmes de *welfare* dans tous les pays européens, même dans les pays scandinaves : la capacité de l'État à assurer la protection sociale commence à s'éroder sous l'impact de la montée du chômage et de l'impossibilité d'augmenter la pression fiscale. Les pays avec des systèmes de *welfare* « conservateurs étatistes » (Allemagne, France, Belgique, Pays-Bas) caractérisés par des systèmes de protection sociale universaliste (le droit pour tous d'accéder à une qualité de vie minimale) se confrontent à des difficultés : en Allemagne, l'impact de la désindustrialisation (surtout dans les villes du Nord) combiné avec les coûts de la réunification ont alourdi la tâche de protection sociale de l'État ; en France, la portée du RMI, introduit en 1988 pour garantir les ressources aux individus cumulant des handicaps sociaux, se réduit.

En Grande-Bretagne et dans les pays méridionaux, le déséquilibre entre l'intervention du système de *welfare* et l'exclusion sociale urbaine apparaît le plus flagrant, surtout à Liverpool et à Naples, « les capitales des nouvelles pauvretés en Europe » (Benassi, Ghezzi et Mingione, 1997, p. 35). Ces villes connaissent des mécanismes de reproduction de la pauvreté : la difficulté à trouver un emploi régulier et les services publics essentiels sinistrés (santé, éducation), entraînent l'exclusion scolaire et la dégradation de la santé. À cela s'ajoutent la dégradation des logements, la fragilisation des systèmes familiaux et communautaires, l'insuffisance des ressources, la diffusion de la criminalité de rue ou organisée.

La relation entre le chômage, l'emploi précaire et la pauvreté n'est pas directe, mais elle est influencée par de multiples facteurs : durée du chômage, âge, sexe, capacités de la famille ou des politiques sociales d'agir en faveur des individus en difficulté. L'étude de Lazarsfeld, Johada et Ziesel (1981), portant sur le vécu du chômage, témoigne du caractère démoralisant et stigmatisant de l'état « d'assisté » qui entraîne dans une spirale descendante celui qui est désinséré des relations sociales par le manque d'emploi. Une enquête de l'ANPE (2000, p. 15) montre que « les facteurs psychosociologiques, liés à l'impact des normes sociales associées au travail sur l'image de soi, paraissent jouer un plus grand rôle que les facteurs matériels ».

De nombreuses études sur la pauvreté urbaine dans divers champs des sciences sociales (sociologie, sciences politiques, économie, géographie et sociologie urbaine) se focalisent sur les dynamiques du marché du travail comme principal mécanisme d'exclusion et d'appauvrissement (Benassi, Ghezzi et Mingione, 1997 ; Morlicchio, 2000 ; Moulaert, Morlicchio et Cavola, 2007). Ce constat nous conduit à considérer l'exclusion du travail, entraînant la perte du statut social et la dissolution des relations sociales, comme le point de départ de notre analyse de l'exclusion sociale.

2.1.3 Le secteur associatif et l'exclusion sociale

Les besoins sociaux nouveaux ou « anciens » qui reviennent, exprimés par les mouvements sociaux dans les années 1960 et 1970, remettent en cause les modèles existants d'intervention publique (Defourny et Favreau, 1997). L'État, confronté à la crise économique, source de difficultés financières, a du mal à apporter des réponses adéquates aux demandes sociales croissantes. Il devient trop difficile de faire jouer la solidarité entre les travailleurs protégés par le statut salarial et « les normaux devenus inutiles » (Paugam, 1996), précarisés par les mutations socioéconomiques (Donzelot, 1996). Ce processus de désagrégation des mécanismes producteurs de solidarité, mis en place par la société assurancielle, conduira à une séparation entre l'univers de l'assurance et celui de la solidarité (Rosanvallon, 1995).

Les autres institutions essentielles de la régulation sociale, le marché et la famille, subissent aussi des bouleversements : le lien social et la capacité d'assistance de la famille se retrouvent affaiblis à cause des transformations de la structure et des pratiques relationnelles familiales et des mutations démographiques générales ; le marché se confronte aux transformations du système productif (désindustrialisation, tertiarisation) et à la crise des régimes d'emploi (augmentation du nombre de chômeurs et d'emplois précaires) (Mingione, 1998). Tous ces changements des systèmes de *welfare* européens (État-providence, marché, famille) seront à l'origine de nombreuses réflexions autour des nouvelles pistes pour la lutte contre l'exclusion sociale.

Si pendant une longue période les associations n'ont pas pris pour cible spécifique le chômage qui était traité comme « un accident d'origine personnelle ou économique, auquel pouvaient faire face les allocations » (Isambert, 1996, p. 104), vers la fin des Trente Glorieuses la voie est ouverte aux initiatives associatives dans la lutte contre la pauvreté et l'exclusion sociale. Cet auteur distingue entre les structures qui visent notamment l'échelle régionale, nationale, voire internationale (par exemple les grandes organisations humanitaires comme la Croix Rouge) et celles qui privilégient l'échelle du quartier ou de la ville (par exemple les structures d'insertion, de revitalisation économique et sociale des quartiers). Dans les années 1960-1970, d'autres types d'organisations non gouvernementales ont émergé notamment pour venir en aide aux pays sinistrés économiquement du tiers-monde.

Depuis la crise pétrolière, on peut observer aussi un phénomène de « rapatriement de l'humanitarisme », qui se traduit dans l'augmentation des dons et du bénévolat (Isambert, 1996, p. 104). Plusieurs auteurs

(Wilson, 1987 ; Wilson et Waquant, 1993 ; Benassi, Ghezzi et Mingione, 1997) parlent d'une augmentation du nombre de pauvres dans le milieu urbain (chômeurs, travailleurs aux emplois précaires, femmes, jeunes, immigrés) surtout dans les grandes villes. Cela a déterminé le secteur de l'économie sociale à investir dans de nouveaux domaines, notamment l'insertion par l'économique et la revitalisation économique et sociale des quartiers (Defourny et Favreau, 1997). Les associations se trouvent en face de deux tâches principales : l'urgence de répondre aux besoins de base (se nourrir, se vêtir, se loger) et la réinsertion dans le monde du travail (ateliers, stages d'insertion, etc.) (Isambert, 1996).

2.1.4 Vers un cadre d'analyse de l'exclusion sociale

Étudier la question de l'exclusion sociale nous a amené à rejeter la définition de l'exclusion comme « état » pour la concevoir comme un processus comportant une variété de dimensions et d'implications (Paugam, 1996). En effet, il ne s'agit pas seulement des marginaux jugés inadaptés au progrès (malades mentaux, prisonniers, vieillards, handicapés) : les « exclus » peuvent être aussi d'autres personnes, victimes malgré elles de la conjoncture économique. Les mécanismes de l'exclusion résultent à la fois des caractéristiques et des parcours individuels, mais aussi des dynamiques socioéconomiques générales.

De nos jours, l'exclusion touche de plus en plus non seulement les pays pauvres, mais aussi les pays développés où les poches d'exclusion se concentrent notamment dans des grandes villes d'ancienne tradition industrielle, dans des quartiers dits difficiles ou défavorisés. Deux causes principales sont considérées comme étant à l'origine de l'exclusion dans les pays européens développés : les changements subis par le système productif et par les politiques d'emploi et les bouleversements de la structure familiale et des pratiques relationnelles. Ces processus, combinés, entraînent des changements qui perturbent les mécanismes essentiels de la régulation sociale : État, marché et famille.

L'exclusion prend plusieurs formes et plusieurs dimensions. Sa dimension économique est directement liée à la pauvreté : les exclus sont tout d'abord des personnes éloignées du marché du travail et donc privées des ressources suffisantes et régulières ou de l'accès à d'autres moyens nécessaires à la satisfaction de leurs besoins. La dimension sociale renvoie à l'idée de perte du statut lié à la possession d'un emploi, de perte du sentiment de dignité humaine et de destruction du lien social ou affectif. L'exclusion comporte aussi une dimension politique si les individus (immigrants, minorités ethniques, religieuses, etc.) sont privés de tous ou d'une partie de leurs droits humains, civils et politiques ou sont exclus de la participation à la prise de décision concernant la vie collective.

Le constat que la dynamique multi-échelle d'exclusion sociale se manifeste dans toutes les sphères sociétales (économique, sociale, politique, légale, culturelle, morale) nous amène à étudier le rôle de certains processus relationnels dans la production et à la reproduction d'un cercle vicieux d'exclusion et de pauvreté. Ainsi, il semble utile d'analyser la question de l'exclusion sociale dans le cadre d'un paradigme qui conçoit la société comme une structure basée sur des relations d'inclusion et d'exclusion entre divers groupes qui contrôlent les ressources (le paradigme dit du « monopole » identifié par Silver, 1994).

2.2 Le développement local : évolutions idéologiques et conceptuelles

Comme on a pu le voir dans la section précédente, les transformations démographiques et du système productif qui caractérisent l'après-fordisme sont en partie à l'origine des mutations dans le marché de l'emploi et dans les systèmes de protection sociale. L'ampleur de ces bouleversements s'exprime par la montée du chômage, de la précarité, de l'exclusion et de la pauvreté. Avant d'examiner empiriquement le rôle que l'économie sociale pourrait jouer dans la lutte contre l'exclusion sociale et dans le développement local, il nous apparaît utile de s'interroger sur la pertinence du concept de développement, de plus en plus mis à mal par un nombre d'auteurs et de courants tant à l'échelle mondiale qu'à l'échelle locale (Tremblay, 1999).

Dans les années 1970, marquées par le début de la crise économique et le recul de l'État-providence dans les pays développés, la crise de la dette dans les pays africains, la crise financière qui touche les pays d'Amérique latine et par le conflit Ouest-Est, les réflexions autour du concept de développement s'engagent dans de nouvelles directions. En 1972, la Conférence des Nations unies sur l'environnement (Stockholm) reprend le concept d'écodéveloppement, lancé une année auparavant lors du séminaire de Founex en Suisse (Maréchal, 2006). La même année, les travaux du Club de Rome débouchent sur le « Rapport Meadows – Halte à la croissance ! », où trente experts internationaux remettent en cause le principe d'une croissance économique illimitée comme modèle de développement, au prônant une « croissance zéro ».

Les théoriciens de l'écodéveloppement, à la recherche d'une solution acceptable au conflit entre développement et croissance, se prononcent pour un développement soucieux de prendre en compte l'équilibre écologique :

> (...) faire de l'écodéveloppement, c'est en grande partie savoir profiter des ressources potentielles du milieu, c'est faire preuve de « ressource » dans l'adaptation écologiquement prudente du milieu aux besoins de l'homme. (...) (C'est) s'attacher à trouver des façons à la fois socialement utiles et

écologiquement prudentes de la mise en valeur des ressources naturelles. (Sachs, 1980, p. 17 et 19, cité dans Maréchal, 2006, p. 157)

D'autres voix s'élèvent pour se faire les promoteurs d'un développement plus solidaire, pour soulever de questions liées à l'égalité hommes-femmes, à l'éducation, à la famille, aux rapports campagne-ville ou pour affirmer la nécessité d'un développement économique qui soit plus humain et équilibré (Perroux, 1961, 1981 ; Hirschman, 1964, 1980 ; Myrdal, 1974).

En 1987, la Commission mondiale sur l'environnement et le développement (CMED) propose le concept de développement durable, pour désigner un mode de fonctionnement de la sphère économique qui permet « la satisfaction des besoins élémentaires de tous et, pour chacun, la possibilité d'aspirer à une vie meilleure » et aussi « de répondre aux besoins du présent sans compromettre la possibilité pour les générations futures de satisfaire les leurs » (CMED, 1988, p. 10-11).

Selon Nussbaumer (2002, p. 119), la notion de développement durable – renvoyant à l'idée « d'une croissance qui prend en compte la fragilité de l'environnement (les ressources sont non renouvelables et les processus irréversibles) » – inscrit davantage la notion de développement dans le champ éthique. Cependant, observe Latouche (2005), même si on ajoute aujourd'hui des adjectifs comme « durable », « soutenable » ou « endogène », le concept de développement reste inscrit, de manière plus ou moins violente, dans la logique de l'accumulation capitaliste. Selon cet auteur, les initiatives de développement devraient prendre en compte la diversité et s'appuyer sur les enseignements issus des expériences dans le champ de l'économie non marchande pour inverser cette logique.

Parmi les travaux qui s'inscrivent dans la lignée de la recherche d'alternatives au mode de développement posant comme unique objectif la croissance, on peut également évoquer la théorie de la « décroissance » de Georgescu-Roegen (1971), les critiques de la société de consommation formulées par Gorz (1964) et Illich (1977), l'approche de « l'après développement » de Partant (1982), l'idée du refus d'un mode de développement fondé sur les valeurs et les pratiques de la modernité énoncée par Latouche (1986, 1991, 2001) ou celle du développement en tant que croyance occidentale avancée par Rist (1986, 2001).

Si Rist réduit le développement à une simple croyance occidentale, Latouche (2005) développe une position encore plus radicale par rapport à l'orthodoxie économique. Pour cet auteur,

> si l'ancien nom de la mondialisation est le développement économique lancé par Harry Truman en 1949 pour permettre aux États-Unis de s'emparer des marchés des ex-empires coloniaux européens et éviter aux nouveaux États

indépendants de tomber dans l'orbite soviétique, (...) le vieux nom de l'occidentalisation du monde était tout simplement la colonialisation et le vieil impérialisme.

Une autre critique contemporaine radicale vient de la part du courant dit naturaliste qui remet totalement en cause la vision du développement comme progrès ininterrompu et prône « le retour à un état de nature qu'il faudrait conserver » (Hugon, 2000, p. 1).

Tous ces travaux ont contribué à la distinction entre la croissance comme augmentation continue de la production et le développement, défini comme « l'organisation des produits, revenus et dépenses en fonction de l'amélioration des conditions de vie de l'ensemble de la population d'un pays (emploi, habitat, éducation, santé) » (Favreau, 2000, p. 9). Dans les sous-sections suivantes, nous effectuerons un détour par « (...) l'histoire de la distinction opérée à partir du milieu du vingtième siècle entre "croissance" et "développement", deux termes considérés jusque-là comme synonymes » (Maréchal, 2006).

Dans les sections suivantes, nous insistons d'abord sur le moment du lancement du concept de développement en 1949. Ensuite, nous examinons les modèles de développement centrés sur le rôle de l'industrie, dominants dans les années 1950-1970. Enfin, nous nous focalisons sur des aspects liés à la restructuration économique et à la recherche des alternatives de développement à partir des années 1970.

2.2.1 Conceptualisation du développement dans les années 1950

Formellement, la notion de développement apparaît sur la scène des relations économiques internationales à l'occasion du discours sur l'état de l'Union prononcé le 20 janvier 1949 par le président Harry Truman devant le Congrès américain. C'est un concept fortement marqué par son époque : fin du deuxième conflit mondial, début de la guerre froide opposant le capitalisme démocratique libéral (États-Unis, l'Europe de l'Ouest, Australie, etc.) au communisme totalitaire (URSS, Chine, Europe de l'Est, etc.), et notamment la décolonisation qui fait émerger des nouveaux acteurs sur la scène internationale, tels que les pays du tiers-monde.

En utilisant le terme de « sous-développement » pour désigner une grande partie du globe (Afrique, Asie, Amérique latine), le président américain superpose à la frontière idéologique entre l'Ouest et l'Est une nouvelle frontière : définie politiquement et économiquement, elle sépare le Nord développé du Sud sous-développé ou arriéré, où le capitalisme ne se développe pas, ou pas « aussi bien » qu'au Nord (Lipietz, 1996). Le Nord se trouve dans une position de domination économique, financière et technologique, tandis que le Sud essaye par tous les moyens de rattraper le modèle industriel occidental. Le Nord et le Sud sont présentés ainsi comme deux entités homogènes et interdépendantes, séparées par une sorte de frontière sociale qui gomme artificiellement les différences entre les pays qui composent chacune d'elles. Le développement prôné par Harry Truman en 1949 était présenté d'abord comme stratégie pour contenir la menace communiste dans les pays sous-développés (Sachs, 2000).

Mais le développement est aussi présenté comme une « tâche historique » de l'Occident, fondée sur la croyance que les pays du tiers-monde parviendront à rattraper les pays les plus développés (Sachs, 2000) « car enfin, ce tiers-monde ignoré, exploité, méprisé comme le tiers état, veut lui aussi, être quelque chose » (Sauvy, 1952).

La réponse se constituera dans une nouvelle conceptualisation du développement, à l'époque un concept optimiste et très bien perçu par les pays sous-développés, n'étant pas racial et apparemment universel (Poncelet, 2004). Le point-clé de cette conceptualisation du développement était la nouvelle technologie, considérée par Sachs (2001, p. 34) comme un véritable « cheval de Troie » de la civilisation occidentale qui a permis la conquête des marchés des pays en voie de développement de l'intérieur : « (...) il nous faut lancer un nouveau programme qui soit audacieux et qui mette les avantages de notre avance scientifique au service de l'amélioration et de la croissance des régions sous-développées » (extrait du discours de H. Truman, cité dans Rist, 2001). Rist (2001, p. 21) désigne ce quatrième point du discours d'investiture du président Truman comme l'acte inaugural d'une nouvelle ère, celle du développement économique comme aspiration universelle et comme processus inéluctable ou celle du « développement comme projet collectif de l'humanité toute entière » (Tremblay, 1999, p. 8). L'équation est la suivante : la croissance économique (mesurée à l'aune du PNB par tête d'habitant) permettra l'augmentation du niveau de vie matériel et l'amélioration du bien-être général et donc le développement. Selon Truman, le niveau de productivité deviendra le critère universel pour rendre compte du niveau de civilisation d'un peuple.

Il est difficile de dire si le projet de développement décidé par l'Occident représentait vraiment le « quelque chose » désiré par le tiers-monde. Mais l'histoire a montré que cette promesse n'a pas été tenue, et, qu'au contraire, « le fossé entre Nord et Sud est devenu aujourd'hui si grand que personne ne peut plus même imaginer qu'il pourrait se refermer un jour » (Sachs, 2000). Dans la sous-section suivante, nous allons présenter les principaux aspects de la période « développementaliste-optimiste », selon l'expression de Merrien et Mendy (2006, p. 493), qui commence dans les années 1950 pour s'achever à la fin des années 1970.

2.2.2 Période « développementaliste-optimiste » (1950-1970)

La vague de la décolonisation qui touchait dans les années 1960 les pays dominés d'Afrique, d'Asie et d'Amérique latine ouvre un espace pour un renouvellement de la réflexion sur le développement (Merrien et Mendy, 2006). La principale question à l'époque était de savoir comment réduire les disparités entre les pays développés et les pays sous-développés : l'économie du développement s'est alors constituée dans les années 1950 comme corpus scientifique distinct de la science économique pour tenter de répondre aux problèmes spécifiques des pays nouvellement indépendants (Nussbaumer, 2002).

En renouant avec la tradition de l'économie politique classique et en explorant les possibilités ouvertes par le keynésianisme, le développement sera interprété dans les années 1960 comme un processus automatique, linéaire et universel de croissance, conçu sans distinction de lieux (Angeon et Callois, 2004). Par conséquent, le sous-développement se définit en termes d'écarts provisoires par rapport aux taux de croissance des économies développées (Assidon, 2002). Pour rattraper ces retards, les pays sous-développés devraient baser leurs stratégies de développement sur l'urbanisation, l'industrialisation et l'économie de marché, les trois moteurs de la modernisation des pays du Nord (Favreau, 2000), et suivre une succession d'étapes successives et universelles (Angeon et Callois, 2004). En analysant le sous-développement comme un retard dans le démarrage de la dynamique de croissance (*take-off*), l'économiste américain W.W. Rostow (1960) distingue cinq étapes, en allant de la société traditionnelle dominée par l'activité agricole jusqu'à l'ère de la consommation de masse.

Les structuralistes (l'école de CEPAL[5], notamment R. Prebisch) avanceront explicitement l'idée que la croissance se diffuse d'une manière inégale dans l'espace. Ils interpréteront le sous-développement comme le résultat du mode de développement capitaliste et se prononceront pour un rôle prééminent de l'État dans le développement, en recommandant des projets autocentrés, basés sur des stratégies de substitution aux importations (Berr et Harribey, 2005, p. 1). La prise de conscience qu'il existe des régions exclues du progrès économique s'est accentuée dans le contexte économique et social favorable des Trente Glorieuses, l'âge d'or du keynésianisme et d'exaltation de l'*American way of life*, expression qui désigne le mode de vie américain reposant sur la consommation de masse. En partant du constat que le développement est déséquilibré, des économistes comme Perroux ou Myrdal

---

5 Commission économique pour l'Amérique latine (Singer, 1950 ; Prebisch, 1951, 1964 ; Baran, 1957 ; Myrdal, 1968 ; Perroux, 1969 ; Amin, 1970 ; Frank, 1978 ; Cardoso et Faletto, 1969).

rendent compte dans leurs travaux des mécanismes de la formation des inégalités dans l'espace : il y a des facteurs qui favorisent les dynamiques du développement et d'autres qui sont à l'origine de l'enfoncement d'une économie dans le sous-développement (Nussbaumer, 2002, p. 112).

D'autres travaux, analysant des situations régionales spécifiques, montrent que le mode de développement capitaliste basé sur le jeu du marché libre ne garantit pas la convergence économique, mais, qu'au contraire, il peut renforcer les inégalités spatiales, même à l'intérieur des pays industrialisés. Parmi ces travaux, nous en citons deux : « Paris et le désert français » (Gravier, 1947) et « La question méridionale » (Gramsci, 1926/1966[6]) qui analyse la fracture entre le Nord industrialisé et le Sud agraire de l'Italie, ainsi que le rôle du pouvoir politique. L'ouvrage de Gravier, qui sera à la base de la politique territoriale de la IVe République, a été le premier à lancer l'idée d'aménagement du territoire en soutenant qu'il faut arrêter la croissance parisienne et « revitaliser » la province (Damette, 2001).

À partir du principe que la société entière doit accéder au progrès économique et s'insérer dans le circuit de la production et de la consommation de masse (Lévesque, 2001), l'idée émerge qu'il faut corriger les inégalités spatiales et équilibrer le développement au niveau national et mondial à travers l'intervention institutionnelle. Dans les pays industrialisés, la réponse institutionnelle se traduira par la création de divers organismes pour soutenir le développement régional : la *Casa del Mezzogiorno* pour lutter contre le sous-développement dans le sud de l'Italie, la DATAR (Délégation à l'aménagement du territoire et à l'action) en France, ayant pour objectif de rééquilibrer le développement régional ou le Département régional pour l'expansion économique au Canada (Polèse, 1999). Au niveau international, l'Organisation des Nations unies et les grandes institutions financières mettent l'accent principalement sur « les objectifs de croissance, donc d'accumulation du capital, de l'investissement, de la productivité et de l'équilibre des paiements internationaux » et soutiennent des politiques de développement qui « se fixent comme objectif principal l'industrialisation » (Merrien et Mendy, 2006, p. 491).

Les conceptions traditionnelles de l'organisation spatiale des économies ont déterminé l'apparition des théories orthodoxes de développement régional s'articulant autour des concepts de polarisation et de domination et privilégiant le rôle majeur de l'État en tant qu'aménageur, de la grande entreprise en tant qu'investisseur et de l'industrie comme la seule activité créatrice de richesse (Demazière, 1996). La grande ques-

---

6 Cet essai, écrit en 1926, a été publié seulement en 1966.

tion à l'époque était de savoir où installer les grandes usines, considérées comme capables d'entraîner la prolifération d'autres activités autour d'elles. Parmi ces théories (les pôles de croissance, la théorie de la base, la théorie des avantages comparatifs ou les analyses centre-périphérie), la plus influente a été celle du développement polarisé (Perroux, 1961 ; Myrdal, 1957) qui rend compte à la fois des mécanismes de la croissance des régions et de la formation de l'inégalité dans l'espace (Benko, 1998). L'idée qu'une certaine activité économique permet de polariser le pouvoir d'achat et de déterminer l'apparition d'autres activités autour d'elle, déjà formulée au XVIIIe siècle par les physiocrates Cantillon et Quesnay, a été théorisée par Perroux en 1961. C'est l'effet de la polarisation qui a inspiré le développement des industries lourdes (sidérurgie, grosse mécanique), considérées comme « industrialisantes » et « moteurs de la croissance », en raison de leurs effets d'entraînement et d'agglomération.

Le point commun des conceptions fonctionnelles du développement, en contraste avec les conceptions territoriales, était qu'une région se développe à partir du moment où des niveaux suffisants d'investissement et de ressources humaines s'y réunissent (Demazière, 1996). L'idée de planifier ou d'inciter le développement des régions en termes d'équipements et d'investissements explique le qualificatif de développement « fonctionnel ». Comme le montre Weaver (1983), le capital humain et l'investissement, concernant principalement le secteur industriel, pourraient très bien provenir de l'extérieur, d'où la dénomination de développement exogène. Les projets de développement économique étaient conçus « par le haut » et mis en application « à partir de politiques émanant d'agences technocratiques nationales ou internationales, sans la participation des communautés concernées par ces politiques » (de Jesus, 2006, p. 168). Non seulement ces stratégies de développement fonctionnel n'ont pas atténué les disparités régionales ou sociales (Stöhr, 1981), mais elles ont renforcé la compétition entre les catégories sociales et les régions moins favorisées avec les catégories et les régions plus favorisées (Demazière, 1996). De plus, ce processus s'est traduit dans une dépendance accrue des régions défavorisées vis-à-vis de l'extérieur (Martinelli, 1985). La crise socioéconomique amorcée au milieu des années 1970 par les deux chocs pétroliers et les efforts de restructuration économique entrepris par les pays développés à partir des années 1980 font l'objet de la sous-section suivante.

2.2.3 Crise socioéconomique et restructuration (1970-1980)

La désindustrialisation massive qui débute dans les années 1970 renforcera les effets de polarisation des villes, surtout des grandes (par exemple le pouvoir d'attraction de la région parisienne qui déséquilibre le territoire français), mais infirmera le rôle moteur de l'industrie lourde (Demazière, 1996). Comme le témoignent la montée en puissance de certaines régions rurales et le désastre économique d'anciennes régions industrielles, l'attraction exercée par les villes considérées comme pôles de développement n'est pas en relation directe avec le type de l'activité établie sur leurs territoires.

Dans la lignée du modèle des pôles de croissance de Perroux (1955), des aides significatives aux investissements et d'importantes subventions à l'emploi ont été accordées aux entreprises. Elles auraient dû générer des effets importants dans les régions en retard, mais les conséquences de ces politiques de développement furent plutôt ambiguës. Heureusement, les investissements directs externes attirés dans ces régions, les investissements dans les infrastructures et les subventions ont encouragé la création de nouveaux emplois dans des firmes locales, en compensant ainsi une partie des pertes d'emploi dans les industries traditionnelles (Moulaert et Sékia, 2003).

Mais l'absence de liens structurels entre les nouveaux investissements et les traditions économiques dans beaucoup de régions est devenue manifeste avec la crise du milieu des années 1970, moment où plusieurs firmes commencent à réduire leurs activités, à fermer ou à perdurer (mines de houille, usines d'acier, usines textiles ou chantiers navals) (Martinelli, 1998). D'une part, on assiste à une hausse brutale des coûts de l'énergie et à la concurrence accrue des nouveaux pays industrialisés, ce qui provoque la fermeture de nombreuses usines. D'autre part, la montée des nouvelles activités dans les régions centrales et le processus de délocalisation des activités économiques commence à toucher surtout les industries modernes (automobile, chimie) et les industries lourdes, les secteurs moteurs du développement des certaines régions après la guerre (Demazière, 1996).

Dans d'anciennes zones industrialisées, certaines activités traditionnelles (sidérurgie, textile), après des restructurations successives douloureuses, ont disparu. D'autres activités qui se sont développées d'une manière fordiste après la guerre (construction automobile, électroménager) se sont également réorganisées, étant remplacées en partie par des services d'information, des services à la production ou des services financiers.

Les gouvernements centraux commencent à prendre des mesures budgétaires et, par conséquent, à devenir extrêmement sélectifs par rapport à leurs politiques de développement régional (Moulaert et Sékia, 2003). Cette sélectivité s'est manifestée en premier lieu par un déplacement de l'intérêt des gouvernements des anciennes firmes industrielles vers des nouvelles entreprises « prometteuses », mobilisant des technologies nouvelles et des services avancés.

La nouvelle orientation des gouvernements centraux s'est également traduite par la création d'un espace européen compétitif à l'intérieur de la Communauté économique européenne et par plusieurs négociations dans le cadre du GATT (conduisant à la création de l'Organisation mondiale du commerce), ainsi que par une surveillance accrue du marché global par des régions géoéconomiques dominantes (Amérique du Nord, Europe, Japon) (Moulaert et Sékia, 2003). Selon Moulaert (1995), le fait que la majorité des gouvernements occidentaux ont considéré le contrôle de l'inflation comme l'objectif central de leurs politiques économiques a impliqué plusieurs changements : l'austérité budgétaire des politiques adoptées, l'importance accrue des institutions supranationales, la multiplication des interventions de développement visant notamment le niveau local.

Le processus de globalisation croissante des activités économiques représente, selon Dicken (1992, p. 3), le « développement le plus significatif de l'économie mondiale pendant les dernières décennies ». Consistant dans la forte intégration d'activités productives éloignées géographiquement, la globalisation influe de manière décisive sur les articulations entre les espaces géographiques. Ainsi, la prospérité des villes et des régions dépend de plus en plus de leur capacité à attirer les investissements qui s'opèrent à des échelles spatiales de plus en plus larges : les firmes multinationales amplifient l'échelle de leurs activités ainsi que le volume des échanges intra-entreprise et des coopérations internationales (Demazière, 1996).

La globalisation économique est soutenue également par la mobilité croissante des capitaux et le rôle de plus en plus important que les marchés financiers internationaux jouent dans le développement de l'économie mondiale. Ces dynamiques ont été favorisées en partie par les actions des pouvoirs publics : par exemple, l'émergence des marchés financiers globaux a été impulsée par la déréglementation initiée par les gouvernements Reagan et Thatcher au début des années 1980. Ainsi, les multinationales, les spéculateurs, ceux qui contrôlent les échanges internationaux et dominent la Banque mondiale, le Fonds monétaire international et l'Organisation mondiale du commerce deviennent les « maîtres du système » (Roustang, 2006).

Les effets sociaux de la crise et des restructurations industrielles (chômage de longue durée, inadéquation du système de formation, dégradation physique des quartiers, etc.) ont affecté la dynamique de développement économique des localités, ainsi que leur attractivité pour les potentiels investisseurs (Demazière, 1996). En l'espace de quinze ans, les principaux outils mobilisés par l'État social pour organiser la redistribution de la richesse ont été systématiquement affaiblis :

la capacité de redistribution sociale du budget par le biais des critères de convergence fixés par le traité de Maastricht et confirmés par le pacte de stabilité[7] ; les services publics, par la privatisation de leurs secteurs rentables et la réduction à un fonctionnement minimaliste du service de base (...) ; le système de protection sociale, par la diminution des cotisations patronales, ainsi que par les politiques d'intéressement des salariés aux bénéfices de leur entreprise, par l'épargne salariale et par les fonds de pension ; l'impôt direct progressif, par la promotion des taxes indirectes et la politique de baisse généralisées de l'imposition directe... (Gobin, 2002, p. 23)

2.2.4 Vers un cadre d'analyse du développement local

Le survol des théories de développement apparues après la Deuxième Guerre mondiale met en évidence la tendance à dépasser la conception centrée sur la notion essentiellement quantitative de croissance économique (diffusion de l'industrialisation, accroissement des revenus et des échanges), pour s'inscrire dans une vision du développement multidimensionnel. Ce déplacement permet d'intégrer dans la définition du processus de développement des facteurs éthiques, culturels et sociaux. Mais la prise en compte de ces facteurs soulève des difficultés liées à leur évaluation. Selon Roustang (2006, p. 150) il faut intégrer dans la mesure du développement non seulement des facteurs quantitatifs (la mesure de la croissance économique par le PIB, qui devient « de plus en plus indéfendable »), mais aussi des indicateurs qui « permettront de mesurer les progrès ou les régressions du point de vue de l'éducation, de la santé, de la culture, de la qualité de l'environnement, de la participation citoyenne ».

Ces divers indicateurs sociaux présentent l'avantage de prendre en compte le caractère multidisciplinaire et transdisciplinaire de la notion de développement (Nussbaumer, 2002). En s'inspirant des travaux de Sen (1992) sur la notion de bien-être, l'Indicateur de développement humain (IDH) élaboré par le PNUD dans les années 1990 constitue un incontestable progrès dans cette direction (Passet, 2006). L'IDH englobe trois dimensions : le bien-être matériel (le PIB par habitant), la santé (l'espérance de vie à la naissance) et le niveau d'éducation (le taux de scolarisation et le taux d'alphabétisation des adultes). Dans son Rapport sur le développement humain (1996), le PNUD entérine l'idée que c'est le développement humain qui doit primer :

---

[7] Le traité de Maastricht (1992) a fixé quatre critères de convergence qui doivent être respectés par chaque État membre de l'Union européenne pour être en mesure d'introduire l'euro. Le pacte de stabilité et de croissance (Conseil européen d'Amsterdam, 1997) constitue l'instrument permettant aux pays de la zone euro de coordonner leurs politiques budgétaires et d'éviter les déficits budgétaires excessifs.

> Le développement humain est une fin dont la croissance économique est le moyen. Il n'existe pas automatiquement de lien entre croissance économique et développement humain... Il importe de consacrer davantage d'attention à la qualité de cette croissance, afin de s'assurer qu'elle accompagne les objectifs que sont le développement humain, la réduction de la pauvreté, la protection de l'environnement et la viabilité à long terme du développement. (Extrait du rapport PNUD, cité par Méda, 2006, p. 547-548)

Pour les besoins de notre recherche nous retenons la définition suivante du développement comme

> (...) un progrès qualitatif et quantitatif de la production et des échanges, autoentretenu, et qui conduit à une amélioration du bien-être dans toutes les couches de la population. Nous le considérerons sous le regard des transformations dans les relations socioéconomiques, inscrites dans une trajectoire historique, sociale et culturelle, et faisant intervenir les institutions dans ces transformations. (Nussbaumer, 2002, p. 119)

L'intégration de l'aspect éthique dans cette vision du développement renvoie à l'idée de changements structurels conduisant à « une amélioration durable de la situation de la société (...) à la fois quantitative, en termes de croissance économique, et qualitative, en termes de *répartition* et de *bien-être*[8] » (Nussbaumer, 2002, p. 118). La notion d'économie éthique ou morale « apparaît pour rendre compte d'une opposition à la conception néolibérale de l'économie » (Lechat, 2006, p. 220). Selon cet auteur, cette vision de l'économie implique des normes et des valeurs que toute activité économique devrait respecter.

L'activité des structures d'économie sociale et solidaire, qui cherchent notamment « à socialiser la richesse en donnant la priorité aux besoins sociaux sur le profit des monopoles, à la valeur d'usage sur la valeur d'échange », est basée sur des valeurs comme la justice sociale, la solidarité et le respect de l'équilibre écologique (Lechat, 2006, p. 220). En intégrant des facteurs sociaux et culturels, cette définition tient compte aussi de la diversité et de la spécificité des trajectoires de développement (Gerschenkron, 1961 ; Nussbaumer, 2002).

En raison de sa portée universelle (applicabilité à tous types de pays, développés ou moins développés) et de l'accent mis sur la nature endogène du développement (la prise en compte des caractéristiques économiques, sociales, culturelles, historiques), cette définition nous permet de parler du développement au niveau local (Nussbaumer, 2002), l'échelle spatiale et institutionnelle qui nous intéresse particulièrement dans ce livre. De plus, sa focalisation sur les relations socioéconomiques entre les acteurs locaux (personnes ou institutions) et sur leur efficacité

---

8 En italique dans le texte d'origine.

au regard du bien-être de la population la rend compatible avec l'analyse du rôle de la gouvernance locale et du capital social dans le développement socioéconomique local.

Selon de Jesus (2006, p. 164), le développement local suppose un effort « situé et concerté », destiné à améliorer de manière durable les conditions de vie des habitants d'une localité (Coelho, 1996, p. 11) : « des responsables, des entreprises et des habitants se coordonnent afin de susciter des activités qui favorisent des changements dans les conditions de production et de commercialisation des biens et des services, en recherchant la valorisation et l'activation des potentialités et des ressources locales ». Comme le montrent Fortin et Prévost (1995, p. 43), le développement local n'est pas un phénomène mécanique, mais un phénomène humain : « tout, en définitive, a un nom et possède des qualités et des défauts connus, largement liées à la personnalité des acteurs ».

Pour distinguer l'approche alternative de développement des programmes « conçus de manière autoritaire et étant pourtant désignés comme développement local », de Jesus (2006, p. 168-169) énonce une série de critères :

> (...) elle part d'une critique de la rationalité économique qui a inspiré la pensée économique et les politiques de développement dominantes ; elle souligne la nécessité de considérer l'économie comme une partie intégrante de la société et de subordonner les fins économiques à la protection de ses biens et valeurs ; elle favorise des stratégies économiques autonomes ; « elle s'inspire des valeurs d'égalité et de citoyenneté, c'est-à-dire de la pleine intégration des secteurs jusqu'alors exclus de la production et des fruits du développement ». (Santos et Rodriguez, 2002, p. 45-48)

En tenant compte de ces critères, le développement local, tel que nous l'avons défini dans cette sous-section, peut s'inscrire dans la perspective du développement alternatif.

La sous-section suivante se consacre à la recherche d'autres éléments pour construire un cadre théorique d'analyse du rôle de l'économie sociale dans les dynamiques socioéconomiques locales. En partant du constat de la perte de signification, dans les années 1980-1990, des approches centralisatrices « par le haut », nous allons examiner un groupe de théories qui privilégient le développement initié « par le bas » dans la localité ou la région (Diniz, 1999). Par rapport aux approches traditionnelles caractérisées par un mode de gestion bureaucratique et centralisée des programmes de développement et par l'importance des dotations en capital physique et financier, ces modèles innovent en associant au processus de gouvernance des acteurs nouveaux (notamment la société civile, mais aussi des institutions régionales et locales) et des échelles spatiales et institutionnelles différentes et en privilégiant le rôle du capital social et du capital humain (Jara, 2001).

2.3 Approches alternatives de développement et l'innovation sociale

Les bouleversements qui débutent dans les années 1970 ont touché d'une façon différenciée les localités et les régions de l'Europe occidentale (Moulaert, 1995). Certains pays industrialisés ou régions de l'Europe ou de l'Amérique se sont très vite adaptés au nouveau contexte grâce à leurs dotations en capital technologique, en infrastructures modernes et en activités économiques d'avenir : services aux entreprises, activités de conseil, services financiers et d'assurance qui se concentrent dans quelques villes dites globales comme New York, Londres ou Paris (Sassen, 1991). Dans d'autres régions, moins favorisées, l'alternative aux conceptions dominantes du développement s'est concrétisée dans des stratégies de développement « par le bas », caractérisées par la mobilisation des ressources locales pour des objectifs définis localement, par la petite échelle, le partenariat, la qualité, l'innovation et la mobilisation des individus et des groupes sociaux pour la création d'une dynamique endogène de développement (Demazière, 1996).

Dans les sections suivantes, nous analysons d'abord une série de modèles territoriaux d'innovation (Moulaert et Sekia, 2003), approches alternatives de développement émergées dans les années 1980-1990. Plusieurs auteurs (Moulaert, 1992 ; Hillier, Moulaert et Nussbaumer, 2004 ; Klein et Harrisson, 2004 ; Callon, 2004) montrent que le champ initial d'application du concept d'innovation, le système de production, s'est élargi au cours de trois dernières décennies, pour inclure d'abord le champ de l'organisation du travail et ensuite le domaine social. Moulaert (1992) et Callon (2004) mettent en évidence trois générations (« régimes d'innovation ») qui se sont succédées au cours des dernières décennies. Le premier régime (l'innovation technologique) se fonde sur des investissements massifs dans les activités de recherche et développement, le deuxième (l'innovation organisationnelle) est soucieux d'impliquer également les usagers des innovations, tandis que le troisième régime (l'innovation sociale) met au centre la question de la construction d'un monde commun vivable.

Ensuite, nous examinons l'évolution du concept d'innovation sociale vers l'organisationnel et le social comme champs des initiatives économiques. Le constat de l'échec relatif des stratégies d'entreprise ou de politiques structurelles fondées uniquement sur une vision technologique et les débats théoriques alimentés par les différentes recherches d'alternatives ont déterminé une relecture contemporaine du concept d'innovation et des efforts de reformulation des politiques et des stratégies d'innovation. Enfin, nous présentons une approche de développement territorial intégré structurée par le concept d'innovation sociale et qui se focalise sur le développement des quartiers comme stratégie de lutte contre l'exclusion sociale.

2.3.1 Les modèles territoriaux d'innovation (1980-1990)

La tradition dans la science économique orthodoxe consiste à considérer l'espace comme neutre et passif (Boyer, 1989). L'émergence de la notion du territoire comme vécu et construit (Demazière, 1996) témoigne du passage vers une nouvelle approche, désignée par Aydalot (1985) comme paradigme du développement « par le bas » ou endogène[9]. Ces expressions renvoient aux analyses territorialisées de l'innovation et de l'organisation économique et sociale, par opposition au développement « par le haut » ou « fonctionnel » (Tremblay, 1999). Moulaert et Sekia (2003) proposent la dénomination de « modèles territoriaux d'innovation » pour désigner les approches de développement endogène développées dans les années 1980 dans le cadre de l'économie urbaine et régionale et de la géographie économique (districts industriels, milieux innovateurs, nouveaux espaces industriels, systèmes locaux de production, etc.). Tous ces modèles reconsidèrent les visions fonctionnalistes qui expliquent la croissance ou le déclin des régions à travers le type d'organisation industrielle. Le but est d'avancer des explications en termes de dynamiques institutionnelles locales d'apprentissage et ou en termes de gouvernance : les relations marchandes entre les entreprises, mais aussi les formes de coordination spécifiques entre les actions des institutions, y compris les firmes, la coordination des politiques de développement local mises en place par les acteurs locaux, les relations capital-travail spécifiques au territoire, etc. (Benko, 1998).

Demazière (1996) montre que toutes les formes de restructuration économique se caractérisent par un rôle très actif des acteurs locaux : les autorités locales qui s'impliquent dans la restructuration physique de l'espace et la coordination des initiatives économiques, les entrepreneurs qui proposent des initiatives locales (par exemple la mise en place d'infrastructures des services avancés), ainsi que les différentes catégories de population qui expriment de nouveaux besoins en termes de qualité de vie et de consommation.

Ce renforcement du rôle des acteurs locaux passe par des relations spécifiques qui déterminent l'efficacité productive de leurs stratégies. Boyer (1989) distingue entre les « relations de marché » (marché d'information, marché financier) et un champ plus vaste de relations qui fonctionnent dans le cadre des réseaux dits « à finalité productive ». Il s'agit des réseaux institutionnels, car les entreprises s'engagent simulta-

[9] Bien que l'idée de développement endogène était déjà fortement présente dans les écrits de l'École Historique Allemande (voir Nussbaumer, 2002).

nément dans d'autres types de réseaux constitués de relations personnelles ou informelles. Parmi ce deuxième type de relations à finalité productive, on compte la solidarité familiale qui est à la base de la création de nombreuses entreprises (par exemple dans la le sud de l'Italie), les réseaux professionnels permettant la circulation des informations et les savoir-faire (par exemple les coopératives de production) ou les réseaux de connaissances personnelles (par exemple Rotary Club). Pour Boyer (1989), les réseaux informels sont très importants, car ils expriment la capacité locale d'organisation, lorsque chaque acteur a conscience d'appartenir à une même communauté culturelle. Selon cet auteur, la densité de réseaux à finalité productive (tant institutionnels qu'informels) constitue un indicateur de la dynamique de développement local.

C'est le GREMI[10] qui a mis en évidence la dimension institutionnelle du développement régional endogène (Moulaert et Sekia, 2003). Partant de l'observation que de nouvelles dynamiques spatiales, qualifiées par Aydalot (1986) de « retournements spatiaux » (affaiblissement du poids des grandes entreprises et émergence des nouvelles dynamiques locales), sont en train de se manifester, les chercheurs du GREMI émettent ainsi l'hypothèse que le territoire lui-même est un « milieu innovateur » (Benko *et al.*, 1996). Ils insistent notamment sur le rôle du potentiel institutionnel endogène dans l'émergence des firmes innovatrices dynamiques (Moulaert et Nussbaumer, 2005, p. 46 ; Stöhr, 1984). Cette idée se retrouve dans les cas typiques de « district industriel » : les agglomérations technologiques (par exemple Silicon Valley), les agglomérations artisanales ou de PME (*Mezzogiorno*) ou les agglomérations financières et de services dans les grandes métropoles (Benko, 1998).

L'approche du district Industriel, identifiée à travers les recherches sur le Mezzogiorno (Bagnasco, 1977 ; Bagnasco et Trigilia, 1984, 1988 ; Beccatini, 1979, 1987 ; Brusco, 1982, 1986), précède historiquement l'approche développée par le GREMI, mais elle devient connue au plan international seulement plus tard (Moulaert et Sekia, 2003). Ces travaux examinent un mode nouveau de production capitaliste, en accord avec le caractère socialement endogène du développement : un mélange de concurrence, émulation et coopération qui appuie ses performances sur les liens entre les réseaux de PME, les institutions régionales (banques, recherche, formation) et les réseaux commerciaux internationaux (Beccatini, 1992, cité dans Benko et Lipietz, 1995). Cette découverte permet à Beccatini d'actualiser cent ans après le vieux concept de

---

10 Le GREMI (Groupe de recherche européen sur les milieux innovateurs) a été créé en 1984 par Ph. Aydalot, professeur à l'université Paris 1. GREMI réunit à son origine une vingtaine d'équipes de chercheurs européens et nord-américains qui étudient les relations entre l'innovation technique et le territoire.

« district industriel » défini par Alfred Marshall en 1890. Selon Beccatini (1979), le district industriel représente « la coordination, par le marché et par une réciprocité fondée sur la proximité géographique, d'une division sociale du travail (désintégration verticale entre les firmes petites se spécialisant dans un segment du processus productif) » (Lipietz et Benko, 1995, p. 2)[11].

Le débat amorcé par l'école des districts industriels et par le GREMI sera continué et enrichi par une série d'autres courants convergents ou concurrents. Ainsi, Piore et Sabel (1984) interprètent le succès des districts industriels dans le cadre de l'approche de la régulation « comme un cas particulier dans une tendance beaucoup plus générale », qu'on peut qualifier de retour au paradigme institutionnel (Benko et Lipietz, 1995 ; Benko, 1998, p. 97). Sous l'impulsion de Courlet et Pecqueur (1991, 1992), des recherches sont menées en France autour de la notion de proximité. Le courant français de l'économie de la proximité (Courlet et Pecqueur, 1990, 1992 ; Maillat *et al.*, 1993 ; Gilly et Grossetti, 1993 ; etc.) se met en communication avec l'école italienne des districts industriels et souligne le rôle majeur des systèmes artisanaux de production dans la diffusion des modèles de développement dans les localités rurales et urbaines. Ces systèmes industriels localisés sont des configurations plus ouvertes que les districts industriels, se caractérisant par une approche du développement local résultant de la dialectique entre l'industrialisation diffuse enracinée dans la tradition locale et les pressions économiques extérieures induites par les conditions nationales et internationales du développement (Moulaert et Sekia, 2003).

Parallèlement aux travaux sur les districts industriels, l'école californienne de géographie économique (Storper et Scott, 1988 ; Storper et Walker, 1989 ; Saxenian, 1994) mobilise la notion de « nouveaux espaces industriels » (*new industrial spaces*) lancée par Storper et Scott (1988) pour montrer le lien entre l'innovation technique, l'organisation industrielle et la localisation des activités. Les nouveaux espaces industriels impliquent non seulement des économies d'agglomération, mais aussi un système de régulation sociale garantissant : la coordination des transactions inter-firmes et la dynamique de l'activité entrepreneuriale ; l'organisation du marché local du travail et la reproduction sociale des travailleurs ; les dynamiques de développement communautaire et de reproduction sociale (Storper et Scott, 1988, cités dans Moulaert et Sekia, 2003, p. 292).

---

[11] Il convient d'observer aussi que, par rapport à l'approche du milieu innovateur, certains types de système industriel localisé, comme le district industriel, accentuent davantage le rôle de la coopération et du partenariat dans le processus d'innovation (Moulaert et Nussbaumer, 2005, p. 46).

Le modèle des « grappes locales d'innovation » (*clusters of innovation*) est considéré par Moulaert et Sekia (2003) comme une catégorie résiduelle ou comme une version du modèle des nouveaux espaces industriels. Dans son modèle de *cluster of innovation*, Porter (1990) met l'accent davantage sur le marché et sur la compétition que sur les réseaux et les interactions sociales comme facteurs assurant le succès des grappes d'innovation et montre un intérêt marginal pour les dimensions régionales de l'innovation (Moulaert et Sekia, 2003). Ces auteurs distinguent encore deux approches d'innovation territoriale dans la littérature sur les systèmes d'innovation. Ces modèles sont enracinés dans l'approche évolutionniste (Nelson et Winter, 1982) du changement technique : *regional innovation systems* (systèmes régionaux d'innovation) et *learning region* (région d'apprentissage).

Il existe deux interprétations de la région comme système d'innovation : comme sous-système du système national ou comme version du système national d'innovation, avec sa propre dynamique (Lagendijk, 1998). Moulaert et Sekia (2003) considèrent l'approche de *learning region* (lancée par Morgan, 1997 ; Morgan et Nauwelaers, 1999 ; Cooke, 1998), comme une synthèse intermédiaire du débat sur les modèles d'innovation territoriale.

Selon Morgan (1997), ce modèle intègre des éléments de la littérature sur les systèmes d'innovation, de l'économie évolutionnaire (l'innovation est un processus interactif déterminé par une variété de routines institutionnelles et conventions sociales), de la littérature sur les processus d'apprentissage (la connaissance est la plus importante ressource stratégique et l'apprentissage le plus important processus) avec la spécificité des dynamiques institutionnelles régionales.

Le processus d'innovation est présenté dans ces modèles selon la capacité des firmes d'innover à travers les relations avec les autres agents dans le même milieu (milieu innovateur), comme un processus cumulatif, interactif et spécifique de recherche et développement (systèmes régionaux d'innovation, région d'apprentissage), comme la capacité des acteurs d'implémenter l'innovation sans un système de valeurs communes (district industriel, systèmes locaux de production) ou comme un processus de recherche-développement et d'application des nouvelles méthodes de production (nouveaux espaces industriels). La mise en perspective de ces éléments met en évidence une certaine cohérence et complémentarité entre les concepts d'innovation mobilisés dans les modèles d'innovation territoriale. Selon Moulaert et Nussbaumer (2005a), cette cohérence est seulement apparente : dans toutes ces approches, l'innovation, jamais définie de manière explicite, renvoie toujours à l'idée de mise en application de nouvelles technologies. Il faut aussi observer que l'innovation est toujours recherchée pour améliorer une position compétitive et qu'il n'y a quasiment pas de références à l'amélioration des dimensions non marchandes de la qualité de la vie des communautés locales.

Les mêmes observations peuvent être formulées pour la notion de culture : dans la majorité des modèles, culture signifie « culture économique », sa fonction étant de contribuer à l'amélioration de la compétitivité de l'économie locale ou régionale. Ce lien fonctionnel entre la culture et la performance économique se traduit par un appauvrissement de la vision du développement territorial, limitée à ses dimensions économiques. Moulaert et Nussbaumer (2005a) expliquent cette ambiguïté conceptuelle de la littérature sur les modèles territoriaux d'innovation à travers leurs liens avec les politiques régionales de compétitivité économique (car la plupart de ces modèles ont été élaborés pour les légitimer) et par la confusion entre la théorie analytique et la modélisation normative (Lovering, 2001).

En mettant ensemble tous ces modèles, on arrive à une configuration plus ouverte que si chaque modèle était analysé séparément et à une lecture plus large de l'innovation et de la culture locale. Cela permet d'élargir la notion de développement local avec une notion de culture plus riche, même si elle reste orientée vers davantage de compétitivité : confiance et réciprocité (milieu innovateur, district industriel), rôle du contexte socioculturel local (systèmes locaux de production), importance des relations sociales et de l'insertion dans des réseaux (nouveaux espaces industriels, région d'apprentissage), etc.

L'ensemble de modèles territoriaux d'innovation présentés reflète une certaine vision du développement qui se focalise sur le rôle de l'innovation et de l'apprentissage individuel et collectif comme facteurs-clés du développement économique d'une région ou d'une localité (Moulaert et Nussbaumer, 2005a). Selon ces auteurs, les modèles territoriaux d'innovation prennent aussi en compte les dynamiques institutionnelles, même si cela se réalise dans un sens unifonctionnel. L'objectif majeur consiste à améliorer la compétitivité de l'économie locale sur le marché, mais sans considérer ni la multifonctionnalité de l'économie, en réalité plus vaste que l'économie capitaliste de marché, ni les sphères existentielles non économiques des communautés locales et régionales (par exemple les services artistiques, éducationnels, sociaux, etc.). C'est la raison pour laquelle, malgré leur intérêt pour les dynamiques institutionnelles, ces modèles n'arrivent pas à dépasser la logique du capitalisme de marché (dominance de la culture d'affaires) et la vision technologiste du développement (tendance de à considérer l'innovation territoriale en termes d'innovation technologique).

2.3.2 De l'innovation technologique à l'innovation sociale

Bouchard *et al.* (2000) et Lévesque (2004) associent l'émergence des grandes innovations sociales aux périodes de crise profonde du XIXe et du XXe siècle qui ont déterminé l'apparition des nouvelles organisations sociales. Selon Klein et Harrisson (2004), les innovations sociales ont besoin d'actions collectives pour retrouver leur force. L'idée que le mouvement social représente un incubateur de l'innovation sociale est illustrée par ces auteurs à travers leurs recherches sur le mouvement communautaire qui émerge dans les années 1970 au Québec pour répondre aux problèmes de logement, de l'égalité hommes-femmes et d'environnement. Dans les années 1980, ce mouvement constituera le terreau des initiatives à l'origine des Corporations pour le développement économique communautaire (CDEC) qui tentent de répondre aux problèmes sociaux à travers des initiatives en termes d'emploi, d'investissement et d'insertion.

Benoît Lévesque – fondateur du CRISES au Canada (Centre de recherches sur les innovations sociales) – note que « les innovations sociales sont partout, tant dans le développement économique que social, et affectent tous les domaines » (2004, p. 5). Cependant, autant les débats scientifiques soulignent de plus en plus l'importance de l'innovation sociale, les résultats sur le terrain sont loin d'être à la hauteur de ses ambitions faute de moyens mis à disposition par les milieux politiques (Lévesque, 2004). Cet auteur distingue entre les innovations sociales émergées de la société civile, les innovations du secteur privé, dictées par les lois du marché et celles du secteur public qui se traduisent par des décrets et lois, qualifiées d'innovations institutionnelles. C'est à ce niveau que le fondateur du CRISES déplore le manque d'initiatives : « J'ai l'impression qu'il y a beaucoup de progrès sur le terrain dans les innovations organisationnelles, mais au niveau institutionnel, cela semble bloqué et plus difficile à faire avancer » car elles obligent à des changements profonds qui demandent « un arrimage entre le développement économique et social » (Lévesque, 2004, p. 5).

Selon Moulaert *et al.* (2005), malgré sa visibilité à travers les diverses sciences sociales, la problématique de l'innovation sociale n'a pas encore été abordée de manière satisfaisante. Moulaert et Nussbaumer (2004) et Moulaert *et al.* (2005) distinguent dans la littérature scientifique contemporaine quatre courants qui mobilisent explicitement la notion d'innovation sociale pour rendre compte de la multidimensionnalité des processus de changement social. Une lecture critique de ces approches permet de mettre en évidence les aspects essentiels et les dimensions spécifiques complémentaires de l'innovation sociale.

Si, jusqu'à Schumpeter dans les années 1930, la notion d'innovation sociale n'a jamais été employée dans la théorie économique, on peut observer une tendance nette vers la prise en compte de la nature sociale de l'innovation dans la littérature économique des dernières cinquante années (Moulaert *et al.*, 2005). Schumpeter, considéré comme « le parrain de l'analyse de l'innovation en sciences économiques » (Hillier, Moulaert et Nussbaumer, 2004, p. 5 ; Moulaert *et al.*, 2005), interprète l'innovation comme un processus de destruction créatrice « qui révolutionne incessamment de l'intérieur la structure économique, en détruisant continuellement ses éléments vieillis et en créant continuellement des éléments neufs » (Schumpeter, 1990, p. 122). Selon la théorie de Schumpeter, des innovations sociales, simultanées aux innovations technologiques, sont nécessaires pour garantir l'efficacité économique de ces dernières (Moulaert *et al.*, 2005). Schumpeter reconnaît également le rôle de l'innovation sociale dans d'autres sphères de la société, en dehors de celle de l'économie : la vie culturelle, sociale et politique (Moulaert et Nussbaumer, 2006).

Selon Klein et Harrisson (2004), la vision technologique de l'innovation s'est traduite en pratique par l'accentuation de la dualité des sociétés et des disparités entre « les régions qui gagnent et les régions qui perdent » (Benko et Lipietz, 1992). D'une part, on assiste à l'émergence de nouvelles entreprises dynamiques et d'emplois bien rémunérés. D'autre part, on assiste à des phénomènes de dévitalisation de certains quartiers et régions et d'exclusion de ceux qui ne sont pas concernés par les nouvelles technologies : « Los Angeles par exemple, où foisonnent l'innovation et les entreprises de haute technologie dans plusieurs domaines, est un désastre urbain, social et environnemental » (Klein et Harrisson, 2004, p. 3).

Surveillons maintenant une série d'approches de l'innovation sociale identifiées dans la littérature :

Une première approche est liée à la vision managériale de l'innovation sociale, inspirée par la théorie de Schumpeter : l'innovation sociale désigne la dimension sociale des stratégies d'affaires (Moulaert *et al.*, 2005). L'utilisation du terme renvoie à l'idée que l'efficacité des innovations technologiques à l'intérieur des entreprises diminue si elles ne sont pas accompagnées par des innovations organisationnelles et administratives. Cette approche de l'innovation sociale a été popularisée en particulier par la *Stanford Social Innovation Revue*, qui s'intéresse à la dialectique entre l'innovation technologique et l'innovation organisationnelle. Selon Hillier, Moulaert et Nussbaumer (2004), cette approche s'applique notamment aux associations sans but lucratif et au secteur philanthropique.

La deuxième approche, plus multidisciplinaire, met en évidence les articulations complexes entre le succès des affaires et le progrès social et environnemental (Moulaert *et al.*, 2005). Cette vision est illustrée notamment par le programme *Businness and Society Programme* (l'ancien *Aspen Institute*), dont l'objectif est d'assister les entrepreneurs souhaitant ajouter à leurs objectifs commerciaux et financiers des objectifs sociaux et environnementaux. Selon Hillier, Moulaert, Nussbaumer (2004), cette approche est appliquée au sein de la « région sociale », modèle qui tente d'intégrer aux stratégies de développement régional le rôle des différents types de capital (par exemple commercial, social et environnemental).

La troisième approche concerne le rôle de l'innovation sociale dans le processus de création intellectuelle et sociale. Mumford (2002, p. 253, cité par Hillier, Moulaert et Nussbaumer, 2004, p. 7) définit l'innovation sociale comme « la génération et la mise en application des idées nouvelles concernant les modalités d'organiser les relations interpersonnelles ou les relations sociales, en vue d'atteindre un ou plusieurs objectifs communs ». Il distingue entre les « grandes innovations » (par exemple celles de Henry Ford ou Karl Marx) et les « microinnovations » consistant dans l'introduction des nouvelles pratiques sociales au sein des groupes sociaux, le développement de nouvelles activités et méthodes commerciales ou la création de nouvelles procédures pour la structuration du processus du travail ou pour l'amélioration de la coopération (Moulaert *et al.*, 2005).

La quatrième approche se réfère au processus d'innovation sociale dans le développement territorial ou régional, étant donné que depuis une vingtaine d'années, de nombreuses réflexions se cristallisent autour du rôle de l'innovation au sein des stratégies de développement territorial. Comme on l'a vu dans la section précédente, même si le concept d'innovation sociale n'est jamais défini d'une manière explicite dans les modèles territoriaux d'innovation, certains auteurs (Moulaert et Nussbaumer, 2005 ; Moulaert et Sekia, 2003 ; Moulaert, Sekia et Boyabé, 1999) le mobilisent explicitement dans leurs travaux, en amendant cependant la vision trop technologiste ou managériale de l'innovation véhiculée par les modèles territoriaux.

Klein et Harrisson (2004, p. 3) proposent trois pistes de réflexion pour une meilleure intégration de la dimension sociale dans cette approche de l'innovation. La première piste implique de mettre au point des mécanismes pour une diffusion de l'innovation dans le plus grand nombre d'entreprises possible (de haute technologie ou traditionnelles). La deuxième piste concerne la manière dont les acteurs politiques, économiques et sociaux abordent la problématique sociale : il s'agit notamment de l'appréhension des personnes touchées par la pauvreté et l'exclusion en tant « qu'individus dotés de capacités économiques » et non pas uniquement comme des « victimes de la globalisation » (Hillier, Moulaert et Nussbaumer, 2004, p. 26). Enfin, la troisième piste fait référence aux innovations dans les modes de gouvernance afin de la rendre plus démocratique au sein des entreprises, des organisations ou des collectivités.

Ces réflexions font ressortir une cinquième approche, celle de l'innovation dans la gouvernance politique, qui, depuis l'époque de Schumpeter (1942), est absente des analyses en termes d'innovation sociale. À ce sujet, Hillier, Moulaert et Nussbaumer (2004) ajoutent que le besoin d'innovation se fait de plus en plus sentir dans d'autres sphères de la société que le monde économique marchand où l'objectif des stratégies d'innovation demeure l'accroissement de la compétitivité et de l'efficacité. Ainsi, l'importance de l'innovation dans les rapports sociaux hors rapports marchands apparaît au travers de l'ampleur prise par les débats autour de la gouvernance aux différentes échelles territoriales et politiques. Hillier, Moulaert et Nussbaumer (2004) montrent également comment les changements subis par la notion d'innovation se reflètent aussi dans l'évolution de la politique régionale de l'Union européenne, fondée dès le début sur deux axes : l'une visant l'amélioration de la productivité et de la compétitivité dans les régions européennes, et l'autre exprimant la volonté de réduction des déséquilibres des richesses entre ces régions[12].

En partant des critiques formulées par un certain nombre d'auteurs (Moulaert, Sekia et Boyabé, 1999 ; Moulaert et Sekia, 2003 ; Moulaert et Nussbaumer, 2005) à l'égard des fondements théoriques du concept d'innovation sociale, le réseau SINGOCOM (2005) réalise un progrès analytique essentiel. En considérant l'innovation sociale comme des changements institutionnels censés contribuer à l'inclusion sociale (Moulaert *et al.*, 2005), ce réseau de chercheurs introduit l'innovation sociale comme concept scientifique dans l'analyse territoriale. L'innovation sociale est définie ainsi par ses trois dimensions principales : la dimension matérielle, qui renvoie à la satisfaction des besoins humains qui ne sont pas satisfaits couramment parce qu'ils ne sont plus ou pas encore perçus comme importants ni par le marché, ni par l'État ; la dimension processuelle, qui se réfère à l'amélioration des relations sociales, notamment les relations de gouvernance permettant la satisfaction des besoins humains, mais aussi les relations sociales entre les individus, notamment des plus défavorisés et marginalisés ; la dimen-

[12] Les États fondateurs de l'Union européenne évoquent la nécessité « de renforcer l'unité de leurs économies et d'en assurer le développement harmonieux en réduisant l'écart entre les différentes régions et le retard des moins favorisées » (préambule du Traité de Rome, 1957).

sion *empowerment*, qui se définit à travers le renforcement des capacités sociopolitiques et de l'accès des individus et des groupes sociaux aux ressources nécessaires à la satisfaction autonome de leurs besoins.

Dans une situation idéale, ces trois dimensions de l'innovation sociale sont intrinsèquement liées et se renforcent mutuellement (Moulaert, 2000, 2002). Les stratégies de développement du quartier doivent poursuivre la satisfaction des besoins humains insatisfaits à travers l'innovation dans les relations sociales et dans les relations de gouvernance à l'échelle locale et aux niveaux supérieurs. Les innovations dans les relations sociales se traduisent, d'une part, par une amélioration de la démocratie participative (participation des habitants à la vie communautaire et aux projets qui les concernent), et, d'autre part, par l'amélioration des relations de gouvernance (meilleure coordination du processus de prise de décision réunissant une multiplicité d'acteurs hétérogènes). L'implication accrue des individus et des groupes (notamment de ceux vulnérables à l'exclusion sociale) dans la vie de la communauté pourrait avoir comme effet l'*empowerment* de ces personnes. D'une part, il s'agit de développer à travers l'action collective des « capabilités » ou des capacités d'action autonome (Gadrey, 2006, p. 644). D'autre part, la « reconstruction » de leur capital social (relations et réseaux sociaux) leur facilite l'accès aux ressources nécessaires à la satisfaction de leurs besoins de manière autonome et leur apportera du soutien (affectif, institutionnel) en cas de besoin. La traduction du concept *empowerment* vers le français pose cependant quelques problèmes d'interprétation, d'où la nécessité d'explications. Friedmann (1992) propose parmi les premiers les bases théoriques du concept *empowerment*. Il l'introduit à travers la définition du développement alternatif : « processus de renforcement social et politique, dont l'objectif à long terme est de rééquilibrer la structure du pouvoir dans la société en rendant l'action de l'État plus transparente, en renforçant la capacité de la société civile d'administrer ses activités et en rendant le secteur privé plus responsable du point de vue social » (Friedmann, 1992, p. 31).

Selon Gibson, 1991, p. 369 (cité par Longpré *et al.*, 1998, p. 6), à l'échelle des individus et des groupes, l'*empowerment* est avant tout « (...) un processus social de reconnaissance, de promotion et d'habilitation des personnes dans leurs capacités à satisfaire leurs besoins, à régler leurs problèmes et à mobiliser les ressources nécessaires de façon à se sentir en contrôle de leur propre vie ». Le mot-clé ici est « capacité », mis par Cattani (2006, p. 326) au centre de sa définition de l'émancipation sociale qui met l'accent sur l'autonomie et la liberté individuelles :

> S'émanciper signifie s'affranchir du pouvoir exercé par les autres, tout en conquérant la pleine capacité civile et citoyenne dans l'État démocratique.

> S'émanciper signifie accéder à la majorité de conscience ; entendons, par là, la capacité de connaître et de reconnaître les normes sociales et morales indépendamment de critères externes imposés ou présentés à tort comme naturels.

Sen (1985) utilise le terme de « capabilité » pour décrire le processus par lequel des personnes en précarité, ne disposant pas initialement d'un capital social suffisant, accompagnées ou aidées, arrivent à acquérir des « capabilités » (« capital-relations » et du « capital-connaissances ») qui leur facilitent l'égalité d'accès aux ressources, un crédit par exemple (Ferraton, 2006, p. 426). Selon Gadrey (2006, p. 644), la lutte contre l'exclusion et les inégalités et le développement des « capabilités » (capacité d'action autonome) se constituent dans un domaine majeur de l'action sociale et socioculturelle :

> (…) les actions prioritaires en direction des publics défavorisés, souffrant de handicaps, malades, personnes sans domicile fixe, l'insertion dans l'emploi et l'activité de personnes « désaffiliées », les actions en faveur de l'égalité professionnelle des hommes et des femmes, mais aussi la tarification (dans le cas des services payants) sur la base de critères sociaux.

2.3.3 L'approche du développement territorial intégré

Le concept multidimensionnel d'innovation sociale a été depuis le début des années 1990 le concept structurant d'une nouvelle vision qui met au centre le développement des quartiers comme stratégie de lutte contre la pauvreté dans les pays de l'Union européenne (Moulaert *et al.*, 1992). Cette nouvelle approche de développement se présente comme une alternative aux stratégies de développement « par le haut » ou fonctionnelles. Selon Moulaert (2000, 2002), les problèmes du développement local dans les villes européennes découlent de plusieurs dysfonctionnalités : la dispersion des compétences entre un grand nombre de domaines et d'acteurs, l'absence de coordination entre les échelles spatiales et institutionnelles et la marginalisation des besoins des personnes et des groupes sociaux désavantagés. Pour dépasser ces barrières, cet auteur propose l'organisation du développement local (notamment à échelle du quartier) autour d'une approche du développement territorial intégré.

En effet, la désintégration entre les divers sous-systèmes et la fragmentation à l'intérieur de ces sous-systèmes qui composent la société locale représentent le problème fondamental dans les zones défavorisées (Moulaert, 2000, 2002). Cela se traduit en pratique par des stratégies, des réactions, des objectifs et des logiques dispersés ou contradictoires, avec des conséquences importantes en ce qui concerne la vie économique et sociale, politique et culturelle. L'approche du développement territorial intégré implique que la réussite des stratégies de développement soit conditionnée par la coordination ou « l'intégration » des interventions dans des domaines divers comme l'économie, le logement, l'éducation et la formation, la démocratie locale, la culture, l'environnement, etc. Également, les articulations entre les divers acteurs et échelles spatiales et institutionnelles dans des réseaux sociaux territoriaux (souvent consolidées à travers des pactes ou des accords) apparaissent comme nécessaires. Ces dynamiques d'intégration des divers sous-systèmes locaux et d'articulation multi-échelle sont générées par des innovations sociales : innovation à travers la satisfaction des besoins humains, innovation dans les relations sociales et *empowerment* des individus et des groupes exclus de la vie communautaire.

L'approche « par le bas » constitue un élément essentiel du modèle territorial intégré du développement : l'inclusion des exclus s'opère à travers leur participation aux initiatives, pas uniquement comme bénéficiaires, mais aussi comme initiateurs et développeurs des projets. Le rôle de l'État évolue également : ce n'est plus celui de contrôler et de diriger, mais plutôt de faciliter l'émergence de ces initiatives. Selon Hillier, Moulaert et Nussbaumer (2004, p. 24), ce type de démarche renvoie à « l'éthique foucauldienne de l'auto-transformation (Foucauld, 1985), en s'ouvrant et ouvrant aux autres des nouvelles possibilités ». Dans ce contexte, IAD (*Integrated Area Development*) a pour objectif l'intégration des exclus dans les systèmes locaux de production et dans le marché du travail régulier. Pour parvenir à ce but, ce modèle propose plusieurs stratégies : « l'autoproduction écologique, la formation et le revenu minimum visant les individus et les groupes exclus, la rénovation de l'habitat et de l'environnement physique, ainsi que la participation politique et la gouvernance basées sur la mobilisation populaire » (Moulaert, 2000, 2002 ; Hillier, Moulaert et Nussbaumer, 2004, p. 25).

Le modèle de développement territorial intégré a été conçu en tant que stratégie de développement qui vise l'amélioration de la qualité de vie des populations vivant dans des zones économiquement et socialement défavorisées. L'observation de départ est que, dans de nombreux pays ou régions, le marché n'arrive plus à absorber toutes les demandes d'emploi et que l'allocation publique est de plus en plus soumise à des restrictions budgétaires (Moulaert, 2000, 2002 ; Hillier, Moulaert et Nussbaumer, 2004). Alors, le défi principal serait de satisfaire les besoins qui ne sont plus ou pas encore satisfaits par le marché ou par le secteur public : revenu minimum, accès à des logements décents, à l'éducation et à des services de santé de qualité. L'originalité de cette approche par rapport à d'autres théories de développement territorial qui s'axent notamment sur le rôle du capital économique, consiste dans l'appréhension des personnes touchées par la pauvreté et l'exclusion non plus comme des victimes qui nécessitent une assistance, mais comme des individus capables d'agir.

Un autre constat de Moulaert (2000, 2002) renvoie à l'échec relatif des politiques de développement trop axées sur des visions technologiques de l'innovation, mettant entre parenthèses l'enracinement social des pratiques économiques (Hillier, Moulaert et Nussbaumer, 2004). Comme le disait Bourdieu (2000, p. 13), « le monde social est tout entier présent dans chaque action "économique" ». Moulaert (2000/2002) montre ainsi la nécessité de « déconstruire » l'hégémonie des stratégies courantes de développement local : stratégies inspirées par le modèle anglo-saxon fondé sur la dérégulation des services de protection sociale, la flexibilisation des marchés du travail et la privatisation en vue de stimuler l'initiative économique (Hillier, Moulaert et Nussbaumer, 2004) ou par le « modèle social français », qui se caractérise notamment par la mise en place de politiques à caractère social (comme les politiques d'insertion). Sans essayer de nier l'existence et l'importance des courants dominants en économie, les auteurs proposent des « sentiers de déconstruction » des modèles de développement économicistes : éviter d'insister uniquement sur le progrès économique, tenir compte des spécificités locales dans tous les domaines de la vie communautaire, renoncer aux structures trop centralisatrices, donner toute leur place aux rapports de gouvernance, etc. (Hillier, Moulaert et Nussbaumer, 2004, p. 24-25).

Le modèle de développement territorial intégré (IAD) se fonde également sur le nécessaire changement d'optique en ce qui concerne l'accès aux ressources des populations défavorisées. Moulaert (2000, 2002) intègre le concept de ressources au sens de Rawls (1972) : il s'agit non seulement des ressources contribuant au bien-être économique, mais aussi des libertés fondamentales, comme la liberté de mouvement et le libre choix, ainsi que des fondements sociaux du respect de soi (reconnaissance publique et par soi-même de la valeur de soi). Le problème majeur reste cependant l'incapacité d'une personne à pouvoir utiliser les ressources dont elle dispose, une question-clé qui n'a pas été prise en compte par Rawls. Hillier, Moulaert et Nussbaumer (2004, p. 23) montrent qu'il est important « de dépasser le simple exercice de mesure du niveau des ressources que les individus possèdent et de s'intéresser à leurs capacités à tirer des bénéfices de ces ressources ». Ce modèle met aussi l'accent sur l'existence d'une « économie de la diversité » (Gibson-Graham, 2003, 2006) qui se manifeste aussi au travers de pratiques non marchandes comprenant le volontariat, les activités domestiques, les échanges coopératifs et le don.

Comme on a pu le voir dans les paragraphes précédents, le modèle de développement territorial intégré (IAD) reconnaît les défis de la restructuration socioéconomique, ainsi que l'existence d'un courant dominant en économie. Dans le même temps, ce modèle pose que les stratégies de développement doivent être adaptées aux spécificités et aux trajectoires historiques locales. Ce n'est qu'en prenant en compte la spécificité du contexte local, qu'il est possible de valoriser le potentiel local : diverses formes de capital (physique, financier, humains, social) ou compétences et capacités développées lors des expériences du passé. Dans le processus de satisfaction des besoins, les institutions politico-administratives et les structures de gouvernance locale jouent un rôle de catalyseur. Les innovations dans les relations sociales, notamment dans les relations de gouvernance (les canaux formels ou informels de communication constitués entre ceux qui possèdent différents niveaux de capital, de privilèges ou de pouvoir, les formes associatives populaires de démocratie locale) augmentent les chances de réussite de ce processus et le niveau de participation des divers groupes aux projets qui les concernent.

2.3.4 Modèle d'analyse de l'économie sociale et de l'innovation sociale à l'échelle locale

Le modèle ALMOLIN (*Alternative Model for Local Innovation*) a été développé par le réseau SINGOCOM dans la lignée de l'approche de développement territorial intégré. Ce modèle se base sur trois lignes principales de pensée. La première renvoie aux philosophies et aux mouvements sociaux qui ont inspiré et déterminé le changement social en Europe depuis le XIXe siècle jusqu'à l'époque contemporaine (Moulaert *et al.*, 2005, p. 1971-1972 ; SINGOCOM, 2003 ; SINGOCOM, 2005).

La deuxième ligne se base sur des expériences qui ont marqué l'évolution de l'économie sociale dans plusieurs pays européens (Rapport SINGOCOM, 2003). La troisième contribution vient du débat théorique autour de l'innovation sociale, avec un accent particulier sur les relations de gouvernance, considérées comme « l'ingrédient stratégique » de tout changement social ou processus d'innovation sociale (Moulaert *et al.*, 2005, p. 1972).

L'analyse transversale des philosophies et des mouvements sociaux européens et d'environ trente expériences d'innovation sociale du XIXe siècle et du XXe siècle par le réseau SINGOCOM a mis en évidence un nombre d'aspects communs et de tensions récurrentes au fil du temps. Les éléments communs qui résultent de cette analyse (contribution à la satisfaction des besoins humains, amélioration de l'accès aux réseaux et aux ressources, renforcement des « capabilités » sociopolitiques ou *empowerment*) renvoient à une dialectique entre les processus d'exclusion et les processus d'inclusion sociale et d'innovation sociale.

Les tensions récurrentes dans l'histoire des mouvements sociaux (« réformisme *versus* anarchisme » ou « institutionnalisation *versus* spontanéité », « actions communautaires *versus* actions sociétales » ou « actions organiques *versus* actions contractuelles », « local *versus* global » ou « gouvernance locale *versus* gouvernance de l'État central », « bonnes actions *bottom-up versus* mauvaises actions *top-down* ») sont déterminantes pour la dynamique triangulaire de « fabrication » de l'innovation sociale : visions de l'innovation – dynamiques institutionnelles et organisationnelles – culture et identité locales (SINGOCOM, 2005).

L'analyse montre aussi comment, peu à peu, ces mouvements et expériences qui se manifestent initialement dans des contextes historiques et spatiaux spécifiques (la dépendance de sentier et la spécificité territoriale), interagissent et se « contaminent » réciproquement pour donner naissance à des mouvements hybrides ou à de versions actuelles des anciens mouvements sociaux.

Enfin, les recherches effectuées par le réseau SINGOCOM montrent aussi comment ces mouvements et expériences utilisent diverses stratégies pour mobiliser les ressources nécessaires à la mise en place effective des initiatives innovantes. Ces initiatives ne sont jamais isolées, mais en lien plus ou moins étroit avec d'autres acteurs (secteur public, marché, société civile) situés à plusieurs échelles spatiales et institutionnelles, et soumises à diverses contraintes internes ou externes.

Le modèle ALMOLIN, qui résulte de ces recherches, réunit les aspects décrits ci-dessus : la dimension territoriale et temporelle, l'histoire locale, la culture du changement social et l'identité locale, les dynamiques d'exclusion sociale et les besoins qui en découlent, les dynamiques d'inclusion et d'innovation sociale, la vision de l'innovation sociale, les contraintes au développement et les relations avec le monde extérieur, les ressources pour mettre en place des initiatives innovantes. Les paragraphes suivants expliquent les articulations entre les éléments de ce modèle.

(1) Dialectique entre les dynamiques d'exclusion sociale et les dynamiques d'inclusion et d'innovation sociale

Les dynamiques d'exclusion sociale et leur corollaire, les besoins humains insatisfaits, représentent les éléments centraux du modèle : chômage, pauvreté, déclin social et physique des quartiers, échec des systèmes et des institutions (système de crédit, programmes de soutien social, services sociaux et culturels), privatisation excessive de l'espace public, crise morale, culturelle et identitaire, etc. Les besoins découlent ainsi de la privation de certains droits essentiels : civils (la liberté individuelle et ses prolongements, droits de propriété et liberté contractuelle), politiques (droits de participation, directs ou indirects, à l'élaboration des règles régissant la communauté politique) ou sociaux (droit au bien-être, protection et justice sociales) ou matériels-existentiels (se nourrir, se loger, se vêtir, être éduqué et soigné, participer à l'aménagement de son environnement naturel et social) (Chanial, 2006 ; Roustang, 2006 ; Moulaert et Nussbaumer, 2005a).

Ces dynamiques d'exclusion sont contrecarrées par des dynamiques d'inclusion et d'innovation sociale : comme on l'a vu dans le premier chapitre, les innovations sociales émergent majoritairement comme réaction aux phénomènes d'exclusion sociale et d'exploitation. Exceptionnellement, des innovations sociales sont mises en place pour améliorer la situation ou l'harmonie sociale entre les individus ou les groupes sociaux (Moulaert *et al.*, 2005).

(2) L'articulation entre la dépendance du sentier,
la spécificité territoriale et les contraintes extérieures

Le modèle ALMOLIN n'insiste pas explicitement sur le rôle des grandes dynamiques politiques ou mouvements de la société civile. Elles sont prises en compte à travers la « dépendance du sentier » (*path dependency*), ainsi qu'en vertu de la nature institutionnelle des échelles spatiales (quartiers, villes, régions, etc.). Si le temps et l'espace sont présents dans le modèle ALMOLIN, c'est pour suggérer qu'ils influencent et interfèrent avec tous les autres éléments du modèle. Cela rappelle « l'importance des théories et définitions holistes de l'exclusion et de l'inclusion sociale et de l'économie sociale, qui adoptent une perspective historique et qui prennent en compte la spécificité historique » (Moulaert *et al.*, 2005, p. 1986 ; voir aussi Moulaert et Nussbaumer, 2005b ; Moulaert et Ailenei, 2005).

La spécificité territoriale et les contraintes extérieures se réfèrent au cycle de vie des mouvements et initiatives. En plus des grandes tensions sociétales (réformisme *versus* radicalisme, communauté *versus* société, ouverture spatiale *versus* focalisation locale, professionnalisation *versus* créativité et spontanéité), il y a aussi d'autres facteurs qui contribuent à « l'essoufflement » de l'initiative ou du mouvement : conflits avec le gouvernement local, transformation en entreprises traditionnelles ou centres de services, institutionnalisation nécessaire pour survivre. Mais il y a aussi des conditions propices à la durabilité de l'initiative : découverte de nouvelles niches de marché ou possibilités de mobiliser une large palette de ressources monétaire ou non monétaires.

(3) L'articulation entre les visions de l'innovation sociale, la culture du changement social et la construction de l'identité, et les dynamiques organisationnelles et institutionnelles

Les dynamiques d'inclusion sociale et d'innovation sociale supposent un processus de « fabrication de l'innovation sociale ». En effet, l'innovation sociale naît grâce aux acteurs publics, privés ou appartenant à la société civile partageant une certaine vision et s'appuyant sur une culture du changement construite collectivement : « (...) le changement social doit combiner au moins une vision partagée, c'est-à-dire la capacité à proposer un projet de société et une stratégie de mobilisation des acteurs sociaux » (Fraisse, 2006, p. 98).

Pour capter les ressources nécessaires à la mise en application des innovations sociales, les acteurs recourent à des stratégies diverses dans le cadre des dynamiques organisationnelles et institutionnelles complexes.

Parfois, ces acteurs tentent de changer ou de faire évoluer les relations de gouvernance, en instituant de nouveaux modes de coopération entre les secteurs public, privé et de la société civile (par exemple, la création de bureaux locaux qui jouent le rôle des antennes de la ville à l'échelle des quartiers).

Leurs actions se basent sur des visions partagées du changement social et s'inspirent des divers mouvements, philosophies ou visions du changement social : mouvements (coopératifs, mutualistes, anarchistes, mouvements sociaux des années 1970, mouvements urbains contemporains), valeurs (partage de la propriété et du pouvoir, droit à l'autosatisfaction des besoins), histoire orale (recherche et préservation des identités locales), idéologies (anciennes formes de patronage urbain, solidarité chrétienne, utopisme), leaders populaires et figures politiques ou intellectuelles charismatiques. Ces réactions se traduisent en pratique par l'émergence de nouveaux mouvements sociaux ou modèles organisationnels (structures administratives de la communauté, coopératives, associations, actions environnementales, volontariat, etc.).

(4) Dialectique entre les ressources productives et les ressources créatives

Il y a un rapport évident entre les dynamiques institutionnelles et la disponibilité des ressources nécessaires pour agir concrètement. Les ressources créatives et productives sont mobilisées à l'intersection du marché, du secteur public et de la société civile. En effet, la plupart des acteurs de l'économie sociale évoluent dans le champ du marché, afin d'assurer la viabilité économique de l'activité, mais selon ses principes (solidarité et réciprocité). La redistribution des ressources s'effectue à travers une autorité centrale – services déconcentrés de l'État, collectivités territoriales, coopératives – qui rassemble des moyens afin d'octroyer des subventions selon ses propres normes. La société civile y contribue fortement, avec la volonté de renforcer les liens sociaux entre différents groupes ou personnes, selon les principes de la réciprocité et de la solidarité. Les ressources productives et créatives mobilisées apparaissent très diverses : subventions publiques, paiements, cotisations des membres, nouveaux mécanismes de financement (par exemple le microcrédit), capital humain (bénévolat, emploi salarié), institutionnel (soutien des collectivités locales ou des réseaux politiques).

CHAPITRE 3

Dynamiques d'exclusion, d'inclusion et d'innovation sociale

Comparaison intra-européenne

Introduction

Dans le troisième chapitre de cet ouvrage, nous mettons en perspective six études de cas choisies parmi les seize réalisées dans le cadre du projet SINGOCOM. La sélection de six cas découle de la définition de l'innovation sociale développée dans le deuxième chapitre, à savoir la satisfaction des besoins humains, l'amélioration des relations de gouvernance et l'*empowerment*. Nous avons retenu les initiatives qui présentent un équilibre entre ces trois dimensions : Olinda – Italie (activités socialisantes en hôpital psychiatrique), Centre social Leoncavallo – Italie (services sociaux et culturels), AQS – Italie (aide sociale et au logement), Arts Factory – Pays de Galles (services aux personnes handicapées), BOM – Belgique (création d'emploi, consultance, formation, logement), Alentour – France (activités d'intérêt collectif et d'aide sociale). Toutes les initiatives examinées remplissent le critère de la non-lucrativité (impartageabilité des bénéfices et des réserves) et répondent à des besoins d'intérêt général ou collectif. La nature des activités entreprises (combinant des principes économiques avec des objectifs d'utilité sociale dans la production des biens et des services) nous permet de classer toutes ces initiatives comme appartenant au secteur de l'économie sociale.

Après avoir présenté les cas[1], nous allons procéder à une discussion autour des statuts légaux de ces organisations, suivie d'une mise en perspective selon les articulations du modèle ALMOLIN (introduit dans le deuxième chapitre) : (1) Dialectique entre les dynamiques d'exclusion sociale, et les dynamiques d'inclusion sociale et d'innovation sociale ;

---

[1] L'étude de cas Alentour (Roubaix, France), réalisée par O. Ailenei et B. Lefebvre (Université de Lille 1), ne sera pas présenté dans ce chapitre, mais de manière approfondie dans le chapitre quatre. Cette recherche à été co-financée par le Contrat Plan État-Région (Nord-Pas-de-Calais) et par le projet SINGOCOM.

(2) Articulation entre la dépendance du sentier, la spécificité territoriale et les contraintes extérieures ; (3) L'articulation entre les visions de l'innovation sociale, la culture du changement social et la construction de l'identité d'une part, et les dynamiques organisationnelles et institutionnelles d'autre part ; (4) Dialectique entre les ressources productives et les ressources créatives.

3.1 Présentation des six études de cas

3.1.1 Arts Factory[2]

Introduction

Arts Factory est un *independent development trust*, dont les membres sont les propriétaires. Son objectif vise à satisfaire les besoins non satisfaits par les autres systèmes d'allocation dans un territoire touché par le déclin économique et de lutter contre les stéréotypes négatifs. À travers le travail volontaire, l'implication dans le processus de décision et la participation des bénéficiaires aux activités, Arts Factory propose des services, de nouvelles expériences, des contacts sociaux, ainsi que des opportunités pour le développement personnel. Cette initiative met l'accent sur le respect de soi et l'attachement à la communauté, défiant les inadéquations du service public et la dépendance par rapport aux financements extérieurs. L'approche d'Arts Factory s'appuie sur les traditions locales de mutualisme, mais cherche plus particulièrement à faire le lien avec l'idée de développement durable.

Tableau 2. Fiche générale Arts Factory

Statut	Independent Development Trust
Sphère sociétale	Société civile
Nombre d'employés	20 salariés à temps plein
Nombre de volontaires	40, environ 15 par jour, 1 300 membres
Territoire couvert	La localité Valley (Pays de Galles)
Année de création	1995
Année de disparition	Organisation active
Adresse	11 Highfields Industrial Estate, Ferndale, Rhondda Cynon Taff, CF 43 4SX

Source : auteur, d'après SINGOCOM (2005)

[2] Section réalisée sur la base de l'étude de cas effectuée par S. Donaldson, L. Court, H.Thomas et K. Morgan (Université de Cardiff, SINGOCOM, 2005).

En réaction à quels processus d'exclusion ?

Arts Factory a été créé en 1995 dans la prolongation de Vales Community Business, groupe constitué en 1990 afin de proposer des opportunités de travail et de formation aux personnes condamnées autrement à passer leur vie dans des centres de jour (personnes confrontées aux difficultés d'apprentissage ou à d'autres handicaps). Vales Community Business-Arts Factory (soutenue par MENCAP[3]) propose des activités dans le domaine horticole afin d'aider ces personnes à s'en sortir : sa devise est « Sors dehors et fais quelque chose d'utile ! » L'approche d'Arts Factory s'enracine dans l'histoire sociale de la vallée de South Wales, marquée par le mouvement mutualiste, le mouvement coopératif, le syndicalisme et le socialisme. Cette initiative prend en compte les problèmes des habitants qui se confrontent à des stéréotypes négatifs dans leur lutte contre le déclin économique, contre la dégradation des équipements du quartier ou dans l'accès aux divers services et activités. L'association répond aux besoins de formation et de développement, favorisant l'autonomie, le respect de soi et l'amélioration des conditions de vie.

Quels biens/services sont proposés pour satisfaire les besoins ?

Le projet est porté par un groupe déterminé à améliorer la qualité de la vie, conduit par deux personnes expérimentées dans le jeu politique et dans le travail avec des personnes souffrant de problèmes mentaux. Ces leaders fondent Arts Factory en tant que société à but non lucratif (dont les membres sont propriétaires), administrée par un conseil d'administration élu par les adhérents. L'adhésion à l'Arts Factory (£1 par an) est ouverte à tous ceux qui partagent les valeurs de l'organisation. Arts Factory s'auto-définit comme un mouvement mutuel/coopératif, même si, aujourd'hui, il s'oriente vers la promotion du développement durable et vers la construction d'une communauté plus inclusive (« la tradition reste, c'est que le modèle qui change », Rapport annuel d'Arts Factory, 1999).

Une relation étroite se développe avec l'autorité locale, plus particulièrement avec son département des services sociaux et avec d'autres organisations de la société civile locale, notamment à travers des arrangements ou des contrats concernant les services destinés aux personnes ayant des difficultés d'apprentissage ou pour la promotion de la création artistique communautaire. Pourtant, l'association est souvent perçue comme un concurrent par d'autres groupes locaux, au lieu d'être acceptée comme une initiative différente ou en tant que collaborateur. Arts

[3] La plus importante organisation charitable du Royaume-Uni travaillant avec des personnes rencontrant des difficultés d'apprentissage (www.mencap.org.uk).

Factory est également considéré comme un contrepoids au pouvoir local, car elle défie la résistance au changement des bureaucrates et des politiciens locaux. Ainsi, en s'opposant à la ville, Arts Factory reprend une chapelle abandonnée afin de proposer des équipements sociaux à la communauté. Ensuite, Arts Factory récupère le domaine industriel de Highfields dans le but d'établir une deuxième base pour ses activités. Apparemment, dans ce cas, la ville s'est opposée en craignant qu'Arts Factory ne développe des activités plus profitables que celles des autorités locales. Un autre défi majeur de l'association consiste à disposer de fonds suffisants pour atteindre ses objectifs (plutôt que ceux des financeurs). Ainsi, Arts Factory propose des services à des prix inférieurs à ceux pratiqués sur le marché.

Quelles ressources sont mobilisées pour les activités ?

Le *leadership* représente une ressource importante, mais les leaders mettent l'accent sur le travail d'équipe des bénévoles et des salariés : « tout ce que nous avons réalisé est fait avec l'engagement, les compétences, l'énergie et l'apport d'une équipe fantastique composée par 130 volontaires et employés » (Directeur exécutif, rapport annuel 2000). Certains arrivent en tant que salariés du New Deal, l'un des plans du gouvernement central de lutte contre le chômage, mais restent ensuite comme bénévoles, motivés par le désir de faire quelque chose d'utile pour la communauté locale. D'autres ressources proviennent de la coopération avec d'autres initiatives communautaires, des contrats fournis par les services sociaux ou d'autres agences dans le domaine de la santé, du logement ou de l'éducation ou du soutien des organisations nationales comme les *development trusts associations*. Arts Factory bénéficie également des fonds fournis par l'autorité locale, les groupes ou les firmes privées, la Loterie nationale, le Fonds européen de développement régional (FEDER) et le Fonds social européen (FSE).

Très vulnérable à la réduction imminente des fonds européens, Arts Factory cherche des solutions pour s'autofinancer (comme, par exemple, la construction d'une éolienne pour approvisionner le quartier en énergie et la création d'un *eco-business park*). Le parc d'affaires, conçu pour devenir le premier domaine industriel de la vallée, est défini sur la base des principes de durabilité en combinant la technologie écologiste avec les dernières technologies de communication. De plus, la mise en place de telles activités évitera la concentration exclusive des fonds externes sur les activités de qualification professionnelle. Pour maximiser le bénéfice de ses entreprises, l'association a été obligée d'être très rigoureuse par rapport à l'augmentation de la taille du groupe, ce qui l'a rendue en revanche non concurrentielle.

Quels processus d'inclusion sociale ?

Arts Factory dispense des cours et des formations pour la vie quotidienne (arts, sport, informatique, jardinage, etc.), organise des sessions de conseil et des groupes de soutien (contre le tabagisme, contre l'obésité, etc.) et des activités communautaires (projections de films, jeux et concours, excursions, concerts, expositions, etc.). Arts Factory dirige également des entreprises (création de websites, design environnemental) qui offrent aux personnes l'opportunité de s'impliquer et qui proposent des produits ou des services à la communauté. Ensemble, toutes ces activités créent des opportunités pour le développement personnel et pour des nouveaux contacts sociaux. Les participants forment parfois de nouveaux groupes sociaux, par exemple le groupe de seniors impliqués dans le projet de travail du bois sera plus tard à l'origine d'un club de bingo. Toutes ces activités sont gratuites et ouvertes à tous, indépendamment de l'âge ou des capacités, contre le paiement d'une adhésion annuelle (£1/an).

Les initiateurs restent à l'écoute des nouvelles idées et des besoins nouveaux : les activités impliquent les personnes en tant que travailleurs, mais engagent en même temps un dialogue avec la communauté quant à la définition des produits et des services finaux. Il est significatif que le conseil d'administration d'Arts Factory soit élu annuellement par ses membres, et inclut à long terme un volontaire ayant des difficultés d'apprentissage. L'idée d'un véritable engagement avec la communauté afin d'affirmer sa capacité et sa viabilité innove dans la zone. Construire une voix communautaire représentait un défi considérable pour le *statu quo*, particulièrement en ce qui concerne l'indépendance financière (grâce à l'éolienne et à l'eco-business park). L'Arts Factory représente un modèle d'inspiration, reconnu en raison de ses approches innovatrices à l'extérieur du territoire concerné. L'initiative a été récompensée par plusieurs prix et a été citée dans la presse comme un modèle de bonne pratique de régénération du territoire en ayant su combiner les principes du développement durable avec ceux du développement économique.

Quel contenu socialement innovateur de l'initiative ?

Arts Factory propose une manière innovatrice de (re)construire les relations sociales à travers l'implication d'un groupe spécifique (personnes ayant des difficultés d'apprentissage) dans la vie communautaire. Le contexte local se caractérise par une culture politique en train de devenir de plus en plus paternaliste, mais les initiatives d'Arts Factory sont à l'origine de certains changements. À travers des personnes-clés, le projet s'inspire des expériences et des mouvements sociaux, comme le mouvement créé autour du handicap durant les années 1970. Arts

Factory évite de s'appuyer uniquement sur l'élite politique et sur les structures de sa proximité immédiate, en s'impliquant dans des réseaux de gouvernance au niveau régional en lien avec les priorités nationales et européennes. Arts Factory représente une tentative de reconnecter la tradition du militantisme vénéré dans la mémoire collective (syndicalisme ou mouvements religieux) avec la réalité quotidienne des habitants. Ainsi, Arts Factory répond à des besoins qui ne sont pas nécessairement matériels, mais plutôt sociaux et qui sont satisfaits à travers les équipements éducatifs ou des projets comme la construction d'une éolienne afin de subvenir aux besoins locaux d'électricité. Ce sont aussi des besoins de participation à la vie sociale, à la prise de décision ou à des activités entraînant des changements positifs dans sa propre vie (se sentir quelqu'un « de valeur ») et dans la qualité de vie au quotidien. Cette initiative défie les relations sociales hiérarchiques, y compris la passivité et le sentiment d'impuissance que les « gens ordinaires » éprouvent parfois directement, à travers des actions spécifiques, et indirectement, en leur proposant des nouvelles opportunités.

Néanmoins, Arts Factory est regardé avec suspicion par les politiciens locaux. Il reste difficile de connaître leurs véritables motivations. Est-ce parce qu'ils craignent que l'initiative puisse représenter une nouvelle base de pouvoir pour les deux principaux leaders de l'association ? Ou redoutent-ils les implications d'un renouveau de l'intérêt et de la confiance de la population par rapport aux affaires civiques ? En l'interne, le défi consiste à encourager la démocratie et un véritable partage du pouvoir : c'est ici que le dynamisme et la vision des fondateurs se retrouvent toujours. L'un des atouts d'Arts Factory réside dans sa rapidité à entreprendre de nouvelles initiatives, tout en préservant l'engagement par rapport aux principes de la participation et du contrôle volontaires.

L'étude de cas d'Arts Factory se révèle particulièrement intéressante pour plusieurs raisons : (1) Elle illustre une tentative d'introduire les principes de l'*empowerment* et de l'égalité dans le domaine des nouveaux mouvements sociaux et de l'activisme (secteurs historiquement marqués par un activisme de classe) ; (2) Elle fournit un exemple pratique de connexion entre la politique environnementale et les stratégies de lutte contre l'exclusion sociale et pour la satisfaction des besoins de base (pour l'énergie, par exemple) ; (3) Elle permet d'étudier les risques liés à l'entrepreneuriat social dans le cadre d'un projet où il y a une véritable volonté de déconcentrer le pouvoir à l'intérieur de l'organisation ; (4) Elle montre de quelle manière les changements dans la gouvernance ont ouvert de nouvelles opportunités pour un tel type d'entrepreneuriat.

3.1.2 Associazione Quartieri Spagnoli[4]

Cette étude de cas analyse la dynamique de l'innovation sociale dans le Quartieri Spagnoli, quartier de Naples caractérisé par une importante dégradation physique et sociale. Vers la fin des années 1970, une initiative inspirée par les mouvements catholiques, commence à apporter des réponses aux besoins des habitants, notamment en termes de services sociaux, de logements et de relations sociales. L'Associazione Quartieri Spagnoli (AQS) a été créée officiellement en 1986. Son objectif était de proposer des services d'aide sociale dans le quartier, en impliquant les habitants dans les activités initiées et en contribuant à la reconstruction de relations basées sur la confiance. Vers la fin des années 1980 et pendant les années 1990, AQS initie de nouveaux projets de développement du quartier, financés par le gouvernement local et central, ainsi que par l'Union européenne. AQS se transforme ainsi en un repère pour les habitants, en jouant un rôle de plus en plus important dans le processus de définition des politiques sociales municipales.

Tableau 3. Fiche générale AQS

Statut	Organisation d'utilité sociale à but non lucratif (ONLUS)
Sphère sociétale	Économie sociale
Nombre d'employés	Nombre variable de salariés avec contrat à durée déterminée (35-40 en 2001, 20-25 en 2003), nombre variable de formateurs, une secrétaire.
Nombre de volontaires	3-4
Territoire couvert	Le quartier Spagnoli (Naples, Italie)
Année de création	Informellement en 1978 et officiellement en 1986.
Année de disparition	Organisation active
Adresse	Vico Tre Regine, 35/b 80132 Napoli

Source : auteur, d'après SINGOCOM (2005)

En réaction à quels processus d'exclusion ?

Environ 14 000 personnes vivent dans le Quartieri Spagnoli, situé dans la partie ancienne de Naples, la majorité dans de petits logements des 120 bâtiments collectifs. Sa fonction résidentielle prédominante est atténuée dans une certaine mesure par l'existence de divers commerces, restaurants et d'autres lieux de rencontre. Les modes de vie, les activités et la structure du territoire (rues étroites, logements au rez-de-chaussée, manque d'espaces publics) ont favorisé le déclin humain, social et physique significatif du quartier. À la base de l'AQS se trouve un projet lancé par un groupe de militants vers la fin des années 1970 afin d'aider

[4] Section réalisée sur la base de l'étude de cas effectuée par L. Cavola, P. Di Martino, P. De Muro (ITER s.r.l Centro Ricerche e Servizi Naples, SINGOCOM 2005).

les habitants à satisfaire leurs besoins en termes d'assistance sociale, de logement et de relations de solidarité. Ces bénévoles s'impliquent progressivement dans des projets autour de l'enfance à risque, des problèmes liés à la famille, de la formation et de l'insertion des jeunes dans la société et dans le marché du travail.

D'un point de vue philosophique, les initiatives de l'AQS s'inspirent de la solidarité civique du christianisme critique et dissident des années 1950 et 1960. Ses promoteurs avaient des liens avec les communautés religieuses qui s'inspiraient des expériences de Charles de Foucauld[5]. Des similitudes peuvent être trouvées avec le Movimento di Cooperazione Educativae (MCE) inspiré par la Pédagogie populaire de Célestin et Élise Freinet et avec les expériences des groupes de militants du quartier appartenant aux partis de gauche. L'activisme associatif est bien implanté dans le territoire où un comité de quartier existe depuis plusieurs années. L'association est membre de ce comité, ainsi que les services sociaux municipaux, les paroisses, les centres sociaux et les écoles locales.

Quels biens/services sont proposés pour satisfaire les besoins ?

AQS a été fondée à la fin des années 1970 par un groupe d'amis décidés à vivre et à travailler en contact étroit avec des groupes d'habitants vulnérables à l'exclusion sociale. Au début, les initiateurs ne se sont pas focalisés sur « faire quelque chose pour les habitants », mais sur « être avec eux », en leur proposant un endroit où ils pouvaient être ensemble et échanger sur des expériences et des stratégies de survie. Ils se décrivent eux-mêmes comme étant un groupe de catholiques dissidents, implantés dans une zone caractérisée par des difficultés et la pauvreté, comme un endroit privilégié pour donner un sens à la vie. Après cette période d'essai, l'association est formellement créée en 1986 : à ce moment, le groupe informel décide d'assurer une structure légale formelle à leur initiative, très différente des activités politiques traditionnelles et sans aucun lien avec les partis politiques. Un réseau dense de relations avec le monde extérieur était déjà en place : un réseau informel qui s'est agrandi au fil des années avec des universités et des instituts de recherche, avec des expériences similaires dans d'autres zones de Naples, de l'Italie et dans le monde.

En 1991, c'est le début d'une période de consolidation et de succès : participation dans des projets italiens et européens, ainsi qu'un processus d'institutionnalisation progressive dans lequel AQS adopte le rôle

---

5 Charles de Foucauld (1858-1916) a conçu une nouvelle forme de vie religieuse, très proche de la vie quotidienne des pauvres. Comme Jésus à Nazareth, il a voulu partager la condition de ceux qui sont les plus pauvres parmi les pauvres.

d'agence de promotion du développement local et joue un rôle actif dans la définition des politiques sociales au sein de la municipalité de Naples et des ministères. AQS entre en contact avec des organisations européennes comme Ufjt (Union nationale des foyers et services pour jeunes travailleurs), les associations de prévention spécialisée et le réseau européen des régies de quartier. Depuis 1994, l'association devient membre de CNCA (Coordinamento Nazionale delle Comunità di Accoglienza) et renforce sa coopération avec d'autres associations napolitaines, ainsi que les échanges constants d'expériences et le travail de sensibilisation des institutions.

L'année 1998 marque une tendance au déclin pour l'AQS et pour la politique sociale de Naples. En 2000, une crise stratégique, financière et structurelle se fait ressentir en raison d'une focalisation excessive sur la recherche des financements au détriment de la définition des nouveaux modèles d'intervention. Jusqu'au milieu des années 1990, l'AQS n'a eu aucun concurrent, le principal obstacle étant l'inertie culturelle, professionnelle et politique des institutions gouvernementales, à l'écoute, mais très peu actives en ce qui concerne la mise en pratique. Entre 1990 et 1999, les projets commencent à s'intégrer dans les politiques sociales dans un climat caractérisé par la collaboration des acteurs sociaux avec le gouvernement de la ville. À partir de 2000, le climat change, notamment en raison d'une forte compétition autour des projets et des fonds entre les acteurs du secteur non lucratif. L'AQS déplore également une « perte de stratégie » au sein des institutions impliquées dans les politiques sociales, phénomène exacerbé par un comportement non transparent, par la mise en place d'alliances opportunistes, par les jeux de pouvoir et par le favoritisme.

Quelles ressources sont mobilisées pour les activités ?

Jusqu'en 1992, les activités de l'association ont été essentiellement autofinancées. Les fondateurs travaillent gratuitement, en participant même à la couverture de certaines dépenses. En même temps, l'AQS bénéficie de plusieurs contributions externes en provenance de sources variées (locaux gratuits mis à disposition par la municipalité, contributions financières des partenaires privés). Dans la deuxième moitié des années 1980, l'AQS commence à recevoir des ressources publiques dans le cadre des politiques nationales : à partir de 1992, le budget de l'association s'améliore significativement grâce notamment aux nouvelles opportunités représentées par les politiques nationales et européennes. À partir de 2000, l'AQS subit plusieurs changements au niveau financier et organisationnel en raison du manque de continuité du projet et de renouvellement des sources financières, ce qui conduit à la précarité et à l'incertitude. Une nouvelle source de financement sera la Fondazione Banco Napoli qui décide en 2002 de soutenir le projet Children Parking promu par l'AQS. Les ressources mobilisées ne sont pas uniquement d'ordre financier, mais incluent aussi un fort leadership, l'engagement constant des bénévoles dévoués à la mission, les compétences des salariés, ainsi que la motivation, les aptitudes relationnelles, la créativité, les compétences de planification, d'écoute, de médiation et de négociation.

Quels processus d'inclusion sociale ?

L'évolution d'AQS peut être divisée en trois étapes. La première étape consiste dans la création et l'expérimentation des services (1978-1990). Dans la phase initiale, l'AQS se consacre à l'assistance des personnes à travers l'écoute, la socialisation et les services d'assistance. Au début des années 1990, l'Union européenne, le ministère de l'Intérieur et la municipalité de Naples octroyent à l'association les premiers fonds pour la mise en place de projets éducatifs et de socialisation, des activités de pré-apprentissage (soutien scolaire, laboratoires de création, activités sportives). La mise en place des projets, la mobilisation d'un réseau dense d'acteurs et la formation d'une alliance pour le développement local ont enclenché une dynamique territoriale positive qui permettra à l'association d'attirer d'autres ressources.

La deuxième étape correspond à la transformation de l'association en une agence de développement local (1991-1999). Dans la première moitié des années 1990, l'association obtient des fonds nationaux et européens pour un nombre d'initiatives liées à la protection, à la prévention et à l'inclusion sociale dans le cadre du projet C.Ri.S.I. (*Cantiere per la Riqualificazione Sociale Integrata*). Cette expérience constituera un premier exemple de ce qui deviendra connu sous le nom de « *cantieri sociali* » (cour sociale). Grâce aux financements nationaux (L.216/91, L.285/97) et européens (Integra, Pauvreté, Horizon, Now, Urban), l'association renforce et améliore des activités qui permettent l'implantation de racines fortes dans la communauté et l'acquisition d'une bonne réputation comme structure fiable d'aide. La décision de la municipalité de mettre en œuvre le programme européen URBAN dans le Quartieri Spagnoli (1996) ainsi que le plan municipal pour l'enfance *Piano Comunale per l'Infanzia* (Act 285/97), ont aussi confirmé la qualité des prestations et la fiabilité d'AQS.

Établir des politiques sociales et économiques pour l'intégration sociale, améliorer les conditions de vie des populations défavorisées et (re)construir des statuts sociaux apparaissent progressivement comme un défi à Naples. L'AQS teste plusieurs politiques sociales et économiques dans le cadre du programme européen URBAN et des projets financés par la municipalité (Act 285/97). Par la suite, beaucoup de ses initiatives sont adoptées comme des modèles dans d'autres zones ou villes, par exemple *Maestro di strada* (« Le professeur de rue »), *Nidi di mamma* (« La crèche des mères »), *Sportello Sociale* (points sociaux), *Sportello Lavoro* (centres d'emploi), les laboratoires de création, les programmes de formation et les services pour l'employabilité des jeunes exclus du système scolaire. Ainsi, des milliers de familles ont bénéficié d'opportunités qui ne leur étaient pas accessibles autrement. De plus, sa participation au réseau européen « Quartiers en crise » et au mouvement « Régies de quartier » a occasionné des échanges intenses entre les organisateurs, les professeurs et les travailleurs sociaux. À la fin de cette étape, l'AQS s'institutionnalise en tant que principal agent de développement local dans le territoire concerné et développe plusieurs activités, mais qui doivent être étroitement suivies et défendues contre la concurrence.

La troisième étape consiste dans l'évaluation et la révision des activités (2000-2003). Depuis la création de l'association, l'arène politique, le secteur de l'économie sociale et le paysage social du territoire ont connu des changements considérables. Cela détermine l'association à reconsidérer ses missions et à chercher de nouveaux territoires afin de renforcer son rôle d'agence de développement. En attendant, l'AQS continue ses activités, en se positionnant au fil du temps comme l'un des principaux fournisseurs des services sociaux dans la zone. Notamment, l'un de ses projets sera important en termes d'innovation sociale : *Associazione Nidi di Mamma*, qui sera « adopté » par la municipalité et copié dans d'autres zones de la ville.

La création de la *Cooperativa Passaggi* et son « insertion » dans les activités d'AQS représentent une tentative pour renouveler l'initiative en lui laissant le rôle de petite agence de développement productive et visionnaire. La stratégie qu'elle adopte implique la redécouverte du sens et des missions de l'entreprise sociale à travers une nouvelle session de formation de ses opérateurs.

Quel contenu socialement innovateur ?

L'histoire de l'AQS est celle d'un petit groupe de personnes unies par le même idéal et par l'engagement dans la lutte contre l'exclusion sociale. D'un petit groupe spontané de bénévoles, l'AQS devient une agence de développement du quartier. Le processus se déroule pendant vingt ans, suivant une période d'expérimentation, de succès et d'échecs ; avec des années de travail, d'idées et de projets conçus grâce à la capacité de saisir les meilleures occasions en termes de structures, de financements et de relations afin d'atteindre ses objectifs. Il s'agit initialement d'expérimenter de la manière la plus simple possible l'engagement de vivre quotidiennement et de travailler dans l'une des zones les plus difficiles de Naples, afin d'assister la population la plus défavorisée.

Dans ce but, les partenaires entreprennent des activités, des projets, des contacts et des relations avec des acteurs nationaux et locaux, en prenant soin de ne pas altérer le contenu et la vision à l'origine de l'initiative. Ils se sont engagés dans la construction et la consolidation d'un vaste réseau, composé par des associations volontaires, des personnes privées, des autorités locales, des ministères et par l'Union européenne. Ils ont développé leur rôle dans le cadre de la gouvernance du territoire et de la ville grâce à la transformation progressive d'un groupe de volontaires en un organisme jouant un rôle actif dans l'innovation sociale. Ils sont devenus un repère dans le quartier concerné et dans la ville pour la mise en œuvre de politiques sociales aidant des milliers de familles et en leur proposant des opportunités qu'elles n'auraient pas pu saisir autrement.

Le travail entrepris par l'AQS pendant trente années a rendu les personnes éloignées de leurs droits capables de demander et de recevoir du soutien pour beaucoup de problèmes qui les affectent leur vie quotidienne. Les politiques sociales et les projets proposés par l'association ont aussi apporté des changements dans l'attitude et la mentalité de la population. Cela leur a appris à apprécier les bénéfices de l'assistance et leur a montré qu'il est possible de jouer un rôle dans la société et de s'affirmer. L'interaction entre les politiques initiées dans les années 1990 par le gouvernement municipal (particulièrement sensible aux sujets sociaux), les initiatives nationales et européennes, et les modèles d'intervention d'AQS a conduit à une amélioration générale du niveau de vie, et, surtout, à l'extension des réseaux relationnels. L'AQS a aussi incité des échanges culturels des habitants avec les réalités extralocales. Les plus jeunes ont notamment été encouragés à regarder au-delà de leur quartier et à vivre de nouvelles expériences. À travers la formation et l'insertion dans le champ du travail, des centaines de personnes ont découvert qu'elles possédaient déjà des compétences spécifiques et ont acquis de nouvelles qualifications. De plus, des centaines de jeunes travailleurs sociaux ont commencé à animer le marché social de Naples en remplissant une importante niche occupationnelle.

La longue existence d'AQS offre la possibilité de vérifier les dynamiques et les processus innovateurs à chaque étape du cycle de vie de l'association, à partir du moment où elle émerge spontanément dans le quartier, se consolide et s'institutionnalise, jusqu'à l'étape actuelle de déclin où son rôle en tant qu'agence de développement local est remis en cause par la crise d'identité et de motivation, la rupture avec les politiques et les institutions publiques, la concurrence et le positionnement au sein de l'économie sociale. Au total, l'association se trouve aujourd'hui dans une situation paradoxale. D'une part, elle n'a pas la capacité de recevoir davantage de financements et doit tenir compte des limites des stratégies du gouvernement et du marché. D'autre part, ses modèles d'intervention, consolidés dans le temps, continuent à représenter un repère dans le scénario de la politique sociale locale, en étant reproduits avec succès dans d'autres quartiers.

3.1.3 Olinda[6]

L'objectif d'Olinda consiste à transformer un grand hôpital psychiatrique situé dans la banlieue nord de Milan, en un environnement plus ouvert et thérapeutique pour les patients et pour les habitants du territoire métropolitain. On peut distinguer trois étapes dans l'histoire d'Olinda. Dans la première phase, un groupe de formateurs professionnels a l'idée d'appliquer des pratiques de formation professionnelle qui ne se focalisent pas sur les faiblesses des patients, mais sur leurs capacités. Le but est la « coproduction » de la santé mentale. En 1995, ils créent l'association Olinda en vue de mobiliser davantage de ressources humaines pour la formation professionnelle des patients. Dans la deuxième phase, Olinda organise en 1996 un grand festival d'été (musique, sport et théâtre) en associant plusieurs structures d'économie sociale, ainsi que les autorités locales. Lors de ce premier festival (« Le rêve d'une nuit d'été »), une centaine d'habitants visitent pour la première fois l'hôpital. L'espace de l'hôpital devient ainsi un support pour l'action collective : le festival donne une légitimité aux innovations thérapeutiques d'Olinda et permet la réouverture de la discussion autour de la continuité de l'hôpital qui devra être fermé en vertu d'une loi nationale.

Symboliquement, une partie du mur entourant le domaine de l'hôpital est détruite. Dans la troisième étape, l'association Olinda crée une entreprise sociale (*impresa sociale*). L'objectif est de combiner les services pour la ville avec les services proposant des soins de santé mentale. Ces efforts se concrétisent dans l'organisation de multiples activités dans les bâtiments de l'hôpital : un café, un restaurant, un atelier de charpenterie et une pension fonctionnent depuis.

Olinda utilise les conflits à l'intérieur et à l'extérieur de l'organisation pour faire avancer le discours public et rendre ses actions visibles. Cette étude de cas met en évidence le rôle des personnes ayant des idées nouvelles, des compétences spécifiques et du capital social. Il s'agit de savoir comment réunir les différents types de personnes qui pourraient être à l'origine de nouvelles possibilités et développements. La recherche montre aussi à quel point la sociabilité et les événements culturels contribuent à l'émergence d'un intérêt commun lors d'une action innovatrice. L'étude souligne également l'importance des efforts en vue

---

6 Section réalisée sur la base de l'étude de cas effectuée par T. Vitale (Università de Milano-Bicocca, SINGOCOM, 2005).

de rendre la dignité aux exclus, l'importance des partenariats avec l'administration publique et des arrangements institutionnels innovateurs.

Tableau 4. Fiche générale Olinda

Statut légal	Association volontaire et entreprise sociale (statut de coopérative)
Sphère sociétale	N/A
Nombre d'employés	35
Nombre de volontaires	40
Territoire couvert	Zone métropolitaine de Milan (Italie)
Année de création	Association *Olinda* (1996) ; Coopérative *La fabbrica di Olinda* (1998)
Année de disparition	Organisation active
Adresse	via Ippocrate 45, 20161 Milano

Source : auteur, d'après SINGOCOM (2005)

En réaction à quels processus d'exclusion ?

La création d'Olinda est liée à un mouvement des années 1960 qui soutenait une approche alternative de traitement des patients dans les établissements psychiatriques. En Italie, le leader du mouvement était Franco Basaglia, qui soutenait l'idée de la fermeture des hôpitaux psychiatriques et la recherche des solutions pour la réinsertion des patients dans la vie normale à travers la formation vocationnelle et la production de services pour la communauté. Le leader d'Olinda est un psychiatre suisse qui adhère au mouvement Basaglia et qui travaille depuis 1994 dans l'hôpital des maladies mentales « Paolo Pini ». Avec d'autres médecins et opérateurs, notamment un groupe de formateurs professionnels, il organise la fermeture de l'hôpital et initie un nombre d'activités dans le champ de l'économie sociale. L'objectif est de faciliter l'intégration dans la société des personnes souffrant de problèmes psychologiques et sociaux à travers des expériences du travail.

En 1996, le groupe de formateurs professionnels fonde une association volontaire qui a pour objectif de transformer l'hôpital en un espace public ouvert vers le quartier et la ville. L'ancien hôpital, entouré par des murs, était séparé du quartier : les activités initiées par Olinda ouvrent ses bâtiments et son jardin non seulement vers le quartier, mais aussi vers l'ensemble de la métropole. L'utilisation des locaux de l'hôpital pour d'autres fins, par exemple l'organisation d'un festival réunissant des centaines de personnes chaque été, contribue à concevoir l'espace et les soins d'un autre point de vue. En 2000, quand l'hôpital est fermé, les initiatives d'Olinda continuent à donner de la substance au processus d'intégration des personnes ayant des problèmes psychiatriques dans des trajectoires existentielles « normales ». Avec les patients, l'association travaille pour la reconnaissance du droit à l'autodétermination, pour renforcer leur confiance en soi, pour développer leurs compétences et faciliter leur intégration dans le marché du travail. Pour atteindre cet objectif, l'association Olinda fonde en 1998 une coopérative sociale en collaboration avec des travailleurs des services de santé mentale : cela se concrétise dans la création d'un atelier de charpenterie, d'un restaurant, d'une pension pour les jeunes, d'un café et d'un service multimédia. Olinda offre une vision alternative des problèmes mentaux, consistant à intégrer l'assistance, la sociabilité, la production économique, les projets sociaux et culturels, les valeurs et les attitudes pour lutter contre la discrimination.

Quels biens/services sont proposés pour satisfaire les besoins ?

Olinda met en avant la nécessité de démanteler et de transformer l'hôpital psychiatrique en un espace où les personnes peuvent à la fois se soigner, travailler et participer à des activités culturelles. Son action combine les objectifs sociaux avec des interventions et des objectifs économiques. Olinda met l'accent sur l'implication des personnes socialement désavantagées : la plupart sont des personnes souffrant de troubles mentaux, mais des toxicomanes et d'anciens détenus sont également concernés par ses initiatives. Olinda vise non seulement à combler des lacunes, mais aussi à valoriser au maximum les capacités des pensionnaires de l'hôpital psychiatrique. Ainsi, les activités économiques (café, restaurant, atelier de charpenterie, pension, service multimédia) ont été mises en place pour mobiliser les compétences professionnelles de ces personnes, pour reconstruire leurs droits et leurs capacités d'agir, de participer activement aux échanges sociaux et économiques. Selon Olinda, l'innovation sociale se traduit par un changement de position des bénéficiaires : de la réception (passifs) à l'action (actifs).

L'idée à la base de cette expérience consiste à enclencher un processus partant de l'hôpital psychiatrique vers la ville et de l'assistance vers la production. La reconnaissance et la valorisation des capacités des « sujets » ont lieu à travers la transformation et la reconstruction du contexte social qui favorise l'utilisation de ces capacités. Olinda met l'accent sur l'interaction entre le bien-être social de la ville et le plaisir de sociabiliser des personnes désavantagées. Dans ce but, Olinda soutient une multitude d'activités culturelles tout au long de l'année, autant des initiatives occasionnelles à petite échelle que des festivals d'été à grande échelle. Ces derniers impliquent des centaines de personnes et créent des liens entre la démarche de soutien aux catégories désavantagées et les opportunités culturelles qui s'ouvrent à la population de la zone métropolitaine de Milan. Ces initiatives culturelles, caractérisées par l'esprit de tolérance à l'égard des différences, sont à l'origine de relations sociales interpersonnelles dans lesquelles les personnes désavantagées trouvent des opportunités pour s'exprimer et pour créer leurs propres projets de vie. Le festival représente aussi un moyen pour gagner de la crédibilité et pour créer des conditions facilitant plus tard la mise en place de projets qui, autrement, n'auraient eu aucune chance. Son style de planification favorise des processus progressifs et ouverts aux ajustements continus, mais, dans le même temps, il arrive à attirer des ressources de l'extérieur et à établir des champs pour la valorisation maximale de chaque contribution, à la fois en termes financiers et en termes de bénévolat.

Quelles ressources sont mobilisées pour les activités ?

En dehors des nombreuses ressources économiques et professionnelles dont l'association bénéficie, l'administration publique fournit les locaux pour ses activités. Olinda parvient à impliquer des institutions non seulement en termes de financements, mais aussi en termes d'objectifs de politique sociale poursuivis dans ses projets. Pourtant, Olinda n'est pas dépendante des ressources publiques. Pour créer un lien entre le champ économique et le champ de l'assistance, Olinda lance des stratégies d'investissement en termes économiques et sociaux, en engageant un processus d'apprentissage institutionnel qui conduit à l'augmentation de son capital social. Olinda investit à travers ses initiatives économiques dans les connaissances et les expériences des professionnels extérieurs au circuit de l'assistance, en valorisant de cette manière l'apport des professeurs universitaires ou des professionnels du domaine artistique et de la mode. Olinda mobilise aussi des ressources « cachées » et non conventionnelles de l'hôpital psychiatrique : il s'agit des contributions des malades eux-mêmes. D'autres ressources importantes d'Olinda proviennent de sa participation aux réseaux à l'échelle du quartier, de la métropole ou de lutte contre l'exclusion sociale dans différents pays (par exemple *Exclusion Net*) et des échanges constants avec les universités de Milan. D'autres ressources, en termes économiques et symboliques, ont été obtenues grâce à l'organisation des festivals d'été qui ont contribué notamment à la légitimation des relations d'Olinda avec les autorités locales.

Quels processus d'inclusion sociale ?

Du point de vue de l'innovation sociale, Olinda réussit à transformer les dépenses sociales en un investissement productif et les catégories cibles (les patients) en acteurs capables d'agir. Le cas d'Olinda montre clairement les différents sens de l'innovation sociale en termes de transformation des relations sociales. Ses initiatives légitiment de nouvelles pratiques en mettant en avant la reconnaissance des personnes avec des problèmes mentaux et sociaux en tant que citoyens actifs. Cela devient possible grâce au travail quotidien avec les personnes désavantagées, aux efforts pour changer le discours public et pour introduire de nouvelles solutions d'insertion dans l'agenda politique. Olinda a été aussi capable de promouvoir le changement interorganisationnel, de multiplier les ressources, d'inventer et de mettre en œuvre de nouveaux modes de coopération entre le secteur de la santé publique et le secteur de l'économie sociale. Des connexions ont ainsi été créées entre : (1) l'aide, l'assistance et les services sociaux et le besoin d'investissement dans la production ; (2) l'expérience individuelle de ceux qui souffrent de l'exclusion et la vie urbaine ; (3) les quartiers et l'hôpital psychiatrique à travers les ressources distribuées dans la zone métropolitaine.

Le partenariat entre Olinda et l'administration publique repose sur un processus continu d'apprentissage institutionnel qui a produit un résultat visible, à savoir la fermeture de l'hôpital psychiatrique suivie par l'établissement d'un système de services de santé mentale à l'échelle territoriale. Les relations avec l'administration publique ont lieu dans le cadre de partenariats et de projets, ce qui crée des responsabilités communes. Les partenariats donnent l'occasion de mettre en place des mécanismes innovateurs par rapport aux mesures publiques conventionnelles existantes. Olinda a déjà connu des tensions dans la coopération institutionnelle et dans la coopération avec les mouvements populaires de gauche. Ces tensions ont néanmoins été utilisées comme des opportunités pour l'apprentissage et pour élargir ses options. En effet, les relations d'Olinda avec les autorités publiques n'ont jamais été faciles. Ces dernières années en particulier, les relations avec le conseil local sont devenues rares, car ce dernier semble ne plus apprécier le travail d'Olinda, le critiquant comme étant trop « de gauche ». En raison du changement d'orientation de ses politiques sociales, la municipalité de Milan a choisi de quitter les projets impliquant des partenariats public/privé, en limitant ainsi les occasions d'échanger et de coopérer avec Olinda.

Quel contenu socialement innovateur de l'initiative ?

Le cas d'Olinda montre clairement les différents sens de l'innovation sociale en termes de changement des relations sociales : l'initiative légitimise de nouvelles pratiques et demandes, en mettant en avant la reconnaissance des personnes avec des problèmes mentaux et sociaux en tant que citoyens actifs. Grâce au travail quotidien avec les personnes désavantagées et aux investissements réalisés, le discours public a changé, de nouveaux sujets ont été définis et de nouvelles solutions d'insertion ont été promues dans les médias et dans les agendas politiques de l'administration locale. Olinda a aussi su promouvoir le changement inter-organisationnel, multiplier les ressources, inventer et mettre en œuvre de nouveaux modes de coopération entre les agences publiques de santé et le secteur à but non lucratif. Au fil des années, Olinda a réussi à activer et coordonner les personnes, les échanges (communication, conflits) et les actions autour de la production, de la reconnaissance et de l'utilisation des espaces de l'hôpital psychiatrique en tant qu'arène publique ouverte et accessible à tous. En conclusion, on peut dire que ce cas montre une histoire très particulière, où l'innovation dans un secteur très étroit des politiques publiques s'est traduite par une innovation sociale importante.

Afin de lier les champs de l'économie et de l'assistance, Olinda a mis en œuvre des stratégies d'investissement à la fois économiques et sociales, à travers des processus d'apprentissage collectif : il s'agit de (1) mettre en place des initiatives économiques diverses et en investissant dans l'apprentissage et dans les expérimentations des professionnels extérieurs au circuit de l'assistance, des professeurs universitaires, des personnes du monde artistique, du design et de la mode ; (2) mettre en circulation des ressources non conventionnelles de l'ancien hôpital psychiatrique, plus précisément les contributions des pensionnaires eux-mêmes qui acquièrent de nouvelles compétences et commencent à les utiliser à l'extérieur ; (3) créer une sociabilité intense qui donne lieu à des projets conjoints et des échanges économiques en mettant en place des espaces et des réseaux de relations sociales d'abord au niveau métropolitain puis, ensuite, à l'échelle du quartier comme, par exemple, l'ouverture de l'ancien hôpital en tant que parc urbain public.

Au cours de la dernière année, Olinda a essayé de stabiliser et d'institutionnaliser ces innovations au moyen de conventions portant sur la pleine reconnaissance de ses activités avec la formalisation des arrangements pour le loyer, un partenariat pour obtenir des ressources humaines (travailleurs sociaux) et des ressources financières, ainsi que des nouveaux standards de soin psychiatrique.

3.1.4 BOM[7]

En 1990, la ville d'Anvers, son service d'assistance sociale, l'agence flamande pour l'emploi, ainsi que d'autres acteurs de la société civile créent une organisation nommée BOM (qui signifie « bombe » en néerlandais), acronyme de BuurtOntwikkelingsMaatschappij (Neighbourhood Development Corporation). Cette agence, pilotée par des organisations de la société civile à travers de partenariats, développe une stratégie innovatrice de lutte contre l'exclusion, d'abord dans le quartier nord-est d'Anvers et ensuite dans le quartier South Edge, où elle agit en

[7] Section réalisée sur la base de l'étude de cas effectuée par E. Christiaens et F. Moulaert (Université de Lille 1 et Université de Newcastle, SINGOCOM, 2005).

tant que développeur de projets et médiateur de relations entre les acteurs, les projets et les institutions de financement.

Tableau 5. Fiche générale BOM

Statut légal ou informel	Association à but non lucratif
Sphère sociétale	Société civile
Nombre d'employés	40 employés subventionnés dans le cadre des *Work Experience Projects* et 40 avec des contrats à durée indeterminée (2002)
Nombre de volontaires	Variable
Territoire couvert	North East Antwerp (1990-1997), South Edge Antwerp (1998-2003), Canal Area Antwerp (à partir de 2003)
Année de création	1990
Année de disparition	Organisation active
Adresse	De Bosschaertstraat, 7 – 2020 Antwerpen

Source : auteur, d'après SINGOCOM (2005)

BOM est l'une des premières structures à proposer un plan de développement des quartiers dans la région de Flandre. BOM parvient de cette manière à mettre sur l'agenda politique les quartiers confrontés à des processus d'exclusion. Ainsi, les institutions situées aux différentes échelles spatiales (Union européenne, région, ville) reconnaissent l'approche socialement innovatrice de BOM. Les dernières années, des forces économico-politiques puissantes d'Anvers ont opéré des changements significatifs au niveau des politiques urbaines, en mettant en danger la continuité du changement social à l'œuvre dans les quartiers. En 2007, après quatorze années de succès, le concept de développement social du quartier semble devenu « politiquement incorrect », par opposition aux plans de développement urbain basés sur une logique de marché.

En réaction à quels processus d'exclusion ?

Dans la vague des luttes politiques pour l'amélioration des conditions de vie dans les quartiers RISO (Regionaal Instituut voor Samenlevingsopbouw – Regional Institute for Community Building), l'Université d'Anvers jette vers la fin des années 1980 les bases d'une approche innovatrice axée sur le partenariat public/privé. Cette initiative, nommée BOM, inclut notamment d'anciens partenaires, la ville d'Anvers et son service social. BOM est né en réaction au déclin économique, socioculturel et physique des quartiers les plus défavorisés d'Anvers, plus particulièrement la ceinture industrielle du XIXe siècle caractérisée par un taux élevé de chômage, touchant plus particulièrement les jeunes et les moins diplômés, par la dégradation du bâti et par les problèmes spécifiques de certains groupes (immigrants, personnes âgées, jeunes isolés, immigrants illégaux, demandeurs d'asile et personnes sans abri).

BOM réagit tout d'abord à la réticence du secteur privé (propriétaires, entreprises, etc.) à investir dans ces quartiers, et, ensuite, à l'indifférence des autorités politiques qui, dans les années 1990, se focalisent quasi exclusivement sur la régénération du centre-ville historique (notamment sur le thème de la sécurité et sur des interventions physiques à travers des grands projets publics). BOM essaye également d'apporter des réponses au manque de dialogue entre les différents utilisateurs et leurs associations d'une part, et le gouvernement de la ville et son administration d'autre part.

Quels biens/services sont proposés pour satisfaire les besoins ?

Dans les années 1980, RISO, financé par le Flemish Fund for the Integration of Low-Opportunity Citizens (VFIK) est chargé de la planification du développement communautaire à Anvers, en se basant sur les centres existants de développement des quartiers. Simultanément, l'Université s'implique dans la réalisation d'une recherche sur l'exclusion sociale au niveau de la ville d'Anvers. Le déclin du centre-ville s'inscrit dans l'agenda politique avec les premiers pas du parti de droite à Anvers, traditionnellement une enclave socialiste. Un plan d'action développé à partir de l'étude de l'Université d'Anvers sur l'exclusion sociale sera financé par la Fondation Roi Baudouin. De plus, le lancement du programme européen Poverty 3 (1990-1994) donnera l'opportunité de tenter une approche intégrée du développement du quartier. Par conséquent, le partenariat BOM sera mis en place entre la ville d'Anvers, son agence de services sociaux, l'agence flamande d'emploi, le RISO, l'Université d'Anvers et la Fondation Roi Baudouin.

Depuis 1995, la ville d'Anvers prend conscience du succès de l'approche de BOM et cherche à intégrer les divers projets, fonds (provenant de la région flamande, du gouvernement fédéral et de l'Union européenne) et les ressources humaines à travers une organisation à but non lucratif, petite et flexible, nommée SOMA (acronyme du Stedelijke OntwikkelingsMaatschappij, le néerlandais pour City Development Corporation). En 2003, cette mission a été confiée à VESPA (acronyme du Vastgoed en StadsProjecten Antwerpen, le néerlandais pour Real Estate and Urban Projects Antwerp), une grande organisation du domaine immobilier. L'action de cette organisation se focalise particulièrement sur la valorisation du patrimoine de la ville à travers des projets partenariaux public-privé. Deux types de changements ont contribué à une évolution vers des interventions plus visibles et physiques et pour plus de sécurité. Le premier consiste dans l'évolution de la politique sociale de lutte contre l'exclusion (Social Impulse Policy) vers une politique de lutte contre l'exode urbain. Le deuxième changement concerne le contexte politique et consiste dans la mise en place d'une coalition contre la montée de l'extrême droite, qui est en train de devenir le principal parti politique d'Anvers.

Quelles ressources sont mobilisées pour les activités ?

BOM bénéficie d'une multitude de fonds provenant de sources, comme les programmes européens Poverty 3 (1990-1994), URBAN 1 (1994-2000) et URBAN 2 (2000-2003), les fonds flamands pour l'intégration des personnes à faibles opportunités (VFIK), et le Social Impulse Fund (SIF 1, 1997-2000 ; SIF 2, 2000-2003) au niveau régional. Après 2003, les multiples fonds mobilisés pour la reconstruction des bases économiques des villes, pour le développement de certaines zones et pour une politique d'inclusion, ont a été remplacés par un fonds unique de la ville destiné à attirer les classes moyennes et supérieures. Pour ces raisons, les ressources de BOM se sont vues réduites de moitié. Dans le South Edge, BOM travaille avec environ 1,25 million euros par an, provenant des subventions SIF 2 (2000-2003). Il a réussi à tripler cette somme grâce au programme URBAN 2 et aux fonds de la ville, et, également, à attirer de jeunes professionnels motivés par le travail pour la ville d'Anvers en dehors du cadre administratif habituel.

Quels processus d'inclusion sociale ?

BOM favorise le concept de régénération économique communautaire, ainsi qu'une approche de développement intégrée qui réunit les acteurs, les fonds, les secteurs d'intervention et les projets. L'objectif est d'améliorer les conditions de vie des plus démunis, notamment les chômeurs de longue durée, les bénéficiaires d'aides sociales et les jeunes confrontés aux difficultés d'apprentissage. Il s'agit de soutenir leur réintégration dans le champ économique à travers la formation personnalisée et le conseil individuel, et, de manière générale, de renforcer la base économique du territoire concerné. Implanté dans le nord-est d'Anvers (1990-1997) avec des projets locaux, BOM s'implante dans le South Edge (1998-2003) avec des approches sectorielles plus larges au niveau urbain. Considéré comme un « agent libre de l'innovation », BOM représente une intervention temporaire de professionnels extérieurs visant des zones tellement déconnectées de la ville que leur régénération n'apparaît pas possible.

À l'échelle individuelle, BOM (avec Vitamine W, une association qui développe des activités à une échelle plus importante et donc moins enracinée dans le territoire concerné) propose des formations pour acquérir des qualifications et réintégrer le marché du travail. À l'échelle collective, BOM s'implique dans la restauration d'infrastructure de communication et dans la mise en place de sites attractifs pour les entrepreneurs. Cette organisation travaille également sur les représentations symboliques positives et cherche à créer un intérêt politique pour ces quartiers défavorisés et déconnectés. BOM arrive à développer une bonne coopération avec certaines sections de l'administration de la ville, en coopérant aussi avec la chambre de commerce (notamment dans le nord-est), avec quelques coopératives de logements sociaux (notamment dans le South Edge), considérées comme de véritables « baronnies » locales.

L'approche de développement intégré proposée par BOM peut être caractérisée comme socialement innovatrice pour plusieurs raisons. D'abord, cette organisation assume une fonction de catalyseur des dynamiques de gouvernance à travers la recréation d'un dialogue entre les acteurs des quartiers. Ensuite, il révèle de nouveaux besoins (fonction de pionnier), joue un rôle de réanimation et insuffle une impulsion afin de rendre les quartiers plus attractifs en termes de réinvestissements. Enfin, il propose de nouvelles manières de coopérer (fonction d'*empowering*) à travers des projets qui s'émancipent progressivement pour devenir des entités indépendantes (fonction de moteur). Pour soutenir l'autonomie de ces projets, BOM crée de nouvelles agences (par exemple, un restaurant social dans le nord-ouest d'Anvers).

Deux solutions ont été trouvées pour assurer la continuité de ces activités : certaines deviennent autonomes (BOM reste administrateur et continue à offrir une assistance logistique), alors que d'autres deviennent des services fournis par la mairie. Pour ces derniers, on peut noter un risque de perte des objectifs originaux (sociaux) et de la dimension quartier (*housing shop*, *neighbourhood journal*), ou même de disparition complète (*culture shop*).

Cette expérience a été reconnue par l'Union européenne comme un modèle d'alliance : BOM est souvent cité comme l'un des plus originaux projets multidimensionnels et socialement innovateurs de développement des quartiers. Son approche de développement intégré (notamment la méthodologie des Neighbourhood Development Plans) a été une source d'inspiration pour les Social Impulse Funds (1995-2003), programme de développement de la région flamande.

Quelle durée de vie de l'innovation sociale ?

Depuis 1990, BOM apporte une réponse originale au processus complexe d'exclusion sociale qui se manifeste dans les quartiers défavorisés d'Anvers. Son périmètre d'action s'accroît dans le temps, mais, malheureusement, cela s'accompagne d'une perte de soutien et de moyens financiers. Pendant la première période (1990-1995), BOM jouissait d'une grande liberté pour initier des projets innovateurs dans le quartier nord-est d'Anvers. Au cours de la deuxième étape (1995-2000), la ville, BOM et d'autres organisations (SOMA, RISO, Vitamine W, etc.) travaillent ensemble dans le cadre d'une stratégie multidimensionnelle, qui conduira plus tard aux Plans de Développement des Quartiers. Mais la ville reprend progressivement le contrôle des opérations. Après sept ans dans le quartier nord-est d'Anvers, BOM est obligé de se déplacer dans un autre quartier, le South Edge, où il met en place la même approche intégrée afin de reconnecter socialement, économiquement, spatialement cette zone au réseau de la ville. Dans sa vision, une relation de dépendance réduit à terme la capacité des habitants des quartiers à contrôler leur destin et institutionnalise une autre catégorie de services de médiation.

Dans la troisième période (à partir de 2000), la stratégie d'intégration de BOM va encore plus loin, mais en déplaçant son approche des opérations immobilières vers le développement d'une « maxi-VESPA » à la place d'une « mini-SOMA ». Aujourd'hui, la ville semble ignorer la capacité innovatrice des organisations de sa société civile (notamment BOM) pour faire face au chômage et aux dynamiques de restructuration et compter davantage sur le marché privé, notamment sur les bureaux de consultants. Ses réticences à s'institutionnaliser poussent BOM à se déplacer de nouveau en 2003 vers une autre zone d'Anvers, le Canal Area. Le partenariat avec Havenbedrijf (Harbour Enterprise), le plus important employeur et moteur économique d'Anvers, était censé ouvrir de nouvelles perspectives.

Quel contenu socialement innovateur de l'initiative ?

L'analyse montre que la politique de développement urbain d'Anvers a connu un nombre de vagues fortement dépendantes des dynamiques socioéconomiques et institutionnelles de la ville. Comme réaction à la volonté fonctionnaliste d'hygiénisation de la ville dans les années 1960, la mairie se montre préoccupée dans les années 1970 par la revalorisation de son centre historique. D'ailleurs, après l'union d'Anvers en 1983[8] et sous la pression des groupes d'action des quartiers et des professionnels du développement communautaire, sa politique urbaine se focalise sur quelques zones particulières de régénération de la ceinture industrielle formée au XIXe siècle. À partir de 1990, son attention se déplace vers les zones plus défavorisées affectées spécialement par les effets de la restructuration économique de la ville et de son port. Inspiré par ces groupes et par les professionnels et bénéficiant des fonds européens et régionaux, le gouvernement local poursuit pendant les années 1990 une politique de lutte contre l'exclusion dans certaines zones de concentration. Le « développement intégré » du quartier et l'approche de discri-

[8] Le 1er janvier 1983, le territoire de la commune d'Anvers a été étendu aux sept communes périphériques qui deviennent des districts anversois.

mination positive pour les quartiers défavorisés proposés par le nouvel agent de la société civile, BOM, ont été progressivement adoptés.

Confrontée à des résultats socioéconomiques négatifs, à l'augmentation de la dette publique et au mécontentement croissant de la population manipulée par l'extrême droite, la mairie favorise, notamment à partir de 2000, une politique urbaine « intégrale » focalisée particulièrement sur des projets immobiliers. Selon sa nouvelle politique, chaque liste de priorités pour chaque quartier est établie par la mairie. Les organisations de la société civile ont dû adhérer à la politique de la mairie ou s'opposer totalement (*divide et impera*). La dimension sociale du projet de développement de la ville disparaît en faveur d'une politique orientée vers le marché et la croissance. Le modèle de bien-être social a dû laisser la place à un modèle de développement économique (Antwerp City, 2000).

Après douze ans d'activité de BOM, (d'abord implanté dans le North-East Antwerp, ensuite dans le South Edge), le gouvernement de la ville ne semble toujours pas prendre en compte la capacité innovante et le rôle spécifique des organisations de la société civile qui font face à des défis pour lesquels pourtant ni le secteur public, ni le secteur privé ne sont capables de s'investir efficacement, notamment dans ces quartiers où les besoins sont plus aigus. La ville favorise une division territoriale du travail plutôt qu'un partenariat réel avec les organisations de la société civile. La conséquence inévitable est de favoriser une approche de développement fragmenté, « sectoriel », plutôt qu'une approche territoriale intégrée. Sa réticence à s'institutionnaliser pousse BOM à se déplacer de nouveau vers une nouvelle zone de travail, le Canal Area (BOM, 2002).

BOM a disparu en 2005, mais la plupart de ses activités ont été intégrées soit au sein des services réguliers de la ville, soit au sein de Vitamine W qui, aujourd'hui, est une entreprise d'économie sociale employant plus de 200 personnes.

3.1.5 Centro Sociale Leoncavallo[9]

L'expérience examinée dans le cadre de cette étude représente une réponse de type *bottom-up* au manque de services sociaux et culturels dans un quartier défavorisé de Milan. Créé en 1975, Leoncavallo est une initiative orientée vers la gauche sociale, évoquant une approche particulière d'administration des services d'utilité publique : son style de management est participatif et informel, basé sur le *self-management* (l'autogestion).

---

[9] Section réalisée sur la base de l'étude de cas effectuée par A. Membretti (Université de Pavia, SINGOCOM, 2005).

Tableau 6. Fiche générale Centro Sociale Leoncavallo

Statut légal ou informel	Organisation informelle, représentée par une association à but non lucratif connue sous le nom de *Mamme del Leoncavallo*
Sphère sociétale	Combinaison de sphères (société civile, marché, économie sociale)
Nombre d'employés	environ 40 travailleurs à mi-temps et à plein-temps
Nombre de volontaires	environ 40
Territoire couvert	La zone métropolitaine de Milan (couverture nationale occasionnelle)
Année de création	1975
Année de disparition	Organisation active
Adresse	Centro Sociale Leoncavallo, via Watteau, 20100, Milano

Source : auteur, d'après SINGOCOM (2005)

Cette méthode survit à l'ère post 1968 grâce à un processus original d'institutionnalisation « flexible » et, en 2007, Leoncavallo est en train de devenir un acteur politique important sur la scène nationale. Cette analyse se focalise sur les dynamiques organisationnelles et montre comment les processus d'innovation sociale sont fortement liés à la logique d'entreprise sociale et à la dimension spatiale (déclinée à différentes échelles). Les espaces physiques créées par les responsables et les utilisateurs de Leoncavallo représentent des opportunités de combiner les dimensions économique, politique et sociale d'un développement « glocal » (global mais profondément local), centré sur les besoins et les potentiels humains.

En réaction à quels processus d'exclusion ?

Le centre est né en 1975 à Milan comme réponse à un important besoin d'espaces où les organisations d'ouvriers, d'étudiants et de femmes pourraient se rencontrer. Cette initiative représente en même temps une réaction à la forte institutionnalisation des centres sociaux et des sièges locaux des partis politiques, autrefois moins bureaucratiques et plus ouverts à l'implication informelle des habitants. Dans les années 1970, la ville de Milan était l'une des plus importantes arènes des mouvements sociaux et politiques italiens qui cherchaient à apporter des réponses aux besoins sociaux. Ces mouvements se sont constitués à la fin des années 1960 et ont fonctionné dans un cadre idéologique marxiste ou post marxiste, proches d'une approche libertaire et « spontanée ».

Leoncavallo est mis en place dans le contexte de ces mouvements sociaux et politiques, comme un lieu de rencontre physique des diverses initiatives. Cette initiative, soutenue principalement par des groupes informels, a pour objectif de placer la satisfaction des besoins négligés dans le cadre d'une action politique plus large. Ainsi, à travers des campagnes politiques pour l'extension des droits sociaux, menées parfois à l'échelle nationale, l'échelle du quartier a été liée à la dimension métropolitaine et extra-locale de la citoyenneté.

Quels biens/services sont proposés pour satisfaire les besoins ?

En 1975, un groupe informel de jeunes de l'aile gauche du mouvement social milanais des années 1970 occupe un immeuble industriel abandonné. Dès le début, ils privilégient l'auto-organisation : absence d'une hiérarchie formelle, prise de décision collective, autofinancement, application des principes organisationnels de l'autogestion. Le centre est guidé par la devise « penser globalement, mais agir localement ». Il commence son activité en se focalisant sur un quartier situé dans une zone désavantagée du nord de Milan, mais après quelques années, l'action de Lencavallo se développe à l'échelle de la ville, à travers l'organisation d'événements culturels et politiques. Aujourd'hui, Leoncavallo évolue à l'échelle métropolitaine, nationale et internationale, après avoir construit des liens forts avec d'autres centres, associations et groupes formels et informels en Italie, mais aussi en Europe et dans le monde. L'organisation interne du centre s'est progressivement adaptée au contexte social et politique changeant : d'un groupe restreint basé sur une forte identité et idéologie, il évolue vers un réseau capable de proposer des services divers et de développer les compétences professionnelles de ses membres. Plusieurs associations à but non lucratif ont été créées, chacune avec leurs propres réseaux et sphères d'action (dans les champs social, culturel et politique), mais connectées l'une à l'autre dans le cadre des projets de Leoncavallo et à travers une organisation commune de l'espace. Ainsi, en dépit de l'hostilité initiale de la majorité des partis politiques et de la pression constante de la part de la police, le centre a réussi à obtenir un soutien public considérable. Malgré l'occupation illégale d'un bâtiment privé, Leoncavallo a survécu en offrant des services publics à la limite de la légalité et de l'illégalité.

Quelles ressources sont mobilisées pour l'économie sociale ?

Les principales ressources mobilisées par Leoncavallo sont : (1) Le capital social : les réseaux de relations personnelles mis en place pendant trente ans d'activité, à l'intérieur et à l'extérieur du centre, ont (aussi) connecté différents milieux sociaux (mouvements, institutions, associations) à la fois à Milan et à l'échelle nationale et internationale ; (2) Les compétences de ses membres (organisationnelles, créatives, opérationnelles) acquises dans le cadre du centre à travers un processus d'apprentissage collectif, mais aussi des compétences mises à disposition par des acteurs du « monde extérieur » (art, culture, intervention sociale) ; (3) Le consensus public gagné à travers les différents milieux sociaux : le soutien et la légitimation d'une section considérable de l'opinion publique (au-delà du partage d'une idéologie commune) qui focalise son attention sur l'utilité publique de Leoncavallo ; (4) La vision idéologique et la tradition historique, attirantes pour certains groupes sociaux (jeunes, anciens militants, etc.) qui s'identifient avec une image sociale particulière ; (5) La forte motivation des membres en raison des affinités entre leur histoire ou leurs idéaux personnels et l'expérience de Leoncavallo, les militants du centre formant une communauté dans laquelle chacun est totalement impliqué. (6) L'espace physique : l'espace est considéré comme un support de l'existence de Leoncavallo, il représente le cadre et le point de départ matériel/symbolique de l'action. À travers l'organisation des services sociaux et culturels dans l'immeuble occupé et à l'extérieur de celui-ci, Leoncavallo mobilise les ressources nécessaires à la promotion des droits sociaux au niveau sociopolitique ; (7) Les ressources financières : les initiatives sont indépendantes par rapport aux fonds publics et privés, et par rapport aux partis politiques ou aux réseaux d'associations. Le centre est financé par les contributions des membres et des utilisateurs de Leoncavallo et à travers la vente de ses produits et services (produits de restauration et de billets de concert à bas prix).

Quels processus d'inclusion sociale ?

En termes d'innovation sociale, le centre opère principalement dans deux domaines d'activité : le domaine culturel et récréatif, et les services sociaux. Le premier champ, plus large et plus « visible » pour le public consiste notamment dans l'organisation d'événements publics (concerts, expositions d'art, débats, etc.). Les services culturels proposent également le libre usage du centre pour diverses activités sociales. Les services sociaux, moins visibles, incluent un certain nombre d'activités pour les personnes en difficulté (notamment les immigrants), ainsi que la promotion des droits sociaux pour tous.

Les cinq processus dans lesquels le centre s'implique sont considérés comme socialement innovateurs : (1) La promotion d'une citoyenneté active (droits sociaux et politiques) à travers l'organisation des services culturels et sociaux et d'événements politiques ; (2) La promotion de la satisfaction des besoins de base à travers l'action politique (*empowerment* plutôt que la dépendance), avec l'objectif supplémentaire de créer des revenus, des emplois et des compétences professionnelles dans une logique d'entreprise sociale ; (3) L'interaction entre les relations « communautaires » (proximité, réciprocité) et les principes universels/humanistes (reconnaissance des autres, participation ouverte), à travers la pratique de l'autogestion comme manière de créer un espace public de proximité ; (4) La transformation des bâtiments industriels abandonnés en de nouveaux espaces sociaux pour le quartier et pour la zone métropolitaine entière (l'espace comme une ressource pour la construction de la communauté) ; (5) L'institutionnalisation « flexible » des services et de l'organisation (institutionnalisation des pratiques, mais pas des structures).

Ces processus ont été partiellement reconnus publiquement par un certain nombre d'institutions (par exemple, la municipalité de Milan) et par quelques leaders de l'opinion publique. Cependant, la composante innovatrice de l'approche de Leoncavallo reste largement inconnue, en raison de la focalisation de l'opinion publique sur les aspects plus « traditionnels » de ses actions (manifestations, grèves, etc.). Néanmoins, les dernières années, quelques acteurs associatifs (même de l'extérieur de Milan) sont en train de reconsidérer Leoncavallo comme un possible modèle pour les différentes approches de services socioculturels (loin de la bureaucratie et focalisés sur la dimension informelle et sur les processus de construction communautaire).

Quelle durée de vie de l'innovation sociale ?

Pendant plus de vingt ans d'activité, Leoncavallo a renouvelé à plusieurs reprises son mode d'organisation et sa manière de travailler. Cela a été rendu possible grâce au : (1) Développement de capacités réflexives : le centre a connu des processus récursifs (processus en boucle) et de dialogue (processus de *feed-back*) afin de (re)définir ses objectifs et son identité ; (2) Apprentissage organisationnel continu : Leoncavallo a appris des échecs du passé afin de repenser son processus organisationnel en accord avec les changements sociétaux ; (3) Organisation en réseau et autogestion : le centre a développé une organisation flexible, ouverte et horizontale, avec un noyau idéologique et communautaire ; (4) Conflit de management à l'intérieur du groupe de militants et entre les associations internes (en raison de la présence de *leaderships* individuels et du départ des militants qui désapprouvaient les décisions de la majorité) ; (5) Contact continu avec des mouvements sociaux et culturels au niveau local, national et international.

Quel contenu socialement innovateur de l'initiative ?

La satisfaction des besoins humains, les changements dans les relations sociales et l'*empowerment* représentent trois moments d'un cycle innovateur plus long. La principale caractéristique de l'innovation sociale dans le cas de Leoncavallo consiste dans un processus de « réunification » entre les dimensions sociale, économique, politique et symbolique/culturelle. Les activités et les services du centre social fonctionnent à travers l'hybridation et la réflexivité, et sont des forces innovantes grâce au discours collectif sur le bien public. Ce discours dépasse les murs du centre social et est fortement enraciné dans les pratiques communautaires et dans la proximité créée en vivant dans un espace physique commun. Ce cadre symbolique est aussi et surtout une ressource pour l'*empowerment*, l'inclusion et la promotion de la justice sociale. En ce sens, il s'agit à la fois d'une consolidation continue des pratiques et des cultures dans le but de créer des institutions publiques, et des espaces métropolitains mais aussi nationaux/internationaux pour débattre et agir autour des thèmes d'intérêt commun. L'institutionnalisation « flexible » des services représente donc une action publique dans le but de créer une dialectique entre l'informalité des mouvements et la « structuration » des institutions à partir d'un espace physique en « définition continue ».

3.2 Statut légal des organisations

Cette section met en perspective les divers statuts juridiques adoptés par les structures étudiées : *independent development trust*, *not for profit development society*, *registered charity* et *company limited by guarantee* au Royaume-Uni, ONLUS (organisation à but non lucratif d'utilité sociale), réseau d'associations, fondation et coopérative sociale en Italie, association à but non lucratif en Belgique, association « loi 1901 » en France. Cette hétérogénéité des formes légales d'organisation s'explique aussi par la nature et la diversité des besoins qui ont déterminé la création de ces structures : nouveaux services dans le domaine de l'aide sociale et de la solidarité (AQS, Alentour), dans le domaine du logement (AQS, BOM), services sociaux et culturels (Leoncavallo), nouveaux espaces pour l'organisation des activités associatives, des services sociaux ou des événements artistiques et culturels (Arts Factory, Leoncavallo, Olinda, Alentour), amélioration de la qualité de l'environnement et du cadre de vie (Arts Factory, Alentour), *empowerment* des personnes défavorisées socialement, physiquement ou mentalement ou éloignées du travail (Arts Factory, Olinda, Alentour, BOM), implication des habitants dans la vie publique (Leoncavallo, BOM), information et formation (BOM, Alentour), amélioration du processus de gouvernance (BOM, Alentour).

La réponse aux divers besoins passe par la mise en place des activités qui mettent en avant l'utilité sociale collective ou publique. Contraintes de combiner des ressources créatives et productives diverses (ressources financières, bénévolat, emploi salarié, influence des leaders, soutien des réseaux politiques, capital social des acteurs et des habitants, culture et identité locales, ressources culturelles et artistiques, énergies renouvelables, objets et matériaux recyclables, etc.), ces initiatives sont parfois très innovantes par rapport aux activités proposées par le marché ou par le secteur public. L'action de la coopérative sociale Olinda compte parmi les exemples les plus parlants à travers la formation professionnelle dispensée aux patients d'un hôpital psychiatrique, l'implication de ceux-ci dans des activités mises en place dans l'enceinte de l'hôpital, l'organisation d'événements artistiques ouverts aux habitants des quartiers voisins, etc.

Cinq des organisations étudiées adoptent le statut traditionnel d'association sans but lucratif (impliquant la non-redistribution des bénéfices et leur réinvestissement dans le fonctionnement de l'association), mais elles s'inscrivent dans des formes juridiques spécifiques à chaque pays concerné. L'initiative italienne Olinda est la seule dotée d'un statut particulier, celui de coopérative sociale, forme juridique la plus fréquemment adoptée par les entreprises sociales en Italie (Noya et Lecamp, 1999). Mais, par rapport aux coopératives de travail classiques qui confèrent la propriété de l'outil de production à leurs travailleurs, les coopératives sociales ou de solidarité sociale ont une composante sociale plus importante (Clément et Gardin, 1999, p. 19). En partant du constat que le statut coopératif classique n'était plus adéquat avec les spécificités de ce type d'entreprise, la loi italienne n° 381/1991 reconnaîtra une finalité de solidarité spécifique à ces entreprises, en désignant comme bénéficiaires des activités les habitants, plus particulièrement les personnes en difficulté. Ainsi, cette loi marque « un retour aux fondements du mouvement coopératif qui s'en était éloigné pour poursuivre des objectifs principalement économiques et financiers » (Clément et Gardin, 1999, p. 19). Le bénévolat est également inscrit dans le statut de la coopérative sociale, mais le nombre de bénévoles ne peut pas dépasser la moitié du nombre total des associés, les autres étant des membres salariés.

L'émergence de nouveaux besoins sociaux a déterminé une explosion d'associations et de fondations « qui s'orientent de plus en plus vers une logique entrepreneuriale en créant et gérant des services et ne se cantonnent plus comme dans le passé à des activités de conseil et de promotion » (Noya et Lecamp, 1999, p. 26). Du fait de cette orientation plus productive, la révision générale du cadre légal de leur exercice s'est faite en Italie avec le décret du 4 décembre 1997 concernant la fiscalité des organismes à but non lucratif d'utilité sociale en Italie. Ce décret fournit également une définition légale des « organismes non lucratifs d'utilité sociale » (ONLUS), la forme organisationnelle choisie par l'initiative Associazione Quartieri Spagnoli. Selon ce décret, les organismes qualifiés d'ONLUS bénéficient d'un régime plus favorable : indépendamment du statut juridique, ce régime vaut aussi bien pour les fondations que pour les associations, voire pour les fondations dépourvues de la personnalité morale. La qualification d'ONLUS est liée à l'absence de but lucratif : il faut que l'activité présente un caractère d'utilité sociale et qu'elle bénéficie à des personnes désavantagées (handicap, situation familiale ou économique difficile).

En Belgique, la recherche d'une meilleure adéquation entre statut juridique et finalités d'entreprise conduit à l'adoption le 13 avril 1995 d'une loi qui définit le statut des sociétés à finalités sociales (SFS). Cette loi vise à combler les lacunes dans le statut des associations sans but lucratif (ASBL) en précisant l'absence du but lucratif (la finalité sociale), mais elle ne permet pas d'exercer des activités commerciales à titre principal. Les SFS bénéficient d'un statut complémentaire, accessible à toutes les sociétés commerciales, qui comporte plusieurs conditions regroupées en trois pôles : le but lucratif inexistant ou limité, la finalité sociale, l'accès des travailleurs au capital (Delespesse, 1999 ; Clément et Gardin, 1999, p. 21).

Si en Belgique et en Italie l'émergence des entreprises sociales a entraîné des modifications législatives pour mieux répondre à leur spécificité, « il n'existe pas de définition de l'entreprise sociale dans le système juridique français » (Clément et Gardin, 1999, p. 5). En France, on peut distinguer théoriquement deux catégories d'entreprise sociale : les entreprises qui gèrent des processus d'insertion (entreprises d'insertion, associations intermédiaires, régies de quartier) et les entreprises dites à finalité sociale « qui fournissent des services collectifs dans le but de permettre à un plus grand nombre de personnes d'y accéder » (Noya et Lecamp, 1999, p. 28). Les régies de quartier ont émergé dans les années 1980 au niveau des offices HLM (habitation à loyer modéré) dans le but de s'impliquer dans la gestion urbaine en employant des chômeurs de longue durée et en facilitant leur remise au travail. Les entreprises d'insertion (statut d'Alentour), réglementées par la loi du 31 mars 1989, ont comme objectif d'embaucher pour une durée maximale de deux ans des personnes rencontrant des difficultés particulières d'insertion (notamment des jeunes de moins de 26 ans et des chômeurs de longue durée). Spécialisées essentiellement dans le Bâtiment et travaux publics (BTP) et les espaces verts, elles sont concurrentes du marché privé, mais reçoivent des subventions de la Direction départementale du travail et de l'emploi (DDTE) pour pallier à leur « faible productivité ». Les associations intermédiaires (le statut d'Alentour au début de son activité), instituées en janvier 1987, ont pour objectif de lutter contre le chômage en mettant à disposition des particuliers de petits services effectués par des personnes éloignées du travail.

En ce qui concerne les entreprises à finalité sociale qui fournissent des services collectifs à la communauté, elles n'ont pas de statuts spécifiques en France. Par conséquent, elles sont obligées de recourir à des statuts associatif, coopératif ou mutuel. En effet, le statut d'entreprise associative, qui combine la dimension économique ou marchande avec la dimension sociale et politique, a du mal à se faire reconnaître dans le contexte français.

L'idée que le secteur associatif peut investir le secteur marchand apparaît dans le contexte du débat sur la réforme fiscale associative initié en France par le gouvernement de Lionel Jospin (1997-2002). L'intérêt était que l'objet désintéressé des associations 1901 puisse devenir de plus en plus marchand : même si la richesse produite par le travail associatif ne peut pas être toujours comptabilisée dans le PIB, elle amène d'autres valeurs, dans le registre social. L'espoir était alors de pouvoir pérenniser ce type d'entreprises associatives. Le problème consistait dans l'absence d'un statut juridique reconnu susceptible d'encadrer ce type d'activité. Ce n'est pas uniquement l'absence d'un statut juridique adéquat qui est déplorée par le fondateur de l'association Alentour (voir le chapitre 4), mais aussi la reconnaissance insuffisante de l'utilité sociale des activités de type entreprise associative. La principale difficulté consiste à montrer la différence entre les sociétés de services classiques et l'association de services. Cependant, le rapport établi par A. Lipietz (2000b) à la suite de la mission confiée par M. Aubry (à l'époque ministre de l'Emploi et de la Solidarité) sur l'opportunité d'un nouveau type de société à vocation sociale, ainsi que le document « Consultations régionales de l'économie sociale et solidaire » (2000), témoignent de l'intérêt des pouvoirs publics français pour les initiatives susceptibles de se reconnaître dans le concept d'entreprise sociale.

Contrairement à d'autres pays européens, « les entreprises sociales anglaises ne bénéficient pas d'une législation spécifique ni d'avantages fiscaux particuliers, ce qui les amène à adopter différentes formes juridiques » (Noya et Lecamp, 1999, p. 38) : le statut coopératif ou associatif (*voluntary organisations*), le statut d'entreprise communautaire (*community business*) ou le statut d'entreprise intermédiaire (*intermediate labour market*). Parmi les entreprises sociales qui adoptent le statut coopératif, il y a les coopératives sociales et les coopératives de services communautaires. On peut distinguer deux types de coopératives sociales : coopératives qui proposent des emplois aux groupes défavorisés (recevant des compensations salariales de l'État) et coopératives qui développent des services sociaux qui embauchent des personnes défavorisées.

Les coopératives de services communautaires (*community service cooperatives*) ont pour objectif de fournir des services aux communautés locales. Elles sont de deux types : entreprises communautaires (*community business*) et associations (*voluntary organisations*). Les entreprises communautaires sont des organisations coopératives apparues en Écosse dans les années 1960 dans le but « d'optimiser les moyens de transport et aider à la survie des commerces » (Noya et Lecamp, 1999, p. 39). Les associations, centrées sur l'insertion et la création d'emplois, sont de plusieurs types : *development trusts*, *settlements* ou *intermediate labour market organisations*.

Les *development trusts*, travaillant en partenariat avec le secteur public, le secteur privé et le secteur communautaire, sont définies comme « des entreprises ayant des finalités sociales, activement engagées dans la requalification d'une zone, et veillant à ce que la communauté locale soit la principale bénéficiaire des investissements réalisés » (Spear, 1998). Arts Factory, qui se définit comme un *independent development trust*, a été créé en 1995 dans la prolongation d'une *community business*, groupe constitué en 1990. Le statut adopté par Arts Factory, qui s'auto-inscrit dans le mouvement coopératif, est celui de société *not for profit* dans la propriété de ses membres, administrée par un conseil d'administration élu par ses adhérents.

3.3 Fonctionnement de l'économie sociale

Cette section utilise le modèle ALMOLIN pour mettre en perspective les six études de cas à travers la dialectique entre les dynamiques d'exclusion et d'inclusion sociale – la fabrique de l'innovation sociale en relation avec les ressources mobilisées – la dépendance du sentier et de la spécificité territoriale des initiatives étudiées.

3.3.1 Espace et temps

La plupart des cas couvrent une période allant de dix à vingt ans, ce qui permet de comprendre l'évolution des conditions politiques locales, régionales et nationales, ainsi que les changements intervenus au niveau du régime urbain (la dépendance du sentier).

L'échelle spatiale permet de distinguer les initiatives centrées sur le quartier et les initiatives basées dans un quartier, mais ayant des effets à des échelles supérieures. Tous les six cas déploient leurs activités à l'échelle du quartier. Parmi ceux-ci, deux (AQS et Alentour) sont centrées exclusivement sur l'amélioration des conditions de vie dans le quartier. Les autres initiatives (Leoncavallo, Olinda, Arts Factory et BOM) ont des effets beaucoup plus importants, à l'échelle intra-urbaine et régionale. On se réfère ici uniquement aux impacts des activités proprement dites et non pas à l'implication de certaines organisations dans des dynamiques de communication plus vastes : par exemple, la participation à des réseaux paneuropéens (comme le programme URBAN) et aux échanges d'expériences à l'échelle régionale, nationale ou internationale (BOM, Leoncavallo, AQS, Olinda).

Les changements dans la politique urbaine sont expliqués de manière détaillée notamment dans les cas d'Anvers ou de Milan, qui mettent en évidence une évolution récente vers un État local entrepreneurial, comprenant la focalisation sur le développement immobilier dans le cadre des stratégies de régénération urbaine, la privatisation et/ou l'internalisation de l'approvisionnement des services, la reconquête de l'espace public par le marché privé ou par l'État local technocrate au détriment des initiatives de la société civile, etc. Ils mettent en évidence aussi le remplacement progressif de la participation locale démocratique par la communication politique.

Les structures publiques jouent désormais un rôle de « confessionnel » qui remplace un véritable engagement des conseillers locaux à l'égard de la communauté.

Au départ vecteurs de changement de la société civile, certaines organisations se transforment en simples fournisseurs de services locaux : c'est le cas de BOM, d'Alentour, d'AQS et de Leoncavallo. Les initiatives des années 1980 s'intègrent aux politiques sociales urbaines des années 1990 : l'AQS devient ainsi le principal fournisseur de services sociaux dans le territoire concerné (Quartieri Spagnoli, Naples). En ce qui concerne BOM, des forces sociopolitiques et économiques puissantes d'Anvers opèrent des changements significatifs au niveau des politiques urbaines, en mettant en danger la continuité du processus de changement social initié par cette agence de développement local.

Le centre social Leoncavallo réussit à s'adapter au contexte sociopolitique changeant et se transforme dans un réseau d'associations proposant des services d'utilité sociale. La qualité de leur travail a été partiellement reconnue par les institutions officielles. Dans le cas d'Olinda, le partenariat avec l'administration locale a eu initialement des effets positifs sur le système de services de santé mentale (notamment le changement des standards de soin des malades mentaux, etc.). Mais la municipalité de Milan change l'orientation de ses politiques sociales et quitte les partenariats public/privé mis en place, en limitant ainsi la coopération avec Olinda.

À moyen et long terme, les réseaux tissés avec d'autres initiatives au niveau national ou européen favorisent l'émergence de nouvelles opportunités. L'expérience du budget participatif, diffusée par le mouvement altermondialiste après plusieurs expériences positives dans des villes brésiliennes, montre comment un réseau global peut renforcer l'impact des pratiques locales. Dans le cas d'Arts Factory, même si son action est fortement axée sur le territoire local, ses membres ont développé de nombreux réseaux aux échelles institutionnelles et spatiales supérieures, ce qui a déterminé plusieurs journaux à la décrire comme une « bonne pratique » à reproduire dans d'autres territoires.

L'AQS établit des coopérations avec des organisations ou réseaux d'organisations du monde entier et ses initiatives représentent désormais des modèles non seulement pour d'autres quartiers de Naples, mais aussi pour d'autres villes européennes. En ce qui concerne BOM, cette association dispose de peu de relations à l'extérieur d'Anvers et la tentative d'exporter son modèle se solde par un échec : malgré cela, l'approche de BOM inspire en 1995 le programme Flemish SIF, ainsi que le programme européen URBAN 1 (voir SINGOCOM, 2005).

Les études de cas présentées montrent aussi que la combinaison d'échelles, notamment dans le but de créer des partenariats et de mobiliser des ressources, accroît les chances d'obtenir des résultats positifs. Cette analyse montre aussi que le consensus autour de l'idée que l'échelle du quartier (par sa proximité) est plus adéquate pour développer des activités d'économie sociale, a évolué de manière sensible les dernières années. Les activités dans le champ de l'économie sociale connaissent une dynamique articulée à plusieurs échelles, non seulement en ce qui concerne leur développement – pour certaines à une échelle régionale (voir internationale), mais également pour la recherche de sources de financement et d'autres actifs économiques, qui se multiplient et s'élargissent pour « sortir du quartier » (fonds européens, soutiens régionaux, etc.).

3.3.2 L'exclusion sociale et dynamiques d'inclusion

La majorité des organisations examinées se mettent en place en réaction aux dynamiques d'exclusion et tentent de satisfaire les besoins des habitants des quartiers défavorisés, à savoir réponses au déclin moral des communautés étiquetées « à problèmes » (Arts Factory, AQS, Alentour), réactions au déclin humain, social et physique du quartier (AQS, Alentour) ou volonté de revitaliser le quartier « par le bas » (BOM, Alentour). Les initiatives centrées sur les besoins de la population se divisent en deux catégories : celles qui souhaitent l'amélioration de la qualité des services locaux sociaux ou liés aux conditions de vie (AQS, Leoncavallo) et celles qui utilisent une approche intégrée de satisfaction des besoins dans plusieurs champs existentiels (BOM, Olinda, Alentour, Arts Factory, AQS).

Les visions et les mouvements sociaux inspirateurs sont très divers. Ils rejoignent quatre types de mouvements : les mouvements sociaux et les philosophies des années 1960 et 1970 mettant en avant la solidarité, la démocratie et l'émancipation personnelle (Leoncavallo, Olinda, BOM) ; l'auto-organisation en réponse au corporatisme politique et à la crise de la démocratie sociale (Arts Factory, Leoncavallo, Alentour) ; la lutte pour la reconnaissance du droit à l'auto-détermination des personnes à problèmes sociaux et mentaux (Olinda, Alentour) ; le modèle de développement territorial intégré (AQS, BOM).

L'examen des six cas met en évidence que les dynamiques d'inclusion sociale se constituent en réaction aux processus d'exclusion sociale touchant l'ensemble du quartier ou de la ville. Il s'agit principalement du déclin économique lié à la disparition progressive des activités industrielles, du déclin social (destruction des relations sociales, criminalité), du déclin physique (dégradation du bâti, des voiries), du manque de dialogue entre les acteurs locaux, de la fuite de la population solvable vers d'autres quartiers, du sentiment d'enfermement de ceux qui n'ont pas les moyens de partir, etc.

Tableau 7. Dynamiques d'exclusion sociale dans les études de cas

Dynamiques d'exclusion sociale	**Arts Factory**	**AQS**	**Leoncavallo**	**Olinda**	**BOM**	**Alentour**
Déclin économique : fermetures des usines, délocalisations, chômage élevé (jeunes, personnes à faible niveau de qualification, personnes formées à la mono-industrie).	X	X	X		X	X
Déclin social : dissolution familiale, destruction des liens sociaux (sentiment d'isolement et d'insécurité), jeunesse à risque (absentéisme scolaire, grossesses précoces), criminalité (alcool et drogues, prostitution, vols, agressions, etc.).	X	X	X	X	X	X
Déclin physique : vieillissement du parc de logements, dégradation du patrimoine historique et culturel, dégradation des équipements et des voiries, friches industrielles, problèmes environnementaux (pollution de l'air, bruit, saleté des rues), insuffisance des transports publics, etc.	X	X	X		X	X
Aliénation des fonctions traditionnelles du quartier : désindustrialisation et réorganisation des activités autour du tertiaire, disparition des commerces traditionnels et uniformisation des commerces actuels, manque d'animations culturelles et artistiques ou sportives.		X	X			X
Manque de dialogue entre les acteurs locaux : société civile, gouvernement local, services administratifs, secteur privé, habitants.					X	X
Précarisation de la population d'origine immigrée : exclusion et discrimination, problèmes liés aux sans-papiers et aux demandeurs d'asile.					X	X
Fuite de la population solvable vers d'autres quartiers ou communes et sentiment d'enfermement de ceux qui restent.	X	X			X	X
Manque d'espaces de rencontre pour les organisations de la société civile et d'opportunités pour les habitants de s'exprimer et de participer aux activités sociales et à la prise de décision.	X		X			

Source : auteur

Le cas d'Olinda représente une situation particulière : les dynamiques enclenchées visent à l'amélioration de la situation des patients d'un hôpital psychiatrique. Exclus des trajectoires existentielles « normales », les patients ressentent un fort besoin de relations sociales. Mais la présence d'un tel établissement dans la proximité du quartier entraîne la méfiance des habitants.

L'initiative d'Olinda se constitue en réaction aux insuffisances des méthodes thérapeutiques traditionnelles qui stigmatisent les malades mentaux en se focalisant sur leurs faiblesses.

Les activités économiques mises en place par Olinda cherchent à mobiliser les compétences professionnelles des pensionnaires de l'hôpital, afin de renforcer leur droit à l'autodétermination et leurs capacités à agir et à choisir. En même temps, l'ouverture de l'établissement vers le quartier proche et la ville crée des liens entre les patients et les habitants, notamment à travers l'organisation d'événements culturels.

Les objectifs des initiatives étudiées renvoient aussi à l'amélioration des liens sociaux et au renforcement des capacités sociopolitiques des personnes touchées par l'exclusion. Par exemple, le restaurant solidaire mis en place par Alentour à Roubaix propose des repas, des services (douche, laverie, coiffure) et des activités socialisantes (jeux de société, excursions, soirées dansantes) aux personnes défavorisées. La satisfaction de ces besoins représente un moyen pour atteindre en même temps l'objectif de reconstruction du capital social et d'*empowerment* des personnes exclues.

Tableau 8. Besoins adressés par l'économie sociale

Besoins adressés par les organisations d'économie sociale	**Arts Factory**	**AQS**	**Leoncavallo**	**Olinda**	**BOM**	**Alentour**
Matériels (se nourrir, se loger, se vêtir, se chauffer, se laver, etc.)						X
Services à la personne : enfance, jeunesse, femmes, etc.	X	X	X			X
Activités culturelles, artistiques, diverses animations			X	X		X
Formation/qualification, insertion dans le champ du travail	X	X		X	X	X
Capital social (liens sociaux, contacts sociaux, participation organisationnelle)	X	X	X	X	X	X
Empowerment (capacités d'agir, auto-développement, accès aux moyens)	X	X	X	X	X	X
Gouvernance locale (amélioration des relations institutionnelles)				X	X	X
Amélioration du cadre de vie, protection de l'environnement	X	X				X

Source : auteur

La plupart des cas étudiés mettent aussi en évidence un déplacement des approches globales de développement du quartier vers des demandes d'amélioration des services sociaux particuliers. Le déclin des approches intégrées de développement local est le résultat combiné de la réduction des ressources, des procédures de *reporting* de plus en plus complexes, des règles d'évaluation de plus en plus compliquées, du déplacement de la mise en place et la gestion de l'initiative à long terme vers un management financier des flux à court terme.

Tableau 9. Dynamiques d'inclusion sociale

Dynamiques d'inclusion sociale	**Arts Factory**	**AQS**	**Leoncavallo**	**Olinda**	**BOM**	**Alentour**
Opportunités de renouer des liens sociaux des exclus (reconstitution du capital social)	X	X	X	X	X	X
Mise en place d'activités visant la (re)intégration économique et sociale des exclus, l'auto-développement (« *empowerment* »)	X	X	X	X	X	X
Services locaux d'utilité sociale, d'événements culturels, d'initiatives environnementales	X	X	X	X	X	X
Revalorisation de l'espace (sites abandonnés, désaffectés, en cours de fermeture)	X		X	X	X	X
Promotion de projets économiques spécifiques pour contribuer au développement local	X	X			X	
Mise en réseaux des acteurs locaux, coordination du processus de gouvernance locale		X		X	X	
Construction de réseaux et de relations avec le monde extérieur (échelle régionale, nationale, internationale)	X	X	X	X		

Source : auteur

3.3.3 La fabrique de l'innovation sociale

Cette section se focalise sur la « fabrique de l'innovation sociale » défini à l'intersection entre les visions de l'innovation sociale, la culture et les identités locales et les dynamiques institutionnelles. La logique centrale du modèle ALMOLIN est constituée par la dialectique entre le processus d'exclusion et la « fabrique de l'innovation sociale » qui émerge comme réaction à l'aliénation des besoins humains, dans des conditions particulières d'exclusion.

Tableau 10. Sources d'inspiration des initiatives d'économie sociale

Sources d'inspiration	Arts Factory	AQS	Leoncavallo	Olinda	BOM	Alentour
Mouvements chrétiens des années 1950 et 1960 dévelop-pés autour de la solidarité philanthropique		X				
Mouvements des années 1960 et 1970 focalisés sur les capacités : reconnaissance du droit à l'autodétermination des personnes à problèmes sociaux et mentaux	X		X	X	X	
Mouvements de la gauche radicale des années 1970 visant l'obtention des droits sociaux			X			
Mouvements des années 1980 axées sur l'idée dévelop-pement durable	X					
Approche de développement territorial integré des années 1990 visant l'intégration des dimensions économiques et socioculturelles avec la dimension territoriale					X	X

Source : auteur

Le lien entre les visions et les philosophies du passé, la culture locale de l'action collective et l'approche mobilisée par l'initiative apparaît clairement dans les expériences couvertes par l'analyse. Les membres de ces organisations soulignent le rapport direct entre leur approche et les divers mouvements qui ont marqué le XXe siècle : les mouvements des années 1960-1970 cristallisés autour du droit à l'autodétermination des personnes à problèmes sociaux ou mentaux (Arts Factory, Leoncavallo, Olinda), la nouvelle approche du développement territorialement intégré émergée dans les années 1990 (BOM, Alentour), les mouvements chrétiens des années 1950 et 1960 développés autour de l'idée de la solidarité philanthropique (AQS) ou les mouvements de la gauche radicale émergés dans les années 1970 (Leoncavallo).

L'identité locale et la culture de l'action collective sont fortement ancrées dans les visions et philosophies historiques, représentant en même temps les sources d'inspiration des expériences contemporaines dans le champ de l'économie sociale.

Nous avons identifié une large palette de cultures locales, marquées par les mouvements et les organisations associatives (coopératifs, mutualistes, syndicalistes), par les rapports paternalistes hérités du passé industriel, par les luttes plus récentes contre le déclin urbain physique, social ou environnemental et pour la régénération des quartiers (BOM, Alentour), par les mouvements spontanés et alternatifs (Leoncavallo, Olinda), etc.

Tableau 11. Types d'innovation sociale

Type d'innovation sociale	Arts Factory	AQS	Leoncavallo	Olinda	BOM	Alentour
Intégration de la satisfaction des besoins dans des divers champs existentiels (travail, formation, éducation, culture, assistance sociale, services de santé)	X	X	X	X	X	X
Combinaison de l'objectif de satisfaction des besoins avec l'objectif de (re)construire les liens sociaux (entre les habitants du quartier, entre les patients de l'hôpital, etc.)	X	X	X	X	X	X
Révélation du potentiel d'auto-détermination et d'auto-développement, renforcement des capacités individuelles (*empowerment* à la place de la dépendance)	X	X	X	X	X	X
Amélioration des relations de gouvernance (rôle d'intermédiaire dans la constitution des réseaux, des partenariats, dans la création des « arènes » de dialogue)	X	X		X	X	
Promotion d'une approche intégrée et multidimensionnelle de développement du quartier, basée sur le partenariat et la participation des acteurs	X	X			X	
Implication dans des réseaux à l'échelle de la ville et aux échelles régionale, nationale, internationale.	X	X	X	X		
Transformation des services proposés à des groupes cibles (assistance sociale, culturelle, de santé mentale, formation, etc.) dans des services pour la ville	X	X	X	X		X
Introduction des idées nouvelles dans les débats politiques locaux ou nationaux, émérgence des nouveaux discours publics sur la qualité des services d'utilité sociale	X	X		X	X	
Utilisation de l'espace comme ressource pour la reconstruction des liens sociaux	X		X	X		
Promotion de l'art, de la culture, du sport pour améliorer la sociabilité et construire un intérêt commun		X	X	X		X
Diffusion comme bonne pratique ou « exportation » du modèle dans d'autres quartiers ou villes	X				X	

Source : auteur

Ces cultures de l'action collective qui font le lien entre les visions historiques, les expériences actuelles et les représentations du futur, posent leur empreinte sur les dynamiques organisationnelles et institutionnelles des initiatives. Dans la plupart des cas, les organisations de l'économie sociale arrivent à jouer un rôle d'intermédiaire dans la constitution des réseaux d'acteurs ou des coalitions en vue du développement du territoire.

L'analyse des six cas montre que le lien entre les processus d'exclusion et d'inclusion sociale n'est jamais automatique car les interactions entre les acteurs se caractérisent soit par une tendance au *statu quo*, soit par un fort antagonisme et, assez rarement, par la coopération et la coordination des actions. Certains cas, par exemple Olinda, BOM ou Leoncavallo, mettent en évidence des contradictions fortes entre les initiatives *bottom-up* et les forces politiques conservatrices. Parfois, certaines dynamiques institutionnelles entre les acteurs de la gouvernance locale sont à l'origine des synergies positives qui se concrétisent dans des agendas communs d'inclusion sociale (AQS). Mais les résultats sont ambigus ou limités, en raison du manque d'intérêt de la ville pour assurer le pilotage d'un tel dialogue, accompagné par une tendance à contrôler les initiatives de la société civile (voir le cas d'Alentour).

Dans le cas de Leoncavallo, la création de la Fondation Leoncavallo représente une tentative d'assurer une médiation entre le Centre Leoncavallo et les acteurs politiques et économiques locaux. Mais la ville a démontré des capacités réduites d'écoute des partenaires du quartier, ce qui n'a pas favorisé la mise en place d'un véritable espace de dialogue. Le cas de BOM est atypique : en dépit des nombreux conflits locaux et de la forte tendance de l'administration locale à contrôler la mise en œuvre et la gestion des projets de développement, l'association arrive finalement à s'imposer et à jouer un rôle crucial comme intermédiaire dans la constitution des réseaux d'acteurs et dans la démarche d'obtention de fonds.

En ce qui concerne Arts Factory, ses actions vont au-delà de l'agenda traditionnel de régénération communautaire (centré sur le plein emploi) car cette association veut « repenser » la communauté locale à travers un engagement actif en faveur de la justice sociale et de la protection environnementale. Dans le cas d'AQS, le changement s'opère au niveau de l'attitude et des mentalités des usagers (jeunes, personnes à problèmes sociaux et mentaux, etc.) qui apprennent à s'affirmer et à dépasser leur sentiment d'enfermement. En ce qui concerne l'expérience d'Olinda, ses initiatives déterminent l'émergence d'un nouveau discours public sur la qualité des services de santé mentale.

3.3.4 Ressources mobilisées

La mise en perspective des six cas permet de faire un inventaire des divers types de ressources mobilisées par les initiatives examinées : valeurs, ressources humaines, organisationnelles, politiques, financières, capital social relationnel et institutionnel, culture et identité, ressources artistiques et culturelles, ressources physiques et naturelles, ressources « perdues », etc. Les valeurs font référence aux principes de la réciprocité et de la solidarité avec les populations en besoin (services d'utilité sociale), à l'*empowerment* (satisfaction des besoins à travers l'action politique au lieu de la dépendance et de l'assistanat), à l'entrepreneuriat social (créer des emplois et des compétences professionnelles). Le capital humain se réfère au rôle des bénévoles et des salariés. D'une manière générale, les personnes impliquées dans les organisations d'économie sociale se caractérisent à la fois par une bonne insertion dans les groupes et les réseaux locaux et par une connaissance rapprochée des besoins locaux, ainsi que, très souvent, par un militantisme aigu se traduisant par la volonté de contribuer à la mise en œuvre d'un projet global de société. L'histoire de l'économie sociale témoigne du rôle central des leaders (fondateur, directeur, personnalité charismatique) en tant qu'acteurs spontanés des innovations sociales mises en place en réaction aux injustices sociales.

Les cas couverts par cette recherche confirment le rôle essentiel des leaders dans l'émergence et l'évolution des expériences : groupe de volontaires décidés de vivre et travailler en contact étroit avec les populations vulnérables (AQS), groupe informel de jeunes militants de gauche (Leoncavallo), psychiatre suisse qui adhère au mouvement Basaglia proposant des approches alternatives de traitement des malades mentaux (Olinda), groupe d'intellectuels locaux (BOM). La tendance récente vers la « professionnalisation » de l'économie sociale et l'utilisation de véritables stratégies managériales pour obtenir des financements implique une double compétence du leader : formation dans le domaine social et des études ou des expériences de gestion d'entreprise (Alentour).

En raison de la tendance actuelle au développement concentrique autour d'un « cœur de métier » (bâtiment, restauration, formation professionnelle, etc.), les salariés forment une catégorie qui s'affirme de plus en plus au sein des organisations d'économie sociale. Travailler dans le secteur de l'économie sociale exige également des compétences et des aptitudes communicationnelles, organisationnelles et dans le domaine de la gestion d'entreprise.

Tableau 12. Ressources productives et créatives mobilisées

Ressources mobilisées	**Arts Factory**	**AQS**	**Leoncavallo**	**Olinda**	**BOM**	**Alentour**
Valeurs						
Éthique (solidarité et réciprocité)	X	X	X	X	X	X
Empowerment (à la place de la dépendance)	X	X	X	X	X	X
Entrepreneuriat social (utilité sociale)	X	X	X	X	X	X
Ressources humaines						
Rôle crucial du leader	X	X	X	X	X	X
Rôle important des bénévoles	X	X	X	X	X	X
Rôle important des salariés		X			X	X
Ressources organisationnelles						
Participation et organisation démocratique	X	X	X	X	X	X
Mobilisation des acteurs non traditionnels			X	X	X	
Création organisationnelle connexe	X	X	X	X	X	X
Ressources politiques						
Soutien et/ou consensus ou synergies positives du gouvernement local ou les réseaux politiques	X			X	X	X
Ressources financières						
Subventions publiques : autorités locales, régionales, nationales	X	X		X	X	X
Cotisations des membres	X	X	X			
Paiements par les clients, sous-traitance	X		X	X	X	X
Fonds privés (firmes privées, fondations)	X	X		X		
Fonds européens	X	X		X	X	X
Autres solutions d'autofinancement	X				X	X
Capital social (institutionnel et individuel)						
Soutien, consensus ou synergies positives avec le gouvernement local ou les réseaux politiques (capital social politique)	X	X		X	X	X
Relations et réseaux multi-échelles d'acteurs (gouvernementaux, partenaires locaux traditionnels, acteurs non traditionnels de la société civile ou du secteur privé)	X	X	X	X	X	X
Relations sociales et réseaux de soutien entre les habitants (capital social individuel)	X	X				
Ressources culturelles et artistiques						
Coopération avec artistes			X	X	X	
Animations, concerts, expositions, compétitions	X	X	X	X		X
Ressources physiques et naturelles						
L'espace : bâtiments abandonnés ou en cours de fermeture, friches industrielles	X		X	X		X
Énergies renouvelables	X					

Source : auteur

Selon Archambault (2003), la plupart des créations d'emploi dans le secteur associatif, régulières depuis vingt ans, concernent le secteur sanitaire et social (établissements pour personnes âgées, handicapés ou personnes en difficulté), l'éducation et la formation dans le milieu sportif. Comme cela demande un encadrement beaucoup plus professionnel et diplômé qu'auparavant, les encadreurs, autrefois bénévoles (par exemple les entraîneurs sportifs) deviennent des professionnels.

Cependant, ce qui distingue les initiatives de l'économie sociale des autres types d'organisations, c'est la présence des bénévoles. Dans les six cas, les bénévoles (médecins, comptables, informaticiens, etc.) occupent une place majeure. Ils participent à trois niveaux : (1) Une meilleure connaissance du « terrain » grâce à leur insertion dans les réseaux locaux. En raison de leurs responsabilités professionnelles, ils permettent aussi une meilleure révélation des besoins et la consolidation des relations de confiance avec les administrateurs et les bénéficiaires (Consorzio Gino Mattarelli, 1997) ; (2) Le temps et la disponibilité des retraités ou des actifs sont des ressources qui permettent la réalisation d'économies par la réduction du volume des salaires, la production du capital social à travers les relations sociales, la construction des espaces de négociation avec les pouvoirs publics (Habermas, 1992 ; Éme, 1993) ; (3) L'implication en tant que bénévoles des personnes sans activité professionnelle, éloignées du marché du travail, mais qui ressentent un fort besoin de reconnaissance sociale dans un cadre organisé (par exemple les bénévoles des Restos du cœur) : « les gens trouvent en général plus de sens dans leur travail que dans une entreprise ordinaire » (Archambault, 2003).

Il convient de noter aussi quelques points négatifs des pratiques des associations, comme le travail au noir, les salariés peu syndiqués, les salaires moindres par rapport à ceux des entreprises lucratives, le risque d'enfermement et la difficulté d'intégrer le marché du travail classique après avoir travaillé dans l'associatif (Archambault, 2003).

Les ressources organisationnelles font référence au mode de fonctionnement et de régulation interne : participation et organisation démocratique, cohésion interne de l'équipe, implication des acteurs non traditionnels (du monde scientifique ou artistique, entreprises privées, etc.) ou création des organisations connexes. Le principe de la participation et de l'organisation démocratique garantit la transparence de la gestion et de l'information et la déconcentration de la prise de la décision qui repose sur des relais (administrateurs et délégués bénévoles). Plus ou moins forte, la cohésion interne peut être affectée par la coexistence de plusieurs discours qui mettent l'accent sur la fonction économique ou sur l'utilité sociale des activités, par des luttes de pouvoir, par les statuts différents des employés (l'un des facteurs qui a contribué à bouleverser l'activité d'Alentour et a conduit à sa réorganisation en 2003).

Les ressources politiques se réfèrent aux connexions avec les réseaux politiques ainsi qu'aux ressources matérielles ou informationnelles qui circulent à travers ces réseaux. Arts Factory, bénéficiaire des contrats fournis par la ville, essaie néanmoins d'éviter la dépendance par rapport aux autorités publiques. En cherchant des solutions d'autofinancement (la mise en place d'une éolienne et d'un *eco-business park*), cette structure se confronte à la suspicion des politiciens locaux qui redoutent que l'initiative puisse promouvoir ses leaders sur la scène politique locale. Dans les autres cas, le soutien accordé par les autorités locales se dilue avec le temps. Dans le cas d'Olinda, le conseil local commence à un moment donné à critiquer l'initiative comme étant trop gauchiste. Après une période d'indifférence, la municipalité se retire des partenariats public-privé en invoquant le changement d'orientation de ses politiques sociales. Dans la situation de BOM (Anvers), la ville prend progressivement le contrôle des opérations. Afin de garder son autonomie, et réticente à l'institutionnalisation, BOM décide de déplacer ses activités vers d'autres zones.

Les ressources financières proviennent de sources très diverses : subventions publiques (locales, régionales, nationales), contributions des membres, paiements par les clients, fonds privés (sociétés privées, fondations), fonds européens ou dons. Cependant, les dons « constituent rarement l'essentiel des ressources des organisations concernées, sauf si l'on y inclut la valeur monétaire du don de temps, le bénévolat » (Archambault et Kaminski, 2003, p. 15). Toutes les initiatives comparées bénéficient de subventions et de fonds publics, Leoncavallo constitue une exception. Ce centre social est complètement indépendant par rapport aux fonds publics et privés, étant financé par les contributions des membres et des usagers et par la vente de ses produits et services. D'autres sources importantes de financement sont constituées par les divers paiements (clients, sous-traitance de services) et des fonds européens.

La coopération avec le milieu artistique et l'organisation d'événements locaux (concerts, expositions, compétitions sportives, etc.) font émerger des ressources culturelles et artistiques de plus en plus mobilisées dans le champ de l'économie sociale, comme expression de l'identité locale et de l'héritage culturel, mais aussi comme moyens de communication et comme « véhicules » d'expression populaire, de résistance ou de mobilisation sociopolitique. Les caractéristiques physiques ou naturelles du territoire (friches industrielles, sites abandonnés, énergies renouvelables, espaces ruraux, écotourisme, agriculture biologique, etc.) sont aussi valorisées par les expériences d'économie sociale.

Le cas de Leoncavallo est le plus représentatif : l'espace est utilisé comme ressource pour la construction communautaire (transformation des immeubles industriels désaffectés en espaces sociaux pour le quartier et la métropole).

3.3.5 Contraintes au développement de l'initiative

Dans la plupart des cas, de nombreuses contraintes expliquent des résultats parfois moins satisfaisants. Les contraintes les plus courantes font référence aux relations avec les autorités locales : absence ou perte d'intérêt du gouvernement local en ce qui concerne l'implication de la société civile dans la définition des objectifs locaux, insuffisance ou manque de dialogue durable entre la ville et les acteurs du quartier, rigidité des politiques publiques, lourdeur de la bureaucratie ou domination d'une culture du *top-down*.

Arrivent en deuxième lieu la fragilité financière des structures (qui combinent plusieurs sources de financement et qui sont affectées par les fluctuations des financements publics), les tentatives de la ville de contrôler voire de récupérer certains projets, les pratiques clientélistes, les alliances opportunistes ou les jeux de pouvoir, ainsi que la méfiance ou les pressions de la part des bénéficiaires ou des habitants des quartiers. L'échec de certaines initiatives est rarement une conséquence du manque de compétences, mais, dans la plupart des cas, le résultat de coupures dans les dépenses publiques comme conséquence des pratiques favorisant les initiatives de marché et la privatisation. Cela se traduit par une compétition accrue pour l'obtention des ressources limitées et par des relations de dépendance par rapport aux organismes d'État.

Les difficultés croissantes des organisations d'économie sociale et le contrôle de plus en plus pesant des autorités locales conduit parfois à une intégration des initiatives dans les structures publiques locales (Alentour, BOM). Parfois, les expériences sont diffusées à des échelles supérieures en tant que bonnes pratiques ou inspirent d'autres initiatives dans d'autres quartiers ou villes : « Elles ont aussi un rôle politique à jouer au niveau national. Sur certains dossiers, elles sont consultées par le gouvernement » (Archambault, 2003).

Tableau 13. Contraintes au développement de l'initiative

Contraintes	**Arts Factory**	**AQS**	**Leoncavallo**	**Olinda**	**BOM**	**Alentour**
Contraintes budgétaires, difficultés de gestion	X					X
Critères stricts pour l'obtention et l'utilisation des fonds européens	X					
Financement à court terme, financements centrés sur des projets				X		X
Compétition avec d'autres initiatives pour l'obtention des fonds	X	X				
Système rigide de politiques publiques, lourdeur de la bureaucratie, mesures *top-down*	X	X		X	X	X
Fragilité financière de l'initiative		X	X	X		X
Pressions des forces du marché, vision néo-libérale des politiques urbaines	X	X			X	
Manque ou perte de l'intérêt des autorités locales par rapport à l'implication de la société civile dans la définition des objectifs locaux	X	X	X	X	X	X
Rapports de patronage et pratiques clientélistes au niveau de la municipalité, alliances opportunistes, jeux de pouvoir, pressions, etc.	X	X		X		
Insuffisance ou manque de dialogue durable entre la ville et les acteurs du quartier	X		X		X	X
Tentatives de contrôle ou de récupération des initiatives par les autorités locales	X				X	X
Pression du marché immobilier				X		
Fragilité de l'organisation flexible/créative			X			X
Suspicion, méfiance, pressions internes ou externes				X	X	X

Source : auteur

CHAPITRE 4

Dynamiques d'exclusion, d'inclusion et d'innovation sociale dans le quartier de l'Épeule à Roubaix

Étude de cas : l'association Alentour

Introduction

Dans le quatrième chapitre, nous élargissons l'analyse empirique de l'économie sociale en nous focalisant sur le cas d'Alentour (France). À partir du modèle ALMOLIN, nous examinons d'une manière plus détaillée la dialectique entre les dynamiques d'exclusion sociale et celles d'inclusion, ainsi que les autres articulations entre les dimensions du modèle. Notre point de départ est la compréhension du contexte socio-économique et institutionnel général dans lequel les dynamiques d'exclusion qui touchent le quartier s'insèrent. L'analyse de l'histoire industrielle, des politiques et des stratégies publiques, des caractéristiques de la population, ainsi que de la culture de l'action collective, fournit les premières informations quant aux processus d'exclusion sociale. Nous mettons ensuite en évidence les principales dynamiques d'exclusion sociale à l'échelle du quartier et nous établissons une hiérarchie des besoins des habitants. Ces besoins, de plus en plus hétérogènes, représentent des défis pour les systèmes traditionnels d'allocation et de redistribution. En même temps, ces demandes nouvelles déterminent l'émergence des acteurs ou des réseaux d'acteurs développant des stratégies innovantes d'inclusion sociale.

Cette section examine aussi le capital social individuel (relations et réseaux sociaux des habitants) et collectif (rapports de gouvernance locale, relations et réseaux sociaux entre les groupes) sur lequel les acteurs basent leurs initiatives. Dans ces conditions, l'implication dans la lutte contre l'exclusion des organisations d'économie sociale et des partenaires publiques devient de plus en plus importante (Mingione et Oberti, 2003). Nous montrons finalement comment une association locale (Alentour) mobilise diverses ressources et mécanismes afin de mettre en place un projet destiné à contribuer à l'inclusion sociale et au renforcement du lien social à l'Épeule, quartier de Roubaix marqué par la pauvreté et la difficulté de vivre ensemble (De Angeli, 2001, p. 23).

4.1 La méthodologie de la recherche de terrain

La recherche de terrain, déroulée en 2003 et 2004, s'est appuyée sur les définitions développées dans la première partie de ce livre et sur le modèle ALMOLIN développé par le réseau SINGOCOM. L'enquête a commencé en mai 2003 par l'élaboration d'une grille d'entretien et par le choix des témoins privilégiés à interviewer lors des premières visites dans le quartier. Les mois de septembre, octobre et novembre ont été consacrés à la réalisation et à la retranscription des entretiens. Le questionnaire a été testé pendant les mois de septembre et octobre et les visites de terrain ont eu lieu de novembre 2003 jusqu'en janvier 2004. De janvier à mars 2004, nous nous sommes occupés du traitement et de l'analyse informatique des réponses au questionnaire. Le rapport final a été d'abord remis aux acteurs interviewés dans le cadre d'une réunion organisée à l'IFRÉSI-CNRS (octobre 2004), et ensuite à la région Nord-Pas de Calais, à l'occasion d'une journée de restitution des résultats des projets réalisés dans le cadre du contrat plan État-Région-CPER, 2003-2004 (septembre 2005).

Nous avons employé quatre méthodes pour la collecte des données : l'analyse documentaire, l'observation directe, l'enquête par questionnaire auprès les habitants du quartier de l'Épeule et les entretiens semi-directifs avec des témoins privilégiés de la ville et du quartier. Ces sources multiples de données ont été ensuite « triangulées » afin de recouper et d'enrichir les informations apportées par chacune d'entre elles (Yin, 1994 ; Leplat, 2002).

Nous avons commencé la recherche empirique par la consultation de nombreuses publications au sujet du passé industriel, des mutations sociales et des transformations urbaines actuelles de Roubaix (révolution industrielle, vagues migratoires successives, désindustrialisation). Les documents produits par les structures locales, les statistiques INSEE, ainsi que les comptes-rendus des conférences organisées à Roubaix ont renforcé notre connaissance du terrain et nous ont permis de connaître les tendances sociodémographiques et économiques du quartier étudié et de la ville de Roubaix.

Afin de recueillir des informations supplémentaires plus détaillées, nous avons réalisé des entretiens semi-directifs (voir le guide d'entretien dans l'Annexe 2) avec les témoins privilégiés suivants : J.-L. Andès (ancien président d'AME Services) ; M. Berrabah (directeur de l'association Astuces) ; H. Boujamah (directeur de l'association Alentour après 2000) ; G. Bourrat (chef de projet politique de la ville Roubaix

Ouest) ; V. Boutry (directeur d'Alentour jusqu'à 2000) ; M. Caron (maire du secteur Roubaix Ouest) ; D. Robin (secrétaire de la mairie du secteur Roubaix Ouest) ; P. Demunter (présidente de l'Épicerie solidaire du quartier de l'Épeule) ; J.-L. Simon (responsable du service Citoyenneté, démocratie participative à la mairie de Roubaix) ; E. Verbrackel (vice-président du comité de quartier de l'Épeule) ; G. Voix (responsable de l'Observatoire urbain de la mairie de Roubaix) ; J.-L. Simon (responsable du service Citoyenneté, démocratie participative à la mairie de Roubaix).

L'enquête par questionnaire a été menée dans le quartier de l'Épeule, ancien quartier industriel et commerçant avec une forte proportion de logements collectifs. L'Épeule est l'un des deux quartiers composant Roubaix Ouest (l'autre étant Fresnoy-Mackellerie), l'un des cinq secteurs de Roubaix. Sa population représente 9,7 % de celle de la ville, soit près d'un habitant sur dix. La population étudiée s'est limitée aux habitants vivant à l'intérieur des frontières administratives du quartier de l'Épeule, établies par l'Observatoire urbain de la mairie de Roubaix pour l'INSEE. Selon cette définition administrative, le quartier se découpe en quatre sous-secteurs : Épeule Nord, Épeule Centre, Épeule Sud et Trichon. Par rapport à la population mère (3200 ménages), l'objectif était d'enquêter un ménage sur vingt. Au final, 121 ménages ont répondu à l'enquête (1 habitant sur 30), soit près de 4 % des ménages résidant dans le quartier de l'Épeule.

Tableau. Taille de l'échantillon

Ménages	Effectifs	Ménages enquêtés par rapport au total quartier (%)	Ménages de l'Épeule par rapport au total ville (%)	Ménages enquêtés par rapport au total ville (%)
Ménages enquêtés (2003)	121	3,6		-
Ménages Épeule (1999)	3326	-	9,7	
Ménages Roubaix (1999)	34153	-		0,3

Source : auteur (données INSEE RGP 1999 et enquête par questionnaire)

L'échantillon a été construit de manière à respecter la diversité des populations du quartier. En premier lieu, les questionnaires ont été passés dans tous les sous-quartiers de l'Épeule (nord, centre, sud, Trichon), en respectant les proportions. Le principe a été de sonner à tous les dix logements, et lorsqu'il n'y avait personne, de s'adresser à la porte suivante et ainsi de suite. Certains secteurs ont été plus difficiles à enquêter : ainsi l'Épeule Nord, qui comprend 22 % des ménages du quartier, est surreprésenté avec 29 % de ménages enquêtés, alors que celui du sud (22 %) est sous représenté (13 % de ménages enquêtés).

Tableau 14. Représentativité par rapport aux sous-quartiers

Secteurs/ Ménages	Ménages Épeule (effectifs)	Ménages enquêtés (effectifs)	Ménages Épeule (%)	Ménages enquêtés (%)	Ménages enquêtés/ totaux sous-quartiers
Épeule Nord	728	35	21,9	28,9	5 %
Trichon	924	34	27,8	28,1	3 %
Épeule Centre	949	32	28,5	26,4	2 %
Épeule Sud	725	16	21,8	3,2	4 %
Triangle De Gaulle-Alouette	-	4	-	3,3	-
TOTAL	**3326**	**121**	**100**	**100**	-

Source : auteur (données INSEE RGP 1999 et enquête par questionnaire)

Ces différences de représentation entre secteurs s'expliquent en grande partie par l'accès difficile aux logements collectifs situés dans les secteurs Épeule Sud et Épeule Centre où l'interphone constitue un filtre qui fait barrage à toute intrusion étrangère. En revanche, dans le secteur Épeule Nord et Trichon, où les courées et les maisons de rue sont plus représentées, l'accueil a été très bon et les enquêteurs n'ont rencontré que très peu de refus.

Tableau 15. Représentativité de l'enquête par rapport à la population de l'Épeule selon le type d'habitat

Type d'habitat	Total ménages Épeule (%)	Ménages enquêtés (%)	Ménages enquêtés (effectifs)
Maison de maître	-	7,4	9
Maison de rue	-	46,3	56
Maison en courée ou en impasse	-	8,3	10
TOTAL (maison individuelle)	**48**	**62**	**75**
Logement en collectif ancien	-	21,5	26
Logement en collectif récent (HLM)	-	7,4	9
TOTAL (logement en collectif)	**48**	**28,9**	**35**
Autres (appartement dans une maison de maître, foyer)	4	9,1	11
TOTAL	**100**	**100**	**121**

Source : auteur (données INSEE RGP 1999 et enquête par questionnaire)

En second lieu, pour s'assurer que toutes les catégories de population sont représentées dans l'échantillon, nous avons supposé que l'appartenance sociale et le type d'habitat occupé soient étroitement liés. Ainsi, les questionnaires ont été passés dans tous les types du logement existant à l'Épeule : maisons de rue, de maître, en cour, collectifs anciens et collectifs récents. Le quartier de l'Épeule comporte un nombre égal de logements en maison et en logements collectifs (48 %) : pourtant, les habitants en immeubles collectifs, peu accessibles, sont moins nombreux dans notre échantillon (moins de 30 %).

Les anciennes maisons bourgeoises roubaisiennes ont été occupées par des familles nombreuses logées par le PACT (le mouvement Pact Arim pour l'Amélioration de l'Habitat, né il y a plus de cinquante ans pour la lutte contre les taudis et l'aide aux sans-logis et aux mal-logés). Suite au départ des patrons vers d'autres communes (Bondues, Croix, Hem, etc.), ce phénomène est en régression depuis le retour des couches moyennes dans ce type d'habitat, ce qui a pour effet de faire monter les prix et de réduire cette offre de logements pour les familles nombreuses. D'autre part, des artistes, étudiants ou intermittents du spectacle choisissent de vivre en courées ou dans des lofts aménagés dans des usines désaffectées par choix ou en raison des loyers peu élevés.

Ensuite, pour que l'échantillon respecte dans la mesure du possible les caractéristiques socioéconomiques et démographiques du quartier, nous avons effectué des ajustements au fur et à mesure, en recherchant activement les catégories qui n'étaient pas touchées suffisamment par la méthode du porte-à-porte. Les répartitions par sexe, âge, catégories socioprofessionnelles, communautés culturelles et entre locataires et propriétaires, ont été généralement respectées par rapport à celles du recensement INSEE 1999.

L'échantillon présente toutefois certaines surreprésentations et sous-représentations liées à l'accessibilité des personnes. Les surreprésentations concernent les femmes, les catégories d'âge 15-29 ans et 30-39 ans, mais aussi les personnes âgées de 60 ans et plus, les catégories employés, cadres et retraités, les diplômés (surtout de niveau supérieur), les personnes seules et les couples, les personnes habitant dans des maisons (de rue, de maître, courées), les propriétaires des logements, les personnes originaires des pays du Maghreb et de l'Europe méditerranéenne (Italie, Portugal).

La surreprésentation de la catégorie « employés » peut s'expliquer par la croissance des emplois manuels dans le tertiaire (par exemple les agents d'entretien de maintenance, les chauffeurs-livreurs, etc.). Une partie d'entre eux est classée dans la catégorie « employés », alors qu'ils auraient dû être classés dans la catégorie « ouvriers ». En constatant lors de l'enquête que les origines sociales des individus qui le composent sont très proches, nous avons choisi de regrouper les catégories « ouvriers » et « employés ».

Tableau 16. Composition de l'échantillon et représentativité

Variable	Catégories	Échant.	Échant. (%)	Épeule (%)	Roubaix (%)
Sexe	Hommes	50	41,7	49	48
	Femmes	70	58,3	51	52
Âge	0-14 ans	0	0	26,2	25,2
	15-29 ans	64	53,4	42,7	39,8
	30-39 ans	36	30	20,3	20,2
	60 et plus	20	16,7	10,8	14,8
Milieu socio-professionnel du ménage (y compris les inactifs)	Employé	49	41,2	12,3	12,7
	Ouvrier	42	35,3	35,4	32,0
	Cadres	11	9,2	3,0	4,3
	Professions intermédiaires	11	9,2	11,6	8,7
	Autres	4	3,4	16,4	14,7
	Commerçants, etc.	2	1,7	3,22	3,2
Niveau de diplôme	Aucun diplôme	39	33,3	40,1	34,7
	CEP/BEPC	13	11,1	20,6	22,6
	CAP/BEP	21	17,9	21,	22,5
	BAC/brevet professionnel	19	16,3	8,9	9,1
	Diplôme niveau BAC + 2	7	6	5,3	5,7
	Diplôme niveau supérieur	18	15,4	4,1	5,4
Composition ménage	Homme seul	10	8,3	4,0	5
	Femme seule	11	9,1	4,7	6,3
	Couple	21	17,4	9,9	12,5
	Femme seule avec enfants	11	9,1	10,8	10,1
	Homme seul avec enfants	2	1,7	6,3	6,7
	Couple avec enfants	63	52	60,4	56,1
	Cohabitation non familiale	3	2,5	3,6	3,4
Statut d'occupation du logement	Locataire	54	48,7	61,3	60,0
	Propriétaire	53	43,8	36,4	37,9
	Logés gratuitement	9	7,4	2,3	2,1
Origine culturelle du ménage	Franço-française	71	59,2	*[1]	79
	Maghrébine	26	21,7		10,74
	Europe méditéranéenne	12	10		4,8
	Autres pays européens	5	4,2		3,3
	Afrique noire	4	3,3		0,9
	Asie	2	1,7		1,2

Source : auteur (données INSEE RGP 1999 et enquête par questionnaire)

Il faut préciser que nous parlons de milieu socioprofessionnel du ménage et non pas de catégories socioprofessionnelles. En effet, le taux d'inactifs étant très important, nous demandions à tous les répondants de nous préciser leur milieu socioprofessionnel d'origine. D'autres surreprésentations (volontaires) concernent des catégories peu nombreuses

1 Les données ne sont pas disponibles au niveau du quartier.

dans le quartier, mais intéressantes du point de vue de notre analyse : les cadres et d'autres professions intellectuelles supérieures, les diplômés (surtout de niveau supérieur), les personnes seules, les personnes originaires des pays de l'Europe méditerranéenne (primo-arrivants de première génération).

Nous avons observé des sous-représentations notamment pour les catégories relativement difficiles à toucher : les moins diplômés (sans aucun diplôme, CEP/BEPC, CAP/BEP), les personnes très pauvres ou les habitants des HLM. Ces sous-représentations s'expliquent par l'absence des personnes lors du passage de l'enquêteur (moins souvent à la maison ou peut-être à la recherche d'un emploi), par l'inaccessibilité due à l'absence de contact visuel direct (l'interphone), ou encore par une certaine pudeur à montrer l'insalubrité ou l'exiguïté du logement.

Le quartier de l'Épeule comporte un taux assez élevé de locataires 61 % (60 % à Roubaix) dont une grande partie en collectif. L'enquête n'a pas pu respecter ce taux, compte tenu de l'accès difficile à ce type de logement : seulement 48,7 % de locataires sont représentés dans la population enquêtée. Néanmoins, nous avons pu facilement interviewer des populations insécurisées (personnes handicapées ou âgées, aux revenus ou logements précaires) et habituellement plus méfiantes. On peut expliquer cela par le sentiment d'une relative sécurité assurée par la convivialité, l'entre-aide ou la « coveillance » entre les habitants du quartier.

Un premier projet de questionnaire a été conçu en septembre 2003 sur la base des informations obtenues à la suite de la recherche documentaire et des entretiens avec les acteurs. La pré-enquête effectuée en octobre 2003 auprès de six personnes nous a permis d'améliorer le formulaire et de réaliser un premier codage des réponses. Les entrevues tests se sont déroulées au domicile des répondants, mais aussi dans les locaux du restaurant social Univers ou de l'association Alentour. Les personnes interrogées étaient des hommes et des femmes, âgées entre 25 et 83 ans, propriétaires et locataires (maison de rue et en cour, appartement en HLM et en résidence collective), de formation collégiale et universitaire. En novembre 2003, après la passation d'une quarantaine des questionnaires, le formulaire a été paramétré à l'aide du logiciel Modalisa et adapté pour faciliter la saisie ultérieure des données et leur traitement. Un plan de codage permettant l'explicitation de la modalité « autres » de chaque question concernée a été également rédigé.

La version définitive du questionnaire comporte 126 questions ouvertes, fermées qualitatives simples, fermées qualitatives multiples et numériques (voir le questionnaire dans l'Annexe 1). Outre les premiers six entretiens dans le cadre de la pré-enquête, les répondants ont été contactés par la méthode du « porte-à-porte » (86 %) et les questionnaires leurs ont été adressés « face-à-face ».

4.2 Le contexte général de l'étude : la ville de Roubaix

4.2.1 Ville structurée socialement autour de l'industrie textile

Sans essayer de retracer l'histoire de Roubaix, il nous semble essentiel d'analyser les processus d'exclusion et les stratégies des acteurs publics et associatifs dans un contexte spatial, social, économique et politique précis. Roubaix, situé dans le Nord-Pas-de-Calais – région d'ancienne tradition industrielle (charbon, textile, sidérurgie) – est en 2007 une ville d'environ 97 000 habitants dans une métropole de plus d'un million d'habitants. Selon David[2] (2003), cette métropole présente un profil atypique à la différence d'autres métropoles françaises (par exemple Lyon ou Nantes) qui se sont développées selon une logique centre/périphérie. Ainsi, la métropole lilloise présente plusieurs originalités : une capitale, Lille, sous-dimensionnée par rapport aux normes européennes, un caractère polycentrique (trois villes-centres anciennes : Lille, Roubaix et Tourcoing, auxquelles s'ajoute un centre nouveau, Villeneuve d'Ascq) et une position transfrontalière (près de la frontière avec la Belgique).

Ce qui est communément appelé métropole lilloise couvre une entité urbaine avec des frontières variables : les 85 communes de Lille Métropole Communauté urbaine (LMCU), les 60 communes qui forment l'agglomération Lille-Roubaix-Tourcoing, les 100 communes qui constituent le bassin d'emploi de Lille et les 125 communes de l'arrondissement de Lille, représentant l'unité territoriale administrative. Dans la deuxième partie du XIXe siècle et la première partie du XXe siècle, la métropole lilloise constituait un centre industriel important, contribuant à l'essor de l'économie nationale par la puissance de ses industries textile et mécanique[3]. Pour sa part, Roubaix entame à la fin du XIXe siècle un rythme de croissance industrielle qui est sans égal dans la France de l'époque (David, 2003). L'ensemble de l'économie de cette « cité-usine » (Giblin-Delvallet, 1992) se structure autour de l'activité dominante, qui est le textile : « Les tissus en laine de Roubaix acquièrent une renommée mondiale que le patronat local ne cesse de mettre en scène » (Lefebvre, 2003, p. 5).

---

2 Michel David, directeur général Ville renouvelée et culture à la mairie de Roubaix.

3 « Lille Métropole dans tous ses états : 1999-2000 », Agence de développement et d'urbanisme de Lille Métropole, 2000.

L'industrialisation massive et brutale de Roubaix s'accompagne d'une croissance démographique importante : « (...) en 1900, il y a à Roubaix exactement 124 365 habitants, soit quand même une augmentation de plus de 62 % au cours du dernier quart du XIXe siècle » (Tellier, 2003, p. 9). Depuis 1968 (114 547 habitants), la population de Roubaix a baissé régulièrement, pour arriver en 2007 à 97 423 (INSEE, RGP 1999). L'essor démographique de Roubaix est largement lié au développement économique autour du textile et au recours systématique du patronat local à la main-d'œuvre moins coûteuse (Hamadi, 2004). Après l'exode rural vers Roubaix-bourg qui caractérise la période proto-industrielle, la ville commence à accueillir au XIXe siècle des flux successifs d'immigrants étrangers, attirés par le marché du travail en pleine expansion : « l'immigration est ainsi un phénomène structurel à Roubaix ; sans immigration, pas de Roubaix » (David, 2003, p. 16). La première vague est celle des frontaliers belges, qualifiés et déjà adaptés à l'usine, attirés par une rémunération plus intéressante qu'en Belgique et fuyant la crise agricole et le chômage (Hamadi, 2004). À la fin du XIXe, Roubaix est considéré comme « la quatrième ville belge du monde » (David, 2003, p. 16) : vers 1890, 60 % de la population de Roubaix était d'origine belge (Roubaix-info, janvier 2000).

> De nos jours, ils viennent en vélo, chaque matin. Ou bien, pour ceux qui habitent au loin, des convois d'autobus payés par les usines s'en vont à l'aube les prendre en Belgique, dans leurs villages, pour les y ramener le soir. Ils parlent, fument, chantent, tandis que les énormes machines suivent les étroits pavés à travers les Flandres et le Hainaut, s'arrêtant partout, desservant toute la zone frontalière, en un réseau serré, qui rayonne autour de Roubaix-Tourcoing jusque Tournai, Courtrai, Roulers et Ypres. (« Quand les sirènes se taisent », Maxence Van Der Meersch, 1933)

Aux Belges immigrés avant la Première Guerre mondiale s'ajoutent, à partir des années 1920, des populations en provenance de l'Europe de l'Est, en particulier, de Pologne (De Barros, 2003)[4]. Les Italiens, chassés par la grande pauvreté qui touche certaines de leurs régions, arrivent notamment entre 1939 et 1945. Après 1945, les Algériens deviennent de plus en plus nombreux à Roubaix : en 1954, ils sont presque aussi nombreux que les Polonais (De Barros, 2003)[5]. Dans les années 1950,

---

4 « En 1925, sur environ quarante mille ouvriers recensés dans le textile, treize mille sont belges et mille relèvent d'autres nationalités (Polonais, Hollandais, Italiens et Hongrois) » (De Barros, 2003, p. 78, citant AMR, D II d vol. 46 : *Registre des doubles de la correspondance avec le préfet*, lettre du 15 mars 1938, p. 702).

5 Sur 110 540 roubaisiens, la ville compte pour 7 940 étrangers 4 040 belges, 2 120 polonais et 2 020 algériens (RGP 1954, *Population, ménages, logements. Résultats du sondage au 1/20e*, Paris, INSEE, 1956, pp. 38-51, *op. cit.* dans De Barros, 2003, p. 81).

les ouvriers belges repartent massivement dans leur pays après la dévaluation du franc français et le début d'une politique de localisation industrielle en Belgique (URSPIC, 1999). « Les filles des mines » succéderont aux Belges pour occuper les emplois libérés dans les filatures et les Portugais précéderont les Algériens qui s'installent massivement dans les années 1970 (Roubaix-info, 2000). Le développement du travail de nuit est concomitant avec l'arrivée massive des ouvriers du Maghreb (Algérie, Maroc, Tunisie) : la population locale refuse les postes de nuit qui deviennent ainsi le quasi « monopole » de l'immigrant.

L'immigration liée au travail continuera jusqu'au début des années 1970, favorisée par les pratiques des patrons locaux et aussi par l'accessibilité des logements. Selon la géographe Giblin-Delvallet (1990, citée dans le rapport URSPIC 1999), les industriels locaux ont continué d'attirer la main-d'œuvre bon marché des immigrés, alors que, dans les années 1960, les chômeurs étaient déjà nombreux dans l'agglomération lilloise. Ce phénomène se ralentira avec la crise économique et les changements intervenus dans la politique française de l'immigration avec l'introduction de la politique du regroupement familial en 1974 (Hamadi, 2004). L'immigration maghrébine se poursuivra néanmoins tout au long des dernières décennies, accompagnée récemment d'une vague importante de ressortissants des pays de l'Afrique noire et de l'Asie.

Pour se loger, la population de Roubaix dispose d'un habitat « dominé par un parc privé populaire de mauvaise qualité, maisons sur rue étroites et courées où la densité est exceptionnelle et les conditions de vie déplorables » (David, 2003, p. 15). Formé de manière anarchique, sans aucune planification urbaine et dans une période de temps très courte, le réseau urbain roubaisien est très dense et complexe : « En 70 ans, la ville est passée de 1 600 maisons en 1826, à 24 800 maisons et 690 courées en 1899, sur un territoire d'une superficie de 13 km^2 » (Hamadi, 2004, p. 1). Dans les mêmes îlots se côtoient, autour et dans les interstices laissés par les usines, les belles maisons des patrons, l'habitat individuel « en front à rue » et les maisons en courées. Le marché du logement est organisé par les petits propriétaires et artisans, les commerçants ou par la petite bourgeoisie locale : « les maisons-rue sont occupées par les propriétaires des maisons-courées, tandis que les ouvriers habitent les maisons-courées ou "forts", situées au cœur des îlots » (Hamadi, 2004, p. 3).

Mais les courées constituent la principale « porte d'entrée » des immigrants dans le parc de logements de Roubaix (Hamadi, 2004). La courée est un type spécifique d'habitat, composé par un nombre de petites maisons, avec une, deux ou trois pièces, une par étage. Construites face aux murs des usines, les courées sont très souvent humides, sans cave ni vide sanitaire, se concentrant autour d'un espace collectif, la cour, qui communique avec la rue par un étroit couloir de passage. Une enquête présentée par le journal *Nord-Éclair* en 1969 précise aussi que :

> Les courées ont aussi accueilli, depuis environ 20 ans, une masse très importante de travailleurs étrangers. Une étude faite par le PACT[6] révélait (...) que 37 % des foyers utilisant ses services étaient d'origine nord-africaine, 17 % composés de mariages mixtes ou de familles étrangères d'autres nationalités. Le reste, soit 46 % seulement, est de nationalité française.

Cependant, habiter à proximité des usines représente aussi un grand avantage à une époque où les journées de travail étaient de quinze heures environ et où aucun moyen de transport individuel ou collectif n'existait (David, 2003). Jusqu'au milieu du XXe siècle, la moitié de la population roubaisienne vit dans les courées :

> Roubaix comptera ainsi 1 400 courées habitées par plus de cinquante mille personnes. Les industriels, eux, habitent, aux origines, à la porte même de leur usine. Ils tirent la cloche à 5 heures du matin pour appeler les ouvriers au travail. Le patron contrôle l'entrée et la mise en marche des ateliers. (*Roubaix-info*, janvier 2000, p. 17)

La dramatique crise du logement de la deuxième moitié du XXe siècle à laquelle se confrontait la population ouvrière de Roubaix détermine le patronat de l'industrie textile à s'impliquer activement dans la politique locale de l'habitat (David, 2003 ; Hamadi, 2004). Roubaix deviendra ainsi connu pour ses remarquables innovations sociales dans le domaine du logement : « C'est un industriel roubaisien, Louis Loucheur, ministre de Clémenceau, qui va inventer les HBM (habitations à bon marché, ancêtres des HLM[7]). Et c'est un lainier roubaisien, Albert Prouvost, qui, pendant la guerre, propose la création du Comité interprofessionnel du logement (CIL) » (*Roubaix-info*, janvier 2000), généralisé par la suite à toute la France pour impliquer le patronat dans le financement du logement social (De Barros, 2003). Le CIL[8] – destiné à planifier la construction des logements et à gérer le parc – a été créé par le patronat et les syndicats ouvriers en 1943 (Hamadi, 2004). Cet organisme construira notamment le Nouveau Roubaix au sud de la ville (Roubaix-info, janvier 2000). L'objectif de CIL était de loger prioritairement les salariés des entreprises cotisantes : ainsi, les logements neufs ou récents seront occupés par les populations qualifiées et solvables, tandis que les classes

---

6 Propagande action contre les taudis (PACT), organisme dépendant du Comité interprofessionnel du logement (CIL).

7 Habitations à loyers modérés.

8 Le CIL est un organisme chargé de collecter des financements auprès des entreprises pour construire des HLM. En échange de leur contribution, les entreprises bénéficient de l'attribution d'un certain nombre de logements pour loger leurs salariés.

populaires sont forcées à demeurer dans l'habitat vétuste ou d'occuper les habitations libérées dans le parc ancien dégradé (Cornuel et Duriez, 1983 ; Hamadi, 2004). Vers la fin des années 1980, le nombre des ménages à revenus modestes qui occupent le parc de logements social est devenu important (URSPIC, 1999), mais il n'est toujours pas ouvert aux immigrés.

À partir des années 1960, la région entière connaît le déclin de ses industries traditionnelles : charbon, sidérurgie, construction des machines, textile. La crise de l'industrie textile subie par l'agglomération Lille-Roubaix-Tourcoing est considérée comme l'une des plus graves en Europe occidentale. Entre 1975 et 1990, le nombre d'emplois dans l'industrie manufacturière décroît de 213 485 à 131 766 (URSPIC, 1999, p. 252). Même si elle est plus lente que celle qui touche les autres branches industrielles, la crise du textile était déjà entamée au milieu des années 1950. Mais une partie des industriels roubaisiens tarde à moderniser ses usines, continuant à recourir à la main-d'œuvre peu qualifiée et bon marché issue de l'immigration. D'autres capitaux se réorientent vers le développement d'un secteur de services : ainsi, de grands groupes émergent (par exemple Prouvost-Masurel), tandis qu'un secteur de PME perdure (David, 2003). Dans les années 1970, les difficultés s'accumulent à Roubaix. En voulant maintenir les rapports de force antérieurs et la pression sur les salaires (David, 2003, p. 18), le patronat local n'a pas vraiment investi dans la modernisation des usines, qui doivent faire face aussi à la forte concurrence de la part des pays à bas revenu (URSPIC, 1999). À partir du milieu des années 1975, les usines textiles de Roubaix ferment ou se délocalisent vers d'autres zones de production et la ville s'enfonce dans le marasme et le chômage.

La crise économique s'accompagne d'un processus de déstructuration du paysage urbain : dégradation des quartiers qui se replient de plus en plus sur eux-mêmes, multiplication des friches industrielles et obsolescence du parc de logements, progression de l'insalubrité dans les courées, disparition des commerces de proximité, départ de la couche moyenne vers d'autres communes de la métropole lilloise, etc. Ces conséquences de la désindustrialisation attirent l'attention à partir des années 1960 sur les enjeux de la requalification urbaine. La résorption de l'habitat insalubre de l'époque industrielle devient ainsi un objectif qui mobilise les acteurs et détermine maintes initiatives : démolitions des courées devenues malsaines, construction et rénovation d'immeubles et d'équipements commerciaux, culturels, de loisir et des bureaux.

Les couches moyennes qui fuient Roubaix s'installent surtout à Villeneuve-d'Ascq, ville nouvelle créée par l'État dans les années 1970, devenue le premier pôle de développement au sein de la métropole : cela résulte de la comparaison des investissements de l'État au cours des années 1978, 1979, 1980 à Roubaix (41 997 000 FF), Tourcoing (16 949 000 FF) et Villeneuve d'Ascq (104 250 000 FF) (David, 2003, p. 21). Les élus roubaisiens, toujours confiants dans la puissance textile, tardent à s'affirmer dans la prise de décision communautaire : cela contribuera au renforcement de la polarisation entre les autres territoires et Roubaix, qui concentre la pauvreté et l'exclusion. Les investissements publics se dirigent notamment vers Lille et Villeneuve d'Ascq par exemple la construction du campus universitaire de Lille 1 à Villeneuve d'Ascq, de la ligne de métro entre Villeneuve d'Ascq, Lille et Lomme. Lefebvre (2003) montre comment le discours politique local roubaisien a été longtemps dominé par le thème du « complot » ourdi depuis des décennies par les pouvoirs publics. En ignorant complètement la situation spécifique de Roubaix, en le mettant à l'écart, « on a asséché Roubaix-Tourcoing pour arroser Lille » (André Diligent[9], cité par Lefebvre, 2003, p. 31). Le métro n'arrivera à Roubaix qu'en 2000, soit vingt ans de retard par rapport à la ligne n° 1 bis qui desservira la ville de Lomme. A. Notebart, à l'époque président de CUDL et maire de Lomme, fait voter en 1984 la construction en priorité de cette ligne. La réalisation de la voie rapide urbaine prendra aussi un retard considérable, l'installation de l'université et les promesses de délocalisation administrative de Lille à Roubaix ne se concrétiseront pas, tandis que les entreprises préfèrent s'installer à Villeneuve d'Ascq au détriment de la zone industrielle de Roubaix.

4.2.2 Politiques et stratégies publiques interférant à Roubaix

La réaction institutionnelle au chômage et à l'appauvrissement qui touchent la ville depuis la crise amorcée dans les années 1970 se concrétise par la mise en place de plusieurs stratégies publiques. La stratégie adoptée dans les années 1970 met l'accent sur la nécessité d'encourager le retour de l'activité économique afin de compenser les emplois perdus dans le secteur du textile (30 000 m^2 de commerce ont été perdus depuis 1970, cf. Roubaix-info, janvier 2000, p. 51) par la création des zones d'activité, des centres de nouvelles technologies ou par la tertiarisation (David, 2003). À Roubaix, le tertiaire se focalise notamment sur le développement de la vente par correspondance (VPC) et de la grande distribution : Trois Suisses, La Redoute, Auchan, Castorama, Décathlon, Boulanger, Kiabi, Devianne, Boulanger, sont des enseignes créées par des grandes familles industrielles de Roubaix devenu « capitale européenne de la VPC » et « capitale des bonnes affaires ». Pourtant, la

---

9 Résistant, avocat et figure du mouvement démocrate-chrétien en France et de l'UDF (Union pour la démocratie française), André Diligent a été député du Nord, député européen et sénateur. Il a été également maire de Roubaix de 1983 à 1994. Son nom a été donné au musée d'Art et d'Industrie de Roubaix (La Piscine).

plupart des postes créés dans le secteur des services ne sont pas occupés par les Roubaisiens, qui n'ont pas les qualifications requises, mais par des personnes extérieures à Roubaix : « Les emplois reconquis ne profitent pas aux Roubaisiens. En effet, ceux qui habitent Roubaix n'y travaillent pas ; ceux qui travaillent à Roubaix n'y habitent pas » (David, 2003, p. 23).

Cette situation détermine les responsables publics à focaliser leur stratégie dans les années 1980 sur l'insertion de la population roubaisienne dans le marché du travail. Mais la mise en place des dispositifs de formation et d'insertion a eu un effet inattendu : les personnes en situation de précarité, dès qu'ils accèdent à un emploi durable, désertent la ville pour s'installer dans d'autres communes, à la recherche d'un logement plus confortable ou de conditions de scolarisation plus favorables pour leurs enfants. Malgré l'efficacité des dispositifs d'insertion, le taux de chômage de Roubaix se maintient et de nouveaux chômeurs s'ajoutent aux anciens.

Parallèlement, la politique urbaine s'organise aussi autour de la question de l'habitat insalubre : des quartiers entiers ont été rasés dans les années 1960 et 1970, en défigurant la ville et en traumatisant les habitants. Une première opération de rénovation urbaine concerne le quartier populaire des Longues Haies. Ses courées sont démolies en 1957 et remplacées par une barre des HLM, surnommée « L'os à moelle » à cause de sa forme. Ça sera un échec en raison de la dégradation très rapide de l'habitat social collectif, de la fuite des populations solvables et de l'éclatement des réseaux sociaux traditionnels causé par les destructions autoritaires et les relogements bureaucratiques (David, 2003).

Cette opération est suivie en 1965 par une autre dans le quartier Edouard Anseele[10], qualifiée d'opération « bulldozer » avec la construction de Roubaix 2000. Ce centre commercial s'avère aussi un échec sur le plan économique, de la sécurité et de l'urbanisme. Il sera démoli dans les années 1990 pour laisser la place au centre de boutiques des fabricants McArthur Glen qui s'installe en 1999.

Plus tard, l'opération d'Alma-Gare (1967) a été menée plus en douceur : cette fois, les habitants ont été associés au projet de construction des nouveaux logements sociaux dans le cadre d'une expérimentation financée par le ministère de l'Équipement par la procédure Plan Construction. Cette expérience deviendra célèbre au plan national et international en raison de l'écho des luttes urbaines enclenchées par les habitants : la résistance face aux opérations de démolition dans les années

[10] Edouard Anseele est homme politique socialiste (né à Gand en 1856). En 1877, il fait partie des fondateurs du Parti socialiste flamand. Nommé ministre d'État en 1930, il fut un grand promoteur du mouvement coopératif

1960, la négociation des projets de construction et de rénovation dans les années 1970 et la participation à la gestion des nouveaux équipements dans les années 1980. Ce projet part de l'idée, inspirée par les visions utopistes du XIXe siècle, de « faire vivre ensemble » les couches moyennes et ouvrières dans un type de logement communautaire avec tous les services de proximité installés au rez-de-chaussée, dans la rue intérieure et extérieure. L'expérience échouera à cause de la montée progressive du chômage et de l'insécurité, favorisée paradoxalement par l'architecture de l'opération. Les couches moyennes quittent le quartier, laissant la place à une population de plus en plus précaire. Entre 1968 et 1973, les familles d'immigrés, ne pouvant pas se reloger dans les nouveaux HLM, s'installent à Alma-Gare où la part de la population étrangère est passée de 24 % en 1968 à 44 % en 1973 (Cornuel et Duriez, 1983, p. 83).

Au milieu des années 1990, les décideurs politiques adoptent une troisième stratégie, qui se propose de dépasser les réponses apportées jusqu'alors (David, 2003). Le programme public de régénération du territoire Ville Renouvelée a été lancé en 1989 par la ville de Roubaix en partenariat avec la région Nord-Pas-de-Calais, le département du Nord, l'État et l'Union européenne et d'autres communes de Lille Métropole dans le cadre du Grand Projet Urbain (GPU). En cinq ans, 150 millions francs ont été investis dans le centre et autant dans les quartiers (cf. Roubaix-info, janvier 2000), dans des projets de rénovation, de démolition et de construction de nouveaux équipements.

Ces interventions s'inscrivent dans la vision globale de développement économique de Roubaix, recentrée au milieu des années 1990 sur deux axes principaux : le renouvellement urbain, qui impulse des opérations d'aménagements commerciaux, de l'urbain et du patrimoine, et la réduction du chômage, en articulant la création d'emploi avec la formation. Le premier type d'intervention répond à la tendance des Roubaisiens à quitter leur ville physiquement dégradée. Le deuxième axe tient compte du fait qu'une grande partie de nouveaux postes créés dans les entreprises de Roubaix ne sont pas occupés par des habitants faute de qualifications adéquates.

Roubaix devient ainsi le théâtre d'une politique urbaine très volontariste ayant pour objectif d'améliorer le cadre urbain afin de maintenir les populations solvables et d'attirer de nouveaux habitants. L'intervention métropolitaine se déploie sur plusieurs axes, dont l'objectif est de mettre en valeur la tradition industrielle et commerciale locale : amélioration de l'offre de logement (réhabilitations et constructions neuves), modernisation de l'offre éducative, rénovation et entretien des espaces publics. Mais « il ne s'agit pas de refaire une ville ou de faire une ville nouvelle. Il s'agit de renouveler une ville riche de ses habitants et de son histoire »

(F.X. Roussel, cité par David, 2003, p. 24). Par exemple, l'Usine, regroupant des boutiques des fabricants, est installée dans une ancienne usine textile, la filature Motte Bossut est transformée en Centre des archives du monde du travail et un autre château textile devient l'Eurotéléport, centre téléphonique pour la vente par correspondance. L'immeuble de la Condition publique où était jadis stockée la laine et qui abritait la Chambre de commerce et de l'industrie de Roubaix se transforme en Maison Folie à vocation culturelle dans le cadre de « Lille 2004 – Capitale européenne de la culture ».

4.2.3 Population roubaisienne : une mémoire « mille-feuilles »

La population de Roubaix et de ses quartiers se composait au XIXe siècle et dans la première partie du XXe siècle de grandes familles industrielles, d'artisans, de commerçants et d'ouvriers issus de l'immigration rurale et de la Belgique frontalière. Après cette première vague, Roubaix a continué à intégrer jusqu'à aujourd'hui d'autres vagues d'immigration liées à l'emploi (Italie, Portugal, Espagne, Pologne, pays du Maghreb, pays d'Afrique noire et d'Asie), confortant sa réputation de « terre d'accueil ». Aujourd'hui, la ville de Roubaix accueille de nouvelles populations (notamment de l'Asie et de l'Afrique), alors que les premiers immigrants sont complètement fondus dans la population et que les immigrants de la deuxième vague sont à leur deuxième ou troisième génération.

Les entretiens avec les témoins privilégiés (notamment avec G. Voix, historien et statisticien de formation, directeur de l'Observatoire urbain de Roubaix), l'enquête par questionnaire, l'étude documentaire et l'observation directe nous fournissent des éléments pour identifier un nombre des profils types d'habitants de Roubaix : l'ouvrier traditionnel, le patron roubaisien (souvent lui-même issu de l'immigration rurale ou belge, italienne, polonaise), le primo-arrivant de la première génération (majoritairement des immigrants des pays du Maghreb dans les années 1950-1960), les deux dernières générations de Roubaisiens, le primo-arrivant d'immigration récente (Asie, Afrique, Europe de l'Est) et le « bobo roubaisien ».

« L'ouvrier traditionnel » ou « l'ouvrier nostalgique » habite généralement depuis plus de vingt ans dans le quartier où il est né et où il occupe une maison de rue ou en courée. D'origine française ou d'autres pays européens (belges, polonais, portugais ou italiens), il connaît essentiellement une sociabilité de quartier informelle, mais régulière (par exemple sortir sa chaise sur le trottoir pour bavarder et prendre l'apéritif avec des voisins l'été). Il bénéficie d'une entraide familiale pour les services réguliers, notamment les courses. Généralement retraité ou chômeur de l'industrie textile, il a vécu le déclin de Roubaix, étant un peu nostalgique de la période faste de Roubaix que rappellent les imposants bâtiments du centre-ville : la mairie de Roubaix, la gare d'Alma, l'église Saint-Martin, etc. Ce groupe est désigné comme étant « l'aristocratie de la classe ouvrière » :

> Vous avez toute la classe ouvrière qui a connu l'époque faste des années 1950 à 1960 à Roubaix et qui était plutôt l'aristocratie de la classe ouvrière qui formait les ossatures des syndicats, des partis politiques, et, puis, des groupes comme le Parti socialiste. D'autres étaient soit très jocistes[11], soit très laïcs. Ceux qui étaient les moins engagés sont partis et les autres ont vieilli et forment l'ossature des comités des quartiers : ce sont eux qui ont été élus présidents des comités de fêtes ou des choses comme ça. (G. Voix, entretien 2003)

« Le patron roubaisien » ou « l'ancien bourgeois roubaisien » s'est illustré notamment à la tête de l'industrie textile, de la grande distribution moderne, mais aussi de la presse (Roubaix-info, 2000, p. 17). La famille Motte fonde le plus important ensemble textile de la ville et installe des usines jusqu'en Pologne et Russie. Jean Prouvost fonde la Lainière de Roubaix en 1911, lance des marques de textiles devenues célèbres (laines Pingouin, chaussettes Stemm, tricots Rodier), fonde *Paris Soir*, lance *Paris Match*, *Marie Claire*, *Télé 7 jours*, est nommé administrateur général de RTL et rachète le journal *Le Figaro*. Les Lepoutre dirigent le troisième tissage français et un groupe spécialisé dans la maille. Ils fondent également une ville aux États-Unis. En 1929, la famille Pollet lance à partir de La Redoute la première entreprise de vente par la correspondance, suivie par les fondateurs des Trois Suisses et de Damart (famille Despatures). Enfin, Gérard Mulliez, dont le père a lancé Phildar, est le fondateur du groupe Auchan, ainsi que d'un réseau de chaînes spécialisées (Kiabi, Leroy Merlin, Décathlon, Norauto et Flunch). Un autre patron roubaisien, Bernard Arnault, est à la tête de LVMH (Groupe Moët Hennessy – Louis Vuitton). Ce « patriciat urbain » était très ancré territorialement : « (...) les patrons quittent rarement la ville même si la renommée de leurs productions est internationale » (Lefebvre, 2003, p. 5). Mais la première génération de patrons et de cadres du textile n'existe plus à Roubaix, leurs anciennes usines, leurs châteaux à côté et puis les habitations autour sont aujourd'hui désaffectés, en friche ou réhabilités pour d'autres usages.

Ceux qui restent encore en vie se comptent sur les doigts et sont très attachés à leur ville, comme on a pu le voir à l'occasion de l'entretien avec un ancien patron roubaisien du textile, M. Antoine Toulemonde, et avec sa femme, Marie Toulemonde, née Motte. La seconde génération a

---

[11] JOC (Jeunesse ouvrière chrétienne) est une association de jeunes chrétiens du monde ouvrier, fondée par l'abbé Joseph Cardijn. Ses membres sont appelés « jocistes ».

quitté le cœur des quartiers pour habiter le boulevard de Paris à Roubaix, bordé de magnifiques maisons de maître et d'hôtels particuliers. Les autres générations ont vendu et sont parties habiter dans des quartiers luxueux de la banlieue proche (Hem, Bondues) ou en Belgique, en raison de l'impôt important sur la fortune en France (G. Voix, entretien 2003) :

> Les descendants des grandes familles quittent Lille-Roubaix-Tourcoing pour « BMW », Bondues-Mouvaux-Wasquehal, banlieue chic où se concentrent toujours les Prouvost, Motte, Toulemonde, Pollet, Tiberghien, Lepoutre. Parfois, l'exil est plus lointain : la Belgique, pour des raisons fiscales, ou la Côte d'Azur, pour le soleil. (Lenoir, 2006)

Un autre groupe important est constitué par les immigrés primo-arrivants de la première génération ou « les parents honteux et silencieux », originaires notamment de l'Algérie. Ils sont arrivés dans les années 1960 pour trouver du travail, à une époque où le patronat avait une politique basée davantage sur une main-d'œuvre bon marché que sur des investissements dans de nouvelles technologies de production. Ces ouvriers, rejoints par leurs familles, se sont installés dans les courées quittées par leur population initiale, laquelle était partie habiter dans les HLM. Cette génération d'immigrés a connu la crise des années 1970 et n'a pas pu réaliser son rêve de retour au pays. Ce sont des « pères honteux et silencieux », car ils ont raté leur pari qui était de faire vivre leurs familles et de revenir au pays. Le chômage a stoppé leur intégration par le travail, ce qui fait que leurs enfants n'ont pas connu le modèle du père salarié. Relégués dans certains secteurs excentrés de la ville et bloqués dans leur cursus résidentiel, ils sortent très peu du quartier (Vervaeke et Lefebvre, 1986).

> Vous avez toute la génération des Maghrébins qui sont arrivés dans les années 1960 pour trouver du travail et qui ne trouvaient pas de travail parce qu'il y avait du chômage. Donc il y a eu un phénomène d'acculturation, d'intégration qui ne s'est pas fait parce que ce qui fonctionnait bien à Roubaix c'était l'usine et la courée : à force de se rencontrer tous les jours, finalement on finissait par se supporter. (G. Voix, entretien 2003)

Les deux dernières générations de Roubaisiens (ceux qui ont aujourd'hui la quarantaine, ainsi que leurs enfants) n'ont connu qu'un Roubaix en crise et le chômage permanent. Ils sont restés à la marge, ils sont « complètement déstructurés », ils sont touchés par l'exclusion et l'assignation à résidence (prix élevés des logements, mode d'attribution des logements, discrimination), excepté ceux, peu nombreux, qui ont fait des études et qui ont pu ainsi quitter le quartier. Cette population, qui connaît une forte croissance démographique, a constitué le terreau du développement de la fameuse catégorie des « jeunes », terme utilisé initialement par et pour des personnes issues de l'immigration, notamment algérienne, pour éviter la stigmatisation. Ayant été formés dans des patronages chrétiens, ils se sont impliqués très activement dans la vie associative, comme responsables ou membres (Neveu, 2003), en prenant le relais de leurs aînés ou les rejoignant.

> C'est un euphémisme utilisé par la communauté émergente des jeunes issus de l'immigration pour que leur communauté ne soit pas désignée comme communautaire. C'est vrai que ça existe et c'est vrai qu'il s'agit des jeunes issus de l'immigration à 90 %. (J.-L. Simon, entretien 2003)

En provenance du Maghreb, d'Afrique noire ou d'Asie, le primo-arrivant d'immigration récente semble satisfait de sa vie dans le quartier, quelles que soient les conditions objectives de logement : « Bien sûr, toutes ces maisons noires, c'est triste, mais on m'a expliqué que c'était du patrimoine, maintenant j'ai compris » (femme gabonaise, 44 ans, arrivée il y a 8 ans à l'Épeule, enquête par questionnaire, 2003). Souvent, il ne se sent pas autorisé à juger de ce qui devrait être ou pas, d'où une certaine réserve dans son appréciation : « Je n'ai pas à aimer ou pas, je sais que dans tous les pays il y a des choses différentes » (femme togolaise, 54 ans, arrivée depuis 2 ans à l'Épeule, enquête par questionnaire, 2003). Notons qu'une partie d'entre eux arrivent clandestinement ou sans-papiers, ce qui explique également leur faible niveau de revendication. Ainsi, à moins qu'elle ne le touche personnellement, l'incivilité des jeunes par exemple n'est pas évoquée comme le principal problème pour le primo arrivant d'immigration récente. Les Asiatiques, très discrets au quotidien, se manifestent néanmoins par la création de plusieurs lieux de culte (temples bouddhistes cambodgien, laotien, vietnamien) et de commerces spécifiques :

> L'immigration asiatique est forte. Elle a commencé par une immigration clandestine pour les ateliers clandestins, mais elle est très peu présente dans l'espace public. On la voit peu... Les Asiatiques, ils sont entre eux. (G. Voix, entretien 2003)

Les couches moyennes et supérieures récemment arrivées à Roubaix ou les « bobos roubaisiens » forment une catégorie distincte : habitant de catégorie sociale supérieure ou intermédiaire, généralement d'origine culturelle française, a racheté il y a moins de dix ans une maison de maître ou une maison de rue assez spacieuse et a des engagements professionnels et associatifs. Les « bobos » (acronyme ou diminutif de « bourgeois bohèmes », cf. Jérôme, 2004) souhaitent le développement notamment des initiatives culturelles qui leur sont destinées :

> Il y a des initiatives culturelles, mais essentiellement tournées vers la population maghrébine. Il faut faire voir de tout aux gens. Ça manque de cafés,

de bars gais, avec des jeunes, pas des pochetrons. L'ARA[12], la Cave aux Poètes, c'est bien, mais il en faudrait encore plus. Il va y avoir un cinéma, mais j'ai peur qu'il n'y ait que des films d'action, où les gens consomment. Il ne faut pas faire que pour les gens d'ici... La culture, c'est un tout. (Jeune journaliste, arrivée à l'Épeule depuis un an, enquête par questionnaire, 2003)

Leurs intérêts sont surtout d'ordre culturel (arts, programmation culturelle dans le quartier, lieux de sociabilité), environnementaux (espaces verts, propreté des espaces publics) et esthétiques (architecture). L'ouverture du musée La Piscine et, en janvier et en juin 2004, du cinéma Duplex et de l'espace de spectacle et d'exposition La Condition publique, alimentent les besoins de cette catégorie. Au niveau du quartier de l'Épeule, les lieux de sociabilité des bobos sont « La plus petite galerie du monde ou presque » (expositions de peinture, de photographie et d'art contemporain), le restaurant « Le Bonheur est dans l'assiette » (restaurant privé ouvert dans une des maisons du quartier), l'association « Entre deux parcs » (objectifs écologiques et d'animation du quartier), mais leurs pratiques culturelles s'expriment également au niveau de la ville ou de la métropole. La transformation de la structure commerciale, traduite par l'uniformisation des commerces de la rue de l'Épeule, fait aussi partie des soucis des bobos. La solidarité de voisinage des bobos se manifeste surtout par des tentatives d'entraide et de contacts avec la population modeste (participation à l'organisation des fêtes, aide aux devoirs, invitations à des manifestations culturelles), mais très souvent de façon formalisée et collective, comme dans certains quartiers parisiens :

Ils pratiquent la convivialité de voisinage : barbecue entre amis, repas de quartier, vide grenier. Et se sont trouvés des points de ralliement : le supermarché bio de Montreuil, le marché de la Croix-de-Chavaux, le café Chez Saïd ou Le Ratatam la librairie Folies d'encre, le cinéma d'art et d'essai le Mélies. Ils aiment la mixité sociale... sauf pour leurs enfants, qu'ils envoient volontiers à l'école Montessori de Montreuil ou dans le privé à Vincennes, plutôt qu'aux écoles ou collèges publics du quartier. (Jérôme, 2004, p. 11)

Ce retour tant attendu des catégories moyennes et supérieures n'a pas seulement pour conséquence des revendications nouvelles au niveau culturel ou commercial, mais aussi des effets sur la répartition des populations au sein du quartier :

Il y en a qui s'implantent parce qu'ils le veulent. Ils aiment bien l'Épeule, ils aiment leur maison avec le grand jardin. Ils aiment bien la vie, le marché le dimanche qui est un peu exotique. Ce sont des cadres, ils aiment le côté exo-

---

[12] Autour des Rythmes Actuels (ARA) est une structure régionale de pratique et de développement des musiques actuelles basée à Roubaix.

tique, les odeurs, les bruits. L'Épeule s'est séparé en deux, il y a le côté chic et il y a la partie où il y a les Maghrébins. (V. Boutry, entretien 2003)

Le retour des couches moyennes et supérieures a enclenché également une dynamique à la hausse du prix du foncier. C'est la conséquence la plus importante, car cela pourrait entraîner à terme une exclusion des couches populaires, comme les familles nombreuses sont encore logées dans les grandes maisons de maître rachetées par le CAL-PACT de Roubaix et Environs après qu'elles aient été délaissées par les patrons. Ce type de logement devient ainsi de plus en plus rare et cher, comme dans certains quartiers de Paris. Il y a donc le risque que cette situation entraîne une ségrégation ou une fracture sociale, car ces nouveaux arrivants (couches moyennes et supérieures) pourraient être perçus comme un danger pour la cohésion du quartier.

> Se cooptant entre eux pour l'achat d'une maison et contribuant à rendre la ville plus vivante, mais aussi plus chère. Il y a six ans, le mètre carré valait 1 300 euros dans le Bas-Montreuil. Depuis, les prix ont doublé, voire triplé, pour certains lofts. Montreuil est devenue la deuxième ville la plus chère de la Seine-Saint-Denis. (Jérôme, 2004, p. 11)

Comme on peut voir, plusieurs groupes sociaux ancrés dans l'histoire locale se côtoient à Roubaix et dans ses quartiers. Mais existe-t-il de véritables liens entre ces groupes ? Si les « ouvriers nostalgiques » forment encore les bases des associations d'habitants, les anciens patrons ne sont plus présents dans la vie publique de Roubaix et les « pères honteux et silencieux » se replient à la maison ou dans les cafés. Pour leur part, les « bobos roubaisiens » se font de plus en plus visibles, en s'impliquant notamment dans l'animation des espaces culturels et artistiques de Roubaix. Les générations des enfants d'immigrés, à l'origine desdites associations de jeunes, sont également assez visibles dans les espaces publics. La notion d'espace public désigne dans ce contexte une « arène publique » ou une occasion de débattre collectivement des questions d'intérêt commun, mais aussi un espace physique comme le café, la rue, le magasin, le théâtre, la place, etc.

Mais, en réalité, toutes ces catégories de population n'arrivent pas vraiment à se retrouver pour construire une mémoire commune : les catégories socioprofessionnelles supérieures ont du pouvoir et de l'argent, une large part des habitants issus de l'immigration et leurs enfants se sentent stigmatisés et sans perspectives, alors que de nombreux employés ont perdu leur statut socioprofessionnel et que les nouveaux immigrants essaient de se rendre invisibles dans le paysage local. Cette difficulté de se rencontrer permet de dire qu'il n'y a pas de « mémoires croisées » de Roubaix, mais une « mémoire mille-feuilles » (cf. l'expression de G. Voix, entretien 2003) constituée de plusieurs couches culturelles superposées. Et c'est à travers des initiatives culturelles que la ville de Roubaix envisage de reconstruire l'identité de Roubaix.

> Ça veut dire qu'il y a une mémoire commune à créer ou une identité : histoire de Roubaix de toutes les couleurs, de Roubaix du futur. Comment concevoir une mémoire commune, puisqu'ils sont si séparés tous ces gens ? Comment, puisque c'est un peu une utopie... Justement, à travers la culture. (G. Voix, entretien 2003)

Dans ce sens, le Musée d'Art et d'Industrie André Diligent ou La Piscine – aménagé dans les locaux d'une ancienne piscine esprit Art déco – est évoqué comme l'un des rares lieux à Roubaix où dans le passé les différentes catégories sociales se retrouvaient et se côtoyaient, des bourgeois jusqu'aux plus marginaux. Aujourd'hui, bien que le personnel embauché affiche une relative mixité entre Français « de souche » et issus de l'immigration, le musée lui-même n'est pas fréquenté par les Roubaisiens, mais par une population « bobo » métropolitaine et bourgeoise.

Le nom du musée symbolise la tradition industrielle de la ville et dans le même temps renvoie à une époque plus récente, celle du maire charismatique de Roubaix, André Diligent, « un homme un peu atypique », réputé pour son esprit d'ouverture :

> Diligent était quand même de droite comme parti politique. C'est vrai que, sur certaines positions, il était plus à gauche que la gauche roubaisienne, notamment dans son rapport avec l'immigration et la population étrangère, alors qu'ici la gauche était raciste comme ce n'est pas vu. En 1989, ils ont quand même refusé d'avoir un Maghrébin sur leur liste, alors que Diligent a profité pour leur en mettre un. (G. Voix, entretien 2003)

4.2.4 Culture roubaisienne de l'action collective

La tradition militante et les combats opposant les ouvriers aux patrons roubaisiens, si bien décrits par Maxence Van Der Meersch dans son roman « Quand les sirènes se taisent » (1933), se poursuivent avec les luttes urbaines des années 1970, 1980, 1990. J.-L. Simon, chargé des problèmes de citoyenneté et démocratie locale à la mairie de Roubaix, relativise l'idée que Roubaix représente une ville spécifique ou singulière en raison d'une propension inhabituelle de ses habitants à s'associer :

> Je ne suis pas d'accord pour dire que c'est une ville spécifique. Les gens disent : à Roubaix... Moi, je ne pense pas. On peut trouver des situations comparables dans d'autres circonstances, par exemple à Tourcoing. Même dans une ville nouvelle comme Villeneuve d'Ascq, on trouve cette capacité des habitants de s'organiser. Pourquoi pas la retrouver dans un territoire d'une grande pauvreté urbaine ? (J.-L. Simon, entretien 2003)

C'est pourtant une capacité inhabituelle des habitants de s'organiser qui explique le dynamisme associatif de la ville. Mais la question du manque de liens entre les diverses structures se pose plus que jamais :

> Ils sont plusieurs milliers qui, de l'Épeule à l'Hommelet, de l'Alma au Cul de Four ouvrent jour après jour pour faire avancer leurs idées, impulser des actions. Tellement nombreux que l'on se prend à déplorer que les uns et les autres ne se côtoient pas davantage. Ce monde associatif, héritier d'une longue tradition historique, serait-il trop cloisonné ? (Roubaix-info, janvier 2000, p. 58)

Pour expliquer ce paradoxe, il faut savoir que le réseau associatif de Roubaix s'était structuré dans le passé, autour d'une série d'enjeux importants (cf. David, 2003) : conflits autour du logement dans les années 1970, autour de l'immigration et de la lutte contre le racisme dans les années 1980 et de la lutte contre le chômage et les drogues dans les années 1990. Ces luttes correspondent à plusieurs générations associatives, et, de ce fait, on assiste aujourd'hui à une stratification du tissu associatif : associations rassemblées autour des thèmes du travail entre les deux guerres, du logement dans les années 1960 (par exemple l'Atelier populaire d'urbanisme d'Alma-Gare), de la démocratie participative à la fin des années 1970 (les comités de quartier), les associations des communautés culturelles dans les années 1980 et les associations dites « de jeunes » qui dynamisent la vie associative de Roubaix depuis les années 1990.

Deux rencontres originales ont particulièrement marqué l'élaboration de ce qu'on peut appeler la culture roubaisienne de l'action collective. Une première rencontre, chanceuse, a lieu sur l'axe du développement associatif et de la participation des habitants : le mouvement des comités de quartier initié par les habitants dans les années 1970 sera renforcé plus tard, dans les années 1980, par les moyens de la Politique de la ville. À partir des années 1990, un nouveau mouvement, les associations de jeunes, vient à la fois concurrencer et renforcer le mouvement associatif plus ancien, celui dit « d'habitants ». Nous allons montrer dans les deux sous-sections qui suivent les particularités de ces deux rencontres et comment elles ont influencé le développement de la culture de l'action collective à Roubaix.

4.2.4.1 Les comités de quartier et la Politique de la ville

En ce qui concerne l'axe du développement associatif et de la participation des habitants, l'originalité de Roubaix réside dans l'émergence depuis 1977 d'associations de type comité de quartier, avec une certaine permanence dans le fonctionnement. Comme ces associations se constituent en tant que projets des habitants, elles sont aussi connues sous le nom d'associations d'habitants : « Il doit y avoir pas plus de trente villes en France où il y a des comités de quartier qui sont sous la forme roubaisienne, c'est-à-dire initiative des habitants et non pas initiative de la collectivité » (J.-L. Simon, entretien 2003).

Ce mouvement revendique ses racines dans l'expérience d'Alma-Gare, évoquée par les témoins privilégiés comme un symbole des luttes urbaines et de la démocratie participative. Initialement, l'idée de la municipalité de gauche de Victor Provo (1944-1977)[13] de mettre en place des comités des quartiers rencontre l'opposition des militants d'Alma-Gare.

Ceux-ci avaient fondé l'Atelier populaire d'urbanisme de l'Alma-Gare (APU)[14], association qui jouait aussi à l'époque le rôle d'interlocuteur de la ville. Malgré la contestation de l'APU d'Alma-Gare, un premier comité de quartier est établi au Fresnoy en 1977 :

> À l'époque, il n'y avait aucune reconnaissance de ce qui était monté à l'Alma : c'était expérimental. Le premier comité de quartier, c'était la réappropriation des débats. (V. Boutry, entretien 2003)

Bien plus tard, l'association atelier de l'Alma-Gare se transformera aussi en comité de quartier, en gardant le nom d'APU. Aujourd'hui, le parc des logements sociaux de l'Alma est en train d'être démoli, mais le comité de quartier garde toujours son esprit de revendication :

> Le projet est encore visible sur l'Alma. Pour l'instant, il est fermé, mais ce n'est pas encore démoli. Il y a quand même la lutte qui est encore engagée. Le comité de l'Alma, l'APU, est toujours en revendication, il est engagé. (M. Berrabah, entretien 2003)

Ainsi, en dépit de la disparition physique du projet et de la paupérisation du quartier, le quartier d'Alma dispose d'un atout important, un réseau associatif dense et puissant, tissé au fil des luttes et ancré dans cette culture de la revendication :

> Il n'y a plus grande chose, mais l'Alma a des moyens que n'ont pas d'autres quartiers. Il y a tout de même un réseau. C'est le centre social qui a le plus gros volume d'activité. Tu sens qu'il y a encore une culture de ce qui s'est passé… Ils ont résolu un certain nombre de problèmes, mais, en même temps, ça s'est vachement paupérisé et le quartier s'est paupérisé aussi. (V. Boutry, entretien 2003)

Si la municipalité de Victor Provo met en place dans les années 1970 les premiers comités d'une manière expérimentale et sans bénéficier

---

[13] Victor Provo, sénateur du Nord et maire de Roubaix pendant plus de 30 ans (1944-1977). Le Centre hospitalier de Roubaix porte aujourd'hui son nom.

[14] Les militants de l'APU ont été à l'origine de l'expérience de démocratie participative de l'Alma Gare pour la construction des logements HLM avec les habitants, expérimentation financée par le Plan Construction et Habitat.

d'aucun moyen financier, le mouvement sera renforcé par la municipalité dirigée à partir de 1983 par André Diligent :

> La Ville de Roubaix s'engage à reconnaître les comités de quartier comme partenaires associés à la gestion de la vie quotidienne des quartiers. Le comité de quartier, lieu d'expression des populations et de la citoyenneté au quotidien, ressemble les divers groupes d'intérêt d'un quartier (habitants, associations). Interlocuteur privilégié de la municipalité, il reçoit une subvention annuelle de fonctionnement lui permettant de jouer son rôle. (Conseil municipal du 3 mars 1989, cité dans Neveu, 2001, p. 2)

L'arrivée au pouvoir du sénateur-maire (CDS)[15] André Diligent (1983) coïncide avec les premières conventions de Développement social des quartiers (DSQ) à Roubaix dans le cadre de la Politique de la Ville. Ainsi, la municipalité Diligent dispose des moyens financiers pour consolider le mouvement initié dans les années 1970 par la municipalité gouvernée par Victor Provo :

> Tout ça est monté sous Provo sans moyens, et, après, il y a une réflexion nationale, et l'expérience commence à être un peu reconnue en France. Et, donc, il y a la politique du développement social qui apparaît en 1983, et c'est au moment où Diligent arrive. Il se retrouve avec une nouvelle politique et avec des moyens. Donc c'est lui qui va apparaître comme le gars qui fait des choses. Provo n'avait aucun financement, c'était expérimental. (V. Boutry, entretien 2003)

Aujourd'hui, il existe quinze comités sur dix-sept quartiers. Font exception le centre-ville et Barbieux, quartiers aisés qui « n'ont pas besoin de lutter avec les pouvoirs publics » (M. Berrabah, entretien 2003). Des comités de quartier existent partout en France, mais rarement sous la forme d'initiative des habitants comme à Roubaix :

> Ça pouvait être des lieux de contre pouvoir. Ce qui est original tout de même, c'est que ce sont des lieux qui ne sont pas désignés par la ville. C'est à l'initiative des citoyens qui peuvent avoir des moyens de la ville pour organiser le débat sur leur quartier sans que les élus y mettent leur nez. Et il y a des financements de la ville et de la région. C'était complètement innovant et intéressant ça. On n'est pas dans la représentation, on est bien dans la participation. (V. Boutry, entretien 2003)

Cela a été possible grâce aux régimes municipaux roubaisiens qui ont saisi ce que peut apporter en termes de communication et de démocratie locale le fait d'avoir des interlocuteurs privilégiés issus de la société civile au niveau des quartiers. La principale explication renvoie à une sagesse municipale légendaire. Depuis 1977, il y a eu trois types de municipalités ou tendances – l'union de la gauche, suivie par le centre-

[15] Centre des démocrates sociaux, parti politique français du centre-droit.

droit et actuellement par la gauche plurielle – mais elles sont restées constantes sur la question des comités des quartiers :

> Je parle du travail des élus et du travail des trois municipalités : la municipalité de l'union de la gauche en 1977, de la municipalité de centre avec la majorité présidentielle actuelle, donc centre droite, fortement marquée par le centre qui n'existe plus officiellement et puis l'actuelle majorité qui est gauche plurielle. Donc, ça a traversé ce changement. Il y a une permanence, une continuité et c'est bien la preuve aussi que la force vient du bas et pas de l'initiative municipale. (J.-L. Simon, entretien 2003)

Cette rencontre entre un mouvement « par le bas » (comités des quartiers) et un mouvement « par le haut » (mairies de quartiers), produit une synergie positive :

> La municipalité organise cette oreille et s'adresse aux militants qui existent déjà et qui sont déjà la plupart du temps organisés à l'échelle du quartier. Donc, c'est de nouveau une proposition à la rencontre de quelque chose qui existe déjà. Là, aussi, on n'est pas dans un mouvement unilatéral – c'est la rencontre de deux mouvements. Si ce mouvement n'existait pas à ce moment, il n'y aurait, comme dans d'autres villes, rien produit du tout. C'est pour ça que ça a marché et c'est resté solide. (J.-L. Simon, entretien 2003)

Deux ressources convergentes se trouvent à la base du foisonnement associatif de Roubaix : les moyens humains et les moyens techniques et financiers mis à disposition dans le cadre de la Politique de la ville (J.-L. Simon, entretien 2003). Autrement dit, la capacité des habitants à monter des projets existe indépendamment des politiques publiques, mais c'est l'appui de la Politique de la ville qui permet aux initiatives militantes d'émerger. Cette culture, appelée aussi par nos interlocuteurs « méthodologie », « ontologie de l'action » ou « vision du monde », représente une richesse importante de Roubaix qui fait que les initiatives naissent, se consolident ou, parfois, s'appauvrissent. Si cette culture préexiste à la Politique de la Ville, on peut s'interroger sur la manière dont elle se transmet :

> C'est une convergence de deux ressources qui existent dans le même temps. Je dirais que sur l'axe de la participation des habitants, c'est la convergence de ces deux ressources qui produit la réalité d'aujourd'hui. C'est magique, la réalité d'aujourd'hui résulte de ça. Si on analyse d'où vient cette capacité des habitants à se mobiliser, par définition, elle préexiste à la Politique de la Ville, peut-être qu'elle a été renforcée ou qu'elle a été, au contraire, épuisée. (J.-L. Simon, entretien 2003)

Les comités des quartiers représentent le résultat d'une transposition de la culture de type « militant de syndicat ouvrier » caractérisée, d'une part, par une vision du monde ou « d'un espoir de changement par l'action collective », et, d'autre part, par une méthode ou « un outillage de gestion de l'action collective ». L'action syndicale est d'abord horizontale pour pouvoir avoir ensuite une capacité de négociation verticale. Ce mode de fonctionnement trouve ses racines dans les luttes ouvrières du début du XXe siècle à Roubaix :

> Je parle du gars qui est tout seul et tout nu dans son usine, avec évidemment une préoccupation de survie, un souci de faim et du ventre qui fait du bruit parce qu'il a faim et d'enfants qui meurent de faim. Le gars tout nu, avec rien du tout, qui, à un moment donné, rencontre un autre et arrive à le convaincre que malgré sa peur de la mort et du patron, à deux, ils vont faire quelque chose. (J.-L. Simon, 2003)

4.2.4.2 La culture de type syndical et le mouvement des « jeunes »

Après une époque de mobilisation de type syndical, on assiste à une reconfiguration de la vie sociale et associative qui intègre les éléments anciens et s'enrichit de nouvelles formes d'action. Comme on a pu le voir dans la section précédente, le premier grand axe du développement d'une culture spécifique de l'action collective à Roubaix concerne le développement associatif et la participation des habitants. Ce premier chapitre (la mise en place des comités de quartier à Roubaix), est ancré dans la culture syndicale ouvrière locale, d'où l'originalité de ce mouvement par rapport à d'autres villes qui ont créé les mêmes dispositifs, mais sans un véritable lien avec la culture locale de l'action collective.

Le deuxième chapitre, le mouvement des jeunes, est en revanche comparable à ce qui se passe dans d'autres communes de taille comparable. Ce mouvement vient à la fois concurrencer et dynamiser le courant associatif plus ancien, ancré lui-même dans la culture ouvrière de l'action collective. En s'opposant au début, le mouvement des jeunes engendre progressivement une dynamique propre : « Depuis à peu près 1995, je pense qu'on ne peut plus l'isoler comme un mouvement des jeunes » (J.-L. Simon, entretien 2003). Cette classification, résultat de la construction des discours par les associations elles-mêmes, n'est plus d'actualité : les militants type association « d'habitants » et de type association « de jeunes » (qui au milieu des années 1990 arrivent à la quarantaine), sont aujourd'hui tous des habitants du quartier :

> Je parle de l'association qui se dit « comité de quartier » et de l'association qui se dit « association des jeunes ». Les uns et les autres sont des habitants. C'est leur langage. Il y a les associations dites des « jeunes » dans un mouvement de jeunes, dans une fédération des associations des jeunes, et il y a des comités de quartiers qui se disent « associations des habitants ». Et ça, je sais bien que c'est à construire et que c'est l'un des soucis fondamentaux des élus... On n'a pas du tout aidé les associations, on les a mal aidées à voir clair. On les a laissées s'enfermer dans un vocabulaire et dans un discours qui ne construit pas. (J.-L. Simon, entretien 2003)

Les deux types d'associations coexistent à Roubaix : tant les militants émergés du syndicalisme ouvrier que ceux qu'on appelle les « jeunes » cultivent l'action collective autour de l'opposition, de la résistance, mais de manière différente. Les premiers favorisent à la fois l'action verticale et horizontale. La seconde catégorie de militants développe une méthodologie plus individualiste, qui privilégie les rapports verticaux et directs au pouvoir :

> Les syndicats aussi cultivent l'action collective autour de l'opposition, de la résistance. Les jeunes la cultivent tout à fait autrement, avec d'autres modèles, mais quelque chose de comparable. La méthodologie, ils l'acquièrent en même temps que les autres militants ouvriers, mais cette méthodologie est la méthodologie moderne de l'action collective, c'est-à-dire celle qui tue l'action collective. Pour moi, c'est un rapport au pouvoir qui s'axe sur la verticale, alors que l'action syndicale cultive soigneusement l'horizontale et la verticale. (J.-L. Simon, entretien 2003)

La rencontre entre la culture de type syndical et la culture de type « coin de rue », à la fois source de richesse et de conflits, génère des impacts sur l'action collective. Si le mouvement des associations des habitants se caractérise à la fois par une vision humaine et une manière de faire, le deuxième, né à l'intérieur du premier ou en parallèle avec celui-ci, arrive sans cette culture de l'intervention collective. La seconde catégorie de militants développe donc une méthodologie plus individualiste et empirique, qui privilégie les rapports verticaux, directs au pouvoir. Cette démarche est à l'origine d'une méthodologie moderne, basée sur des forces verticales, très utiles pour obtenir des moyens, mais elle ne favorise pas toujours la construction de vraies solidarités, permanentes et durables. D'où la spécificité de l'action collective à Roubaix qui consiste à opposer et à combiner deux types de cultures : l'une traditionnelle qui s'effrite, et l'autre qui se construit progressivement dans la confrontation et la coopération avec l'ancienne.

Mais la source publique de financement est en train de s'épuiser avec les mutations dans l'organisation économique mondiale, l'appauvrissement du pays et l'abandon progressif de l'idée d'État social. La diminution des recettes publiques et l'augmentation des dépenses sociales qui s'ensuivent posent des problèmes de redistribution de l'argent rare et impliquent la recherche de solutions de gestion de la pénurie financière :

> La question n'est pas dans la production de richesse, elle est dans la distribution de richesse et cette distribution fait l'objet d'une quantité de savoirs faire et méthodologies, d'une professionnalisation incroyable. Donc il faut créer un nombre incroyable des postes pour gérer la pénurie financière qui est en train de se développer. Tous les postes de travail sont passés de la notion d'animation de la vie collective à une notion de distribution et d'orga-

nisation de l'argent public. La plus-value pour moi est nulle. (J.-L. Simon, entretien 2003)

En dehors de micro initiatives d'habitants, soutenues financièrement par des structures comme les comités des quartiers au travers de dispositifs spéciaux comme le programme « Initiatives et citoyenneté », les relations sociales s'organisent à d'autres niveaux : l'endo-organisation, qui concerne les liens entre les projets initiés par les divers acteurs et l'exo-développement, qui fait référence aux politiques publiques. En réalité, selon le vice-président du comité de quartier de l'Épeule, il n'existe pas de ponts entre ces trois niveaux : projets des habitants, initiatives des acteurs locaux et les grands projets publics :

> On n'a pas réussi à construire les passerelles pour que les initiatives des habitants puissent trouver de la résonance dans les grands projets de la ville, pour que les collectifs d'associations puissent dépasser chacun leur intérêt particulier pour trouver du collectif. (E. Verbrackel, entretien 2003)

L'une des raisons réside dans la difficulté des acteurs locaux eux-mêmes à passer de l'intérêt particulier à l'intérêt collectif. Une autre réside dans l'enfermement des acteurs qui ont du mal à travailler avec des partenaires : cela pourrait s'expliquer par la faiblesse de la culture du partenariat : « La culture du partenariat, ça reste un obstacle en France et à l'Épeule, ce sont des choses qui demandent à être réellement construites, avec des vraies modalités mises en œuvre, voire des procédures » (E. Verbrackel, entretien 2003). Il faut cependant faire la différence entre le processus de mise en commun des moyens, qui s'appuie sur une sensibilité commune des militants, et la construction partenariale de projets de développement qui ont pour vocation de changer l'image de la ville : « Par contre, réellement travailler ensemble et construire les objets qui vont faire que tout le monde va pouvoir s'y retrouver et devoir laisser une partie de sa spécificité pour pouvoir construire un projet en commun, c'est difficile » (E. Verbrackel, entretien 2003).

Le « Contrat de rue » concernant la rue de l'Épeule constitue un bon exemple de projet dont les résultats sont mitigés. Ce projet exigeait, d'une part, l'auto-organisation des commerçants eux-mêmes pour faire valoir leurs intérêts particuliers, et, d'autre part, la participation d'autres associations susceptibles d'apporter des réponses par rapport à l'attractivité de la rue, notamment en termes d'animation. L'occasion d'engendrer un cercle vertueux en termes économiques a été ratée car les acteurs concernés (commerçants, partenaires associatifs, institutionnels, habitants) n'ont pas réussi à réunir leurs points de vue dans une démarche partenariale. Selon E. Verbrackel (entretien 2003), ce projet représentait une « vraie passerelle en termes de création d'entreprise économique » capable de lier le marché de l'enseigne très dynamique de Roubaix au petit commerce de la rue de l'Épeule : « Il y avait certainement moyen d'imaginer là de l'activité économique qui soit intéressante. Mais on n'a pas réussi à construire des espaces qui font que les choses dont on discute les uns et les autres vont ensemble » (E. Verbrackel, entretien 2003).

4.3 Les dynamiques d'exclusion dans le quartier de l'Épeule

4.3.1 Un quartier populaire marqué par son passé industriel

4.3.1.1 Identité territoriale, attachement, esprit de tolérance

Généralement, les frontières d'une communauté sont établies soit par la loi (territoire administratif), soit par les caractéristiques physiques (routes, cours d'eau), mais les critères socioéconomiques valent également. Dans les années 1820, quand la première machine à vapeur est installée, Roubaix était encore un bourg semi-rural comptant moins de dix mille habitants (Roubaix-info, 2000, p. 14). L'organisation spatiale de l'époque de l'industrialisation de Roubaix a pour conséquence l'absence d'un centre-ville réellement localisable et la constitution d'une structure urbaine composée de quartiers-villages, avec chacun sa rue commerçante (Lefebvre, 2003). C'est également le cas de l'Épeule, quartier qui s'est structuré au rythme des usines de textiles autour de la rue commerçante éponyme.

La population prise en compte dans cette étude concerne donc les habitants vivant à l'intérieur des frontières administratives du quartier de l'Épeule, définies par l'Observatoire urbain de la mairie de Roubaix pour l'INSEE, mais on peut admettre que ce quartier a aussi une identité culturelle et sociale (tradition textile, rapports de proximité entre les ouvriers et les patrons, paternalisme, etc.). Selon cette approche administrative, le quartier se découpe en quatre sous-secteurs : ouest (Épeule-Trichon et Fresnoy-Mackellerie), nord (Alma Gare, Cul de Four, Hutin Oran Cartigny, Hommelet, Fosse aux Chênes, Armentières, Entrepont), est (Pile, Sainte Élisabeth, Fraternité, Trois Ponts, Sartel Carihem), centre (Centre-Ville, Anseele Motte Bossut, Nations unies, Espérance, Crouy, Vauban, Barbieux) et sud (Moulin, Potennerie, Linne Boulevards, Édouard Vaillant, Nouveau Roubaix, Petites Haies, Hauts Champs, Justice, Chemin Neuf). La genèse de ces délimitations est expliquée de la manière suivante :

> Pour les limites des quartiers il y a plusieurs choses : il y a les quartiers historiques, qui sont tous les quartiers de dix-neuvième siècle où les frontières étaient suffisamment précises et faciles à tracer. Pour les nouveaux quartiers c'était quand même plus vague. On a tenu compte à la fois de la géographie,

que ce soit cohérent, on a tenu compte aussi du bâti. Maintenant, au moins, tout le monde a le même découpage. On a même réussi à l'imposer à l'INSEE, on a réussi à l'imposer à la préfecture et à un certain nombre de personnes. (G. Voix, entretien 2003)

Le quartier de l'Épeule compose avec le quartier de Fresnoy-Mackellerie l'entité politique et administrative Roubaix Ouest :

L'Épeule n'est qu'un quartier dans Roubaix Ouest. Quand on va à la place du Trichon, quand on passe le pont du chemin de fer et qu'on va au Fresnoy, c'est toujours Roubaix Ouest, donc il y a une dynamique globale de Roubaix Ouest. Mais l'Épeule et le Fresnoy ne sont pas pareil, et, d'ailleurs, il y a un comité de quartier sur l'Épeule et un autre sur le Fresnoy-Maquellerie. Mais quand vous regardez le découpage politique de Roubaix Ouest, le canton Roubaix Ouest qui élit un conseil général comprend toute cette partie. Humainement, la place du Trichon est au même titre que cette partie dans le quartier de l'Épeule-Alouette Trichon. Ça c'est du découpage spécial Politique de la Ville. La réalité humaine, dynamique… on sent bien que la rue de l'Alouette fait partie du quartier. (M. Caron, entretien 2003)

Si cette frontière est défendue par les élus et les techniciens de la ville, elle n'est pas toujours partagée par tous les acteurs. Les frontières d'une communauté sont parfois différentes de celles de l'administration : elles peuvent être de nature religieuse ou linguistique, ou persister seulement dans les esprits des habitants comme résultats de la tradition et de la réalité humaine. L'aspect symbolique des limites d'une communauté est important pour voir comment les individus s'attachent à une place, un groupe, à une idée.

L'enquête de terrain a montré que chaque habitant trace les limites spatiales et représente le quartier selon son histoire et sa situation dans le quartier. Selon la place où ils vivent, les répondants ont différentes représentations des limites de l'Épeule. Environ trois répondants sur dix limitent le quartier à la rue de l'Épeule et aux alentours. Un sur dix pense que le quartier ne comprend que la rue de l'Épeule et les ensembles HLM, ou seulement le périmètre HLM où ils habitent. Trois personnes sur dix interviewées prennent en compte un découpage plus large du quartier, en intégrant souvent le secteur où ils habitent (Soubise, Trichon ou Alouette).

Parce que le quartier a beaucoup changé en termes de peuplement et d'activité économique, c'est la rue de l'Épeule, fameuse pour la vivacité de ses commerces, qui apparaît dans toutes les représentations des habitants comme le symbole du quartier, et non plus l'usine textile. Qui se rappelle, en effet, que l'Épeule[16] est un outil intervenant dans la fabrication du tissu ?

> Un des quartiers de Roubaix qui a sa propre identité par rapport à certains équipements publics, qui s'identifie par rapport à la rue de l'Épeule et ses commerces. Il y a le Colisée, la Piscine, le marché, l'école, le conservatoire, l'hypermarché, le square du Catteau animé avec des lectures. (Femme, 35 ans, cadre, d'origine française, habitant à l'Épeule depuis 7 ans dans une maison de maître)

Chaque habitant semble avoir sa propre perception des limites du quartier, et le découpage administratif n'est jamais évoqué comme tel. Pour certaines personnes, la définition des limites de la communauté peut prendre une dimension exclusionnaire, en plaçant certains éléments (personnes, commerces, rues, équipements) à l'intérieur ou à l'extérieur des frontières indiquées :

> L'Épeule n'est pas ici, il est vers le marché, la rue de l'Épeule, les commerces. Nous, on est à la limite du beau Roubaix. (Femme, ouvrière, 32 ans, origine italienne, à l'Épeule depuis 5 ans, dans une maison de rue)

> Quartier artificiellement rattaché à Montesquieu, depuis qu'il y a la station de métro. Mais c'est très différent : très populaire, très bigarré, puis, progressivement, les classes moyennes jusqu'à la rue de Lille, et relativement bourgeois à partir de la rue Montesquieu et sur la rue Mimmerel, du côté du palais de Justice. (Homme, 43 ans, cadre, origine française, à l'Épeule depuis 8 ans, habitant dans une maison de maître)

Les bénéfices liés à l'appartenance à un groupe (les habitants du quartier de l'Épeule ou ceux de Roubaix) peuvent être niés aux non-membres car certains identifient le quartier par rapport aux étrangers à ce quartier. L'observation directe montre que les personnes qui n'habitent pas dans le quartier sont immédiatement identifiées et parfois interpellées :

> Une fois qu'on habite ici, aucun problème. Quand ils ne vous connaissent pas, ils vous regardent, mais après, aucun problème, au contraire. On m'a aidé un jour où j'avais un malaise, je suis tombée dans la rue, on m'a ramenée. (Femme, 24 ans, ouvrière, origine française, habitant depuis 4 ans à l'Épeule dans un HLM)

Ce sentiment nous a été confirmé aussi par les témoins privilégiés lors des entretiens : en effet, pour les habitants de Roubaix, le véritable étranger n'est pas celui qui est originaire d'un certain pays, mais celui

---

16 Instrument du textile autour duquel s'enrolait le fil. Dans la fabrication du point d'Alençon (dentelle réseau), « épeuler » signifie retirer avec une pince les fils qui traversent le parchemin (Littré, E., 1964, *Dictionnaire de la langue française*, Tome 3, Gallimard/Hachette, p. 931).

qui habite dans la commune voisine comme Villeneuve d'Ascq, Wattrelos, Tourcoing ou Croix :

> À Roubaix, dès qu'on est à Roubaix, on peut avoir toutes les nationalités qu'on veut. Mais il faut habiter à Roubaix, sinon, on est un étranger. Pour Roubaix, l'étranger, c'est celui qui n'habite pas Roubaix. Mais si tu viens de Tanzanie, ce n'est pas important, tu n'es pas un étranger. Rien n'est plus étranger pour Roubaix que celui qui habite la commune d'à côté. Il vaut mieux être issu de la Papouasie orientale que d'habiter à Villeneuve d'Ascq ou à Wattrelos, sont là les étrangers. (J.-L. Simon, entretien 2003)

L'enquête par questionnaire montre qu'un certain nombre de répondants qui ne votent pas régulièrement, ont voté aux élections présidentielles de 2001. Cela peut être considéré comme un vote de contestation contre Jean-Marie Le Pen, le chef du Front national, parti d'extrême droite française. Le vote, moyen d'exercer les droits de citoyen, peut être considéré comme un canal d'inclusion pour les habitants et aussi comme un indicateur de satisfaction. L'un de nos objectifs de départ était de savoir si les habitants votent davantage au niveau national ou au niveau local, ce qui pourrait éventuellement indiquer un intérêt particulier pour les problèmes de la communauté locale.

Tableau 17. Participation au vote des habitants de l'Épeule

Participation au vote	Effectifs	%
Oui, je vote chaque fois, c'est mon droit et obligation	45	43,3
Seulement aux élections 2001	6	5,8
Oui, je vote qu'aux élections nationales	4	3,8
Participations irrégulières (en fonction des autres facteurs)	4	3,8
Sous-total personnes qui votent	**59**	**56,7**
Non, je n'ai plus confiance, je suis déçu	24	23,1
Non, je n'ai pas (je n'avais pas) la nationalité française	17	16,3
Non, je n'ai pas (je n'avais pas) l'âge	3	2,9
Sous-total personnes qui ne votent pas	**44**	**42,3**
Autres (vote à l'étranger)	1	-
TOTAL	**104**	**100**

Source : auteur (enquête par questionnaire, 2003)

L'enquête révèle que les répondants, pour la plupart, ne différencient pas les élections locales des élections nationales. Environ six enquêtés sur dix déclarent à ne pas voter régulièrement : cela pourrait en partie s'expliquer par le fait que deux répondants sur dix n'ont pas le droit de vote car ils n'ont pas la nationalité française. Deux sur dix sont des répondants de nationalité française déclarant ne plus voter par déception, ce qui pourrait indiquer une baisse de confiance.

Roubaix est très souvent présenté comme la ville de l'intégration réussie et du multiculturalisme, en raison des environ 120 origines culturelles qui y sont représentées. De ce fait, il peut sembler étonnant que le Front national ait obtenu l'un des plus importants scores de la région aux élections 2001.

En revanche, aux élections présidentielles d'avril 2007, la population de Roubaix a voté massivement la candidate du Parti socialiste. Cependant, il faut se rappeler qu'il s'agissait d'un vote national qui a peu d'incidence directe sur la vie locale : la gauche socialiste, qui a succédé à la droite « éclairée » d'André Diligent, est majoritaire à Roubaix depuis une dizaine d'années :

> Le Front national fait un score inquiétant depuis très longtemps à Roubaix. Mais, vous avez raison de dire que le Front national n'est pas organisé à Roubaix. Les gens votent le Front national, mais il n'y a pas effectivement un endoctrinement permanent, il n'y a pas une présence, une immersion. Ils votent Le Pen, ils adhèrent à des provocations nationales, mais pas à des provocations locales. (J.-L. Simon, entretien 2003)

Nous n'avons pas observé chez les répondants des propos purement racistes. Selon les témoins privilégiés, même si les discours des habitants laissent transpercer un certain type d'intolérance, il ne s'inscrit pas dans un registre raciste :

> Évidemment, il y a toujours des petits malins qui cultivent l'intolérance. Dans la vie de tous les jours, dans la rue ça c'est sûr, ils ont des discours, ils ont des phrases, ils ont des réflexes... Je pense qu'en réalité, ces phrases leur servent à éviter les conflits et à provoquer, mais en général de manière non raciste. (J.-L. Simon, entretien 2003)

Lorsque l'intolérance se manifeste, c'est par exemple sous la forme du regret que les commerces traditionnels aient été remplacés par des commerces du même type, remarque observée chez plusieurs habitants interrogés et résumé par V. Boutry :

> Il y a beaucoup d'implantations de commerce étranger sur la rue, mais sans aucun prestige. On a l'impression que c'est à l'abandon. Les habitants anciens disent que c'est n'importe quoi d'avoir que des commerces du même type. Les gens disent, à quoi bon avoir autant de commerces de même type dans le même coin. Ils veulent des beaux commerces. Ce n'est pas accueillant. (V. Boutry, entretien, 2003)

Ce qui choque les habitants, particulièrement les plus âgés, nostalgiques des animations organisées jadis dans la rue de l'Épeule par les commerçants, c'est la communautarisation ou même parfois l'affiliation religieuse des commerces :

> Un gâchis. Avant, c'était bien. On se connaît encore avec quelques voisins. Mais dès qu'ils peuvent, ils déménagent. C'est trop arabe, voyou. C'est im-

possible à vivre ici maintenant. Même les commerces, c'est sale. Avant, tout le monde nettoyait son bout de trottoir. Maintenant, les jeunes se moquent de vous : vous faites la poubelleuse. (Femme, 73 ans, origine italienne, ancienne ouvrière textile, habitant depuis 42 ans dans le quartier dans une maison de rue, 2003)

4.3.1.2 Caractéristiques socioéconomiques et démographiques

Afin d'identifier les populations vulnérables, nous avons analysé la composition sociodémographique et socioprofessionnelle de la population du quartier, ainsi que les caractéristiques de la population immigrée. Nous avons complété cette analyse avec un examen des modes de vie des habitants : lieux de courses, possession des voitures, lieux de vacances et utilisation des moyens d'information.

La population de l'Épeule a très peu varié entre 1990 et 1999 : de 9 877 à 9 866 habitants. Cela confirme la tendance à la stabilisation de la population de Roubaix, après une longue période de décroissance. La composition des ménages montre que l'Épeule a une population plus jeune que celle de Roubaix et Lille. Cela s'explique par une forte proportion de familles élargies : les ménages composés de plus de cinq personnes représentent 21 % à l'Épeule, 18 % à Roubaix et seulement 7 % à Lille (INSEE 1999). De même, le pourcentage des ménages composés d'une seule personne et des familles monoparentales est moins important à l'Épeule (28 %) qu'à Roubaix (32 %) et à Lille (51 %).

La grande majorité de la population se caractérise par des niveaux bas de diplômes et de qualifications, ce qui rend l'insertion dans le champ du travail encore plus difficile (40 % des personnes sans diplôme à l'Épeule contre 30 % sur l'ensemble de Roubaix et 16 % à Lille : « Les écoles primaires, ça devient de vrais ghettos avec des résultats qui sont les plus catastrophiques de l'académie, donc une baisse de niveau qualitatif. Il y a un vrai problème des écoles publiques à Roubaix et notamment dans le quartier » (E. Verbrackel, entretien 2003). De plus, la proportion des habitants sans aucun diplôme est en augmentation entre 1990 (36 %) et 1999 (40 %). Selon David (2003, p. 17), ce niveau éducatif et culturel médiocre représente l'une des caractéristiques durables produite par la période industrielle : « l'industrie appelait des bras et le patronat encourageait les mises au travail précoce. La scolarisation et la formation étaient donc peu valorisées, voire découragées ». Au niveau des services de la mairie, cette réalité est prise en compte à travers la politique de discrimination positive à l'embauche, dont le but est de promouvoir l'égalité des chances :

L'égalité des chances, ça veut bien dire qu'on est forcément plus attentif à ceux qui, ou au plan de l'éducation, au plan du travail, ont rencontré des situations difficiles dans leur histoire personnelle. Un cursus scolaire qui n'est pas réussi on le retrouve dans toutes les familles sauf que les énarques sont assez rarement issus des quartiers très défavorisés. Donc, il faut faire encore plus attention à ceux qui ont eu des scolarités pas très bien réussies ou à ceux qui ont quelquefois des difficultés même pour maîtriser la langue française. (G. Voix, entretien 2003)

Tableau 18. Statistiques-clés : Épeule, Roubaix et Lille

Localité	Épeule	Roubaix	Lille
Population totale	9 866	96 984	184 657
Femmes	51 %	52 %	53 %
Jeunes (0-25 ans)	45 %	42 %	37 %
Personnes âgées (> 60 ans)	11 %	15 %	16 %
Ouvriers dans la population active	35 %	44 %	20 %
Cadres dans la population active	3 %	5 %	20 %
Ménages nombreux (> 5 personnes)	21 %	18 %	7 %
Ménages monoparentaux	17 %	23 %	19 %
Ménages composés d'une seule personne	28 %	32 %	51 %
Ménages dont la personne de référence est d'origine étrangère	-	17 %	7 %
Personnes sans diplôme	40 %	30 %	16 %

Source : auteur (INSEE, RGP 1999)

Le passé industriel de la ville se reflète également dans la structure de la population active. À l'Épeule, 35 % de la population active est représentée par les « cols bleus »[17], indiquant que la composition socioéconomique du quartier, comme celle de Roubaix (44 %), reste encore très industrielle. À Lille, seulement un habitant sur cinq est ouvrier. En ce qui concerne la proportion des cadres, le contraste avec la ville de Lille est encore plus évident : 3 % à l'Épeule et 5 % à Roubaix contre 20 % à Lille. Les différences sociales restent difficiles à gommer, même si on choisit délibérément d'habiter dans un quartier populaire pour sortir de son « ghetto de riches ». C'est ce que ressent une étudiante qui use d'artifices (port du *keffieh*) pour se fondre dans le paysage :

On vient de Villeneuve d'Ascq. Ici ça fait moins ghetto de riches. J'ai poussé mes parents à sortir du ghetto de riches. C'est très enrichissant, mais ça décourage d'être militant... On se fait traiter de bourges au lycée, moi et ma sœur. Ce que je n'aime pas non plus, c'est le communautarisme. Au collège, on entend « sale juif », « sale français ». J'ai été prise à partie au collège. Après, j'ai mis un keffieh et on m'a dit : c'est bien ton keffieh ! (Étudiante, 18 ans, habitant à l'Épeule depuis 4 ans)

---

17 L'expression « cols bleu » désigne les travailleurs manuels et les ouvriers, par opposition aux « cols blancs » (professions libérales et intellectuelles, cadres d'entreprise, etc.).

Examinons maintenant le rapport à l'emploi, point sensible dans un quartier et une ville gravement touchés par la crise industrielle : « La crise a laissé sans emploi trop de salariés formés à la mono-industrie : hommes et femmes, entre deux âges mais d'un seul métier, des jeunes aussi, oubliés. Ils ne croient plus en l'avenir » (Roubaix-info, janvier 2000, p. 43).

Tableau 19. Situation professionnelle du chef du ménage

Situation professionnelle du chef du ménage	Effectifs
CDI (Contrat Durée Indéterminée)	36
Titulaire fonction publique	9
CDD (Contrat Durée Déterminée)	8
Indépendants/Intermittents du spectacle	5
Intérimaire	4
Emploi aidé	4
Total ayant activité professionnelle	**66**
Retraité	21
Invalide	8
RMI	8
Chômeur indemnisé/apprentissage-stage/fin CDD	6
Mère au foyer/mère API (Allocation Parent Isolé)	5
Étudiant	2
Sans-papiers	1
Travail au noir	1
Total sans activité professionnelle	**52**
TOTAL	**118**

Source : auteur (enquête par questionnaire, 2003)

En 1999, le taux de chômage était de 32 % à Roubaix, nettement supérieur à celui de Lille (20 %). Le quartier de l'Épeule est significativement touché par la crise économique et sociale avec un taux de chômage de 35 %, chiffre qui le situe parmi les neuf quartiers de Roubaix présentant un taux supérieur à 30 % en 1999 (cf. INSEE, 1999). Ce taux est en progression continue depuis 1982 : 21 % (1982), 27 % (1990), 35 % (cf. INSEE, 1999).

Selon les données du guide du comité de quartier de l'Épeule, en 1993, il y avait 500 ménages du quartier allocataires du RMI sur un total de 3326 ménages. L'enquête par questionnaire indique que plus de la moitié des chefs des ménages interviewés ont une activité professionnelle, mais que la moitié de ceux-ci exercent des emplois précaires (CDD, intérimaires, etc.).

La proportion d'habitants d'origine immigrée joue également un rôle en termes de vulnérabilité socioéconomique de la population. Dès le début du siècle dernier, Roubaix a connu plusieurs flux d'immigration qui ont complexifié la problématique locale. Leur situation est davantage précarisée, en raison de l'exclusion et la discrimination, notamment par rapport à l'emploi :

> La ville doit faire face de surcroît aux problèmes d'une forte communauté d'origine étrangère (près de 50 % de la population) que les industriels ont fait venir lorsqu'ils avaient besoin d'une main-d'œuvre abondante et qui maintenant est particulièrement exposée au chômage. (Lefebvre, 2003, p. 20)

Les données officielles concernant la population d'origine étrangère ne sont pas disponibles à l'échelle du quartier, mais seulement à l'échelle de la ville : les Algériens constituent de loin la communauté d'origine étrangère la plus importante à Roubaix (15 %), tandis que l'immigration récente (notamment en provenance d'Afrique noire et de l'Asie) représente 4 % de la population de Roubaix. On observe une grande diversité d'origines culturelles à Roubaix, mais, selon les témoins privilégiés, on n'a pas à faire à des communautés fermées :

> Il y a autant de diversité dans la communauté maghrébine qu'il y en a dans la communauté française. Et donc la différence entre un Français et un Maghrébin qui est français, neuf fois sur dix, est quelquefois moins importante que les différences observées chez des Français d'origine ou dans une communauté donnée. (G. Voix, entretien 2003)

Tableau 20. Ménages enquêtés selon l'origine culturelle

Origine culturelle du ménage	Effectifs
Franco-française	58
Afrique du Nord	24
Mixte (français + origine culturelle étrangère)	16
Autres pays européens	12
Afrique noire	4
Asie	2
TOTAL	**116**

Source : auteur (enquête par questionnaire, 2003)

Notons que les ménages d'origine étrangère représentent 17 % dans l'ensemble de la ville, alors qu'ils ne sont que 7 % du total des ménages à Lille. L'enquête par questionnaire dans le quartier de l'Épeule confirme cette diversité culturelle : les ménages d'origine étrangère, auxquels s'ajoute le 16 % de ménages mixtes, représentent environ 30 % des ménages enquêtés. La communauté maghrébine reste la plus importante communauté étrangère au niveau du quartier (21 % des 116 ménages interviewés).

Les statistiques INSEE et l'enquête par questionnaire mettent en évidence un quartier caractérisé par une importante mixité sociale et culturelle :

> C'est un quartier populaire. Je ne sais pas si scientifiquement ça veut dire quelque chose, mais historiquement c'est une notion qui est comprise, partagée. C'est un quartier populaire avec des populations diverses et donc on trouvera sur le quartier aussi bien des classes moyennes, des populations d'un niveau de vie plutôt élevé, on trouvera aussi des populations avec un niveau de vie très modeste, une part de la population accédant à différents systèmes d'action sociale et d'aide. Cette population est très importante. Il y a du chômage, il y a de la pauvreté. (M. Caron, entretien 2003)

Dans la population totale du quartier, les jeunes sans expérience du travail et à faible niveau d'éducation, les travailleurs aux emplois précaires ou formés à la mono-industrie, les chômeurs de longue durée, les immigrants (notamment la première génération des primo-arrivants, faiblement qualifiés, mais aussi leurs enfants, étrangers ou citoyens naturalisés, ainsi que les nouveaux arrivés des pays moins développés) représentent des groupes majeurs en termes de risque de pauvreté et d'exclusion sociale. Parmi ceux-ci, quelques catégories apparaissent particulièrement exposées à la pauvreté et au risque d'exclusion sociale : les chômeurs de longue durée, les allocataires des minima sociaux, les sans-papiers et les demandeurs d'asile.

4.3.1.3 Styles de vie des habitants

L'analyse des caractéristiques sociodémographiques et socioéconomiques de la population de l'Épeule ne suffit pas à nous informer sur la vie dans les quartiers. Les modes de vie et le contexte dans lequel vivent les habitants jouent certainement un rôle dans leur décision de rester ou de quitter la ville ou le quartier. Un style de vie (« vivre au quartier ») peut être défini comme l'ensemble des manières par lesquelles les ménages obtiennent les choses nécessaires à la vie : lieu de travail de la personne de référence active, transports (les moyens de transport utilisés pour aller travailler, le fait de posséder ou non un véhicule motorisé), lieux où les ménages font les courses, lieux des loisirs et des vacances, etc. L'analyse des modes de vie nous permet de mettre en évidence des problèmes qui exigent soit des réponses d'urgence soit des stratégies à long terme. Il est évident que la faiblesse des revenus de certains ménages les empêche d'acquérir des biens, de sortir, de partir en vacances ou même d'entretenir des liens sociaux.

Les enquêtés se déplacent relativement peu pour le travail : quatre actifs sur dix travaillent à Roubaix, dont un à l'Épeule. Si l'on ajoute les communes proches (Croix, Tourcoing), cela fait près de sept personnes sur dix qui travaillent dans un périmètre assez proche de leur lieu de résidence. Les autres personnes interrogées travaillent surtout dans la métropole lilloise. Les répondants actifs de la tranche d'âge 30-39 ans travaillent plus souvent à Roubaix (quatre sur dix) et à l'Épeule (environ deux sur dix) que les autres tranches d'âge. Les jeunes entre 15-29 ans, quant à eux, travaillent plus souvent dans la métropole (quatre sur dix) et à Tourcoing (deux sur dix). Quant aux actifs de plus de 40 ans, ils se déplacent davantage que les plus jeunes dans la métropole lilloise ou ailleurs (Belgique, région).

L'enquête montre aussi que ce sont notamment les catégories de milieu populaire qui travaillent en ville ou dans leur quartier de résidence : les ouvriers et les employés travaillent plus souvent à Roubaix que les cadres et les professions intermédiaires. Contrairement à ce que l'on pourrait imaginer, ce ne sont pas les couches les plus aisées qui se déplacent loin pour leur travail. Il semble que les cadres et les professions supérieures (avocats, médecins, architectes, artistes) et les professions intermédiaires aient choisi de vivre à Roubaix pour une meilleure qualité de vie : maison plus spacieuse, moins chère, plus de convivialité, possibilité d'installer son cabinet au rez-de-chaussée, etc.

Selon l'enquête, environ quatre ménages sur dix ne possèdent pas de voiture. Ce sont plutôt ceux dont le chef de ménage n'exerce pas d'activité professionnelle : retraités, invalides, chômeurs, femmes au foyer, mères isolées. Nous avons demandé aux chômeurs s'ils avaient rencontré des difficultés pour décrocher un emploi du fait qu'ils ne possédaient pas un moyen de transport individuel motorisé. Parmi les 25 répondants à la recherche d'un emploi, 19 ne possèdent pas de voiture. Cependant, 16 personnes déclarent qu'ils n'ont pas de difficultés de déplacement pour chercher du travail car ils vont à pied ou ils utilisent les moyens de transport en commun.

Les répondants semblent satisfaits de leurs commerces. La moitié d'entre eux font leurs courses dans la ville de Roubaix et plus de quatre habitants sur dix dans les magasins de l'Épeule. Les autres font leurs courses à Leers, à Croix, en Belgique, à Roncq ou Villeneuve-d'Ascq ou en ligne. Le lieu des courses dépend de plusieurs facteurs comme l'âge, la santé, l'activité professionnelle, la possession d'une voiture ou non, le lieu de scolarisation des enfants, etc. Ainsi, ce sont les répondants de plus de quarante ans qui font leurs courses majoritairement dans leur quartier contre les plus jeunes qui préfèrent Auchan Leers.

En ce qui concerne les sorties (cinéma, courses, cafés, discothèques, autres loisirs), un habitant sur quatre ne quitte jamais le quartier : il s'agit notamment des ménages avec enfants, des retraités et des handicapés. Ce sont surtout les personnes ayant un emploi stable (CDI) qui sortent le plus souvent : à Roubaix (cafés, cinéma), à Lille (shopping), dans les communes voisines ou en Belgique (boîtes de nuit). Les jeunes entre 15-29 ans sortent plutôt à Lille, sinon ils restent dans le quartier et se déplacent très peu dans d'autres quartiers de Roubaix. Les habitants qui ne sortent jamais sont plutôt des femmes (11 % contre 4 % chez les hommes), des retraités et des invalides, des personnes ayant des emplois précaires (intérim, CDD), des mères au foyer, les chômeurs et des bénéficiaires RMI.

Un répondant sur cinq ne part jamais en vacances : ce sont surtout les bénéficiaires des minima sociaux et les personnes handicapées. Les autres (salariés, chômeurs, retraités) choisissent les autres régions de France comme destinations de vacances (un enquêté sur quatre) ou le Nord-Pas-de-Calais (un enquêté sur cinq). 14 % d'habitants interrogés retournent pendant les vacances dans leurs pays d'origine : 10 % chez les Maghrébins et 4 % chez les habitants provenant des pays européens. Les lieux de vacances varient selon le milieu social et selon le type de revenus des ménages. Ce sont plutôt les ouvriers et les employés (40 %) qui ne partent jamais en vacances contre 4 % chez les cadres. Les ouvriers et les employés, quand ils prennent leurs vacances, se déplacent dans la région : quatre sur dix pour les employés et six sur dix pour les ouvriers. Il y a davantage de femmes qui ne partent jamais en vacances (sept sur dix) que d'hommes (trois sur dix à ne pas partir en vacances).

4.3.2 Structure et dynamique des réseaux sociaux personnels

Cette section analyse les réseaux des liens entre les habitants du quartier (voir la section sur le capital social dans le premier chapitre du livre). Lors de l'enquête par questionnaire, chaque répondant a été interrogé à propos des personnes avec qui il est en interaction et du type de relation qui le lie à ces personnes. Le questionnaire comporte des questions destinées à appréhender la taille et la structure des réseaux personnels, mais aussi leur dynamique. La composante dynamique renseigne sur les conditions externes ou internes qui permettent à des réseaux spécifiques de fonctionner et d'être mobilisés de manière à faciliter l'accès aux ressources utiles. Également, les mesures de la taille des réseaux, reflétant l'isolement objectif (ne pas être entouré socialement), ont été complétées avec des mesures de l'isolement subjectif (ne pas se sentir entouré).

4.3.2.1 Structure et dynamique des liens « forts »

À l'Épeule, près d'un répondant sur deux a de la famille dans le quartier. Cette propension à habiter près des parents ou des enfants, des frères et sœurs, est forte notamment chez les ménages originaires du Maghreb ou des autres pays européens (Portugal, Italie, Pologne). Les Maghrébins devancent largement les autres catégories de population quant à la présence de famille proche dans le quartier. Environ sept répondants d'origine maghrébine sur dix ont de la famille proche dans le quartier, suivis par les autres Européens, par les habitants d'origine mixte et les Français. Notons que les Français, lorsqu'ils ont de la famille dans le quartier, sont les plus nombreux à les compter dans leur voisinage très proche : même immeuble, même courée ou même rue. L'existence de la famille dans le quartier concerne davantage les ménages de milieu populaire : la moitié des employés et des ouvriers déclare avoir de la famille proche dans le quartier. Les ménages des couches intermédiaires ou des professions intellectuelles déclarent ne pas avoir de la famille dans le quartier ou « pas de famille du tout ».

Plus de la moitié des répondants déclarent établir des contacts avec leurs voisins, et cela vaut pour toutes les communautés. Il peut toutefois s'agir de contacts très superficiels, voire, plus rarement, de conflits (situation rencontrée surtout dans les courées où la promiscuité est plus importante). Les amis se comptent plus rarement dans le quartier : environ deux répondants sur dix déclarent avoir des contacts avec des amis dans le quartier, avec toutefois des différences selon les communautés d'origine. Il convient de tenir compte du fait que la notion d'ami n'a peut-être pas la même signification selon les couches sociales et les origines culturelles. Il résulte que la population de l'Épeule de milieu ouvrier a traditionnellement plus de contacts avec la famille et noue dans le quartier plus des rapports de voisinage que d'amitié. Les contacts avec des amis dans le quartier sont plus fréquents chez les couches moyennes et supérieures (qui recherchent ce type de lien valorisant), alors que ce type de relation est moins fréquent chez les employés et les ouvriers.

De même, les rapports avec le voisinage sont plus fréquents dans les couches supérieures. Les ouvriers et les employés ont en général tendance à prendre des distances avec le voisinage, au moins dans les discours, valorisant davantage les rapports familiaux (Vervaeke et Lefebvre, 1986). En revanche, ils ont souvent des rapports avec les commerçants du quartier, alors que les autres couches ne semblent pas fréquenter régulièrement le commerce de proximité. Les contacts avec des membres des associations, rares, sont cités par un répondant sur dix, le plus souvent par les employés et par les professions intermédiaires.

Parmi les types d'échanges pratiqués dans le quartier, c'est avant tout l'entraide qui est évoquée (par près de trois habitants sur dix). Dans l'entraide – se donner des vêtements, des produits alimentaires, aider à remplir des papiers administratifs – la réciprocité interindividuelle revêt une valeur notoire. En effet, le « non-retour » dans l'entraide est une raison d'arrêt de cette entraide : « J'ai été déçue, j'ai beaucoup aidé, et quand j'ai eu besoin, je n'ai pu compter sur personne » (une habitante du quartier, enquête 2003). L'entraide est citée par les répondants de toutes origines culturelles, dans une proportion allant de 20 % à 30 %, toutefois dans une moindre mesure par les ménages d'origine maghrébine. De même, ce sont les couches supérieures qui citent le plus souvent l'entraide.

Les visites à la maison entre voisins sont pratiquées par deux répondants sur dix en général, davantage chez les autres Européens (Italiens, Portugais, Polonais), chez les employés et chez les professions intellectuelles supérieures. Le « bavardage » est pratiqué davantage par les ménages français ou mixtes et les ouvriers (deux répondants sur dix), et moins par les ménages d'origine étrangère ou par les cadres supérieurs. Le simple « bonjour-bonsoir » est cité surtout par les ménages originaires du Maghreb (deux enquêtés sur dix) et les couches sociales supérieures. Une proportion restreinte des ménages (8 %) pratique des activités avec d'autres personnes dans le quartier : ce sont davantage les ménages français et la catégorie employé. Les activités associatives sont pratiquées surtout par les ménages mixtes et les employés, mais dans une proportion assez faible (3 %). Enfin, les conflits d'usage de l'espace public ou des parties communes des immeubles et les disputes entre voisins sont seulement évoqués par 8 personnes sur les 118 répondants. Certains d'entre-eux affirment d'ailleurs que la régulation des conflits consiste essentiellement à les éviter avant tout : « Tant qu'on ne fait pas d'histoires, on n'a pas de problèmes » (un habitant du quartier, enquête 2003). Certaines personnes, en particulier des femmes qui ont un passé associatif ou dans le domaine social, tentent le contact direct et la médiation, notamment avec les jeunes.

La nature des relations et les catégories d'habitants concernés indiquent que c'est chez les populations exclues et reléguées socialement et spatialement que la solidarité appuyée sur des liens dits « forts » (notamment la famille proche) se manifeste le plus. Nous avons ensuite tenté d'appréhender la dynamique de ces réseaux personnels. À cette fin, nous avons posé une série de questions relatives à la manière dont les habitants ont résolu les problèmes auxquels ils ont été confrontés (par exemple, obtenir un logement ou un autre type d'aide, dépasser des moments difficiles du ménage, résoudre des problèmes liés à la vie du quartier, etc.). Les réponses à la question concernant les personnes qui ont aidé le ménage en difficulté donnent une première idée sur le degré de mobilisation des réseaux personnels : environ sept répondants sur dix déclarent qu'ils ont été aidés dans différents moments de leur vie. Deux sur dix ont bénéficié du support de la famille, habituellement le principal canal de solidarité mobilisé par les habitants dans les milieux populaires (Vervaeke et Lefebvre, 1986). Les autres ont été aidés par les voisins ou les amis. Signalons toutefois que 20 sur 120 répondants ont recouru au soutien des réseaux formels : services sociaux, associations, police, mairie, services privés marchands.

4.3.2.2 Structure et dynamique des liens « faibles »

Pour compléter ces résultats concernant les liens « forts » (famille, amis), nous avons tenté d'évaluer la structure et la dynamique des réseaux de liens « faibles ». Les questions ont porté sur la participation des habitants à la vie associative du quartier : nombre et noms des associations qu'ils connaissent, le fait d'être membre d'une association, d'un syndicat ou d'une congrégation religieuse, participation aux activités des associations, implication dans la vie publique.

Les résultats de l'enquête montrent que les habitants sont relativement informés à propos des activités associatives du quartier. Le niveau de connaissance des habitants a été testé à l'égard d'une sélection d'associations du quartier, précisément celles qui sont citées fréquemment par les témoins privilégiés lors des entretiens. Il s'agit du comité de quartier, du centre social Nautilus (centre social qui propose des activités pour les enfants, les adolescents et les femmes), du restaurant solidaire Univers (aide alimentaire aux plus démunis), de l'association Entre deux parcs (objectifs écologiques et d'animation du quartier), de l'Épicerie solidaire (vente de produits à des prix accessibles à un public spécifique), ainsi que des associations Alentour et Astuces. Selon l'enquête, le comité de quartier, le restaurant Univers et le centre social Nautilus sont les plus connus, suivis par l'Épicerie solidaire et l'Entre deux parcs (association animée par des catégories sociales supérieures du quartier). Les associations Alentour et Astuce demeurent assez peu connues : cela s'explique peut-être par la nature de leur objet d'activité qui consiste dans des travaux de maintenance des parties communes des HLM et d'entretien des bâtiments communaux et associatifs.

Dans l'ensemble, les répondants d'origine culturelle française déclarent connaître davantage les associations du quartier évoquées lors de l'entretien. L'Épicerie solidaire semble légèrement plus connue par les ménages d'origine maghrébine, mixte ou africaine. Nautilus est populaire parmi tous les ménages, toutes catégories confondues. Ce sont les catégories populaires qui connaissent le mieux les associations à caractère social du quartier comme le comité de quartier, le restaurant solidaire Univers ou le centre social Nautilus.

En ce qui concerne la pratique associative, elle semble assez faible : sept répondants sur dix ne sont pas des membres d'associations. Les Français d'origine s'impliquent plus souvent dans la vie associative que les habitants d'origine étrangère qui, par contre, sont plus nombreux à participer à des activités religieuses. Les habitants ayant fait des études supérieures sont davantage insérés dans différentes formes associatives que les moins diplômés ou les sans diplôme. Mais en l'absence de données comparatives, la fiabilité de cette évaluation peut être mise en doute, raison pour laquelle ces informations ont été confrontées avec les opinions des témoins privilégiés qui jugent aussi la participation des habitants à la vie associative du quartier comme étant faible. L'hypothèse du coprésident du comité de quartier de l'Épeule est que les habitants exclus du monde du travail sont également moins impliqués dans la vie associative.

Mais les habitants s'impliquent-ils ou souhaitent-ils s'impliquer dans les affaires publiques ? L'implication dans la résolution des problèmes d'ordre général, la participation aux débats sur la vie du quartier nous informent sur la mobilisation des réseaux ou des liens dits « faibles » par les habitants (dans leur propre intérêt ou pour l'intérêt collectif). À la question : « Qui doit prendre des initiatives pour améliorer la vie dans le quartier ? », personne n'a répondu « moi-même ». La majorité de répondants pense que c'est la mairie (quatre sur dix enquêtés), l'État et les associations qui doivent prendre des initiatives. Rencontrer un élu est l'un des canaux utilisés pour faire remonter des demandes ou doléances. Les habitants qui ont déjà rencontré le maire ou un autre représentant politique (34 personnes sur 118 répondants) ont échangé sur des problèmes généraux du quartier (propreté du quartier, dégradation du bâti, etc.), ont discuté de la politique locale ou nationale ou du temps, du sport, de la famille. Quelques personnes ont même essayé de résoudre de cette manière des problèmes privés (liés au travail ou au logement). La majorité des enquêtés a répondu favorablement à la question concernant une discussion virtuelle avec le maire de Roubaix. Ils profiteraient de cette occasion pour aborder des problèmes comme le chômage, la saleté des voiries, l'état de dégradation des logements, l'insécurité et pour faire des propositions d'amélioration de la vie dans le quartier (nettoyer les rues, mieux informer les habitants, plus de mixité sociale, plus d'équipements et activités pour les enfants et les jeunes, créer des entreprises et des emplois, etc.). Ces éléments indiquent une certaine proximité entre les habitants et les politiques. Il semble assez facile d'aborder la mairie ou les élus à Roubaix : c'est sans doute un héritage du rapport paternaliste entre les industriels roubaisiens et les ouvriers.

La participation des habitants aux débats sur la vie du quartier nous informe aussi sur la manière dont les habitants mobilisent leurs liens « faibles ». L'enquête de terrain tente d'identifier les lieux les plus courants où les habitants viennent plus régulièrement pour s'informer, exprimer leurs difficultés, leurs demandes, proposer des projets, etc. Ainsi, nous avons pu voir que divers instances ou lieux coexistent au niveau du quartier pour inciter les habitants à débattre des projets concernant leur quartier. Notamment trois structures sont évoquées par les témoins privilégiés interrogés : le comité de quartier, le conseil de quartier et l'Atelier Projet de Quartier (APQ). Normalement, les habitants sont mis au courant de l'organisation des réunions par le comité de quartier ou par les mairies de quartier, mais en réalité ils sont peu présents (G. Voix, entretien 2003). La majorité des habitants interrogés sur la nécessité des lieux pour débattre les projets et les services proposés dans le quartier ont répondu par « je ne sais pas ». Cependant, ensuite, ils proposent l'organisation des réunions dans des salles plus grandes (les locaux du comité de quartier étant trop petits) et de mieux transmettre les informations aux habitants. L'enquête montre que deux tiers des répondants sont relativement bien informés quant à l'existence des lieux d'expression des difficultés et pour faire de propositions sur la vie du quartier : trois enquêtés sur dix indiquent le comité de quartier et d'autres répondants citent la mairie de quartier et le centre social Nautilus.

La participation prend des formes très variées (information, consultation, dialogue), ou encore « concertation », mais ce terme est contesté : « La tendance, c'est de tout appeler 'concertation'. Tout n'est pas de la concertation : à un moment donné, c'est l'information, la consultation ou la concertation, mais ce n'est pas pareil » (G. Bourrat, entretien 2003). À Roubaix, il existe de nombreuses occasions où la participation des habitants peut s'exercer, mais cela n'implique pas automatiquement leur participation active (G. Bourrat, entretien 2003). Par ailleurs, il faut distinguer entre les occasions ou les lieux de concertation « provoqués par la ville » comme les Ateliers Projet de Quartier, les comités de quartiers, conseils de quartier et la participation à l'interne, dans les structures associatives :

> Que chaque structure associative puisse à l'interne faire participer et consulter ses propres usagers, c'est un volet qui est souvent oublié. À Roubaix, on prône aussi la participation interne dans les structures associatives et c'est franchement pas forcément le cas, y compris dans les associations qui revendiquent la participation en elles-mêmes à l'interne, elles ne sont pas très démocrates. (G. Bourrat, entretien 2003)

Environ sept répondants sur dix n'ont jamais participé à des débats sur la vie du quartier, tous sujets confondus. Cependant, deux répondants sur dix ont déjà participé à des réunions organisées par le comité de quartier, ce qui montre une certaine reconnaissance de cette structure. D'autres habitants interrogés ont participé à diverses réunions organisées dans le cadre du travail, de l'école ou au sujet de la réhabilitation ou de la démolition de leurs logements. La participation concerne davantage les répondants d'origine française (la moitié des répondants) que les ménages d'origine culturelle nord-africaine ou mixte, et davantage les professions intermédiaires et les ouvriers que les employés. Si on considère la participation aux débats selon l'âge du répondant ou selon la catégorie socioprofessionnelle, on observe une participation plus importante pour la tranche d'âge 30-39 ans et chez les ouvriers et les employés.

Parmi les habitants qui ont déjà participé à des réunions, quelques-uns étaient directement concernés, d'autres sont venus pour s'informer, pour faire une proposition, par curiosité, par obligation, par habitude ou pour rencontrer du monde. En ce qui concerne les résultats concrets des débats, quelques répondants déclarent qu'ils se sont terminés avec des conflits ou des tensions, qu'ils ont été de simples discussions ou qu'ils n'ont donné aucun résultat. D'autres déclarent que les réunions se sont clôturées par la conception et la proposition d'un projet, avec une application immédiate des décisions ou avec une prise de décision. Les motifs invoqués pour la non-participation (88 répondants sur 120) sont en premier lieu le manque d'intérêt et le manque de temps, les conflits et les tensions, le manque d'information, le sentiment d'être minoritaire (âge, sexe, origine culturelle) et le manque des résultats concrets ou d'autres raisons (« je suis indésirable », « je ne suis pas ici depuis longtemps »).

Les témoins privilégiés avancent plusieurs arguments pour expliquer la faible participation des habitants à la gouvernance locale, définie dans cet ouvrage comme processus de coordination de la prise de décision concernant la vie de la collectivité. Il semble admis que la précarité de certains ménages conduit soit à une entraide familiale ou communautaire qui se suffit à elle-même, soit au repli sur soi. Selon nos interlocuteurs, même si des actions sont menées pour répondre aux besoins des habitants touchés par l'exclusion et pour renforcer leur autonomie, les habitants très précarisés ne sont plus capables d'exprimer leurs demandes, ni d'agir, ni de participer à la vie locale. Les instances comme les Ateliers Projet de Quartier, par exemple, tentent d'associer les habitants à la gouvernance, mais ce sont toujours ceux qui ne sont pas exclus qui prennent la parole, les autres n'osent pas :

> L'Atelier Projet de Quartier serait là pour travailler sur des sujets où les habitants sont tellement exclus qu'ils ne pourraient pas agir eux-mêmes. On va à la rencontre des besoins qui sont plus ou moins repérés par les associa-

> tions, par les partenaires... En général, tous les besoins qui apparaissent et sur lesquels on se focalise, comme la sécurité, la propreté, etc. Ce sont des gens qui sont capables d'en parler, ce ne sont pas des gens qui sont exclus et qui n'ont pas la parole. (G. Bourrat, entretien 2003)

Les témoins privilégiés évoquent aussi l'incapacité des structures locales d'être à l'écoute des besoins revendiqués ou non, mais aussi de mobiliser les habitants et d'organiser la participation :

> De l'auto-organisation, il y en a eu et ça continue à en avoir. Même au niveau du comité de quartier, on avait constitué une plate-forme de soutien au niveau des initiatives locales, c'est-à-dire qu'on avait réussi à obtenir dans les termes d'un programme « Initiatives et citoyenneté » la possibilité d'avoir un financement, enfin, un fond qui nous permettait de financer des initiatives qui étaient prises par des habitants. C'était très important pour nous que le comité de quartier puisse s'auto-organiser autour des initiatives des habitants et produire en effet des soutiens qui vont du soutien des équipes de jeunes de foot à l'animation dans le cadre d'un carnaval des écoles ou à des choses comme la micro-initiative. (E. Verbrackel, entretien 2003)

4.3.3 Gouvernance locale

L'analyse des réseaux de liens « forts » et « faibles » qui se tissent entre les habitants offre une première image du capital social potentiellement disponible au niveau du quartier. Mais cette vision demeure partielle : pour obtenir une estimation du capital social total du quartier, il convient d'explorer dans un deuxième temps le capital social institutionnel. Nous avons pu voir que le niveau de participation des habitants à la gouvernance locale est jugé par les témoins privilégiés comme relativement faible, idée confirmée par l'enquête auprès les habitants. Dans cette section, nous examinons d'abord la structure du capital social institutionnel (liens formels et informels entre organisations), pour étudier ensuite la dynamique du capital social (la manière dont les réseaux sont mobilisés dans le processus décisionnel au niveau du quartier). Dans ce but, nous allons nous centrer sur quatre structures principales qui interfèrent dans la gouvernance du quartier de l'Épeule : la mairie de quartier, l'Atelier Projet Quartier et le conseil de quartier (échelle du secteur Roubaix ouest) et le comité de quartier (échelle du quartier).

Chaque secteur de Roubaix (est, centre, nord, sud et ouest) est administré par des mairies de quartier, institutions créées à la fin des années 1970 pour rapprocher le centre de décision des habitants. Ce sont des services décentralisés de la mairie centrale disposant d'un budget réduit et sans pouvoir de décision. Leur rôle est de faciliter l'accès des citoyens à des services publics de base :

> L'intérêt de la fonction et de la délégation qu'on m'a confiées, c'est de prolonger cette déconcentration de services administratifs au public en lui donnant une dimension plus politique pour permettre de mieux avancer dans les initiatives concrètes et dans les réponses aux besoins exprimés par la population ou par ses représentants. (M. Caron, maire de Roubaix Ouest, entretien 2003)

Les mairies de quartier ont une fonction généraliste (permanences, services publics et sociaux ou réorientation des habitants vers d'autres services) et s'appuient sur des spécialistes dans le cadre des directions thématiques (affaires juridiques, animation, sport et sécurité). Dans le cadre de la mairie de quartier de Roubaix Ouest, il y a une direction « Développement et Emploi » qui a pour mission de créer des dynamiques économiques autour des axes commerçants (rue de l'Épeule dans le quartier de l'Épeule et rue de Mouvaux dans le quartier de Fresnoy-Maquellerie) et des dynamiques autour de l'emploi à travers les relations avec les entreprises, notamment d'insertion.

Le rôle le septième adjoint du maire de Roubaix et conseiller municipal délégué qui le seconde consiste à assurer un support politique aux initiatives locales en étant le plus proche possible des habitants :

> Je suis élu de la majorité municipale, donc de gauche, je suis adjoint au maire : septième adjoint (puisque il y a quinze adjoints au maire dans l'équipe municipale) en charge de la mairie et des quartiers de Roubaix Ouest. Je dis septième adjoint pour signaler que les six premiers adjoints de l'équipe sont les chefs de file des principales formations politiques composant la majorité municipale. Le maire a voulu placer immédiatement ensuite les maires de quartiers pour désigner la volonté forte d'animer ce qu'on appelle une politique de proximité. (M. Caron, entretien 2003)

Le lien entre les associations du quartier et l'administration publique passe par les Ateliers Projet de Quartier (APQ) lancés en 1998 à l'échelle de chaque grand quartier (secteurs) de Roubaix. Les objectifs étaient d'établir le bilan de la Politique de la ville sur les dix ans passés, faire ressortir les priorités de chaque secteur et faire collaborer tous les partenaires des quartiers à l'établissement des orientations 2000-2006 :

> On a cette relation à travers l'Atelier Projet de Quartier, à travers des relations bilatérales. On a la relation avec les associations du quartier qui savent qu'elles ont à faire à un élu thématique de leur secteur et qui savent aussi qu'on est très attentif à ce que leur activité corresponde aux vrais besoins du quartier. (M. Caron, entretien 2003)

Cette structure veille à la cohérence des projets initiés dans le quartier et à la complémentarité des actions entreprises, et aide les acteurs à obtenir des financements. L'APQ est considéré comme une arène qui permet le développement des relations complexes entre les acteurs :

> Je crois que ce n'est pas un dispositif technocratique qui permet de résoudre les chevauchements de vocation : c'est la vie même des relations qui fait qu'on trouve des ajustements. Alors, ils se voient entre eux, ils se voient avec nous. On discute au moment où il faut préparer les dossiers de subventions. (M. Caron, entretien 2003)

L'APQ réunit les principales associations du secteur Roubaix Ouest, ainsi que les institutions qui ont une entrée sur le territoire (Département, Éducation nationale et CAF), l'État et la Région n'ayant pas de représentants (G. Bourrat, entretien 2003). L'approche transversale sur le territoire de l'APQ se confronte avec les différentes commissions thématiques constituées au niveau de la ville, dans le cadre des Ateliers Projet Ville (APV) qui réunissent des partenaires professionnels (petite enfance, santé, éducation, prévention, habitat, animation, etc.). À côté des commissions thématiques qui font un travail sur la longue durée, il y a aussi des groupes de travail plus ponctuels, sur des projets bien déterminés et délimités dans le temps (par exemple des groupes qui travaillent sur la résolution des problèmes d'insécurité).

Après de longues hésitations concernant l'utilité d'une nouvelle instance de participation, étant donnée l'existence des APQ et des comités de quartier, la municipalité a décidé de profiter de l'incitation de la loi 2002 sur la démocratie de proximité et d'expérimenter une nouvelle instance :

> Ce qui a été délibéré, c'est que le conseil de quartier ce n'est pas ouvert à tout habitant en tant que tel, mais plus aux principaux partenaires, donc les associations, les institutions qui le souhaitent et les acteurs du monde économique. Chaque organisme qui sera représenté dans les conseils des quartiers détermine un conseiller qui aura un mandat, sauf les comités des quartiers qui auront deux représentants (qui seront les représentants directs des habitants). Les compétences des conseils des quartiers seront de suivre l'avancement du projet de quartier, d'interpeller les élus et donc la municipalité sur tout sujet qui puisse être abordé, aussi de travailler sur le budget déconcentré des mairies. (G. Bourrat, entretien 2003)

Ainsi, le Conseil de quartier réunit des représentants des associations, des comités de quartiers, des commissions extra municipales, du conseil de jeunes de moins de 18 ans, des personnes immigrées et des habitants indépendants. L'argument de départ était que le conseil de quartier pourrait être un lieu « d'apprentissage et d'inclusion », donnant la possibilité à ceux qui ne sont pas inclus dans des réseaux associatifs ou institutionnels de participer à la gouvernance locale. On peut se demander si cet objectif est atteint : le risque est qu'ils deviennent des « lieux supplémentaires pour des gens qui ont déjà l'occasion de se rencontrer » (J.-L. Simon, entretien 2003). Mais, même sous cette forme, le conseil de quartier peut servir comme moyen de rendre les débats sur la vie du quartier plus transparents :

> Tous ces foisonnements des lieux de parole, des lieux d'évocation... C'est un dernier espoir que ce soit un lieu de synthèse, que ce soit un lieu qui rend public tous les débats soi-disant publics qui, en fait, sont souvent confinés dans un petit public. (J.-L. Simon, entretien 2003)

Enfin, le rôle du comité de quartier consiste à servir d'interface entre le quartier et la ville à travers les « antennes » de la ville, les mairies de quartier. Les premiers comités des quartiers ont été créés en 1977, à l'initiative de la municipalité de gauche de Pierre Prouvost[18], impulsés aussi par les militants des Ateliers populaires d'urbanisme, impliqués dans la lutte contre l'insalubrité et pour l'accès aux logements dans les années 1960-1970. L'objectif était de « permettre aux habitants de connaître et discuter les projets du conseil municipal avant qu'ils ne soient votés » (cf. Guide du comité de quartier, 1993). Il existe aujourd'hui quinze comités de quartier à Roubaix (disposant d'une subvention pour payer un permanent à mi-temps) dont onze font partie de l'Association inter-quartiers de Roubaix (AIR).

Le comité de quartier Épeule-Alouette-Trichon a été créé en avril 1978 à l'initiative de bénévoles, commerçants et habitants. Les habitants et les commerçants du quartier peuvent participer à titre individuel ou comme représentants associatifs à des réunions publiques organisées par le conseil d'administration. Les conclusions de ces débats représentent des points de départ pour formuler des demandes à la mairie concernant la vie du quartier ou de la ville. Les trois axes de travail définis par l'assemblée générale du comité de quartier sont le sport-culture-loisirs, l'emploi et l'insertion sociale par l'économique (cf. guide du comité de quartier, 1993). Le compte-rendu de ces réunions est publié mensuellement dans le journal du comité de quartier, le « Quartier Libre », qui est distribué chaque semaine dans toutes les boîtes postales du quartier.

Les comités de quartier sont devenus très vite les interlocuteurs privilégiés dans le cadre du dispositif de concertation générale APQ :

> Le comité de quartier a pour vocation normalement de mobiliser les gens qui sont dans le comité de quartier pour porter les paroles des habitants. Ces comités sont conventionnés avec la ville, il y a une charte sur les engagements réciproques de la ville et du comité de quartier. Alors, je crois que le comité de quartier n'a pas vocation à représenter toute la société civile pour reprendre des mots à la mode, mais il a quand même pour vocation de faire un effort, d'être un lieu où les gens puissent exprimer un certain nombre de

[18] Député socialiste du Nord de 1978 à 1986, il a été maire de Roubaix de 1977 à 1983, succédant à Victor Provo, dont il avait été un des adjoints. Lors de son mandat, il a lancé la création des comités de quartier roubaisiens.

> choses. Il est subventionné par la mairie, il a un petit journal, c'est un lieu de débat, ce n'est pas toujours un lieu de flatterie pour les élus, ça peut être un lieu d'affrontement de points de vue, un lieu de divergences. (M. Caron, entretien 2003)

En conclusion, si au début les mairies de quartier n'étaient que de simples antennes administratives, leur rôle a évolué dans le temps, leur mission consiste aujourd'hui à animer et à renforcer les relations de proximité par la présence des élus locaux. En ce qui concerne l'APQ, ses priorités, méthodes de travail et les liens entre ses différentes commissions sont à revoir, car « il y a énormément d'instances de travail, et ce n'est pas forcément efficace ». La solution, selon le chef de projet (G. Bourrat, 2003), serait de reconsidérer ces liens et de les formaliser pour que l'APQ devienne un véritable lieu de restitution du travail réalisé par les différentes commissions).

Quant au conseil de quartier, il ne constitue pas non plus une instance de décision, ayant plutôt une vocation de proposition, d'avis, de suggestion et notamment d'information (lieu où la ville informe ses partenaires). De plus, il semble que le conseil de quartier ne se distingue pas très bien de l'APQ : « Du coup, on arrive à une situation où on a un APQ et un conseil de quartier qui ont à peu près le même objectif » (G. Bourrat, entretien 2003). La solution suggérée par le chef de projet serait de recentrer les APQ sur la mission d'accompagnement du développement, en réunissant des partenaires compétents habitués à travailler sur cette problématique, et de laisser aux conseils des quartiers une approche plus globale et moins ciblée sur les problématiques de développement. L'APQ serait alors un lieu pour discuter les stratégies, une instance de travail, tandis que le conseil de quartier serait une instance de dialogue et de concertation. Enfin, le comité de quartier demeure l'instance privilégiée pour la participation des habitants non élus aux débats concernant la vie de leur quartier.

4.3.4 Dynamiques d'exclusion et hiérarchie des besoins

L'Épeule reste l'un des quartiers les plus vivants de Roubaix où toutes les fonctions de la vie sont encore représentées : le commerce, le loisir et le sport (fêtes locales traditionnelles, salles de sport, piscine, parcs), le travail (beaucoup de familles travaillent encore dans les entreprises ou les commerces du quartier) :

> Sur Roubaix Ouest, il y a 200 entreprises. Il y a des entreprises où il y a une personne et il y a des entreprises où il y a du personnel en nombre. Il y a pas mal de commerces, c'est l'un des derniers quartiers roubaisiens où il y a une activité commerciale très bien identifiée. Il y a de la pauvreté, mais il y a aussi des classes aisées de population. (M. Caron, entretien 2003)

La rue commerçante qui traverse le quartier s'avère très animée : magasins et cafés, marché des fruits et légumes les samedis, le marché aux puces les dimanches, etc. Pendant le mois de septembre, le quartier connaît une animation particulière grâce aux nombreuses manifestations culturelles et sportives : par exemple « Les 28 heures de marche de l'Épeule » ou « Roubaix l'accordéon », une autre fête populaire qui a lieu pendant le mois du septembre partout dans la ville. En dehors des manifestations annuelles habituelles, il en existe d'autres plus ponctuelles. Par exemple, lors de nos visites à l'Épeule, nous avons pu assister à une fête organisée par l'association « Entre deux parcs » : « Le Mariage de Fleur et d'Urbain », animation théâtrale avec stands, danse et pique-nique de rue, dont le but était de sensibiliser la mairie aux problèmes de circulation sur le boulevard Montesquieu.

Le passé textile du quartier et de la ville est affiché, voire revendiqué. Par exemple, à la limite des villes de Roubaix et de Croix, juste devant la teinturerie Roussel, le rond-point végétal représente une « épeule » dans une navette en bois. Le passé industriel reste aussi visible au travers des cheminées d'usines, qui, pour la plupart, sont fermées ou en train de fermer. Lors d'une visite du quartier en septembre 2003, nous avons échangé avec les salariés de la teinturerie Roussel qui manifestaient contre la fermeture et la délocalisation de ce site : parmi eux, beaucoup d'habitants de l'Épeule. Le maire du secteur Roubaix Ouest explique les revendications des grévistes qui vivent la décision du chef d'entreprise de fermer et délocaliser comme une grande injustice :

> Ils disent : notre travail a permis à l'entreprise d'investir dans de nouvelles machines, il y a eu modernisation, et c'est parce qu'on n'a pas voulu gagner à tout prix. La limitation de nos salaires a dégagé pendant des années des capacités d'autofinancement qui ont permis d'acheter des nouvelles machines et c'est révoltant de voir des décisions de délocalisation. (M. Caron, entretien 2003)

Afin d'identifier plus précisément les dynamiques d'exclusion et d'établir une hiérarchie des besoins plus proche de la réalité, nous avons cherché d'autres informations auprès des témoins privilégiés et des habitants du quartier.

4.3.4.1 Dynamiques d'exclusion selon les témoins privilégiés

Les représentants politiques locaux utilisent plusieurs méthodes pour connaître les besoins des habitants. Par exemple, l'écoute spontanée : les habitants sollicitent de l'aide ou exposent leurs problèmes directement aux élus rencontrés dans la rue. Ce type de communication concerne notamment les difficultés à obtenir un logement et les problèmes liés au voisinage :

> La première, c'est l'écoute spontanée des personnes qui passent, qui posent des questions, qui demandent des services. Ce sont des besoins concernant la propreté dans un groupe d'habitation, des besoins du respect des règles de stationnement par les voisins et du respect de la tranquillité publique, ce sont des besoins de logement. (M. Caron, entretien 2003)

Selon le maire de quartier, la présence des élus dans le quartier est une réalité quotidienne et ils sont très facilement abordables :

> On m'arrête volontiers dans la rue pour me dire « Viens à tel endroit, on voudrait résoudre le problème, comment on pourrait faire ? » ou « Vous nous aviez dit que le problème serait réglé, mais personne n'est venu, donc on voulait vous le dire ! » (M. Caron, entretien 2003)

La mairie réalise aussi de diagnostics au niveau des quartiers :

> On a appelé les chefs de projets qui avaient pour vocation de travailler de manière transversale, c'est-à-dire à la question du logement, à l'action sociale, à la culture, à l'environnement ou à la vie associative. Donc ces chefs de projets ont élaboré des diagnostics et on a bien pu identifier les caractéristiques du quartier. (M. Caron, entretien 2003)

Pour des problèmes plus complexes, la mairie commande des études spécifiques, par exemple, un bilan de satisfaction commandé à un cabinet d'étude :

> On avait demandé à la société qui avait fait l'étude préalable à la signature du Contrat de rue[19], plusieurs années après, de refaire cette étude pour mesurer l'impact de ce projet et de demander aux habitants, aux clients des magasins, aux clients du marché du dimanche, comment ils voyaient l'évolution de l'activité commerciale dans le quartier, qu'est ce qu'ils pensaient de la propreté, de la sécurité, des parkings, de l'accueil chez les commerçants. (M. Caron, entretien 2003)

Les résultats de cette étude ont été à la base de l'élaboration d'un nouveau plan d'action de consolidation de la dynamique commerciale entamée par le Contrat de rue :

> Donc c'est une étude qui est très conséquente, et qui nous amène à travailler en ce moment sur un plan d'action, de consolidation, voire de relance de cette dynamique commerciale, qui nous a amenés très tôt à concevoir un plan d'action que j'ai appelé « Quartier propre, quartier fleuri ». Nous avons présenté les résultats de cette étude aux commerçants eux-mêmes, à la popu-

---

[19] Le Contrat de rue de l'Épeule constitue l'une des actions dans le cadre du programme URBAN de Roubaix-Tourcoing. Le projet a porté sur deux aspects : d'une part, rendre à la rue de l'Épeule sa fonction de rue commerçante par une réhabilitation du bâti et du mobilier urbain (la Communauté urbaine de Lille s'est chargée de l'acquisition des locaux et de la réhabilitation) ; d'autre part, une action a été engagée en amont pour professionnaliser l'offre (formation de créateurs ou de repreneurs de commerce) (http://i.ville.gouv.fr/divbib/doc/roubtour.html).

lation locale, à leur dire, voilà, comment vous voyez votre quartier, voilà ce que vous attendez comme action à mener. (M. Caron, entretien 2003)

En ce qui concerne les acteurs associatifs, leurs propositions s'appuient essentiellement sur l'expérience et la connaissance du terrain par des militants locaux, mais il reste toujours une part d'inconnu :

Je pense que tu ne sais jamais les besoins des habitants, t'as beau faire des enquêtes. Mon attitude est : qu'est-ce qu'on a envie de faire ? Et on la présente aux acteurs : on a envie de faire ça, est-ce que ça vous intéresse ? (V. Boutry, entretien 2003)

E. Verbrackel (2003), coprésident du comité de quartier, situe la pauvreté notamment dans deux secteurs du quartier qu'il indique comme étant les principales « zones de fixation » des immigrants, des sans-papiers ou des squatters : le groupe d'HLM situé dans la rue de Wasquehal et les maisons insalubres de la rue d'Alouette. Ce sont des poches d'insalubrité (maisons dégradées, squats sordides, déchets qui traînent dans les rues) qui contrastent avec les espaces publics relativement propres, les équipements culturels et sportifs en bon état (aménagés en partie sur d'anciennes friches industrielles, par exemple, le site Roussel) ou les logements collectifs récemment réhabilités. Le site Roussel est une usine de tissage construite en 1884 et réhabilitée en 1999 (l'architecte s'est attaché à rien modifier à l'extérieur des bâtiments et à garder les traces de l'ancienne activité de tissage). Symbolisant le concept de « ville renouvelée » et la cohabitation de l'économique et du culturel, l'usine accueille aujourd'hui une entreprise de confection textile aux niveaux inférieurs et, au dernier étage, de grandes salles de répétition pour le Ballet du Nord et pour l'association « Dans la Rue la Danse » (cf. Michel David, « Synthèse du compte-rendu de l'atelier d'analyse organisé à Roubaix », 13-15 novembre 2003).

La mixité sociale et culturelle du quartier – personnes aux revenus très modestes et catégories aisées, origines culturelles de plus en plus nombreuses et diverses – complexifie la problématique socioéconomique locale. Plus de cent origines étrangères sont représentées dans l'ensemble de la ville avec une dominante maghrébine. Pourtant, ce n'est pas l'origine qui fait que l'on est « roubaisien » ou pas :

Il y a évidemment les origines culturelles parce que dans le quartier il y a aussi une population d'origine diverse en pourcentage. J'allais dire les vrais Roubaisiens, mais il y a une partie maghrébine qui est plus roubaisienne que moi, donc les vrais Roubaisiens, ils sont plus roubaisiens que moi, et ils sont d'origine marocaine ou algérienne. (V. Boutry, entretien 2003)

Le départ progressif des couches moyennes et supérieures a alerté les élus. Pour sauvegarder la mixité sociale de Roubaix, la ville encourage notamment la réhabilitation des maisons de maître : « À Roubaix, il y a le vieux mythe du retour des classes moyennes. La première chose à faire, c'est d'éviter qu'ils s'en aillent en faisant un effort important sur le bâti. C'est que le quartier est excessivement sale, il y a des bâtis encore très délabrés » (G. Voix, entretien 2003).

Mais c'est le déclin du secteur traditionnel du textile, entraînant la fermeture progressive des usines ou leur délocalisation, qui est considéré par les témoins privilégiés comme le principal facteur d'exclusion économique et sociale de la population : « La marginalisation, c'est celle qui relève d'une activité, c'est celle qui est provoquée par le chômage de longue durée, c'est principalement ça ! » (V. Boutry, entretien 2003). En effet, l'exclusion du monde économique, avec ses deux volets, celui du travailleur et celui du consommateur, apparaît comme le plus grave problème à Roubaix. Le fait de ne pas pouvoir être des acteurs économiques comme les autres reste une souffrance pour les habitants et un désespoir économique pour les producteurs. Cette situation conduit à une forte opposition entre la culture ouvrière traditionnelle du travail, confrontée aujourd'hui au chômage, et celle des jeunes qui n'ont jamais été insérés dans le champ du travail : « *A priori*, c'est ça la culture : c'est d'abord être ouvrier, d'abord souffrir à l'usine, d'abord travailler et ensuite avoir des sous » (J.-L. Simon, entretien 2003). Ne pas avoir de perspectives d'accès au marché du travail conduit une partie des jeunes à ne plus lutter pour obtenir un statut de travailleur et à aspirer seulement à celui de consommateur : « Ça les indiffère complètement d'avoir un statut social par le travail, mais ils souffrent de ne pas avoir un pouvoir de consommer qui soit à la hauteur suffisante pour exister, notamment d'avoir un statut social » (J.-L. Simon, entretien 2003).

Un autre phénomène qui contribue à la hausse du chômage est, selon les acteurs interviewés, l'enfermement dans le quartier, même des plus jeunes. Travailler près de sa maison semble être une mentalité héritée de la proximité traditionnelle de l'habitat et de l'usine :

> Les gens sont fortement assignés à résidence… Ça pose pas mal de problèmes, notamment la gestion de l'accès à l'emploi, parce que, comment vous voulez remettre à l'emploi des gens qui ne se sont jamais déplacés. Le problème c'est qu'avant l'emploi était à la porte de leur maison, puisque, quand il y avait des usines, ils habitaient autour. Et, en plus, les jeunes ont cette mentalité. Donc les jeunes à Roubaix sont relativement enfermés. (G. Voix, entretien 2003)

Il est possible que la capacité légendaire de la ville à accueillir et à intégrer les nouvelles populations dans une structure de type villageois ait contribué à renforcer ce phénomène. Mais les habitants le vivent-ils comme un enfermement ? Dans la mesure où ils ont choisi d'habiter dans ce quartier, on ne peut pas parler d'un véritable enfermement. Roubaix se compose de ce qu'on peut appeler des quartiers-villages où la socialisation se fait dans le quartier, avec la famille, avec les voisins. De ce fait, pour beaucoup d'habitants, le quartier représente plutôt un lieu sécurisant où « on connaît tout le monde ».

Aussi, par tradition, les habitants d'une ville industrielle comme Roubaix sont habitués à travailler et à passer leur temps libre à proximité de leur maison : « La population ouvrière est (...) marquée par un très fort sentiment d'appartenance à la communauté locale. La mobilité géographique est très faible. La vie de l'ouvrier s'inscrit dans un rayon de quelques centaines de mètres, celui de son quartier » (Lefebvre, 2003, p. 8). En dépit de la crise de l'industrie, de l'arrivée des travailleurs immigrés et du chômage massif, cette tradition semble perdurer : « le lieu d'habitation se confond encore souvent avec le lieu de production, l'espace des divertissements et de la sociabilité informelle (...) » (Lefebvre, 2003, p. 18). Pourtant, faut-il attribuer à la seule tradition le fait qu'il y a des habitants qui ne quittent pas leur quartier, leur rue ou parfois leur immeuble HLM ? Ce type de comportement peut aussi être mis en relation avec l'absence de perspectives de travail :

> Il y a aussi le ras-le-bol que ça ne bouge pas. Ils sont toujours avec des problématiques de chômage, de délinquance, de violence. Et bon, ils n'ont pas tout à fait tort. Ces personnes, s'ils avaient les moyens, ils partiraient. Ils sont en otage. (V. Boutry, entretien 2003)

L'assignation à résidence se manifeste lorsque les ménages sont dans l'impossibilité de choisir ou de changer leur lieu d'habitation (prémisses de la ségrégation urbaine). Quelques jeunes de 17 à 25 ans ont été interrogés dans le cadre de l'enquête par questionnaire. Ainsi, on a pu voir que le sentiment d'enfermement varie selon qu'ils aient grandi dans le quartier ou ailleurs et selon le parcours scolaire :

> Quand j'étais petit, j'allais à tout : le centre social, l'ASVJ[20], à l'école, j'avais des copains français. Et c'est quand je suis arrivé en fac que j'ai eu l'impression d'avoir été arnaqué : on peut faire ce qu'on veut, des blocs, ça restera toujours des blocs, avec une concentration dedans. On nous mettra jamais au centre. (Habitant des logements sociaux Roubaix Habitat, d'origine algérienne)

En effet, la construction des logements sociaux est généralement concentrée dans la périphérie des villes, tandis que les programmes de revalorisation des centres excluent les habitants pauvres des secteurs prisés par les couches moyennes et supérieures. Ce phénomène a épargné Roubaix jusqu'à une date récente, mais on observe un retour des couches aisées dans le centre et dans les secteurs où subsistent de belles

[20] Association Sports Voyages Jeunes (ASVJ) est une association créée en 1992 pour palier au déficit d'activités de loisir lié à la fermeture du centre social Crouy-Épeule. L'ASVJ s'est développée autour de deux activités : le sport et les camps de vacances.

demeures. Même s'il n'a pas encore connu le sort d'autres quartiers qui concentrent des populations pauvres, l'Épeule reste toujours exposé à ce risque :

> L'urgence, c'est l'Épeule, parce que tous les autres quartiers sont déjà tombés, il faut absolument empêcher l'Épeule de tomber. C'est là, dans le cadre d'un débat pour le 10e plan sur les urgences à Roubaix, où j'avais dit : attention, il y a des mutations de population qui font que le quartier change de physionomie et qu'il va rentrer dans une spirale infernale. (G. Voix, entretien 2003)

L'enquête par questionnaire révèle qu'il y a effectivement des personnes qui désirent quitter l'Épeule (trop sale, trop dangereux) pour déménager dans d'autres communes (quatre répondants sur dix), mais ils n'ont pas des moyens financiers suffisants. Ce sont généralement des habitants jeunes et d'origines culturelles diverses arrivés depuis peu dans le quartier. Pas encore ancrés dans les modes de vie et les réseaux sociaux locaux, ils sont tentés de quitter l'Épeule, Roubaix ou la région :

> Quartier qu'on quitte dès qu'on peut. On attend pour acheter autre chose. C'est triste, sale, les jeunes squattent tout. Ici c'est calme, mais l'environnement ne donne pas confiance. Tant qu'on reste chez soi, ça va, mais on peut pas tout le temps rester enfermés. (Homme, 35 ans, d'origine portugaise, ouvrier, depuis 5 ans à l'Épeule, dans une maison de rue)

> Je viens d'arriver. Dur ! Mais j'aime bien le marché, le quartier cosmopolite. Le logement n'est pas terrible, mais pas cher non plus. Je ne resterai pas longtemps. Je bougerai dans le sud ou à l'étranger, sûrement. C'est bien pour se poser quelques mois, mais c'est limite après. Je découvre Roubaix, les assos, la culture, mais quand j'aurai fait le tour, je partirai. (Homme, 32 ans, d'origine franco-anglaise, intermittent du spectacle, depuis moins d'un an à l'Épeule, dans une maison en courée)

4.3.4.2 Dynamiques d'exclusion selon les habitants

Les habitants se sont d'abord exprimés sur les éléments positifs de leur quartier : ils mentionnent le dynamisme commercial, la proximité des équipements, la position stratégique (proche du centre-ville), la vie culturelle et artistique, la convivialité et la diversité des populations, etc.

> Quartier vivant, beaucoup de commerces, marché le dimanche, bonne entente avec les races. Beaucoup d'étrangers, mais ça se passe bien. On peut faire des bonnes occasions dans les commerces. Roubaix est en pleine expansion, ça a changé depuis 10 ou 15 ans, alors qu'avant Roubaix avait mauvaise réputation. Ils font du neuf avec du vieux, par exemple, le musée La Piscine. (Homme, ouvrier, d'origine française, 45 ans, habitant à l'Épeule depuis 5-9 ans dans un appartement situé dans une maison de maître)

Lieu de travail de mon mari, de l'école de ma fille, pas trop loin du parc Barbieux, c'est ce qu'il y a de bien. Relativement calme, pas pire qu'ailleurs. C'est bien achalandé, il y a la pharmacie, les commerces de proximité. Pas plus de délinquance qu'ailleurs. (Femme, 36 ans, employée, d'origine française, habitant depuis 4 ans à l'Épeule dans une maison de rue)

Un quartier normal, bien, ni plus ni moins que les autres. Près des magasins, du métro. Si on ne cherche pas d'histoires, ça va. Ce n'est pas cher pour les logements, les magasins… (Homme, 62 ans, ancien employé, habitant à l'Épeule depuis 17 ans dans une maison de rue)

Les appréciations de tel ou tel aspect varient selon la durée de résidence dans le quartier, le niveau de diplôme, l'âge, le milieu social ou l'origine culturelle de l'enquêté. Les enquêtés qui habitent depuis toujours ou depuis plus de vingt ans dans le quartier privilégient dans leur classement la vivacité du réseau commercial, suivie par la convivialité et la sociabilité de la communauté. Tous niveaux d'études confondus, les habitants considèrent la vivacité du commerce comme étant l'atout principal de leur quartier. Cependant, les répondants illettrés[21], sans diplôme ou de niveau CAP-BEP, insistent plus souvent sur cet aspect que les répondants de niveau BAC et les diplômés d'études supérieures, plus nombreux à citer la vie culturelle dynamique, l'existence des équipements culturels (par exemple la salle de spectacle Le Colisée) ou la diversité des populations.

Les habitants ont été ensuite questionnés quant aux aspects du quartier qui leur déplaisent. Ils mettent l'accent notamment sur le sentiment d'insécurité, la saleté du quartier, la disparition des commerces traditionnels et la tendance d'uniformisation du réseau commercial actuel ou le sentiment d'avoir été oubliés par les pouvoirs publics. Quel que soit leur niveau de diplôme, environ deux répondants sur dix évoquent en premier lieu leur sentiment d'insécurité. Nous avons distingué le sentiment d'insécurité, qui semble assez fort, et l'agression réelle, subie par le répondant, qui concerne environ 2 % des réponses. Le sentiment d'insécurité (a entendu parler, a peur, connaît quelqu'un qui a eu des problèmes, etc.) concerne les cambriolages d'appartements, les vols de voitures, le trafic de drogues, l'agressivité physique et verbale, l'insécurité routière. Ce sont plus souvent les moins diplômés qui soulignent cet aspect : trois répondants sur dix pour le niveau CAP-BEP et les personnes sans diplôme, contre deux sur dix pour les répondants ayant fait des études supérieures et de niveau BAC :

Avant c'était une belle rue, mais elle s'attriste d'année en année. L'esthétique a changé, mais les magasins sont tous pareils – avant ils étaient diver-

21 Précisons ici qu'il s'agit surtout des nouveaux immigrés venus d'Afrique et d'Asie qui ne savent pas encore lire et écrire en français.

sifiés. Mais les gens sont accueillants. J'ai acheté ici parce que j'ai toujours été à l'Épeule. Un peu d'insécurité sur le parking de Match : rallyes de voitures, malgré la présence des enfants, des voitures brûlées. Pas assez de police… (Femme, 31 ans, d'origine portugaise, employée, habitant depuis toujours à l'Épeule, dans une maison de rue)

Ils roulent trop vite. Pas de sécurité : je me suis fait agresser trois fois le soir. Sur la place d'Amiens, il y a du trafic de drogue, la police ne fait rien. On doit faire le tour. Rue Watt, c'est pareil. (Homme, 51 ans, ouvrier, d'origine française, habitant depuis 25 ans à l'Épeule, dans une maison en courée)

Ceux qui habitent depuis toujours dans le quartier et ceux qui sont arrivés récemment sont plus sensibles à la question de la sécurité que les autres (trois sur dix répondants évoquent cet aspect) :

Quartier à éviter, sale, mal fréquenté. Beaucoup de descentes de police, de drogue. J'évite de sortir dans le quartier, toujours problèmes d'incivilité, de petite délinquance, de gens qui traînent, ils ne font rien, les jeunes. (Femme, 45 ans, employée, d'origine française, à l'Épeule depuis 2-4 ans, habitant dans une maison de maître)

La saleté du quartier (ordures et excréments de chiens sur les trottoirs, encombrants, marché du dimanche, dégradations du bâti) est déplorée par deux répondants sur dix, tous niveaux de diplômes confondus. Ce problème est souvent associé au sentiment d'avoir été oubliés par les pouvoirs publics :

La poubelle… Ça a changé depuis un an, avant c'était si beau. C'est plus comme avant, c'est abandonné par la ville, c'est honteux, la mairie ne fait rien. (Femme, 52 ans, d'origine française, ouvrière, habitant depuis 15 ans à l'Épeule dans une maison de rue)

Ça pourrait être bien, mais il y a deux choses dans le même temps : on revalorise le quartier avec un beau parc, mais on laisse tout salir, il y a le feu aux voitures, des friches abandonnées, des dépotoirs. Il faudrait tout raser, les vieilles usines qui ne servent plus, et donner de l'argent pour refaire les façades : les gens n'ont pas de sous ici. (Homme, 31 ans, d'origine française, ouvrier, habitant depuis 6 ans à l'Épeule, dans une maison de rue)

La saleté est mentionnée davantage par ceux qui sont arrivés récemment dans le quartier, depuis deux à quatre ans. Pour les sans revenus ou sans-papiers, c'est peut-être la seule revendication qu'ils se sentent autorisés à faire : on peut supporter d'être privés d'un logement décent et de travail, mais la propreté du cadre de vie est considérée comme le dernier rempart à l'exclusion. La catégorie « autres » regroupe notamment deux types de remarques : le phénomène de marginalisation (« personne ne vient plus nous voir depuis qu'on est là ») et le manque d'espaces verts (« le parc du Brondeloire est souvent fermé le dimanche »).

La référence à la vie commerciale revient comme un leitmotiv lors des entretiens : les répondants déplorent en troisième position la disparition des commerces traditionnels qui s'accompagne par une tendance à l'uniformisation et à la communautarisation du commerce actuel. L'image du quartier populaire et commerçant est souvent associée au regret du passé, particulièrement par ceux qui habitent à l'Épeule depuis longtemps et ont vu leur quartier se transformer graduellement. Il s'agit notamment des personnes ayant toujours vécu dans le quartier et y faisant leurs courses : plus on habite de longue date dans le quartier, plus on désapprouve la transformation de la structure commerciale du quartier :

> La tristesse… Ça fait 75 ans que je suis ici. Quand on voit ce que c'était et ce que c'est devenu… Avant, on y était toujours rue de l'Épeule, on savait qu'on trouvait ce qu'on voulait. C'est comme la rue de la Vigne. Je vais encore à la maison diététique, à la quincaillerie Gamin, le bijoutier en face, chez Cendrillon. On ne trouve plus le même genre de commerces. On ne se sent plus en sécurité vers la rue de Wasquehal. La rue de l'Alouette, c'est triste, il ne reste plus rien. (Femme, 84 ans, d'origine française, habitant depuis toujours à l'Épeule, dans une maison de maître)

L'uniformisation du commerce apparaît parfois associée au sentiment d'une forte présence étrangère dans le quartier. Les répondants d'origine française ou européenne de milieu populaire (niveau BAC) placent cet aspect en première position (deux sur dix environ) et plus massivement que les répondants ayant fait des études supérieures :

> Avant, c'était un bon quartier, il y avait des attractions, un peu du tout. Maintenant c'est la catastrophe, il y a trop de délinquance, il n'y a plus de commerçants, il y a que des halals. Il n'y a plus de boucherie chevaline, plus de mercerie. Tous ces snacks et kebabs, ce n'est pas propre. (Femme, 56 ans, ouvrière, d'origine française, depuis 34 ans dans le quartier, habitant dans une maison de rue)

Après avoir évoqué des éléments qui leur plaisent et déplaisent dans leur quartier, les répondants ont répondu à une autre question, censée cerner les difficultés personnelles des ménages depuis leur arrivée dans le quartier : « Depuis que vous êtes dans le quartier, avez-vous rencontré des difficultés ? » Une partie importante des répondants ne cite pas de difficultés (trois sur dix). Il paraît que les habitants interrogés ont diversement interprété la question, soit par pudeur, soit parce que certains évènements de leur vie ne sont pas revenus à leur mémoire. Les répondants faisant partie d'un ménage d'origine mixte expriment moins souvent leurs difficultés, s'ils en ont : environ six sur dix ont répondu « non », contre trois sur dix chez les Français et les Maghrébins d'origine et un sur dix chez les Européens d'origine. Les cadres sont plus nombreux (six sur dix environ) que les ouvriers et les employés (trois sur dix) à ne pas déclarer de difficultés. Cependant, des différences existent selon l'origine culturelle et le milieu socioprofessionnel du ménage, l'âge, la situation professionnelle, le sous-quartier où ils habitent. Paradoxalement, les chômeurs aussi expriment moins souvent leurs problèmes que les autres.

Pour ceux qui disent avoir rencontré des difficultés, l'insécurité arrive en premier lieu. Les conflits de voisinage sont invoqués dans l'ensemble par deux répondants sur dix, toutes origines culturelles confondues, mais surtout par les femmes (sept femmes sur dix contre trois hommes sur dix). Les professions intermédiaires évoquent plus souvent les conflits avec les voisins parmi les difficultés du ménage, ainsi que les répondants ayant un emploi précaire, et les habitants de l'Épeule Sud. La sécurité des biens (cambriolages des appartements, voitures volées ou brûlées) est évoquée globalement par un répondant sur dix, davantage par les ménages d'origine européenne (trois sur dix) et française (deux sur dix) que par ceux d'origine mixte et nord-africaine. Également, les interviewés ayant un emploi stable et les retraités déplorent plus souvent cet aspect que les autres.

Les problèmes de santé sont assez peu évoqués par les personnes interviewées (9 %). Environ un répondant sur dix pour les ménages d'origine française et deux sur dix pour ceux d'origine européenne (mais pas du tout évoqués par les autres, peut être par pudeur due à la culture). Précisons que les problèmes de santé évoqués concernent souvent des maladies assez lourdes : cancers, scléroses en plaques, myopathie. L'hôpital Victor Provo se situant dans le quartier voisin, l'accès aux soins n'est pas déploré comme un problème par les habitants interviewés : une seule personne de l'échantillon cite le manque d'infrastructure de santé comme l'un des problèmes du quartier. Les cadres et les retraités citent plus souvent des problèmes liés à la santé que les employés ou les chômeurs. Les difficultés liées à l'emploi sont citées globalement par 7 % des ménages. Les répondants d'origine maghrébins (deux sur dix) et les Africains (trois sur dix) sont ceux qui évoquent le plus les difficultés relatives au travail. Il semble aussi que l'emploi préoccupe davantage les hommes que les femmes : six hommes sur dix contre quatre femmes sur dix. Les difficultés liées au travail sont invoquées surtout par les ouvriers et les employés et pas du tout par les cadres et les professions intermédiaires. Évidemment, les chômeurs sont les premiers à citer les problèmes liés au travail. D'autres difficultés ont été évoquées spontanément : difficultés familiales, problèmes liés à la propriété, surendettement, suspension des allocations, manque de places dans les écoles publiques primaires, indiscipline et absentéisme à l'école, manque d'activités pour les enfants et de services de garde pour enfants, problèmes liés aux titres de séjour, solitude, isolement (« Les gens ne viennent plus me voir ici. »)

Enfin, les habitants ont dû établir une hiérarchie des problèmes liés au quartier à partir d'une liste proposée. La question posée a été la suivante : « Maintenant nous allons parler de la vie dans le quartier de l'Épeule. Voici une liste de problèmes. Pouvez-vous nous indiquer les plus importants pour vous ? » L'objectif était de cerner les difficultés plus générales ou collectives des habitants de l'Épeule. Les résultats ont été nuancés en fonction de la catégorie socioprofessionnelle, du milieu culturel ou du lieu de résidence (sous-quartier).

Ainsi, il est apparu que le problème le plus important (placé en première position par plus d'un habitant sur quatre) est, de loin, la fermeture des usines et le chômage. Il convient de noter que la moitié des personnes enquêtées n'exercent pas d'activité professionnelle. Le chômage est cité dans des proportions semblables par tous les milieux socioprofessionnels interviewés. Cela préoccupe toutefois davantage les Maghrébins (trois sur dix) que les répondants ayant d'autres origines culturelles. Aussi, les problèmes liés à la fermeture des usines préoccupent davantage les jeunes et les adultes en âge de travailler (environ trois répondants sur dix) que les plus âgés. Viennent ensuite dans l'ordre la transformation de la structure commerciale, l'insécurité, qu'elle soit routière ou d'autre nature, le manque d'animations et les nuisances du cadre de vie. Si on regroupe le manque d'équipements pour les enfants, de loisirs et d'espaces verts, il résulte qu'environ deux répondants sur dix signalent un manque d'équipements dans le quartier.

Ces résultats varient selon les caractéristiques des répondants (origine culturelle, catégorie socio-professionnelle, sous-quartier). La disparition des commerces accompagnée de leur uniformisation apparaît comme un problème surtout pour les ménages d'origine française et un peu moins pour ceux d'origine maghrébine et les ménages en provenance de l'Europe méditerranéenne. Les répondants de plus de 60 ans (trois sur dix), les cadres et les employés (deux sur dix) invoquent davantage les changements dans le tissu commercial du quartier comme étant problématique. Cette dynamique est mentionnée plus souvent par les ménages de l'Épeule Centre et Épeule Nord (deux sur dix) que par ceux qui habitent dans d'autres secteurs du quartier.

L'insécurité inquiète davantage les ménages en provenance de l'Europe méditerranéenne (environ trois sur dix répondants) et les ouvriers (également deux sur dix). Ceux-ci se retrouvent surtout parmi les habitants du sous-quartier Épeule Nord. Le manque d'animation (sportives, artistiques, associatives) est cité par près d'un répondant sur dix : le plus souvent, ce sont les cadres, les répondants d'origine maghrébine et les habitants de l'Épeule Centre. La saleté du quartier se situe en cinquième position : les habitants et les commerçants ne ramassent pas les ordures, la mairie ne nettoie pas les rues, il y a des excréments de chiens sur les trottoirs et dans les espaces verts, etc. Ce sont surtout les répondants d'origine méditerranéenne, les professions intermédiaires et les employés qui se montrent plus préoccupés par ce problème que les autres origines culturelles et catégories socioprofessionnelles.

D'autres réponses pointent le manque d'espaces verts, l'insuffisance d'activités et d'espaces protégés pour les enfants et le manque de cafés, discothèques, cinémas. Les cadres font référence plus souvent que les autres au manque d'espaces verts (ainsi que les ménages en provenance de l'Afrique noire), tandis que les employés évoquent davantage le manque d'activités et d'espaces protégés pour les enfants. La catégorie « autre » a permis d'obtenir des réponses spontanées que le questionnaire n'avait pas prévues. Les problèmes évoqués, surtout par les ménages d'origine asiatique et de l'Afrique noire, sont très divers : les espaces verts sont monopolisés par les chiens, le parc a été remis à neuf, mais il manque des barreaux d'échelles pour les enfants ou ils sont abîmés, donc c'est dangereux, manque de places pour les enfants dans les écoles, pas de place dans l'école primaire la plus proche, insuffisance de crèches et les écoles ne prennent pas les enfants de moins de trois ans, problèmes liés à l'insertion des jeunes, avoir le droit de travailler, tags sur les murs de Roubaix, ascenseurs en panne, présence des toxicomanes dans les cages d'escaliers.

4.4 Les dynamiques d'inclusion sociale

4.4.1 Réponses des politiques publiques

4.4.1.1 La Politique de la ville à Roubaix

Dès le début, la Politique de la ville a été appliquée à l'échelle des quartiers : la ville est devenue ainsi le principal lieu d'interaction entre l'État et les institutions locales (URSPIC, 1999). Les conditions d'émergence de cette politique sont créées en 1977 par les procédures Habitat et Vie sociale (HVS). Elles seront suivies par les premières conventions de Développement social des quartiers (DSQ) en 1981, les Zones urbaines sensibles (ZUS) en 1991, les Zones de revitalisation urbaine (ZRU) en 1995, les Zones urbaines libres (ZFU) en 1996, etc.

En 1981, Roubaix est sélectionné parmi les 16 zones d'intervention de la Commission nationale de développement social des quartiers (CNDSQ). Cinq quartiers de Roubaix sont concernés pendant la période 1981-1984 et six autres dans la période 1984-1988 (Lefebvre, 2003, p. 21) par l'application des mesures du DSQ visant notamment la restructuration sociale, la revalorisation des quartiers et la rénovation (démolition des immeubles insalubres et reconstruction) ou la réhabilitation (remise aux normes des bâtiments, tout en les conservant, avec maintien des habitants) des logements. Même si le DSQ a permis la réhabilitation et la rénovation des maisons malsaines, ainsi que la mobilisation des travailleurs sociaux, des représentants politiques et des habitants, cette procédure est considérée comme un échec notamment à cause de l'absence des associations locales dans la dynamique institutionnelle (Ginet, 1997, cité en URSPIC, 1999, p. 261). Un autre effet négatif de ces mesures réside dans l'enfermement des habitants dans leurs quartiers :

> C'est vrai que le quartier, c'est un enfermement aussi. C'est un lien de solidarité, mais c'est aussi un cercle enfermant complet. C'est pour ça que, quand on a mis en place ces petits DSQ, on a travaillé sur les quartiers et, très vite, au plan suivant, on a travaillé sur les secteurs. On n'a pas vu les quartiers s'enfermant sur eux-mêmes, on a dit, vous êtes dans un environnement, vous avez une salle de sport par secteur... Et puis, après, on a dit que c'est une politique de la ville. (G. Voix, entretien 2003)

Le constat de l'échec des politiques de développement social des quartiers a conduit les autorités publiques à la fin des années 1980 vers une politique plus intégrée, combinant la vision globale avec une approche locale. À partir de cette période, les communes de l'agglomération lilloise s'inscrivent dans la Politique de la ville. Si elle a longtemps agi dans une logique de réparation, aujourd'hui cette politique a pour ambition de mettre en œuvre, dans le cadre d'un projet global de territoire, un véritable développement économique social et urbain des quartiers en difficulté. Les relations de type *top-down* entre l'État et les autorités locales se transforment dans le cadre de cette politique intégrée en relations contractuelles entre les différents niveaux institutionnels (URSPIC, 1999, p. 261).

On distingue deux types de procédures à caractère global, intégrant la pauvreté comme l'une des dimensions-clés de la question urbaine (URSPIC, 1999) : les Contrats de Ville (CDV) et les Grands Projets urbains (GPU). L'objectif principal des CDV est de combattre l'exclusion urbaine tant au niveau des quartiers prioritaires qu'au niveau de l'agglomération par des actions d'assistance sociale en vue d'améliorer la vie quotidienne, mais aussi par des actions structurelles impliquant des opérations à grande échelle (routes, amélioration du stock de logements). Les GPU ont des objectifs plus limités que les CDV, en s'appliquant dans les secteurs avec des difficultés sévères nécessitant une d'intervention publique durable.

En 1989, Lille-Roubaix-Tourcoing fait partie des agglomérations pilotes bénéficiant du Contrat de Ville. Au milieu des années 1990, la ville de Roubaix arrive à cumuler des fonds publics importants : le GPU (1991-1994), les FIV (Fonds interdépartementaux d'intervention, 1994), les fonds européens (programme URBAN[22], 1994-1999), etc. En 1994, 13 villes de LMCU et l'État ont signé un CDV prolongeant le premier pas de la procédure DSQ, et le Comité interministériel des villes choisit Roubaix-Tourcoing comme zone GPU pour dix ans de plus (1994-2004) (URSPIC, 1999).

Parmi les treize programmes URBAN approuvés par la Commission européenne en 1996 pour la France, deux s'adressent à des villes de la région Nord-Pas-de-Calais : Roubaix, Tourcoing et Valenciennes. L'objectif d'URBAN a été de compléter et d'amplifier l'action de renouvellement engagée avec le Grand Projet urbain de la métropole, les autres dispositifs nationaux et européens de la Politique de la Ville (Zones franches, Contrats de ville, Objectif 2, etc.), les programmes annexes comme « Partenaires pour la ville », les différents programmes d'intérêt communautaire comme les Plans locaux d'insertion vers l'emploi (PLIE) ou le pacte territorial pour l'emploi (cf. DIV, 2002). Le programme URBAN Roubaix-Tourcoing couvre onze quartiers : Épeule, Alma, Fresnoy, Hommelet, Cul de Four à Roubaix, et Epidème, Blanc Seau, Bourgogne et Marlière à Tourcoing. Le bilan d'URBAN à Roubaix-Tourcoing fait apparaître une concentration des investissements dans trois quartiers des onze cités : Epidème et Bourgogne à Tourcoing, et Épeule à Roubaix. Les trois autres quartiers de Roubaix qui ont bénéficié du programme URBAN sont des quartiers de la première génération industrielle ayant en partie fait l'objet des réhabilitations dans les années 1980, mais qui restent socialement fragiles. En ce qui concerne l'Épeule, c'est un quartier proche du centre-ville présentant une fonction commerciale importante mise à mal par la crise (cf. DIV, 2002).

Dans la section suivante, nous allons examiner tous ces dispositifs et les fonds publics mobilisés par les acteurs locaux pour lutter contre l'exclusion sociale et pour créer dans le quartier de l'Épeule les conditions d'un développement socioéconomique durable.

4.4.1.2 Les priorités dans le quartier de l'Épeule

Le quartier de l'Épeule n'a bénéficié que tardivement des procédures de la Politique de la ville, ce qui explique qu'il n'y a pas eu de démolitions importantes comme dans d'autres secteurs de la ville. L'Épeule ne sera concerné par la procédure DSU (Développement social urbain) qu'à

---

22 URBAN, programme europeen de revitalisation urbaine et industrielle, a été créé à l'initiative du Fonds européen de développement régional (FEDER) afin de soutenir le développement des villes et des quartiers en crise de l'Union européenne.

partir de 1989[23]. Ainsi, ce quartier échappe aux tendances lourdes de rénovation urbaine à l'œuvre à Roubaix dans les années 1980 (démolitions, constructions) et la structure traditionnelle de la vie sociale se maintient avec ses aspects positifs (convivialité, vivacité du commerce) et négatifs, liés à la désindustrialisation (E. Verbrackel, entretien 2003). En 1994, le quartier de l'Épeule est sélectionné comme ZFU (Zone franche urbaine). Selon le maire de Roubaix Ouest, la ZFU de l'Épeule est l'une des plus performantes de France :

> Vous allez au résultat, vous constatez que la zone franche urbaine de Roubaix et en particulier celle de l'Épeule a été, je crois, une des zones franches les plus performantes de France. C'est-à-dire qu'il y a eu entre 5 000 et 6 000 emplois créés, dont plus de 3 000 en création nette. Ce qui évidemment est considérable. (M. Caron, entretien 2003)

L'un des projets mis en application dans le cadre de cette procédure a été le Contrat de rue, dont l'objectif était d'agir conjointement sur l'aspect physique et sur le volet commercial de la rue de l'Épeule :

> Le Contrat de rue s'est appliqué à la rue de l'Épeule et touche à sa vie commerciale, mais il avait conduit également à rénover et moderniser la voie publique, c'est-à-dire l'éclairage, les parkings, le stationnement. Il y a eu aussi des actions sur les façades, des rénovations de cellules commerciales. Bref, une entreprise de modernisation et de rénovation de l'ensemble de cette rue qui est une rue traditionnellement commerciale et pas seulement à vocation de proximité. (M. Caron, entretien 2003)

L'enquête de satisfaction commandée par la ville montre aussi des améliorations :

> Il y a une très grosse amélioration qui se vérifie dans les chiffres, sur la propreté et sur l'insécurité. Alors que, spontanément, on a plutôt tendance à dire, dès qu'on voit une poubelle : c'est sale ! Et, puis, dès qu'il y a quelqu'un qui est mal garé ou qui bouscule une vieille personne : il y a une insécurité permanente ! Mais ces 400 personnes disent : il y a une grosse amélioration dans ces domaines. Ils disent aussi : il faut encore faire un effort. (M. Caron, entretien 2003)

Cependant, notre enquête auprès des responsables associatifs et habitants révèle les résultats plutôt décevants du projet :

> On le voit bien sur l'exemple d'un Contrat de rue comme il y a pour la rue de l'Épeule. On sent bien qu'on est encore sur des investissements très lourds, on voit bien que l'argent public qui a pu être investi dans un Contrat de rue comme celui-là, est énorme. Et, pourtant, c'est une rue qui reste très

---

[23] En 1989, la procédure DSQ (Développement social des quartiers) prend le nom de DSU (Développement social urbain).

fragile dans sa pérennité, dans l'attractivité de ses commerces. (E. Verbrackel, entretien 2003)

Comme l'explique le coprésident du comité de quartier de l'Épeule, il n'y a pas eu de véritables liens entre ces investissements très lourds et la vision du développement économique de la ville qui vise la valorisation de la tradition dans le textile.

Pendant la période 1996-1999, l'association AME Services (qui prendra le nom d'Alentour en 1999) a été le « maître d'ouvrage » de deux des initiatives URBAN à l'Épeule (De Angeli, 2001) : la diversification et la consolidation des services de proximité à l'Épeule en faveur de l'emploi et du lien social (animation-lecture, régie d'animation du cadre de vie, gestion et animation du parc du Brondeloire) et la création d'un lieu d'accueil de jour pour les personnes les plus démunies et isolées (le restaurant solidaire Univers). Le quartier de l'Épeule a bénéficié à la fois d'actions axées sur le commerce (réhabilitation de locaux et accompagnement de commerçants créateurs ou repreneurs) et de réalisations physiques (jardins collectifs, parc du Brondeloire, création d'un lieu d'accueil de jour, réhabilitation d'une friche pour des activités économiques et culturelles, diversification des services de proximité).

Avec le programme URBAN, il s'agissait notamment de redynamiser la rue de l'Épeule et son commerce en cohérence avec la demande sociale, mais, selon le chef de projet Politique de la ville pour Roubaix Ouest, les résultats de ce projet sont mitigés. Certes, on observe des aspects positifs (animation, décoration, mobilier urbain, musique d'ambiance diffusée par des haut-parleurs), mais la principale artère commerciale du quartier est marquée aujourd'hui par la standardisation des commerces. Certains parlent même d'un phénomène « d'ethnicisation », car les nouveaux commerces sont tenus par des commerçants appartenant à quelques communautés culturelles (nord-africaines, asiatiques) et vendent les produits destinés à cette communauté. En même temps, les commerces traditionnels disparaissent, en partie faute de soutien de la part de la ville (V. Boutry, entretien 2003). Par exemple, il y a de plus en plus de boucheries halal, alors que les charcuteries, les poissonneries, les crémeries ou les boulangeries traditionnelles disparaissent progressivement. Des problèmes d'hygiène et de stationnement sont également évoqués : « Le Contrat de rue qui a été fait à l'Épeule avait mis en avant les problèmes de stationnement et de mise en circulation. Le parking qui est derrière est pratiquement vide : les gens préfèrent se garer à proximité de leur commerce » (V. Boutry, entretien 2003).

Cette uniformisation de la rue ne répond pas aux attentes de tous les habitants. Surtout les anciens n'apprécient pas ce changement :

> Il y a des personnes qui disent que ça devient l'Algérie ici. Au niveau du commerce, ça se ressent, on plie bagage, c'est une fatalité. Il y a une incompréhension des commerçants anciens sur la politique commerciale de la ville. Ou, en tout cas, au niveau de l'Épeule. On favorise le centre-ville. Il y a beaucoup de commerces étrangers qui s'implantent sur la rue, mais sans aucun prestige. On a l'impression que c'est à l'abandon. Les habitants anciens disent que c'est n'importe quoi d'avoir que des commerces du même type. Ils veulent des beaux commerces. Ce n'est pas accueillant. (V. Boutry, entretien 2003)

L'échec s'explique notamment par le manque de concertation entre le projet public et les propositions des habitants à travers le comité de quartier, des commerçants organisés dans l'Union commerciale et avec les initiatives d'autres acteurs, qui pourraient apporter certaines solutions, notamment en termes d'animation de la rue :

> Il y a des initiatives qui sont prises par des groupes d'habitants au sein du comité de quartier ou ailleurs et par d'autres associations aussi. Bon, ces initiatives, comme celles d'Alentour, on a vu qu'elles ont leurs faiblesses, vu que du jour au lendemain, elles peuvent disparaître sans trop de dégâts, en ayant apporté quand-même des solutions à certaines personnes, en ayant apporté des dynamiques… (E. Verbrackel, entretien 2003)

Les priorités à l'échelle du quartier pour la période 2000-2006 sont établies dans le cadre de l'Atelier Projet de Quartier afin de les inscrire dans la vision générale du développement économique de la ville. La collectivité locale est interpellée pour trouver des alternatives aux problèmes soulevés par les habitants, les commerçants et les associations. Deux solutions sont possibles selon le chef de projet Politique de la ville de Roubaix Ouest : conforter la tendance d'uniformisation et l'affirmer en réservant la rue aux commerces étrangers, ou, au contraire, travailler sur la diversification des commerces.

La deuxième priorité concerne la politique d'éducation-jeunesse. L'objectif est de mobiliser tous les partenaires possibles, notamment ceux du secteur Roubaix Ouest par rapport à l'emploi, à l'absentéisme, au décrochage scolaire, à la discrimination fille-garçon (Éducation nationale, centres sociaux, clubs de prévention, associations de jeunes). Le projet s'est concrétisé en 2001 par la création d'un « pôle ressources jeunes » piloté par la ville et les partenaires du quartier (ANPE, mission locale, centre social, club de prévention, associations). Ce pôle est installé sur le site Deschepper, ancienne friche industrielle réhabilitée, avec trois axes principaux de travail : prévention, loisir-culture-sport et insertion-emploi. Selon G. Bourrat (entretien 2003), ce projet est innovateur, notamment en termes de méthodes utilisées pour aller à la rencontre du public : l'équipe insertion-emploi, bien intégrée dans le tissu associatif local existant, se déplace elle-même et cherche ses usagers (jeunes, chômeurs et autres personnes éloignées du travail).

Le troisième axe prioritaire au niveau du quartier de l'Épeule est le développement culturel. L'objectif est de favoriser l'accès des habitants aux équipements culturels, publics ou privés : Colisée, Musée de la Piscine, Conservatoire de musique, Ballet du Nord, etc. :

> Il faut faire un travail pour que la population bénéficie de ces équipements. Le développement culturel, c'est bien d'autres choses, mais en gros c'est ça, c'est de rapprocher les partenaires sociaux de ces équipements, c'est aussi de soutenir des initiatives intéressantes en dehors de ces équipements, par exemple, il y a un théâtre… (G. Bourrat, entretien 2003)

En dehors de ces priorités, il y a aussi une série de programmations dans le cadre du Grand Projet Urbain (GPU). Il s'agit notamment de la prolongation du parc Brondeloire qui va tripler de volume (en s'étendant jusqu'à la gare Jean Lebas, dans le quartier de l'Alma), de l'implantation d'un nouveau bureau de poste et de la construction de nouveaux logements (habitat social et promoteurs privés) :

> Dans ces temps où il y a beaucoup de chômage, on sait que c'est plutôt le manque du travail, c'est la reconnaissance sociale qui part et la dignité qui est atteinte. Lorsque la dignité est déjà agressée par le chômage, il faut que l'environnement soit de qualité parce que si soi-même on se met en cause dans sa dignité profonde, il faut que notre environnement reflète une vraie dignité, une vraie qualité. Je suis d'une exigence permanente quant à la qualité de cet environnement comme étant le reflet extérieur de la dignité des gens. Quand je dis, je veux des espaces verts, ça veut dire : je veux un quartier dont on respecte la dignité, quelles que soient les difficultés sociales et de travail. (M. Caron, entretien 2003)

Selon Léfebvre (2003, p. 25), « les élus sont souvent obsédés par l'équation "propreté = qualité de vie", refusant tout ce qui peut marquer l'abandon, la décrépitude, une rupture de l'ordre social qui leur serait imputée ». En partant de l'idée de déficit d'image dont souffre la ville, les représentants politiques accordent une importance accrue à tout qui touche l'image de la ville : la propreté, le cadre de vie, mais aussi la qualité de l'offre culturelle, car « la culture donne au discours sur la compétitivité économique de la ville une représentation positive » (Lefebvre, 2003, p. 25).

4.4.2 L'association Alentour de la naissance à la crise

Examinons maintenant les actions d'inclusion réalisées par les associations de quartier. Parmi les associations de l'Épeule, nous avons choisi d'étudier l'activité de l'association Alentour, née autour du PLIE (Plan local d'insertion par l'économique), dispositif de la politique de la ville créé en 1993 afin de favoriser le retour à l'emploi des personnes les plus en difficulté. Le PLIE de Roubaix, qui a pour nom Gagner, présidé par le maire de la ville, René Vandierendonck, a été parmi les trente premiers lancés en France en 1993. Alentour est citée par les témoins privilégiés comme étant la seule entreprise d'insertion du quartier de l'Épeule :

> Sur l'Épeule, il y en a une, après on en a une autre sur le quartier du Fresnoy, mais on travaille aussi avec l'ensemble des entreprises d'insertion qu'il y a sur la ville parce qu'elles ont toutes des spécialités différentes. (D. Robin, entretien 2003)

L'objectif de cette section est d'analyser, en utilisant le modèle ALMOLIN (voir le deuxième chapitre) les actions d'Alentour, association qui se propose de « développer des services porteurs d'utilité et de médiation sociales procurant de l'emploi aux habitants, les impliquant dans la gestion urbaine de proximité et facilitant l'échange et le dialogue au sein de la population » (De Angeli, 2001, p. 23).

4.4.2.1 La naissance d'Alentour et son fonctionnement

La naissance de l'association Alentour est liée à l'activité de l'association AME (Association des maisons de l'enfance), créée en 1948 par Anne Prouvost, l'épouse du patron textile Albert Prouvost. Dans les années 1960, l'AME s'implique dans la gestion des Locaux collectifs résidentiels (LCR)[24] du secteur Roubaix-Tourcoing. Dans les années 1990, la dégradation de la situation sociale des habitants du quartier de l'Épeule détermine l'association AME à impulser un projet autour du Plan local pour l'insertion et l'emploi (PLIE) et du dispositif Contrats Emploi Solidarité (CES). En 1993, AME embauche pour six mois un animateur social, Vincent Boutry, pour monter ce projet. L'objectif est de proposer des activités économiques aux personnes en difficulté : chômeurs de longue durée, personnes faiblement qualifiées ou victimes de la discrimination ethnique.

Vincent Boutry démarre la mission confiée par l'AME en 1993 dans le cadre d'une association intermédiaire d'intervention économique et sociale (ISEC). En 1994, il fonde l'association AME Services qui propose des services d'aide à domicile, de restauration et d'entretien des bâtiments, notamment des locaux collectifs résidentiels, comme l'association mère, AME, n'arrivait plus à assurer les travaux de maintenance des LCR :

> Au départ, j'ai commencé la mission à l'AME en 1993, j'étais intégré dans l'AME, ensuite c'est devenu AME Services en 1994 avec trois activités.

[24] Locaux situés au rez-de-chaussée des HLM et mis à disposition des résidents ou des associations pour diverses activités (réunions, fêtes, etc.).

> L'AME, c'est la direction générale qui est au siège central et après, ce sont les LCR avec les animateurs qui sont disséminés dans Roubaix-Tourcoing et qui galèrent un peu et qui sont très peu impliqués dans le partenariat de quartier. (V. Boutry, entretien 2003)

Très vite, les activités proposées par Vincent Boutry représentent la moitié du budget de l'AME, avec les avances de trésorerie. Il y a des contestations de la part des salariés de l'AME qui ne se retrouvaient pas dans les nouveaux services. Ces problèmes, auxquels s'ajoute celui du financement, conduisent à la création d'une nouvelle entité à l'intérieur de l'association mère AME :

> Arrive un développeur, un gars qui a des idées, Vincent, qui a beaucoup d'idées et qui sont mises en pratique. Forcément, ils n'aiment pas du tout. Ce n'est pas la même façon de fonctionner. Donc on crée AME Service. (J.-L. Andes, président de l'AME, ensuite d'Alentour, entretien 2003)

Après la création de la nouvelle entité, V. Boutry rencontre le maire de Roubaix pour obtenir des marchés. Mais l'association voulait rester autonome par rapport à la ville : « Les choix qu'on faisait, on les faisait par nous-mêmes. On n'avait aucun compte à rendre » (V. Boutry, entretien 2003). La relation entre la ville et l'association se construit sur la verticale : « Je dois rencontrer le pouvoir pour obtenir de l'argent, l'argent est indispensable à ma réussite d'action collective » (J.-L. Simon, entretien 2003). La « méthodologie moderne » utilisée par les associations pour obtenir des financements se fonde sur ce type de relation, mais aussi sur le capital social (réseaux de relations formelles et informelles) :

> On est trop autonome. À un moment donné, tu sais ce que tu veux et comme tu veux et tu es dans une logique de lobby. Et donc après tu tapes, tu séduis et puis tu te fais reconnaître comme ça. En fait, tu te fais reconnaître parce que tu as un réseau, un carnet d'adresses, parce que tu t'intéresses à la politique locale. On est dans des jeux de ce type. (V. Boutry, entretien 2003)

Les projets démarrent dans le quartier de l'Épeule sur une base militante : « Ici, c'était les habitants militants plus ou moins, on était une quarantaine de gens qui naviguaient autour du comité de quartier. Parfois, on était un peu plus quand il y avait des problèmes un peu chauds sur le quartier » (V. Boutry, entretien 2003). Mais si les activités représentent le résultat d'une démarche volontariste, basée sur la connaissance de longue date du quartier et sur l'expérience personnelle des militants, les idées se concrétisent seulement au moment où des opportunités financières se présentent : « On discute, on essaie de trouver les opportunités. On a nos idées : le resto et l'aide à domicile. Et, puis, le directeur de l'AME me dit : j'ai des besoins pour entretenir les LCR, je suis prêt à mettre un peu de sous pour ça » (V. Boutry, entretien 2003).

C'est la solidarité avec les personnes en besoin qui détermine la mise en œuvre de telle ou telle action et pas l'idée d'obtenir des bénéfices et d'entrer ainsi en concurrence avec d'autres entreprises privées ou services publics : « On n'allait pas ouvrir un truc concurrentiel. On n'allait pas ouvrir un resto comme ça. Si on ouvre un resto, on le fait solidaire pour les gens qui ne peuvent pas aller au resto, qui n'ont pas les moyens de se le payer » (V. Boutry, entretien 2003).

Pour Alentour, il est essentiel que les réseaux existants, réunissant les associations, la ville et d'autres acteurs, se montrent intéressés aux initiatives et qu'ils offrent leur soutien : les actions ne sont jamais individuelles, elles s'appuient toujours sur de réseaux de partenaires qui connaissent bien les besoins des habitants : « Ce sont des partenaires, des associations. Si je n'avais pas trouvé les "Restos du cœur", je n'aurais jamais ouvert de resto. S'il n'y avait pas les HLM, on n'aurait pas ouvert les chantiers. Il faut bien qu'il y ait quelqu'un qui "achète" derrière. On s'appuie sur des réseaux existants » (V. Boutry, entretien 2003). La connaissance des besoins des habitants est intuitive, basée sur l'expérience, elle ne s'appuie pas sur des études que les associations n'ont pas les moyens de financer : « Interroger les habitants sur les besoins, c'est un boulot dingue et je ne suis pas sûr que ça marche parce que tu entends les besoins que tu as envie d'entendre » (V. Boutry, entretien 2003).

La forme d'organisation privilégiée est le chantier-école : « On devient AME Service, une association en 1994 avec trois ateliers et trois encadrants, quatorze personnes par atelier. Ça fait 45 personnes » (M. Berrabah, entretien 2003). C'est en effet le mode d'organisation choisi par Alentour pour démarrer ses activités :

> Comme je connaissais du monde ici, c'est surtout sur le quartier que les projets ont décollé. Ce sont des projets des chantiers-écoles en fait. Un chantier-école, c'est embaucher des gens en contrat emploi solidarité sur des activités non marchandes théoriquement, et les amener dans une phase de travail. C'était environ dix personnes pour financer un encadrant technique. Des gens qui ont une expérience de ce métier et qui acceptent de quitter leur métier pour encadrer des gens. C'est un nouveau métier. (V. Boutry, entretien 2003)

L'activité de Alentour démarre au niveau des LCR, d'abord dans la commune de Hem[25] avec l'aide du sous-directeur de la LCR et ensuite dans le quartier de Trois Ponts (Roubaix), avec l'implication d'un autre animateur LCR : « Les LCR sont devenus incontournables par rapport aux associations dites de proximité » (M. Berrabah, 2003). En revanche, l'arrivée de la nouvelle association dans le quartier de l'Épeule est

[25] Hem, commune voisine de Roubaix où il y a un important parc de logements sociaux.

regardée avec suspicion par l'animateur des LCR : « Il ne veut pas, il dit qu'il ne comprend pas, qu'il ne voit pas très bien ce que ça peut apporter » (V. Boutry, entretien 2003). Mais ensuite, c'est le réseau personnel du directeur d'Alentour qui commence à fonctionner :

> Après, je fais marcher mon propre réseau. J'avais envie qu'il se passe des choses sur mon propre quartier, je connaissais un petit peu du monde. On a une approche très quartier. Ça veut dire qu'il faut qu'on s'appuie sur les structures du quartier, je ne voulais pas installer un projet dans un endroit où je ne connais personne. Je voulais que les LCR s'investissent. Mais il y a déjà un réseau en place. J'étais salarié de l'AME et je faisais partie du comité de quartier de l'Épeule. Avec Mehdi, on s'était rencontré dans le comité de quartier. On ne savait pas trop ce qu'on voulait faire, est-ce que ça va marcher ou pas. (V. Boutry, entretien 2003)

Même si pour l'instant il n'y avait pas vraiment de répondants au niveau du quartier, il n'y avait pas de blocages non plus, ce qui laissait une liberté totale d'action : « Tant que je trouve les dépenses et les recettes, il n'y avait aucun blocage. Les blocages, c'était plus au niveau des LCR : qu'est-ce que c'est que ce mec qu'on a embauché ? » (V. Boutry, entretien 2003).

Le service restauration (association Univers) est initié en 1993 en partenariat avec les Restos du cœur, créés en 1985 par l'acteur français Coluche. Du lundi au vendredi, dans une ambiance chaleureuse et familiale, une centaine de repas équilibrés sont servis aux personnes démunies et isolées :

> Il y avait le club de prévention qui avait fait un petit atelier cuisine ici, et qui était la maison du comité de quartier à l'époque. Donc, on a acheté trois cuisinières à l'époque et on trouve Nicole Geldhof[26] qui était prête à nous aider et on s'adresse aux Restos du cœur. À l'époque, il y a Wendy Grimaldi qui avait un CAP de restauration et qui cherchait du boulot aussi. Je cherchais des gens qui avaient une petite compétence dans le secteur de cette activité et des gens qui avaient une fibre sociale. En plus, qui étaient prêts à démarrer un truc où il n'y avait rien de carré. Et, donc, on démarre ça le 7 septembre 1993. (V. Boutry, entretien 2003)

Les usagers sont non seulement des habitants du quartier, mais aussi de nombreuses personnes extérieures, touchées durablement par l'exclusion et la pauvreté. Ce sont surtout des hommes divorcés ou célibataires, chômeurs de longue durée ou allocataires des minima sociaux, souvent touchés par la maladie et l'alcoolisme. À ceux-ci s'ajoutent des sans-papiers et, dans une moindre mesure, des femmes.

---

[26] Nicole Geldhof, directrice de l'association Univers depuis 2002.

Avec le soutien du comité de quartier, le restaurant solidaire, qui avait démarré ses activités dans des locaux inadaptés, trouve un autre local en 1995 dans la rue de l'Épeule.

En 1998, la mairie accepte de racheter le local et, en 1999, l'association bénéficiera d'un financement dans le cadre du programme européen URBAN afin de rénover le bâtiment :

> Et, donc, on trouve cette baraque, ce petit bistrot qui était rigolo en 1999, et pour un loyer défiant toute concurrence. Il n'y avait pas de chauffage. On ouvre ici un atelier cuisine, on en ouvre un deuxième au comité de quartier du Fresnoy, on fait un tour au 48, rue de Wasquehal, on déplace tout parce qu'à chaque fois on est tout seuls, il y a plein de gens qui venaient, alors ça devenait, ça prend de l'ampleur. On était 40 ici et 30 de l'autre côté. En plus, il fallait faire bosser 10 personnes pour avoir les subventions pour un temps plein d'encadrement. C'était la folie, 14 personnes pour un mec... Encadrer 14 personnes dans une entreprise... (V. Boutry, entretien 2003)

À partir de 1999, avec le financement URBAN, l'offre se diversifie : d'autres services pour les plus démunis sont mis en place à l'étage du local du restaurant : blanchisserie, douche et coiffure. L'Univers, qui en 2000 employait six agents (quatre aides cuisine, un barman et la directrice), organise également des voyages, des fêtes et des jeux de société avec ses utilisateurs. Le service aide à domicile, démarré en 1993 cesse son activité en 1995, considéré par la Direction du Travail comme concurrentiel par rapport à l'ADAR, l'aide à domicile traditionnelle : « On est obligés d'arrêter le service d'aide à domicile parce que la direction du travail dit que c'est concurrentiel ce que nous faisons par rapport à l'ADAR. Donc, on nous a contestés » (V. Boutry, entretien 2003).

La même année, deux autres services sont créés : animation lecture et maintenance – cadre de vie. Ce dernier, effectuant des tâches de maintenance dans des immeubles HLM du quartier, a été développé à partir de 1993 pour assurer des travaux confiés par la Ville de Roubaix et le bailleur social Roubaix-Habitat :

> En 1995, il y a le service maintenance-cadre de vie qui arrive aussi. Où est-ce qu'on va trouver des sous pour retaper le LCR 48 rue de Wasquehal ? Alors, j'anime un chantier de jeunes pendant quelques mois. Deux nouvelles actions démarrent, alors qu'il y en a une qui se ferme. (V. Boutry, entretien 2003)

En 2000, sept agents de maintenance-ambiance assuraient l'entretien des parties communes des HLM et un autre groupe de six agents polyvalents assurait des taches d'entretien dans des bâtiments communaux. Outre la propreté, la présence des agents d'entretien apporte à la fois une certaine sécurité et confère un rôle social à l'agent, car il habite dans l'immeuble et il est connu par tous :

> La parole est un antidote à la violence physique. Aujourd'hui, la violence naît trop souvent de l'ignorance entre les générations ou entre les cultures. Lorsque les gens communiquent, se rencontrent, prennent conscience de la richesse de leur environnement et des habitants qui y habitent, le sentiment d'insécurité diminue. (V. Boutry, cité par De Angeli, 2001, p. 23)

Ce service commence son activité avec le LCR 48 rue de Wasquehal (Épeule) sous la responsabilité de M. Berrabah qui animait à l'époque un chantier de jeunes. À l'issue de ce chantier qui dure quatre mois, l'activité continue grâce à un partenariat avec Logicil. Un autre chantier similaire à celui sur les LCR de l'Épeule s'ouvre sur les LCR du quartier Trois Ponts : il s'agit majoritairement des HLM, car les Trois Ponts c'est un ZUP (zone urbaine prioritaire). Les travaux de l'AME Services sur les bâtiments de Logicil sont financés par le CIL, mais « le CIL ferme les robinets et donc on bascule sur Roubaix Habitat qui lui ouvre les robinets » (M. Berrabah, entretien 2003). À noter qu'en 1995, le président de l'AME est également le directeur technique de Logicil.

Une nouvelle activité est initiée en 1995 : l'animation lecture avec les écoles de quartier maternelles et primaires. Douze animatrices, la plupart des mères de famille du quartier, encadrées par Juliette Campagne, présidente de l'association « Lis avec moi », animent des séances d'éveil au livre : « Et après, on ouvre un autre service qui est animation lecture en 1995, avec des écoles de quartier maternelles et primaires et on met des femmes qui vont faire de la lecture avec Juliette Campagne et on développe ça » (V. Boutry, entretien 2003). La lecture représente un vecteur de rencontres, en tant qu'activité qui « permet de développer les apprentissages fondamentaux, d'entrevoir une réconciliation entre l'école, les familles et le quartier, et de tisser des liens autour du plaisir d'une découverte différente de l'écrit » (De Angeli, 2001, p. 25). Avec l'appui de la médiathèque de Roubaix, les lieux d'intervention se diversifient : convaincues de l'intérêt de la démarche et de la capacité des médiatrices à rapprocher les enfants du livre, les écoles primaires et maternelles ouvrent peu à peu leurs portes. L'activité reçoit d'autres financements publics, complémentaires aux fonds d'insertion par l'économique, une nécessité pour professionnaliser et pérenniser ces emplois (De Angeli, 2001). Cette activité touche 2 000 environ 1 370 enfants dans les écoles et intervient dans vingt lieux de la ville (écoles, médiathèque, centres sociaux ou parcs publics).

Un autre service s'ajoute aux autres en 1998 : la gestion du parc municipal du Brondeloire pour le compte de la municipalité. Quatre régisseurs Emploi Jeunes assurent des taches d'entretien, de médiation et d'aide à l'animation. Cette nouvelle activité sauve la trésorerie d'Alentour, mais lui donne en même temps le coup de grâce : « Ce qui a sauvé à un moment donné Alentour l'a aussi tué. C'est l'histoire du parc, le parc qui sauve la trésorerie d'Alentour » (M. Berrabah, entretien 2003). Et effet, cette nouvelle activité représentait une chance de redresser financièrement l'entreprise, mais en même temps, des pressions sont exercées par la mairie pour embaucher des salariés en emploi jeunes : « On a pris des jeunes qui étaient plus ou moins impliqués dans le social, qui allaient au centre social, qui avaient été dans ce genre de truc et je me suis planté là-dessus » (V. Boutry, entretien 2003). Pour Vincent Boutry ce n'est pas la meilleure solution de faire travailler un jeune dans le cadre d'un service d'utilité sociale qui opère dans le même quartier où il habite. Ces types d'emplois sont plus adéquats pour les personnes qui sont installées durablement dans le quartier, avec leurs familles, et moins pour les jeunes, plus mobiles :

> Je me retrouve avec des Emplois-jeunes et nous, on avait toujours dit, on ne prend pas d'Emplois-jeunes. Le service d'utilité sociale, ce n'est pas forcément pour un jeune. Prendre un jeune dans son quartier, un jeune qui n'a pas d'espérance professionnelle, pour le foutre travailler dans une cage d'escalier, n'est pas forcément la bonne trajectoire. On se disait toujours : il vaut mieux prendre des gens qui sont vraiment installés dans le quartier, qui ont des familles dans le quartier, qui ont choisi de vivre dans le quartier pour faire du lien social. (V. Boutry, entretien 2003)

L'association doit non seulement entretenir les espaces verts, mais aussi animer le parc : « Et, puis, le service des sports dit : voilà, vous avez un terrain de foot sur cet espace public, et, bien, toutes les équipes du quartier doivent y jouer » (V. Boutry, entretien 2003). Ensuite, les moyens sont réduits (le cahier des charges devient quasi inexistant) et la mairie se retire du partenariat concernant la gestion du parc du Brondeloire : « La ville, les techniciens n'ont pas apprécié qu'une association loi 1901 gère de l'espace public. Donc ils ont commencé à tourner le dos à tout ce qui était partenariat surtout pour les services de sport et jeunesse » (M. Berrabah, entretien 2003). L'idée de départ d'Alentour était de faire de l'animation et pas simplement de la gestion :

> On ne veut pas être des concierges qui sont là uniquement pour défendre l'équipement contre les usagers ! On va être capable d'amener une valeur ajoutée parce qu'on est implanté dans le quartier, parce qu'on va travailler avec des jeunes qui sont impliqués dans ces réseaux. J'y suis pas arrivé parce que j'avais embauché des jeunes qui étaient difficiles à bouger. (V. Boutry, entretien 2003)

En même temps, Alentour s'associe à des multiples projets lancés au niveau du quartier par des partenaires comme le centre social, le club de prévention, le club de vacances, la mairie de quartier, les associations des jeux, les associations sportives, l'union commerciale, etc. Ces structures pouvaient avoir besoin à un moment donné d'un ou de plusieurs services proposés par Alentour : « Ça veut dire que si demain il y a un projet d'animation dans la rue de l'Épeule qui concernerait la dynamique commerciale, Alentour pourrait aisément prêter main forte à ce projet » (V. Boutry, entretien 2003). Selon son fondateur, la force de l'association Alentour consiste dans la liberté d'agir rapidement et d'une manière concrète :

> Je pense que c'est miraculeux d'avoir une association qui peut agir comme ça. Avec la multiplication des activités, on était une seule équipe. Avant, il y avait le BCD[27], le parc, les HLM, le bâtiment, il y avait la cuisine. Tout ça, c'était une équipe, donc on pouvait très bien articuler deux ateliers en même temps, le parc et le BCD par exemple. (V. Boutry, entretien 2003)

4.4.2.2 Ressources monétaires et non monétaires du projet

Le personnel de l'association était composé en 1999 de dix permanents, vingt-sept contrats emploi consolidé (CEC), quatre contrats emploi-solidarité (CES) et six contrats emploi jeune (CEJ). La majorité des salariés sont des habitants du quartier. Le directeur d'Alentour, V. Boutry, est titulaire d'un diplôme en management. Il travaille d'abord à l'Union fédérale des consommateurs (UFC), puis milite successivement au sein de l'APU Vieux-Lille (Atelier populaire d'urbanisme), de l'association Frères des Hommes (organisation de solidarité internationale dont l'objectif est de faire le lien Nord-Sud) et du comité de quartier Épeule-Alouette-Trichon, où il est permanent en 1990 et 1991. Jean-Loup Andès, président du conseil d'administration d'Alentour souligne le rôle central du directeur de l'association, V. Boutry :

> La réalité du service Alentour, c'est Vincent. Ça fait un moment que je connais Vincent et qu'on travaille ensemble. Il y avait des problèmes de finalité et de devenir et on s'en est rendu compte très vite. Mais la réalité des actions et la volonté de vie d'Alentour, c'est Vincent. Le fonctionnement qu'on a fait, c'est une association réelle et sérieuse avec un conseil d'administration, le conseil d'administration était là pour agréer et accepter ou non d'ailleurs les propositions que faisait Vincent sur les activités d'Alentour. (J.-L. Andès, entretien 2003)

L'association s'appuie aussi sur des bénévoles qui mettent à disposition leur capital relationnel : par exemple, Richard Vanlaecke, secrétaire général de l'AME, « qui a cette qualité de tenter de trucs avec des gens qui ne sont pas de son bord : il est de droite » (V. Boutry, entretien 2003) ou Jean-Loup Andes, président de l'AME à l'époque. Travailleur social, il est élu dans l'équipe de Diligent, et aussi dans la première équipe de Vandierendonck. Dans les années 1970, il a créé le GAR (Groupe d'action et de réflexion) et le GAM (Groupe d'actions municipales). J.-L. Andes est très impliqué dans la vie associative de Roubaix

---

[27] Bibliothèque Centre Documentaire.

où il développe au fil du temps un réseau personnel important, basé sur des relations d'amitié, de travail ou associatives :

> Il y a toute la culture sociale et familiale, mes meilleurs amis sont Joël Campagne, Hubert Caron[28], on a fait nos études ensemble. On était militants à l'époque. Moi, j'ai travaillé à La Redoute pendant douze ans, je suis un roubainiou convaincu. Après, je me suis mis à mon compte, je suis formateur en ressources humaines. (J.-L. Andes, entretien 2003)

En 1999, à la suite des contestations des salariés de l'AME qui réclamaient qu'il y ait toujours des liens avec l'association AME Services, cette dernière devient indépendante du point de vue juridique et financier (jusqu'en 1999 la comptabilité et la gestion du personnel d'AME Services étaient réalisées dans le cadre de la maison mère AME) et prend le nom d'Alentour. L'unité économique et sociale entre les deux entités est contestée au tribunal :

> Sur l'appréciation du juge qui examine les activités, il y avait la question du nom : le fait de s'appeler AME Services voulait dire qu'on était les services de l'AME. Donc on a appelé ça Alentour pour se séparer officiellement en 1999. On vire les gens de l'AME, mais ils peuvent être membres d'honneur. Et on rembourse nos dettes[29]. (V. Boutry, entretien 2003)

J.-L. Andes, le président de l'AME, devient alors le président du conseil d'administration de la nouvelle association. Le fait qu'il était « des deux côtés à la fois » (V. Boutry, 2003), comprenant ce que la nouvelle association voulait faire, mais aussi pourquoi la séparation entre les deux structures était préférable, rend cette séparation moins douloureuse. Selon J.-L. Andes, ne pas faire du social et du politique en même temps lui permet d'agir sans avoir de contraintes : ainsi, il a pu faciliter l'autonomie d'Alentour en mobilisant son ancien réseau et en s'engageant parallèlement dans la nouvelle association. Selon lui, il y a des politiciens qui ont des idées excellentes, mais ils n'arrivent pas à les mettre en pratique, étant cloisonnés dans leur carte politique.

> Ne pas s'engager politiquement ça ne veut pas dire ne pas s'engager. Moi, je n'arrive pas à lier social et politique. J'ai mes propres valeurs, elles sont le respect, la tolérance, le partage, l'amour, l'accueil. Le fait de ne pas faire de politique tout en faisant permet d'avoir un réseau large et d'agir. (J.-L. Andes, entretien 2003)

---

[28] Hubert Caron, financier chez Phildar « était en 1966-1967 à la base des premiers conseils municipaux d'adolescents » (J.-L. Andes, entretien 2003).

[29] « Parce qu'AME nous avait fait une avance de trésorerie énorme » (V. Boutry, entretien 2003).

La nouvelle association Alentour est désormais indépendante juridiquement et financièrement par rapport à l'AME. Cependant, les deux structures continuent à effectuer ensemble des prestations.

À sa création, les opérations d'AME Services concernaient plusieurs quartiers de Roubaix. Plus tard, en 1998, avec le consentement de la mairie, l'association recentre son activité sur le territoire Épeule-Alouette-Trichon : « le développement des liens sociaux suppose la proximité » (V. Boutry, entretien 2003)[30]. Mais des difficultés financières apparaissent en 1995 : « Il y a l'État qui dit : on arrête tous les CES. C'est-à-dire que c'est toujours très précaire » (V. Boutry, entretien 2003). Le service d'aide à domicile disparaît, mais est remplacé par deux nouvelles activités en 1995 (animation-lecture et maintenance-bâtiments). René Vandierendonck, le maire de Roubaix, ouvre alors une procédure de financement sur l'opérateur HLM Roubaix Habitat, dont il est président. Il confie ainsi à l'association des nouveaux chantiers de maintenance (bâtiments de patrimoine, locaux associatifs, salles de sport, marchés d'entretien annuels, etc.). Malgré cela, les problèmes financiers continuent à s'aggraver : « C'est la croix et la bannière pour obtenir des chantiers. On est au bord du gouffre et on va voir le maire, et là, il y a une redéfinition du projet » (V. Boutry, entretien 2003).

Face aux limites des dispositifs d'insertion par l'économique (précarité des emplois, mise en danger de la durabilité et de la qualité des services proposés), s'imposait une diversification et consolidation des activités de l'association. L'objectif de (re)construire les liens sociaux et d'améliorer la communication entre les habitants exige aussi une permanence au sein de l'équipe : « le temps de se faire connaître, d'installer un climat de confiance avec les habitants et d'être reconnu dans son action » (V. Boutry, cité dans De Angeli, 2001, p. 25). Ainsi, le financement URBAN est perçu par l'équipe d'Alentour comme une chance pour consolider ses services et de rendre les emplois créés pérennes : l'animation-lecture, le lieu d'accueil de jour au restaurant solidaire Univers, la régie d'animation du cadre de vie, l'animation et la gestion du parc du Brondeloire. Le maire de Roubaix, qui venait à l'époque d'être élu vice-président du conseil régional, soutient l'association dans sa démarche pour obtenir des financements européens :

> « Je ne peux pas financer avec la ville, mais avec URBAN je peux y aller » – il venait d'être élu vice-président du Conseil régional – « on va faire payer cela ». On te soutient, tu bosses sur l'Épeule et je te donne Roubaix Habitat. Il était président de Roubaix Habitat. (V. Boutry, entretien 2003)

Le grand pari était alors de stabiliser les emplois créés par Alentour :

---

30 Boutry, V. (2000), « Entre projet et réalité, où en est Alentour ? », document interne de l'association Alentour, Épeule-Alouette-Trichon.

On n'a pas eu URBAN tous les ans, c'était de 1999 à 2001. Le programme URBAN, c'était la question de la pérennisation. On était en chantier-école... Comment on arrive à pérenniser nos services ? On avait trois projets : sur l'animation-lecture avec les bibliothécaires, sur le bâtiment-entretien, l'idée était de monter une régie animation sur le cadre de vie... On avait aussi une action sur la cuisine : l'idée c'était de voir comment on pouvait monter un lieu d'accueil de jour, comment pérenniser une structure sociale sur l'Épeule. (V. Boutry, entretien 2003)

En 1998, l'association démarre une quatrième activité consistant dans la gestion et l'animation du parc Brondeloire, situé dans le quartier de l'Épeule. Cependant, les résultats des efforts dans le cadre du financement URBAN sont jugés non convaincants :

L'activité d'Alentour se place sur un champ encore mal défini qui est celui des emplois d'utilité sociale, ce qui rend difficile le dialogue avec les institutions et les financeurs. Le soutien du programme URBAN devait faire progresser leur reconnaissance, objectif qui, semble-t-il, n'est que très partiellement atteint. Sans doute, ce dialogue entre l'association, forte de ses certitudes, et les institutions, soucieuses de comprendre et de vérifier l'adéquation des moyens aux besoins, a-t-il retardé cette reconnaissance ? (M.-F. Lavieville, chargée de mission auprès du préfet de Région, citée dans De Angeli, 2000, p. 29)

Dans les années 1997-1998, 40 % du budget de l'association provenaient de l'État (les contrats aidés CES, CEC, emplois jeunes) et du plan local d'insertion (le dispositif PLIE) qui paie une partie de l'encadrement (15-20 %). Le reste du budget (30-40 %) est couvert par des prestations aux clients ou par des subventions complémentaires ponctuelles sur des actions précises (par exemple le programme URBAN). Mais ce mode de financement fragilise l'association : pour couvrir ses besoins, elle doit sans cesse être à la recherche de nouveaux financements, étant donné qu'une partie des salariés dépend de ces financements. L'autonomie de la structure est très relative puisque l'association dépend dans une large mesure de financements publics à court terme.

4.4.2.3 Bilan 2003 : quelle durée de vie de l'association ?

Pendant l'année 2002, un changement définitif intervient dans l'activité d'Alentour, avec la décision du fondateur de quitter le projet, à la suite, entre autres, d'une série de difficultés financières et de gestion des activités :

Les bouleversements que l'association a connus pendant l'année 2002 sont dus à une série de difficultés liées à la gestion très complexe, aux problèmes financiers, à la difficulté d'assurer la viabilité de tous les secteurs et de garder la souplesse, les difficultés liées à l'insertion sur le lieu d'habitation. (G. Bourrat, entretien 2003)

Selon M. Caron (entretien 2003), Alentour a été créée autour de la lutte contre l'exclusion, sur l'accueil et l'accompagnement des plus démunis, qui ne pouvaient accéder directement à l'emploi. À travers le dispositif d'insertion, elle s'est beaucoup appuyée sur les contrats aidés et tous les dispositifs permettant d'accueillir les personnes en très grande difficulté, mais elle a rencontré ses limites (notamment en termes de législation et de moyens mobilisés pour l'insertion). De plus, selon le maire du secteur Roubaix Ouest (M. Caron, entretien 2003), Alentour n'a pas réussi à développer un écho au niveau de la ville.

Pour se maintenir, l'échelle du quartier n'était peut-être plus adéquate : selon le président du comité de quartier (E. Verbrackel, entretien 2003), il faudrait trouver un seuil de développement à l'échelle du secteur, voire de la ville. Ainsi, l'association pourrait attirer plus de chantiers et de financements, en évitant que les fonds se dispersent entre plusieurs associations :

> Des vrais pôles de compétences repérés, quand ils ont existé, ils n'ont pas été reconnus et n'ont pas effectivement donné lieu à de contractualisations sérieuses avec ce qui était susceptible de faire dépasser certains seuils de développement qui permettaient à ces structures de se qualifier. Je crois que si Alentour n'a pas su résister, c'est parce qu'elle n'a pas eu la capacité de se professionnaliser, de se qualifier avec l'ensemble de ses salariés, mais aussi de ses bénévoles et administrateurs. (E. Verbrackel, entretien 2003)

E. Verbrackel souligne aussi la fragilité, et, en même temps, l'utilité des initiatives d'Alentour pour les habitants du quartier, notamment pour les plus vulnérables :

> Il y a des initiatives qui sont prises par des groupes d'habitants au sein du comité de quartier ou ailleurs, par d'autres associations aussi. Ces initiatives, comme celles d'Alentour, on a vu qu'elles ont leurs faiblesses, vu que du jour au lendemain elles peuvent disparaître sans trop de dégâts en ayant apporté un certain nombre de solutions à des personnes, en ayant apporté des dynamiques. Là, vous m'aviez dit quand on s'était vu que vous reveniez du restaurant l'Univers, c'est vrai que des choses comme ça n'aurait pas pu exister, c'est vrai que ce sont des choses qui continuent justement à rendre la vie en commun possible. Il y a peu de lieux de vie qui permettent aux gens de continuer à vivre ensemble et à ne pas être que sur des tensions. Donc ça, de l'auto-organisation, il y en a eu et ça continue à en avoir. (E. Verbrackel, entretien 2003)

Vincent Boutry explique sa décision d'arrêter son activité au sein d'Alentour par trois raisons qui s'entremêlent :

La première raison concerne l'évolution de l'association par rapport au projet de départ : partir des dispositifs d'insertion et créer des services pérennes d'utilité sociale, tout en contribuant à l'amélioration des relations sociales à l'échelle individuelle ou collective. L'idée n'était pas de former tout simplement de la main d'œuvre pour l'entreprise, mais, « avec l'expérimental, de renouveler le service public et d'inventer des nouveaux contrats » (V. Boutry, entretien 2003). Mais, selon lui, les choses n'ont pas avancé, car Alentour est obligée de rester dans une logique d'insertion avec des contrats aidés. Alors que l'association visait à développer des activités d'utilité sociale et à créer du lien social dans le quartier, c'est vers une banale entreprise d'insertion qu'elle semble se diriger. Même si Alentour s'inscrit dans une logique d'intérêt général, le débat sur la question de la pérennisation tarde à s'ouvrir, tant à l'échelle locale que nationale :

> Mon projet, c'est de construire du lien social sur le territoire en développant des activités d'utilité sociale avec des chômeurs sur le quartier. Au départ et au bout de dix ans, j'essaie de sauter de mesure en mesure et je n'arrive pas à ouvrir le champ de discussion, de négociation sur la pérennisation de ces services, je n'arrive pas, et au niveau national non plus. Le débat ne s'ouvre pas sur cette question, ou très peu. Ça reste très confidentiel, et il n'y a pas une volonté de la ville non plus. C'est le premier échec qui fait qu'à un moment donné je ne peux plus continuer. Ça ne m'intéresse pas de faire de l'insertion et de changer tous les six mois de personnel. (V. Boutry, entretien 2003)

L'idée que le secteur associatif peut investir le secteur marchand est venue dans le contexte du débat sur la réforme fiscale associative (lancé par le gouvernement Jospin, 1997-2002). Selon ce projet, les associations 1901, dont l'objet est désintéressé peuvent devenir de plus en plus marchandes. Même si la richesse produite par le travail associatif ne peut pas être comptabilisée dans le PIB, elle amène d'autres éléments, mais dans le registre social. L'espoir était alors de pouvoir pérenniser ce type d'entreprises associatives. Le problème consistait dans le manque d'un statut juridique reconnu qui pouvait encadrer ce type d'activité : « Il y a les associations loi 1901 classiques et il devrait y avoir une nouvelle structure reconnue. Vous avez du mal parce que ce n'est pas institutionnalisé encore » (V. Boutry, entretien 2003). Le statut d'entreprise associative, combinant la dimension économique ou marchande avec la dimension sociale et politique, a du mal à se faire reconnaître dans le contexte donné :

> Le problème, c'est que moi je voulais qu'on reconnaisse l'association de type entreprise. Je revendiquais de dire nous sommes une association de type entreprise, nous travaillons sur une mission d'intérêt général et d'utilité sociale et c'est là, dedans, qu'on a nos compétences et qu'on veut être reconnus comme étant compétents. (V. Boutry, entretien 2003)

Ce qui est déploré, c'est que les compétences de ce type d'entreprise sont jugées uniquement à travers ses performances économiques et moins en fonction de ses résultats au plan social, car il ne faut pas oublier que la valeur ajoutée par ces activités se situe surtout dans le registre de l'utilité sociale :

> Quand on fait une activité de nettoyage, on ne fait pas que du nettoyage : on fait du nettoyage et du lien social, on ne gère pas ça uniquement de façon marchande. Donc, à chaque fois, on amène une valeur ajoutée et on n'est pas une entreprise. (V. Boutry, entretien 2003)

Mais ce n'est pas que le statut juridique adéquat qui manque, mais aussi la question de la reconnaissance de l'utilité sociale de ces activités : « Qu'on ne regarde pas les gens qu'on embauche, mais qu'on s'intéresse à l'activité qu'on génère. » La principale difficulté est de montrer la différence entre les sociétés de services classiques et l'association de services : « Ce qu'on n'a pas réussi à faire, c'est de dire : qu'est-ce que produit de différences entre une association de services et une société de nettoyage ? » Mais la difficulté de l'évaluation des résultats dans le registre social apparaît évidente : « On ne peut pas évaluer le lien social, on est dans une société qui n'évalue que ce qui est mesurable. » Le directeur d'Alentour propose donc une approche sociologique d'enquête pour évaluer le lien social, qui devrait compléter les modes classiques d'évaluation des activités d'insertion (« On répond sur l'insertion même si j'aimerais parler de ce que je fais ») :

> Est-ce qu'on est simplement dans l'occupationnel ? En quoi on s'articule avec le service public ? Quels métiers on peut imaginer derrière une expérimentation comme la nôtre ? Quelles qualifications ? En quoi c'est complémentaire aux métiers existants sur cette activité ? On est évalué sur trois feuilles sur l'emploi et les rapports d'activité. Mais les rapports d'activités ne sont pas lus. (V. Boutry, entretien 2003)

Une autre raison concerne le territoire et la participation des partenaires aux projets proposés par Alentour. Les activités créées sont destinées à générer de l'emploi dans un territoire donné, ce qui implique une forte animation du territoire avec les acteurs locaux, ainsi que la participation des habitants :

> On a une approche du lien social à partir du territoire, on a développé l'activité sur un territoire, peu importe l'activité, ce qui est important, c'est de créer de l'activité et que cette activité puisse générer de l'emploi, et ça soulevait une animation de territoire forte. Mais je n'arrive pas à le mettre en place malgré toute une série des discours d'argent qui ne parlent pas de territorialisation, qui ne parlent pas de participation des habitants, qui ne parlent pas de la mairie de quartier. (V. Boutry, entretien 2003)

La structure s'alourdit et devient difficile à gérer : le territoire apparaît ainsi comme l'unique lien entre les diverses activités, d'où la nécessité d'une animation territoriale forte :

> En plus, on se retrouve à une cinquantaine. Ça devient une entreprise avec plusieurs ateliers. Le ciment, c'est le territoire : sinon il n'a pas de raisons de faire fonctionner un restaurant avec un truc de bâtiment et avec un truc de lecture. Donc, s'il n'y a pas cette animation forte du territoire, où les uns et les autres comprennent la fonction du développement du territoire, les concurrences s'attisent entre les services. (V. Boutry, entretien 2003)

Le manque d'intérêt de la ville pour un véritable partenariat est également déploré par le fondateur : « À un moment donné, tu ne peux pas essayer tout seul, tu sens que tu ne peux pas » (V. Boutry, entretien 2003). Les structures de participation, même si elles existent, souffrent des dysfonctionnements et ne permettent pas une réelle participation des partenaires du quartier : « Tu as des projets de quartier qui sont bâclés en trois réunions, c'est des logiques de financement, ce ne sont pas des logiques de travailler ensemble » (V. Boutry, entretien 2003).

En termes de gouvernance locale, il apparaît un manque de coordination du processus de prise de décision : ce ne sont pas les structures qui manquent, mais leur gouvernance. En effet, c'est la ville qui doit assurer le pilotage de la gouvernance, en tant que détenteur du pouvoir, mais il semble qu'elle ne s'intéresse pas vraiment aux besoins des quartiers auxquels les associations essayent de proposer des solutions. De plus, il y a des personnes, non seulement des élus, mais aussi des technocrates, « qui freinent à la mairie » : « On est vu par un certain nombre de gens comme des emmerdeurs » (V. Boutry, entretien 2003). Pour leur part, les partenaires associatifs n'ont pas la légitimité, cautionnée par le pouvoir, de s'ériger en coordinateurs des partenaires dans une démarche de projet :

> Et nous, on n'a pas la légitimité de se placer en coordinateur, en rassembleur, je ne peux pas faire cela, je ne peux pas dire alors voilà on bosse tous ensemble. Et les gens, ils n'ont pas envie de bosser tous ensemble. L'équipe municipale ne s'est pas intéressée vraiment au projet. (V. Boutry, entretien 2003)

La troisième raison évoquée renvoie à la dégradation des relations entre les membres de l'équipe. En effet, à l'interne, il y a un double discours qui dénoue le groupe : un premier discours dit qu'il faut jouer le jeu de l'insertion et faire de la formation du personnel, tandis que le deuxième discours porte sur l'utilité sociale et la pérennisation des services. Il y a aussi des différences de statut entre les salariés (par exemple entre ceux qui travaillent dans la restauration et ceux qui travaillent dans le bâtiment) et un décalage entre le discours sur la pérennisation des emplois et les possibilités réelles de professionnaliser les activités :

> Le but, c'est de garder les gens. On veut les conserver parce que si on veut faire du service à la personne, du service de qualité, il faut des gens qu'on

> garde. Le problème c'est comment on consolide, comment on professionnalise un minimum des services. Après on fera peut-être de l'insertion des gens. On a besoin d'avoir des cadres, enfin, des gens toujours les mêmes. (V. Boutry, entretien 2003)

Ces contradictions internes conduisent à une perte de confiance de l'équipe :

> Je sens que ça a du mal, on a perdu la flamme : ça fait dix ans qu'on fait des trucs, tu sens que ça évolue, mais mes discours deviennent de plus en plus décalés devant mes financeurs. On a aussi de plus en plus de mal à trouver des gens. (V. Boutry, entretien 2003)

Aux problèmes de gestion interne, s'ajoutent les pressions de la part des habitants (« l'image de mec qui devrait donner du boulot à tous ») et aussi des raisons liées aux convictions personnelles :

> Je suis d'abord un développeur, je suis d'abord sur une gestion affective, je ne suis pas un patron… Je n'ai pas su structurer, organiser, professionnaliser suffisamment fort les choses dans le contexte où j'étais. (V. Boutry, entretien 2003)

Ces raisons ont conduit les dirigeants à chercher des solutions pour arrêter le projet global d'Alentour : « Je crois que tout le monde avait envie que ça s'arrête » (V. Boutry, entretien 2003). Le besoin de changement, de rupture avec le passé leur apparaît évident pour pouvoir recommencer sur des bases nouvelles :

> Il y avait besoin d'un changement. Et le changement de l'entreprise, ce ne sera pas moi qui serai capable de le faire. À un moment donné, tu essaies de tourner le truc et tu n'arrives pas… Et donc à un moment donné il vaut mieux casser le truc ; et on oblige les autres à se positionner. (V. Boutry, entretien 2003)

Dans l'hypothèse où l'entreprise déposait le bilan, les licenciements massifs ne pouvaient pas êtres assumés en totalité. Comment arrêter le projet en évitant le licenciement généralisé : « On n'avait pas les moyens de licencier tout le monde et il fallait trouver des solutions alternatives » (M. Berrabah, entretien 2003). Face à ces bouleversements, le Conseil d'administration d'Alentour, avec le consentement de la mairie de Roubaix et du Plan local pour l'insertion et l'emploi (PLIE), a décidé en 2002 de réorganiser l'association de manière à éviter le licenciement du personnel et à stabiliser les activités.

En imaginant des solutions de transferts vers d'autres structures, le dépôt de bilan pouvait être évité et les activités pouvaient continuer : « Il faut que les activités restent sur le quartier pour permettre de ne pas perdre les activités sur le quartier et que les gens qui sont en contrat chez nous puissent aller au bout de leur contrat » (V. Boutry, entretien 2003).

Les transferts ont été organisés avec seulement trois licenciements : le directeur, le directeur adjoint et la secrétaire. Une fois les solutions de transfert trouvées, c'était aux salariés de choisir, car leur contrat de travail devrait changer aussi : « Les salariés avaient leur mot à dire : "on est d'accord ou on n'est pas d'accord", et s'ils veulent être licenciés. L'association ne pouvait pas suivre, on aurait été dans le dépôt de bilan » (V. Boutry, entretien 2003).

Suite à la décision de restructuration des activités d'Alentour, l'encadrante du restaurant solidaire Univers, Nicole Geldolf, a annoncé tout de suite sa décision de continuer l'activité et de s'autonomiser. Le service animation-lecture a été repris par la ville qui crée une filière animation lecture à l'intérieur des services municipaux. La responsable de cette activité, travaillant déjà dans le cadre de la médiathèque municipale, les contrats des autres animatrices furent également transférés à la ville, dès la fin de leur contrat à l'Alentour. En même temps, cette activité a été généralisée à l'échelle de la ville :

> Les femmes travaillent aussi dans des écoles en dehors du quartier et dans du périscolaire, alors qu'avant elles étaient beaucoup plus en temps scolaire. Donc, il y a eu une négociation un peu douloureuse de leur service. (V. Boutry, entretien 2003)

La gestion déléguée du parc Brondeloire est également reprise par la ville, tandis que le service maintenance-cadre de vie se structure en association autonome prenant le nom d'Astuces (directeur M. Berrabah). Il n'y a qu'une seule activité (l'entretien des bâtiments communaux) qui continue sous le nom d'Alentour, sous la direction de H. Bouhjama. Le partenariat avec Roubaix Habitat permettait de continuer l'activité d'entretien des parties collectives des bâtiments résidentiels et associatifs au moins jusqu'au septembre 2004, jusqu'à la fin du contrat des dix personnes qui composaient l'équipe. Finalement, le responsable du service, en concertation avec les membres de son équipe, décide de continuer l'activité. L'association garde le nom d'Alentour dont l'activité se restreint à l'entretien des parties collectives des bâtiments résidentiels et associatifs.

Certains acteurs considèrent cette initiative comme un échec. Pourtant elle représente un avancement réel (notamment en termes de création des nouveaux services d'utilité sociale et d'animation du territoire) et on peut considérer comme un succès d'avoir trouvé des solutions de sorte que les activités, redéployées, continuent indépendamment, tout en évitant le licenciement des salariés. Par contre on peut considérer comme un échec l'écart entre les résultats et les objectifs de départ : se positionner au niveau du quartier en tant qu'entreprise associative, être évaluée selon ses buts sociaux et non en fonction de ses performances marchandes :

> Pour moi c'est un échec par rapport à mes objectifs de départ pour l'utilité sociale. On a réussi à faire bouger ce qu'on pensait faire bouger, c'était complètement délirant. Au niveau minima, on s'en est pas trop mal sorti. Tout le monde s'en sort sans trop de douleur. Il y a une continuité et le maire, il dit « ce n'est pas un échec », il a un discours positif là-dessus, alors qu'il y a plein de gens qui disent que c'est fini, ils nous ont enterrés vivants. (V. Boutry, entretien 2003)

Le fait que le directeur d'Alentour démissionne « oblige les uns et les autres à bouger » : ainsi, la ville reprend certaines activités et les intègre dans le cadre des services municipaux, alors que, il y a quelques mois, la ville refusait de reprendre ces activités (animation lecture, parc du Brondeloire). Le sentiment du fondateur est que cette incompréhension de la part des autorités publiques a découragé les initiatives associatives : « Est-ce qu'on n'amène pas les associations à splitter ? On dirait qu'on les décourage » (V. Boutry, entretien 2003).

La recomposition des activités n'a pas eu pour conséquence l'abandon de l'objectif principal : la (re)construction du lien social dans le quartier de l'Épeule. En effet, les anciens services d'Alentour, transformés en associations autonomes, gardent des liens très forts : par exemple, ils s'impliquent tous dans des animations organisées dans le parc Brondeloire et le secrétariat est partagé afin de pouvoir payer le salaire de la secrétaire, etc. Ils s'expriment d'une seule voix dans les réunions au sujet du quartier : « Dans les réunions pour parler du quartier, on est toujours ensemble. Si on peut être partenaires, on l'est » (V. Boutry, entretien 2003). D'une manière générale, les nouvelles associations continuent à s'impliquer dans les animations organisées au niveau du quartier, même si ça ne les concerne pas directement :

> Je m'associe pas mal dans les quartiers d'été. C'est pour les gens qui ne peuvent pas partir en vacances, on leur propose des animations en juillet-août. Je m'associe aussi au collectif d'animation sur le programme de l'année. Des fois, ils ont besoin de quelqu'un pour monter des tentes, de charger et décharger des camions : je viens en soutien s'il le faut dans le cadre du développement de proximité. (M. Berrabah, entretien 2003)

En ce qui concerne les activités reprises par la ville, l'espoir est qu'elles se pérennisent. Par contre, les relations avec la mairie de quartier ne sont pas faciles, ce qui empêche le développement des liens : « Ce sont des obstacles qui sont lourds, ce sont des conflits personnels qui deviennent des conflits d'intérêt de pouvoir qui sont néfastes pour le développement des actions » (E. Verbrackel, entretien, 2003).

L'urgence du mandat électoral pourrait être une des causes à l'origine de ce dialogue difficile entre les associations et les collectivités. Par exemple, l'apparition de la mesure emplois-jeunes en 1997 détermine le maire à tenir un discours autour de l'aspect nouveau métier. Pourtant, très peu d'associations avancent des projets afin de pouvoir bénéficier de cette mesure, par conséquent, le maire décide de mobiliser tous les moyens de ce dispositif afin de créer 150 postes d'agents de médiation à Roubaix (cf. la loi du 15 avril 1999, dite « loi Chevènement »). La conséquence est que toute la vie associative de la ville se retrouve sans moyens.

Ce qui est constaté, c'est que les associations réagissent toujours dans l'urgence, afin d'exploiter toute sorte de dispositifs et mesures, avec leurs avantages et inconvénients : « On réagit devant les dispositifs quand il y a du pognon qui arrive parce que, sinon, le pognon, il s'en va » (V. Boutry, entretien 2003). Cela se produit parce qu'il n'y a pas un dialogue permanent entre les associations et les collectivités, ce qui fait que les projets associatifs ne sont jamais connus par la mairie, de telle sorte qu'au moment où les financements arrivent « Les projets sont là, il y a une culture commune, il n'y a plus qu'à mettre ensemble. C'est comment tu gères l'ensemble. Ça, on n'arrive pas à le faire » (V. Boutry, entretien 2003). L'association Alentour a initié une démarche globale au niveau du quartier de l'Épeule, mais celle-ci a échoué. La décision municipale de mettre en place un Atelier Projet de Quartier serait une des causes, selon Alentour. Cette instance, présentée comme une instance de dialogue, ne fonctionne pas de manière satisfaisante, et, à cours d'idées, récupère celles des associations : « Il y a eu une réunion par ci, une réunion par là, mais il n'y a jamais eu une démarche construite » (V. Boutry, entretien 2003).

Conclusion du chapitre

Ce chapitre a commencé par situer les dynamiques d'exclusion et d'inclusion et d'innovation sociale dans le contexte spatial, social, économique et politique de la ville de Roubaix. Nous avons d'abord analysé, sous un angle historique, les principales dynamiques socioéconomiques et institutionnelles ainsi que leurs implications en termes économiques, sociaux et physiques : industrialisation massive et brutale, grands flux successifs d'immigrants étrangers, formation d'un réseau urbain anarchique, dense et complexe (fin du XIXe siècle – années 1960), crise économique, ralentissement de l'immigration liée au travail, crise du logement et déstructuration du paysage urbain (années 1970-1980), restructurations, délocalisations, tertiarisation et stratégies de redéveloppement urbain (à partir des années 1990). Chômage et appauvrissement de la population, déclin social et dégradation physique des quartiers, fuite des couches moyennes vers d'autres communes, voilà quelques dynamiques d'exclusion sociale amorcées dans les années 1970 et qui continuent à se poursuivre. Les réactions institutionnelles face à ce processus se sont traduites par la mise en place de plusieurs stratégies : encouragement du retour de l'activité économique dans les années 1970, lutte contre la précarité et pour l'amélioration des conditions d'insertion des Roubaisiens dans le marché du travail dans les années 1980, politiques de renouvellement urbain et de réduction du chômage dans les années 1990.

La recherche de terrain nous a permis de dégager d'autres dynamiques roubaisiennes : par exemple, la constitution d'une mémoire locale « mille-feuilles » par la superposition des expériences et du vécu de plusieurs catégories de population qui ont du mal à se retrouver afin de construire une « mémoire croisée » ou l'émergence d'une nouvelle culture de l'action collective. Cette culture se forge dans la confrontation et la coopération entre le syndicalisme ouvrier et les luttes ouvrières, les mouvements récents (comités des quartiers, associations des jeunes) et les politiques publiques (dispositifs de la Politique de la ville).

Nous avons pu constater également que les acteurs (publics, associatifs et privés) ont du mal à sortir de leur enfermement afin de réunir leurs points de vue dans une démarche partenariale et de construire des ponts entre les initiatives des habitants, celles des acteurs locaux et les grands projets publics. Nous avons expliqué cela par la spécificité de la nouvelle culture de l'action collective à Roubaix qui consiste à opposer et à combiner deux types de cultures et de méthodologies : l'une traditionnelle, de type syndical, basée à la fois sur l'action verticale et horizontale (l'égalité et la solidarité dans la construction d'une force collective), et l'autre moderne, de type « coin de rue », arrivant sans une méthodologie clairement définie de l'intervention collective. Ce deuxième type de culture est à la fois source de richesse et de conflits : basée sur des forces verticales, très utiles pour obtenir des moyens, elle ne favorise pas toujours la construction de vraies solidarités, permanentes et durables. Finalement, les « associations des jeunes » réussissent à se fabriquer une méthode spécifique, sans perdre pour autant leur esprit d'opposition. Ainsi, les modes initiaux d'organisation, enrichis par les contacts avec les formes traditionnelles d'association, sont en train de se transformer en vie associative.

Après avoir examiné ces dynamiques générales, nous avons orienté notre recherche à l'échelle du quartier de l'Épeule : l'objectif a été d'identifier les processus locaux d'exclusion sociale et de caractériser le capital social à l'échelle individuelle (capital social relationnel et participation des habitants à la vie collective) et à l'échelle collective (réseaux formels et informels, rapports de gouvernance), type de capital essentiel au processus d'inclusion sociale. L'analyse de la structure et de la dynamique des réseaux sociaux personnels met en évidence un nombre de caractéristiques. Ainsi, la taille des réseaux, leur nature et les catégories d'habitants concernés par ces relations indiquent que c'est chez la population exclue et reléguée socialement et spatialement que la solidarité, appuyée surtout sur la famille, se manifeste le plus.

Ensuite, nous avons tenté de voir comment les habitants mobilisent ce capital social relationnel pour dépasser des moments difficiles de leur vie : nous avons pu constater que la majorité des répondants ont bénéficié d'une aide, ce qui indique qu'ils sont entourés socialement. Cette aide consiste notamment dans le soutien de la famille, principal canal de solidarité mobilisé par les habitants dans les milieux populaires, alors qu'un nombre réduit de personnes a bénéficié du support des structures formelles d'aide (services sociaux, associations, police, services administratifs, services privés, etc.). D'autres éléments ont mis en évidence la persistance d'un rapport paternaliste, héritage du passé industriel de la ville, qui se traduit par une relation directe avec les élus.

L'analyse des liens « forts » des habitants a été complétée par une observation de la structure et de la dynamique de leurs liens « faibles ». Les résultats de cette enquête montrent que les habitants sont relativement informés sur la vie associative de leur quartier. Ils ont connaissance notamment des activités du Comité de quartier, le centre social Nautilus, ainsi que le restaurant solidaire Univers. Si la connaissance des associations est satisfaisante, en revanche, la pratique associative est assez faible : la majorité des répondants ne sont insérés dans aucune forme associative et ne participent quasiment jamais aux débats organisés dans le quartier par les structures existantes (comité de quartier, conseil de quartier ou Atelier Projet de Quartier).

L'enquête auprès des responsables associatifs et institutionnels montre en effet que, même si des actions sont menées pour répondre aux besoins des habitants touchés par l'exclusion et pour renforcer leur autonomie, il semble que les habitants précarisés ne soient plus capables ni d'exprimer leurs demandes, ni d'agir, ni de participer à la vie locale. Si une partie de ces ménages bénéficie d'une entraide familiale ou communautaire qui se suffit à elle-même, les plus isolés se replient sur eux-mêmes. Pour expliquer cette situation, les témoins privilégiés invoquent l'incapacité des structures locales d'être à l'écoute des besoins revendiqués ou non (il ne faut pas oublier, ce sont toujours ceux qui ne sont pas ou qui ne se sentent pas exclus qui prennent la parole), mais aussi de mobiliser les habitants et d'organiser la participation. Ces dysfonctionnements des instances qui tentent de mobiliser les habitants dans le dialogue et les processus au niveau du quartier, ont été identifiés à travers un examen du capital social collectif ou institutionnel (structure et dynamique de la gouvernance locale). Au niveau du quartier de l'Épeule, nous avons identifié plusieurs instances formelles interférant dans la gouvernance locale : la mairie de quartier, l'Atelier Projet de Quartier (APQ), le conseil de quartier, ainsi que le comité de quartier.

L'analyse du fonctionnement de ces structures met en évidence que c'est leur coordination (un processus de gouvernance de qualité), à travers des liens formels et informels, qui fait défaut. Dans ce sens, l'APQ pourra s'affirmer davantage comme une arène permettant le développement des jeux complexes de relations entre les acteurs, au lieu de rester un simple dispositif technocratique dont la seule mission serait d'éviter les chevauchements entre les actions. Une solution proposée par certains des témoins privilégiés serait de recentrer l'APQ sur la mission d'accompagnement de développement et de laisser à la nouvelle instance, le conseil de quartier, les approches plus globales et moins centrées sur les problématiques du développement.

Le capital social et la gouvernance locale ainsi définis pourront être à la base de la lutte contre les exclusions sociales. Nous avons complété et nuancé les dynamiques d'exclusion mises en évidence au début de la recherche de terrain avec des informations concernant le quartier et établi une hiérarchie des besoins des habitants. Les principaux processus d'exclusion cités par les représentants publics et associatifs sont l'exclusion du monde économique (avec ses deux volets, celui du travail et celui de la consommation), le manque de perspectives professionnelles des jeunes, la constitution de poches d'insalubrité dans certaines zones du quartier (définies comme « zones de fixation » des immigrants, des sans-papiers, des squatters) et la forte « assignation à résidence » (impossibilité de quitter le quartier faute de moyens), même des plus jeunes. La grande mixité sociale et culturelle complexifie davantage la problématique économique et sociale locale : des personnes à revenus très modestes et des classes aisées, des origines culturelles de plus en plus diverses (plus de cent origines culturelles étrangères sont présentes dans l'ensemble de la ville, avec une dominante maghrébine) se côtoient dans le quartier, ce qui pose avec acuité la question de la reconnaissance du travail sur l'inter-culturalité.

Les habitants ont aussi été interrogés au regard de leurs difficultés et de leurs besoins. Il est apparu que le problème le plus important est de loin la fermeture des usines et le chômage, suivi par la transformation et l'uniformisation de la structure commerciale du quartier, par le sentiment d'insécurité (vols, agressions, drogues, insécurité routière), ainsi que le manque d'équipements notamment pour les enfants (crèches, écoles primaires) et les jeunes (cafés, discothèques), d'animations (sportives, artistiques, associatives) ou d'espaces verts.

Après avoir identifié ces dynamiques d'exclusion et les besoins qui en découlent, nous avons pu entamer une analyse des dynamiques d'inclusion sociale et d'innovation sociale. Nous avons introduit cette section par un bref examen des principales réponses publiques dans le cadre de la Politique de la ville. Ainsi, le quartier de l'Épeule a été sélectionné dans les années 1990 le cadre du Développement social urbain, de la Zone franche urbaine, du Grand Programme urbain et du programme URBAN de l'Union européenne. Épeule a été retenu dans le cadre de l'URBAN comme quartier proche du centre-ville, présentant une fonction commerciale importante mise à mal par la crise. Par conséquent, l'Épeule a bénéficié à la fois des interventions concernant le réseau commercial et des actions axées sur le cadre de vie et les services aux habitants (jardins collectifs, parc du Brondeloire, réhabilitation d'une friche industrielle pour des activités économiques et culturelles (l'Hôtel d'entreprises Roussel), diversification et consolidation des services de proximité, création d'un lieu d'accueil de jour). L'association Alentour a été le « maître d'ouvrage » de deux des initiatives URBAN à l'Épeule. Il s'agit de la diversification et de la consolidation des services de proximité et de la création d'un lieu d'accueil de jour pour les personnes les plus démunies et isolées.

L'enquête auprès l'association Alentour, a permis de connaître sa manière de répondre à ce qu'elle considère comme étant des besoins des habitants. Il semble que les besoins que cherche à satisfaire Alentour en développant des services « porteurs d'utilité et de médiation sociales procurant de l'emploi aux habitants » (De Angeli, 2001, p. 23) sont l'insertion sociale et économique (emploi, formation), les besoins de base (se nourrir, se loger, se laver, etc.), l'éducation (lecture), la propreté (entretien des locaux collectifs) et la reconstruction du lien social (objectif transversal).

Cette initiative est née en 1993 en réaction au déclin social qui touchait le quartier de l'Épeule : elle démarre comme projet d'intervention sociale et économique autour des dispositifs publics Plan local pour l'insertion et l'emploi et Contrats Emploi Solidarité. Les objectifs initiaux sont atteints, ils touchent des usagers dans le besoin : personnes démunies et isolées, enfants, habitants des HLM, chômeurs, personnes faiblement qualifiées, etc. Ces activités assurent des formations, génèrent des emplois et créent de nouveaux métiers. Les salariés jouent aussi le rôle d'agents de création du lien social dans le quartier. Par exemple, les employés de l'Univers organisent et animent des voyages, des fêtes, des jeux de société avec les utilisateurs, la présence des agents d'entretien dans les HLM confère une certaine sécurité (car ils habitent dans ces immeubles et sont connus de tous), les animatrices-lecture sont pour la plupart des mères de famille du quartier, les régisseurs du parc municipal sont des jeunes du quartier.

L'association mobilise et combine des ressources très variées : capital humain (salariés permanents, salariés en contrat d'insertion, bénévoles), capital social institutionnel (relations et réseaux sociaux des membres de l'association, qui facilitent l'accès à des ressources insérées dans d'autres réseaux professionnels, politiques ou associatifs), ressources monétaires (contrats aidés, paiements, subventions, fonds européens). Il faut souligner le rôle crucial des figures charismatiques : le fondateur, le président du conseil d'administration et les encadrants des services, toutes des personnes populaires dans le quartier et la ville qui assurent le lien entre le milieu associatif et les habitants. Mais le mode de financement fragilise la structure qui dépend dans une large mesure des financements publics fluctuants. Par exemple, en 1995, lorsque le dispositif Contrats Emploi Solidarité est supprimé, le service « aide à domicile » est contraint de cesser son activité. Même s'il est remplacé par d'autres activités, les problèmes financiers continuent à s'aggraver.

Malgré l'obtention de nouveaux chantiers de maintenance, les limites des dispositifs d'insertion par l'économique ont des impacts négatifs sur les activités d'Alentour, en se traduisant par la précarisation des emplois et la mise en danger de la durabilité et de la qualité des services. Le financement dont l'association a bénéficié pendant trois ans (1999-2001) dans le cadre du programme européen URBAN, a été perçu comme une opportunité pour consolider les activités et pérenniser les emplois créés. Malgré les efforts entrepris, les résultats sont mitigés : l'association, placée dans un champ encore mal défini, celui des activités d'utilité sociale, ne réussit pas à convaincre dans le dialogue avec les institutions publiques et les financeurs.

Le départ du fondateur d'Alentour, annoncé en 2003, oblige les acteurs impliqués dans ce projet de trouver des solutions alternatives à l'arrêt définitif des activités. Plusieurs raisons à l'origine des bouleversements qui ont conduit à la réorganisation de l'association ont été mises en évidence. Il s'agit des difficultés financières, du fait que la structure devient difficile à gérer, du décalage grandissant par rapport à l'idée de départ (alors qu'elle voulait créer des services pérennes d'utilité sociale, l'association semble évoluer vers une banale entreprise d'insertion), de la faible implication des acteurs locaux dans l'animation du territoire ou du manque d'intérêt de la ville pour un véritable partenariat. À cela s'ajoutent la dégradation interne de l'équipe et des pressions de la part de certains habitants qui voient dans l'association uniquement une source d'emplois sur le quartier. Mais il était évident pour tous les acteurs que ces activités ne pouvaient pas s'arrêter. Les responsables d'Alentour, en concertation avec la ville, ont trouvé une solution : deux des services ont été transférés à la ville et les trois autres deviennent des associations autonomes.

Le projet Alentour répond-il aux critères de l'innovation sociale définis dans la partie théorique de ce livre ? Oui, car l'association intègre l'objectif de satisfaction des besoins des habitants (dimension « matérielle ») avec la reconstruction des liens sociaux, participe à l'amélioration du processus de gouvernance locale avec le projet de créer une arène de dialogue permanent entre les acteurs locaux, pilotée par la ville (dimension « processuelle ») et contribue à la « capacitation » sociopolitique des habitants (*empowerment*). On peut légitimement se demander si cette expérience ne constitue pas un échec, tenant compte des événements de 2003. Oui, s'il s'agit de la mise en place d'un espace de débat pérenne autour des problèmes du quartier. S'il s'agit de lien social, de satisfaction des besoins et de l'*empowerment*, les personnes embauchées bénéficient d'une formation, ont la possibilité d'enclencher un cursus professionnel et de s'insérer dans des réseaux sociaux. Selon cet aspect, il faudrait plutôt parler d'insuccès par rapport à l'ambition de départ : partir des dispositifs d'insertion pour arriver à se positionner au niveau du quartier comme organisme d'utilité sociale, dont la performance sera évaluée par rapport aux buts sociaux et non en fonction de ses résultats économiques. Mais les autres avancées, notamment en termes de création de services d'utilité sociale et d'animation du territoire avec les autres acteurs, ne nous permettent pas de conclure que c'est un échec. Finalement, des solutions alternatives au licenciement des salariés ont fait en sorte que les activités, redéployées, continuent à exister indépendamment, sous forme d'associations autonomes ou de services dans le cadre de la ville.

Conclusion générale

Cet ouvrage part du constat que de nombreux quartiers des grandes villes européennes sont confrontés à des dynamiques d'exclusion sociale qui se traduisent par l'extension galopante de la pauvreté, le recul des droits sociopolitiques et la destruction des liens sociaux. Le deuxième constat à la base de ce travail concerne les changements survenus dans le rôle de l'État, jusqu'alors au centre des politiques de développement. Ces changements s'accompagnent de l'émergence de nouveaux acteurs, issus notamment de la société civile. Ces deux constats nous ont conduits à réfléchir au rôle que l'économie sociale pourrait jouer dans les dynamiques locales d'inclusion sociale et de développement socioéconomique. Deux réponses – qui peuvent être soit antagoniques, soit complémentaires – ont été proposées à cette interrogation. Premièrement, l'économie sociale donne seulement des réponses immédiates à des besoins urgents afin de pallier aux insuffisances de l'État ou à l'indifférence du marché. Deuxièmement – et c'est l'idée que nous avons défendu tout au long de cet ouvrage – l'économie sociale représente aussi un levier de changement sociétal, voire un modèle de développement socioéconomique alternatif viable.

Pourquoi cette deuxième réponse est-elle privilégiée ? Parce que, selon nous, l'économie sociale est porteuse de principes et de valeurs qui remettent la personne comme acteur social central. Et parce que l'économie sociale innove et produit du capital social, qui permet l'accès aux biens et aux services et notamment de lutter contre l'isolement social.

Pour arriver à ces conclusions, nous avons consacré la première partie de notre ouvrage à la réflexion théorique autour d'un ensemble de concepts qui nous ont semblé pertinents par rapport à la question de départ. Le premier chapitre étudie une première série de concepts : l'économie sociale, le capital social et la gouvernance locale, dont le point commun principal réside dans la focalisation sur l'importance des relations sociales. Le deuxième chapitre analyse une deuxième série de concepts pertinents pour appréhender les dynamiques socioéconomiques locales : l'exclusion sociale, le développement local et l'innovation sociale. Cette démarche de déconstruction/reconstruction conceptuelle nous a permis d'établir un cadre théorique opérationnel pour la recherche empirique.

Dans un premier temps, nous avons analysé les concepts-clés du livre en insistant sur leurs articulations. Nous avons choisi une approche de l'économie sociale comme secteur économique qui combine la satisfaction des besoins de la population avec la reconstruction des liens sociaux. Cet objectif est atteint par les organisations d'économie sociale en imaginant sans cesse des mécanismes innovateurs qui représentent une source continue de capital social. Cette démarche nous a amené à retenir une approche du capital social en termes de réseaux sociaux. Nous avons mis en évidence deux types de capital social : relationnel et organisationnel au niveau individuel, et institutionnel au niveau collectif. À l'échelle individuelle, le capital social relationnel facilite l'accès aux ressources et contribue à diminuer l'isolement social et à renforcer les capacités sociopolitiques des exclus. À l'échelle collective, le capital social institutionnel joue un rôle essentiel dans la gouvernance locale. En effet, une « bonne gouvernance », définie comme un processus de coordination des acteurs impliqués dans la prise de décision, peut avoir des influences positives sur les dynamiques locales d'inclusion et de développement.

Ensuite, nous avons retenu une approche multidimensionnelle de l'exclusion sociale, ce qui implique des réponses intégrant tous les domaines où elle se manifeste. L'étude de la littérature nous a permis d'identifier une approche de développement territorial intégré qui n'exclut pas les pratiques non marchandes comme le bénévolat, la réciprocité et le don. Cette approche considère les personnes touchées par l'exclusion non plus comme des assistés, mais comme des acteurs capables d'agir. Dans un premier temps, nous avons déterminé et opérationnalisé les liens entre les concepts-clés : l'économie sociale, en innovant de manière continue pour répondre aux besoins humains et pour (re)construire des liens sociaux, produit et reproduit du capital social. À son tour, le capital social, en symbiose avec la gouvernance locale, contribue au développement socioéconomique local et à l'inclusion sociale.

Dans la deuxième partie du livre, nous avons mis cette théorie à l'épreuve de la réalité, en testant empiriquement ces liaisons. Pour cela, nous avons mobilisé le modèle ALMOLIN (Alternative Model for Local Innovation) développé par le réseau de recherche SINGOCOM. Ce modèle nous a semblé un outil particulièrement adapté à la question de la recherche car il met en évidence la dialectique entre les dynamiques d'exclusion sociale et les dynamiques d'inclusion et d'innovation sociale. Il nous a semblé intéressant d'appliquer ce modèle au champ spécifique de l'économie sociale, qui est l'objet de cet ouvrage. Nous l'avons donc appliqué à plusieurs expériences d'économie sociale en Europe sélectionnées dans la base empirique du projet SINGOCOM. Ces cas sont Olinda et Leoncavallo à Milan (Italie), Associazionne

Quartieri Spagnoli à Naples (Italie), BOM à Anvers (Belgique), Arts-Factory à Cardiff (Pays de Galles) et Alentour à Roubaix (France).

Nous rappelons quelques éléments généraux qui résultent de la comparaison. Tout d'abord, ces structures d'économie sociale jouent un rôle important dans l'approvisionnement en services d'utilité sociale et dans la création de réseaux d'acteurs locaux. Ensuite, on a constaté qu'elles n'ont pas pour seul objectif la satisfaction des besoins de base, mais qu'elles développent surtout les liens sociaux et les capacités sociopolitiques des personnes vulnérables. Ces objectifs sont atteints en combinant un large spectre de ressources provenant des secteurs public, privé et civil, mais la tendance consiste à sortir du quartier et à monter en échelle territoriale pour se développer et réduire leur vulnérabilité. Enfin, l'analyse met en évidence plusieurs configurations de rapports avec les collectivités locales qui vont du soutien ou partenariat au conflit ou à l'indifférence, en passant par la volonté de la collectivité locale de contrôler, voire de récupérer les projets.

La mise en perspective des six cas confirme en grande partie notre réponse à la question de la recherche. Néanmoins, il reste un élément qui n'a pas été entièrement analysé grâce au modèle ALMOLIN, à savoir la question du capital social. Dans le modèle ALMOLIN, le capital social est mobilisé comme une ressource parmi d'autres. Or, dans notre perspective, le capital social constitue un élément central des dynamiques d'inclusion et de développement local. C'est pourquoi il nous a semblé nécessaire d'étudier, dans la dernière partie du livre, l'ensemble des relations sociales et des réseaux sociaux au niveau d'un quartier.

L'enquête de terrain menée dans le quartier de l'Épeule à Roubaix (ville industrielle textile du Nord de la France touchée par l'exclusion sociale) nous a apporté une connaissance concrète du contexte socioéconomique, de la population et de ses besoins, des réseaux sociaux, du tissu associatif du quartier, ainsi que des dynamiques d'innovation sociale et de reproduction du capital social. Par exemple, nous avons mis en évidence que la sociabilité des habitants issus de l'immigration et des couches populaires repose surtout sur des relations dites fortes, mais que cette population a des besoins importants en termes de capital social organisationnel, comme les solidarités mises en place par les associations locales. D'autres catégories d'habitants, plus isolés, par exemple les chômeurs âgés du textile ou les sans-papiers, ont besoin plutôt du capital social relationnel créé notamment par les restaurants solidaires.

L'enquête nous a permis de vérifier que certaines activités d'économie sociale (par exemple le restaurant solidaire, l'épicerie solidaire) peuvent rétablir les contacts sociaux et aider à l'insertion des habitants dans des réseaux autres que ceux construits autour des relations dites fortes (famille, amis). Ces réseaux sont utiles non seulement pour l'accès des habitants aux moyens et aux informations, mais aussi pour devenir plus autonomes dans leurs démarches. On retrouve ici la notion d'*empowerment*. D'autres initiatives innovent aussi en développant des activités plus rentables économiquement, qui créent moins de capital social (comme la maintenance des espaces collectifs d'habitation) mais qui permettent en revanche de financer l'ensemble de la structure.

Pour conclure, nous revenons sur notre question de recherche et sur les deux réponses proposées au début de cet ouvrage.

La première réponse désignait l'économie sociale comme une simple réponse immédiate aux besoins non satisfaits par le marché ou le secteur public. Notre analyse montre qu'effectivement, les initiatives d'économie sociale émergent de la volonté de répondre très vite aux besoins, mais qu'elles dépassent ce rôle de simple palliatif. D'une part, l'éventail très large d'initiatives, de formes organisationnelles et de modes innovants de coordination révèlent le rôle indispensable et spécifique que l'économie sociale joue entre le fonctionnement du marché « pur et dur » et l'administration étatique. D'autre part, ce secteur de l'économie sociale représente un potentiel important dans la lutte contre l'exclusion sociale en conciliant l'objectif de l'emploi pour tous, y compris les personnes vulnérables, avec les critères de qualité de l'emploi, en assurant des formations et des qualifications.

La deuxième question allait au-delà de la problématique de la reconnaissance sectorielle de l'économie sociale en la considérant comme un levier de changement social, voire comme un modèle économique alternatif. C'est la réponse que nous avons donnée à la question de recherche, car ce secteur apporte une plus-value sociétale fondamentale notamment par l'inclusion des usagers à la production des services et par la « responsabilisation sociale » des entreprises envers leurs salariés. L'économie sociale peut être aussi porteuse d'un modèle alternatif de développement grâce à son système entrepreneurial spécifique basé sur des valeurs telles que l'éthique, la solidarité, la réciprocité et le développement socioéconomique durable.

Bibliographie

Adler, P., Kwon, S.-W. (1999), « Social capital : the good, the bad, and the ugly », Research Paper, Department of management and organization, University of Southern California, Los Angeles.

Adler, P., Kwon, S.-W. (2002), « Social capital : prospects for a new concept », *Academy of Management Review*, vol. 27, n° 1, pp. 17-40.

Agence Lille Métropole de développement et d'urbanisme, « Lille Métropole dans tous ses états 1990-2000 ».

Alentour, Rapports d'activité 1999, 2000, 2001, 2002.

Alentour, « Entre projet et réalité, où en est *Alentour* ? », document interne.

Aménagement, « La métropole lilloise réhabilite ses courées », n° 5105, 28 septembre 2001.

Amin, S. (1970), *L'accumulation à l'échelle mondiale, critique de la théorie du sous-développement*, IFAN, Paris : Anthropos.

Amin, A., Cameron, A., Hudson, R. (1999), « Welfare as work ? The potential of the UK social economy », *Environment and Planning A*, 31, pp. 2033-2051.

Amin, A., Cameron, A., Hudson, R. (2003), « The alterity of the social economy », in R. Le, A. Leyshon, C. Williams (eds.), *Alternative Economic Spaces*, pp. 27-54. London : Sage.

Angeon, V., Callois, J.-M. (2004), « De l'importance des facteurs sociaux dans le développement », Premières journées du développement du GRES, « Le concept de développement en débat », Université de Montesquieu – Bordeaux IV, 16-17 septembre.

ANPE (2000), *Les chômeurs et le chômage. Une enquête exploratoire*, Observatoire de l'ANPE.

Archambault, E. (2003), « L'associatif crée des emplois », *Libération*, 6 octobre.

Archambault, E., Kaminski, Ph. (2003), « Vers un compte satellite des institutions sans but lucratif (ISBL) en France », *Revue internationale de l'économie sociale (RECMA)*, Ire partie, n° 293, pp. 10-23.

Arrow, J. K. (1972), « Gifts and Exchanges », *Philosophy and Public affairs*, n° 1, p. 357.

Arthurson, K., (2003), « From Stigma to Demolition : Australian Debates about Housing and Social Exclusion », *Housing and the Built Environment*, vol. 19, n° 3, 2004, pp. 255-270.

Arthurson, K., Jacobs, K. (2003), « A Critique of the Concept of Social Exclusion and its Utility for Australian Social Housing Policy », UK Housing Studies Association Conference, Bristol, September.

Assidon, E. (2002), *Les théories économiques du développement*, Paris : La Découverte & Syros.

Assogba, Y., (2000), « Gouvernance, économie sociale et développement durable en Afrique », *Cahiers du CRISES* (co-publication CRISES et CRDC), Montréal, novembre, n 0 0019.

Avis, J. (2002), « Social Capital, Collective Intelligence and Expansive Learning : thinking through the connections », *British Journal of Educational Studies*, 50, 3, pp. 308-326.

Aydalot, P. (ed.) (1986), *Milieux innovateurs en Europe*, Paris : GREMI.

Aydalot, P. (1985), *Économie régionale et urbaine*, Paris : Economica.

Bagnasco, A. (1977), *Tre Italie. La problematica territoriale dello sviluppo economico italiano*, Bologna : Il Mulino.

Bagnasco, A., Le Galès, P. (1997), « Les villes européennes comme société et comme acteur », in Bagnasco, A. et Le Galès, P. (eds.), *Villes en Europe*, Paris : La Découverte, pp. 7-46.

Bagnasco, A., Trigilia, C. (1984) (eds.) (1984), *Società e politica nelle aree di piccola impresa : il caso di Bassano*, Venise : Arsenale.

Bagnasco, A., Trigilia, C. (1988, 1993), *La construction sociale du marché. Le défi de la Troisième Italie*, Cachan : Éd. de l'ENS-Cachan.

Balme, R., Chabanet, D. (2002), « Action collective et gouvernance de l'UE », in Balme, R., Chabanet, D., Wright, V. (dir.), *L'action collective en Europe*, Paris : Presses de Sciences Po.

Baran, P. (1957/traduction française en 1970), L'économie *politique de la croissance*, Paris : F. Maspero.

Barber, B. (1995), « All economics are "embedded" : the career of a concept and beyond », *Social Research*, vol. 62, n° 2, pp. 387-414.

Barnekov, T., Boyle, R., Rich, D. (1989), *Privatism and urban policy in Britain and the United States*, Oxford : Oxford University Press.

Barthélemy, M. (2000), *Associations : un nouvel âge de la participation ?*, Paris : Presses de Sciences Po.

Bazzoli, L. (1999), *L'économie politique de John R. Commons. Essai sur l'institutionnalisme en sciences sociales*, Paris : L'Harmattan.

Bazzoli, L., Dutraive, V. (2006), « Fondements pragmatistes de l'institutionnalisme en Économie. Théorie de la connaissance et théorie de l'action chez Veblen et Commons », *Revue de Philosophie Économique*, n° 13.

Beaud, S., Weber, F. (1997), *Le guide de l'enquête de terrain*, Paris : La Découverte.

Becattini, G. (1979), « Del settore industrial al distretto industriale », *Rivista di Economia e Politica Industriale*, vol. 2, pp. 7-21.

Becattini, G. (1987), *Mercato e forze locali : il distretto industriale*, Bologna : Éd. Il Mulino.

Becattini, G. (1992), « Le district marshallien : une notion socio-économique », in G. Benko et A. Lipietz (eds.), *Les régions qui gagnent. Districts et ré-*

seaux : les nouveaux paradigmes de la géographie économique, Paris : PUF, pp. 35-55.

Becker, G.S. (1964, 1993), *Human Capital : A Theoretical and Empirical Analysis, with Special Reference to Education*, Chicago : University of Chicago Press.

Bélanger, R., Lévesque, B. (2006), « Économie de la régulation », dans Laville, J.-L. et Cattani, A.D. (dir.), *Dictionnaire de l'autre économie*, Paris : Desclée de Brouwer, pp. 269-278.

Bell, D. (1979), *Les contradictions culturelles du capitalisme*, Paris : PUF.

Benassi, D., Ghezzi, S., Mingione, E. (1997), « La restructuration économique et la pauvreté urbaine dans les pays européens », in Martens, A. et Vervaeke, M. (eds.), *La polarisation sociale des villes européennes*, Paris : Anthropos, pp. 11-35.

Benko, G. *et al.* (1996) (eds.), *Economia, Politica y Espaço*, Buenos Aires.

Benko, G. (1998), *La science régionale*, Paris : PUF.

Benko G., Lipietz, A. (eds.) (1992), *Les régions qui gagnent. Districts et réseaux : les nouveaux paradigmes de la géographie économique*, Paris : PUF.

Berr, E., Harribey, J.-M. (2005), « *Le concept de développement en débat* », *Économies et Sociétés*, série F, n° 43, pp. 463-476.

Bessis, S. (1995), « De l'exclusion sociale à la cohésion sociale », Gestion des Transformations Sociales (MOST) – UNESCO, Policy Paper n° 2, Synthèse du Colloque de Roskilde, 2-4 mars, Université de Roskilde, Danemark.

Bévort, A., Bucolo, E. (2006), « Capital social », dans Laville, J.-L. et Cattani, A.D. (dir.), *Dictionnaire de l'autre économie*, Paris : Desclée de Brouwer, pp. 87-95.

Bidet, E. (1997), *L'économie sociale*, Paris : Le Monde-Éditions.

Boismenu, G., Loranger, J.-G., Gravel, N. (1995), « Régime d'accumulation et régulation fordiste. Estimation d'un modèle à équations simultanées », *Revue économique*, Volume 46, numéro 4, pp. 1121-1143 (http://www.persee.fr/).

Boltanski, L., Chiapello, E. (1999), *Le nouvel esprit du capitalisme*, Paris : Éditions Gallimard.

Borraz, O. (2000), « Le gouvernement municipal en France. Un modèle d'intégration en recomposition », *Pôle Sud*, 13, novembre, pp. 11-26.

Borraz, O., Le Galès (2001), « Gouvernement et gouvernance des villes », in Leresche, J.-P. (dir.), *Gouvernance urbaine et action publique en Suisse*, Paris : Pédone, pp. 343-367.

Bouchard, M., Bourque, G., Lévesque, B. (2000), « L'évaluation de l'économie sociale dans la perspective des nouvelles formes de régulation socio-économique de l'intérêt général », Working Paper n° 0013, Cahiers du CRISES.

Boudon, R. (1979), *La logique du social*, Paris : Hachette.

Bourdieu, P. (1977), « La production de la croyance : contribution à une économie des biens symboliques », Actes de la recherche en sciences sociales, 1977-02, n° 13, pp. 3-44.

Bourdieu, P. (1980), « Le capital social : notes provisoires », *Actes des Recherches en Sciences Sociales*, 31, pp. 2-3.

Bourdieu, P. (1983), « Ökonomisches Kapital, kulturelles Kapital, soziales capital », *Soziale Ungleichheiten (Soziale Welt, Sonderheft 2)*, édité par Reinhard Kreckel, Goettingen : Otto Schartz & Co, pp. 183-198.

Bourdieu, P. (1986), « The forms of capital », *Handbook of Theory and Research for the Sociology of Education*, Richardson, J.G. (ed.), pp. 241-258, New York : Greenwood Press.

Bourdieu, P., Darbel, A. (1966), « *L'Amour de l'art. Les musées d'art* européens *et leur public* », Paris : Les Éditions de Minuit (en collaboration avec Dominique Schnapper).

Bourdin, A. (1998), « Le gouvernement des villes institue autant qu'il coordonne, ou les limites de la gouvernance », in May, N. *et al.*, *La Ville éclatée*, Paris : Éditions de l'Aube, pp. 314-330.

Boyer, R. (1986), *La théorie de la régulation : une analyse critique*, Paris : La Découverte.

Blaxter, L., Hughes, C. (2001), « Social Capital : a critique », in Thompson, J. (ed.), *Stretching the Academy : the politics and practice of widening participation in highre education*, Leicester : National Institute for Adult Continuing Education.

Bloch, M. (1939), *La société féodale*, Paris : Albin Michel.

Bracke, D. (1998), « Vers un modèle théorique du transfert : Les contraintes à respecter », *Revue des sciences de l'éducation*, Thèse de doctorat, Université de Montreal).

Braudel, F. (1985), *La dynamique du capitalisme*, Paris : Éd. Arthaud, Flammarion, collection Champs.

Briggs, X. (2004), « Social Capital : Easy Beauty or Meaningful Resource ? », *Journal of the American Planning Association*, 70(2), pp. 151-158.

Brousseau, E. (1999), « Néo-institutionnalisme et Évolutionnisme : Quelles Convergences ? », *Économies et Sociétés*, HS 35, n° 1, 1/1999.

Brown, C., Lloyd, K. (2001), « Méthodes qualitatives dans le domaine de la recherche psychiatrique », *Advances in Psychiatric Treatment*, n° 7, pp. 350-358.

Browne, P. L. (1997), « The two faces of the social economy », 8th Conference of Canadian Welfare Policy, University of Regina, Saskatchewan, June.

Brunhes, B. (2000), « Refléxions sur la gouvernance », *Droit social*, février.

Brusco, S. (1982), « The Emilian model : Productive decentralisation and social integration », *Cambridge Journal of Economics*, 6, June, pp. 167-184.

Brusco, S. (1986), « Small Firms and Industrial Districts : The experience of Italy », *Economia Intenazionale*, n° 2.

Bruyn, S.T., Meehan, J. (1987), *Beyond the Market and the State : New Directions in Community Development*, Philadelphia, PA : Temple University Press.

Bucolo, E. (2003), « Le commerce équitable », Hermès, vol. 36, Économie solidaire et démocratie, Dacheux, E. et Laville J.L. (dir.).

Bullen, P., Onyx, J. (1998), « Measuring Social Capital in Five Communities in NSW » (http://www.mapl.com.au/A2.htm).

Burraway, M. (1990), « Marxism as Science : Historical Challenges and Theoretical Growth », *American Sociological Review*, vol. 55, décembre.

Burt, R. S. (1992), *Structural Holes : The Social Structure of Competition*, Cambridge, MA : Harvard University Press.

Burt, R. S. (2000), « The Network Structure of Social Capital », in *Research in Organizational Behavior*, vol. 22, Sutton R.I. et Staw B.M. (eds.), Greenwich, CT : JAI Press.

Caillé, A. (2006), « Don », dans Laville, J.-L. et Cattani, A.D. (dir.), *Dictionnaire de l'autre économie*, Paris : Desclée de Brouwer, pp. 172-179.

Caillé, A. (2007), « Présentation – Avec Polanyi, contre la société de tout-marchand », *Revue du MAUSS*, n° 29, premier semestre 2007, pp. 9-33, Paris : La Découverte.

Callon, M. (2004), « Innovations, marchés économiques et démocratie politique », Conférence d'ouverture du Colloque International de CRISES « *Innovation et transformation sociale* », 11-12 novembre, Université de Québec à Montréal.

Camagni, R. (1995), « The Concept of Innovative Milieu and its Relevance for Public Policies in European Lagging Regions », *Papers in Regional Science*, The Journal of the RSAI 74 (4), pp. 317-340.

Cardoso, F. H., Faletto, E. (1969, traduit en français en 1978), « *Dépendance et développement en Amérique latine* », Paris : PUF.

Carrel, F. (1999), « Roubaix-Tourcoing, une histoire à défricher », *L'Humanité*, 22 mars.

Castel, R. (1995), *Les métamorphoses de la question sociale*, Paris : Gallimard.

Cattani, A.D. (2006), « Émancipation sociale », dans Laville, J.-L. et Cattani, A.D. (dir.), *Dictionnaire de l'autre économie*, Paris : Desclée de Brouwer, pp. 326-335.

CBS Network (2003), « Social enterprise development and the social economy in Scotland », Rapport du *Community Business Scotland Network's Bridge to the Social Economy Project* (www.cbs-network.org.uk).

Centro Studi Consorzio Gino Mattarelli (a cura del) (1997), *Imprenditori sociali. Secondo rapporto sulla cooperazione sociale in Italia*, Torino : Fondazione Giovanni Agnelli.

Champeyrache, C. (2004), *Entreprise légale, propriétaire mafieux. Comment la mafia infiltre l'économie légale*, Paris : CNRS Éditions.

Chanial, P. (2006), « Droits », dans Laville, J.-L. et Cattani, A.D. (dir.), *Dictionnaire de l'autre économie*, Paris : Desclée de Brouwer, pp. 180-189.

Chanial, P., Laville, J.L. (2006), « Associationnisme », in J.-L. Laville et A.D. Cattani (eds.), *Dictionnaire de l'autre économie*, Paris : Desclée de Brouwer, pp. 46-55.

Charbonneau, J. (2005), « Associations en réseaux et capital social collectif : bilan d'expériences et d'analyses » avec la collaboration de Simard, J-G., dans « Le capital social à l'œuvre : études thématiques sur les politiques », Projet de recherche sur les politiques, gouvernement du Canada.

Chen, X. (2000), « Both Glue and Lubricant : Transnational Ethnic Social Capital as a Source of Asia-Pacific Subregionalism », *Policy Sciences*, vol. 33, n° 3 pp. 269-287.

Chen, X. (2005), « Magic or Myth ? Social Capital and Its Consequences in the Asian, Chinese, and Vietnamese Contexts », in Mutz, G. and Klump, R. (eds.), *Modernization and Social Transformation in Vietnam : Social Capital Formation and Institutional Building*, Hamburg : Institut für Asienkunde, pp. 49-62.

Chesnais, F. (1994), *La Mondialisation du capital*, Paris : Syros.

Chupp, M. (1999), « Investing in people through place : The role of social capital in transforming neighborhoods », A report for the Annie E. Casey Foundation, Cleveland, OH : The Urban Center at the Levin College of Urban Affairs.

Clark, T.N. (1994), *Urban Innovation. Creative Strategies for Turbulent Times*, Londres : Sage.

Clark, T.N. (2000), « Old and new paradigms for urban research : Globalization and the fiscal austerity and urban innovation project », *Urban Affairs Review*, 36 (1), pp. 3-45.

Clément, H., Gardin, L. (1999), « L'entreprise sociale », Note de l'Institut Karl Polanyi, Arles : Impatiences Démocratiques.

CMED (1988), *Notre avenir à tous*, Éditions du Fleuve, Montréal (traduction française – 1re édition anglaise 1987).

Coase, R. (1937), « The nature of the firm », *Economica*, 4, novembre (traduit dans la Revue Française d'Économie, vol. 2, n° 1, 1988, p. 133-157).

Coelho, L. (1996), « Uma caracterização industrial da Região Centro », Coimbra, *Oficina do CES*, 76.

Coleman, J. (1988), « Social Capital in the Creation of Human Capital », *The American Journal of Sociology*, vol. 94, pp. 95-120.

Coleman, J. (1990), *Foundations of Social Theory*, Cambridge : Harvard University Press.

Colin, J.-P. (1990), « Regard sur l'institutionnalisme américain », *Cahier Sciences Humaines*, 26 (3), pp. 365-377.

Collier, P. (1998), « Social Capital and Poverty », working paper n° 4, *Social Capital Initiative*, The World Bank « Social Development Family Environmentally and Socially Sustainable Development Network ».

Comité de quartier Épeule, « Épeule-Alouette-Trichon sous tous ses coutures », guide 1993.

Commission européenne (2000), « Initiative communautaire URBAN 1994-1999 : Un premier bilan », Document d'information des services de la Commission européenne, janvier.

Connor, S. (1996), « Cultural Sociology and Cultural Sciences », in Turner, B.S. (ed.), *The Blackwell Companion to Social Theory*, Oxford : Blackwell, pp. 340-365.

CONSCISE (2000-2003), The Third System as innovative force : an attempt at a definition of its function – Baseline Indicators/Measures of Social Enterprise, Social Economy and Social Capital, www.malcolmread.co.uk/conscise/reports.htm.

Conzelman, T. (1995), « Networking and the Politics of EU Regional Policy : Lessons from North Rhine-Westphalia, Nord-Pas-de-Calais and North West England », *Regional and Federal Studies*. vol. 5.

Cooke, P. (1998), « Introduction. The Origins of the Concept », in Braczyk, H.-J., Cooke, P. and Heidenreich, M. (eds.), *Regional Innovation Systems*, London, Bristol PA : University College London Press, pp. 2-25.

Cornuel, D., Duriez, B. (1983), *Le mirage urbain. Histoire du logement à Roubaix*, Paris : Anthropos.

Corragio, J.L. (2006), « Économie du travail », dans Laville, J.-L. et Cattani, A.D. (dir.), *Dictionnaire de l'autre économie*, Paris : Desclée de Brouwer, pp. 313-325.

Courlet, C., Pecqueur, B. (1991), « Systèmes locaux d'entreprises et externalités : un essai de typologie », RERU n° 3/4.

Courlet, C., Pecqueur, B. (1992), « Les systèmes industrialisés localisés en France : un nouveau modèle de développement », in Benko, G. et Lipietz, A., *Les régions qui gagnent*, Paris : PUF.

Courtioux, P., Erhel, C. (2005), « Les politiques en faveur des seniors : quelles réformes ? Comparaison Allemagne, France, Royaume-Uni, Suède », *Travail et Emploi*, n° 102, avril-juin, pp. 107-118.

Cox, K., Mair, A. (1991), « From Localised Social Structures to Localities as Agents », *Environment and Planning*, vol. 23, pp. 197-213.

Damette, F. (2001), « Liaisons dangereuses : une histoire des rapports Paris/province », *Mouvements*, n° 13, janvier-février.

David, M. (2003), « Histoire de la ville et de son patrimoine – Introduction historique », Bilan de l'atelier d'analyse organisé à Roubaix, 13-15 novembre 2003 (workingheritage.european-heritage.net/ pdf/atelier % 20roubaix.pdf).

De Angeli, C. (2000), « Quand les habitants s'en mêlent... Récit d'évaluation – volet social du programme URBAN de Roubaix-Tourcoing », *Les cahiers du Grand Projet Urbain Métropole*, Centre Mercure-Tourcoing.

De Barros, F. (2003), « Les municipalités face aux algériens : méconnaissances et usages des catégories coloniales en métropole avant et après la Seconde Guerre mondiale », Dossier « Genèses » 53, déc. 2003, pp. 69-92.

DeFilippis, J. (2001), « The Myth of Social Capital in Community Development », *Housing Policy Debate*, vol. 12, Issue 4, pp. 781-806.

Defourny, J. (2006), « Économie sociale », dans Laville, J.-L. et Cattani, A.D. (dir.), *Dictionnaire de l'autre économie*, Paris : Desclée de Brouwer, pp. 279-289.

Defourny, J., Favreau, L. (1997), *Les associations et l'insertion par le travail*, Paris : Desclée de Brouwer.

Defourny, J., Monzón Campos, J. L. (1992), *Économie Sociale – Third Sector*, Bruxelles : De Boeck.

Defourny, J., Develtere, P. (1997), « Jalons pour une clarification des débats sur l'économie sociale », ADA (Appui au Développement Autonome), Dialogue n° 2, Luxembourg (http:// www.globenet.org/horizon-local/ada/9721.html).

Degenne, A. (2003), « Mise en œuvre empirique de la notion de capital social, définitions et exemples », Actes du colloque *Le Capital social*, organisé par le Groupe de Recherche Innovations et Sociétés avec la collaboration de CRIDA-LSCI, GEODE, CIRTAI, Université de Rouen, le 6 février, pp. 25-30.

De Haan, A. (1999), « Social Exclusion : Towards a Holistic Understanding of Deprivation », *Villa Borsig Workshop Series*, Sussex, University of Sussex, pp. 1-14.

De Jesus, P. (2006), « Développement local », in Laville, J.-L. et Cattani, A.D. (eds.), *Dictionnaire de l'autre économie*, Paris : Desclée de Brouwer, pp. 164-171.

Delespesse, J. (1999), « La société à finalité sociale », *Solidarité des Alternatives Wallones*.

Demazière, C. (1996), « Du global au local, du local au global. Origine, diversité et enjeux des initiatives locales pour le développement économique en Europe et en Amérique », dans Demazière, C. (ed.), *Du local au global. Les initiatives locales pour le développement économique en Europe et en Amérique*, Paris : L'Harmattan.

De Montricher, N. (1995), *L'aménagement du territoire*, Paris : La Découverte.

Demoustier, D. (2001), *L'économie sociale et solidaire : s'associer pour entreprendre autrement*, Paris : Syros.

De Senarclens, P., (1998), « Gouvernance et crise des mécanismes de régulation internationale », *Revue internationale des sciences sociales*, n° 155/mars, pp. 95-108.

Desjardin, M., Guio, A.-C., Marechal, L. (1998), « Croissance endogène spatialisée et développement régional : apports pour une évaluation critique des plans stratégiques d'aménagements du territoire », *Tendances Économiques. Analyses et prévisions conjoncturelles*, Service des Études et de la Statistique, Ministère de la Région wallonne, n° 14, mai.

Desroche, H. (1976), *Le projet coopératif*, Paris : Éditions ouvrières.

Desroche, H. (1991), *Histoire de l'économie sociale. D'un Tiers État aux Tiers secteurs. (1791-1991)*, Paris : Syros-Alternatives.

Dicken, P. (1992), *Global Shift*, London : Paul Chapman Pub.

Diesing, P. (1971), *Patterns of Discovery in the Social Sciences*, Chicago : Aldine.

DiGaetano, A., Klemanski, J. S. (1999), *Power and City Governance*, Minneapolis : University of Minnesota Press.

DiGaetano, A., Strom, E. (2003), « Comparative Urban Governance. An Integrated Approach », *Urban Affairs Review*, vol. 38, n° 3, January, pp. 356-395.

DIV (Délégation Interministérielle à la Ville) (2002), *L'initiative communautaire URBAN I. Les 13 programmes français*, Les Éditions de la DIV.

Dogan, M., Pélassy, D. (1982), *La sociologie politique comparative. Problèmes et perspectives*, Paris : Economica.

Donzelot, J. (1996), « Les transformations de l'intervention sociale face à l'exclusion », dans S. Paugam (ed.), *L'exclusion, l'état des savoirs*, Paris : La Découverte, pp. 88-100.

Dreyfus, M., Gibaud, B. (1995) (dir.), *Mutualités de tous les pays*, Paris : Mutualité française.

Dubar, C. (1996), « Socialisation et processus », in S. Paugam (ed.), *L'exclusion : l'état des savoirs*, Paris : La Découverte, pp. 111-119.

Dufour, P., Noël, A., Boismenu, G. (2001), « La pratique de la contrepartie pour les personnes exclues du marché du travail : Ici et ailleurs », ISUMA, volume 2, n° 2, Été.

Dunoyer, CH. (1830), *Nouveau traité d'économie sociale, ou simple exposition des causes sous l'influence desquelles les hommes parviennent à user de leurs forces avec le plus de LIBERTÉ, c'est-à-dire avec le plus FACILITÉ et de PUISSANCE*, Paris : Sautelet.

Duran, P. Monnier, E. (1992), « Le développement de l'évaluation en France. Nécessités techniques et exigences politiques », *Revue française de science politique*, vol. 42, n° 2.

Duran, P., Thoenig, J.C. (1996), « L'État et la gestion publique territoriale », *Revue française de science politique*, vol. 46, n° 4.

Durkheim, E. (1950/1995), *Leçons de sociologie. Physique des mœurs et du droit (cours de 1890-1900)*, Paris : PUF (1re édition en 1950).

Durkheim, E. (1899) « Une révision de l'idée socialiste », *Revue philosophique*, 48, pp. 433-439, dans Émile Durkheim (1975), *Textes. 3. Fonctions sociales et institutions*, Paris : Les Éditions de Minuit, pp. 163-172.

Durkheim, E. (1899), « Une révision de l'idée socialiste », in Durkheim, E., 1975, *Textes*, Paris : Éditions de Minuit.

Edquist, C., Hommen, L., Tsipouri, L. (1998), « Findings and Conclusions of ISE Case Studies on Public Technology Procurement », research project funded by the Targeted Socio-Economic Research (TSER) program of the European Commission under the Forth Framework Program.

Elkin, S.L. (1987), *City and Regime in the American Republic*, Chicago : University of Chicago Press.

Ekins, P., Max-Neef, M. (1992), *Real-life Economics : Understanding Wealth Creation*, London : Routledge.

Eme, B. (1993), « Lecture d'Habermas et éléments provisoires d'une problématique du social solidariste d'intervention », Ronéo, CRIDA-LSCI, IRESCO-CNRS.

Eme, B. (2006), « Espaces publics », in Laville, J.-L. et Cattani, A.D. (eds.), *Dictionnaire de l'autre économie*, Paris : Desclée de Brouwer, pp. 358-366.

Eme, B., Laville, J.-L. (2006), « Économie solidaire (2) », in Laville, J.-L. et Cattani, A.D. (eds.), *Dictionnaire de l'autre économie*, Paris : Desclée de Brouwer, pp. 303-312.

Esping-Andersen, G. (1990/1999), *Les trois mondes de l'État providence*, Paris : PUF (traduction française – 1re édition anglaise en 1990).

Evans, P. (1992), « The State as Problem and Solution : Predation, Embedded Autonomy and Structural Change », in Haggard, S. and Kaufman, R. (eds.), *The Politics of Economic Adjustement : International Constraints, Distributive Conflicts, and the State*, Princeton, N.J. : Princeton University Presss.

Evans, P. (1995), *Embedded Autonomy : States and Industrial Transformation*, Princeton, N.J. : Princeton University Presss.

Evans, P. (1996), « Government Action, Social Capital and Development : Reviewing the Evidence on Synergy », *World Development*, 24 (6), pp. 1119-1132.

Evers, A. (2000), « Les dimensions socio-politiques du tiers secteur. Les contributions théoriques européennes sur la protection sociale et l'économie plurielle », in M. Lallement et J.-L. Laville, *Sociologie du travail. Qu'est-ce que le tiers secteur ?*, n° 4, vol. 42, septembre-décembre, pp. 567-586.

Fainstein, S., Fainstein, N. (1996), « City planning and political values : an updated view », in S. Campbell and S. Fainstein (eds.), *Readings in Planning Theory*, Oxford : Blackwell.

Fauquet, G. (1935/1965), *Le secteur coopératif*, Paris : Institut des études coopératives.

Favreau, L. (2000), « À quoi sert le travail social ? Vers une redéfinition et un redéploiement », *Série Recherches*, n° 10, GÉRIS-UQAH.

Favreau, L. (2003), « L'Économie sociale et solidaire : Pôle éthique de la mondialisation ? », *Économie Éthique*, n° 4, UNESCO (SHS-2003/WS/33).

Ferman, B. (1985), *Governing the ungovernable city*, Philadelphia : Temple University Press.

Fernandes, R. C. (1994), *Privado, porém público : o terceiro setor na América Latina*, Rio de Janeiro : Relume-Dumará.

Ferrand, A., Federico de la Rúa, A. (2006), « Méthodes d'analyse des réseaux sociaux », (Chapitre 137), in *Démographie. Analyse et synthèse T. VIII*, in Caselli, G., Vallin, J. et Wunsch, G. (eds.), Paris : INED.

Ferraton, C. (2006), « Finance solidaire », in Laville, J.-L. et Cattani, A.D. (eds.), *Dictionnaire de l'autre économie*, Paris : Desclée de Brouwer, pp. 419-427.

Field, J. (2003), *Social Capital*, London and New York : Routledge.

Fine, B. (2000), *Social Capital Versus Social Theory : Political Economy and Social Science at the Turn of the Century*, London : Routledge.

Fine, B., Green, F. (2000), « Economics, Social Capital, and the Colonisation of the Social Sciences », in Baron, S., Field, J. et Schuller, T. (eds.), *Social Capital : critical perspectives*, Oxford : Oxford University Press, pp. 78-93.

Foley, M.W, Edwards, B. (1999), « Is It Time to Disinvest in Social Capital ? », *Journal of Public Policy*, 19, 2, p. 141-193 (http://arts-sciences.cua.edu/pol/faculty/foley/DIVEST_7.htm).

Forsé, M. (2000), « Les relations sociales comme ressources », *Sciences humaines*, n° 104, avril 2000, p. 34-37.

Fortin, A., Prévost, P. (eds.) (1995), *Virage local. Des initiatives pour relever le défi de l'emploi*, Montréal : Transcontinentales.

Foucault, M. (1989), « La gouvernabilité », *Magazine littéraire*, n° 269.

Fourastié, J. (1998), *Les Trente Glorieuses ou la Révolution invisible de 1946 à 1975*, Paris : Hachette Littératures, collection « Pluriel ».

Fournier, Y., Ouedraogo, A. (1996), « Les coopératives d'épargne et de crédit en Afrique : histoire et évolution récente », *Revue Tiers Monde*, n° 145.

Fraisse, L. (2006), « Changement social », in Laville, J.-L. et Cattani, A.D. (eds.), *Dictionnaire de l'autre économie*, Paris : Desclée de Brouwer, pp. 96-105.

Frank, A. G. (1978), *Dependent Accumulation and Underdevelopment*, New York : Monthly Review.

Frank, J. (2003), « Faire du capital social une notion utile pour les politiques publiques », Policy Research Initiative, *Revue Horizons*, 6, 3.

Franke, S. (2005), « La mesure du capital social. Document de référence pour la recherche, l'élaboration et l'évaluation de politiques publiques », Projet du PRP : Le capital social comme instrument de politique publique, Gouvernement du Canada (http://policyresearch.gc.ca/).

Frémeaux, Ph. (2005), « Un monde plus dur », *Alternatives Économiques*, n° 241, novembre.

Friedmann, J. (1992), *Empowerment : The politics of alternative development*, Oxford : Blackwell.

Friedmann, J. (1996), « Rethinking poverty : empowerment and citizen rights », *International Social Science Journal*, 148, pp. 161-172.

Fukuyama, F. (1996), *Trust : The Social Virtues and the Creation of Prosperity*, New York : Free Press Paperbacks.

Gadrey, J. (2006), « Utilité sociale », in Laville, J.-L. et Cattani, A.D. (eds.), *Dictionnaire de l'autre économie*, Paris : Desclée de Brouwer, pp. 641-651.

Gaiger, L. (2000), « Solidary popular economy in third-sector Horison », ISTR Fourth International Conference, Dublin, July.

Gaiger, L. (2001), « Virtudes do trabalho nos empreendimentos econômicos solidários », *Revista Latinoamericana de Estudios del Trabajo*, 7 (13), p. 191-211.

Gaiger, L. (2006), « Entreprise solidaire », in Laville, J.-L. et Cattani, A.D. (eds.), *Dictionnaire de l'autre économie*, Paris : Desclée de Brouwer, pp. 345-357.

Gambetta (1993), « The Sicilian Mafia : The Business of Private Protection », Harvard University Press.

Garcia, M. (2006), « Citizenship practices and urban governance in European cities », *Urban Studies*, vol. 43, n° 4, 2006, pp. 745-765.

Gaudin, J.-P. (1995), « Politiques urbaines et négociations territoriales. Quelle légitimité pour les réseaux de politiques publiques ? », *Revue française de Science politique*, 45 (1), pp. 31-56.

Gaudin, J.-P. (1998), « La gouvernance moderne hier et aujourd'hui : quelques éclairages à partir des politiques publiques françaises », *Revue internationale des sciences sociales*, n° 155, pp. 51-60.

Gautier, C. (1994), « Corporation, société et démocratie chez Durkheim », *Revue française de science politique*, année 1994, volume 44, numéro 5, pp. 836-855.

Gendron, C. (2006), in Laville, J.-L. et Cattani, A.D. (eds.), *Dictionnaire de l'autre économie*, Paris : Desclée de Brouwer, pp. 479-489.

George, S. (2001), « La démocratie face à la mondialisation libérale », École de commerce de Bordeaux, le 3 avril (www.forum-events.com/debats/synthese-susan-george-5-4.html).

Georgescu-Roegen, N. (1971/1979), *Demain la décroissance : entropie-écologie-économie*, Lausanne : Éd. Pierre-Marcel Favre (The Entropy Law and the Economic Process, Harvard University Press, 1971).

Germain, A. (2003), « Capital social et vie de quartier en contexte multiethnique », Conférence internationale *du Réseau canadien de Recherche sur les politiques (PRP)/OCDE*, « Les possibilités et les défis de la diversité : un rôle pour le capital social », 24-25 novembre, Montréal, Canada.

Gerschenkron, A. (1962), « *Economic Backwardness in Historical Perspective : A Book of Essays* », Cambridge, Massachusettes : Belknap Press of Harvard University Press.

Giblin-Delvallet, B. (1990), *La Région, territoire politique. Le Nord-Pas-de-Calais*, Paris : Fayard.

Gibson, C.H., (1991), « A concept analysis of *empowerment* », *Journal of Advanced Nursing*, n° 16, pp. 354-361.

Gibson-Graham, J.K. (2003), « An ethics of the local », *Rethinking Marxism*, 15 (1), pp. 49-74.

Gibson-Graham, J.K. (2006), *A Post-Capitalist Politics of Research : Building Community Economies*, Minneapolis : University of Minnesota Press.

Gide, C. (1912), *Les Institutions de Progrès Social*, Paris : Librairie de la Société du Recueil Sirey.

Gilly, J.P., Grossetti, M. (1993), « Organisations, individus et territoires. Le cas des systèmes locaux d'innovation », *Revue d'Économie Régionale et Urbaine*, n° 3.

Ginet, P. (1997), « Analyse géopolitique de 14 ans de politique de la ville dans la « communauté urbaine de Lille », *Hommes et Terres du Nord*, n° 1, pp. 38-46.

Gobin, C. (2002), « Démantelement programé de l'État social », *Le Monde diplomatique*, janvier, pp. 23-25.

Godbout, J. (2000), *Le don, la dette et l'identite : L'homo donator vs homo œconomicus*, Paris : La Découverte.

Godechot, O., Mariot, N. (2004), « Les deux formes du capital social. Structure relationnelle des jurys de thèses et recrutement en science politique », *Revue Française de Sociologie*, 45(2), pp. 234-282.

Golub, P., Maréchal, J.-P. (2006), « Biens publics mondiaux », in Laville, J.-L. et Cattani, A.D. (eds.), *Dictionnaire de l'autre économie*, Paris : Desclée de Brouwer, pp. 66-75.

Gonzales, S., Healey, P. (2005), « A Sociological Institutionalist Approach to the Study of Innovation in Governance Capacity », *Urban Studies*, vol. 42, n° 11, October, pp. 2055-2069.

Gramsci, A. (1926/1966), *La questione meridionale*, Rome : Editori Riuniti (écrit en 1926 et publié en 1966).

Granovetter, M. (1973), « The strenght of weak ties », *American Journal of Sociology*, vol. 78, p. 1360-1380.

Granovetter, M. (1974), *Getting a Job : A Study of Contacts and Careers*, Chicago : University of Chicago Press.

Granovetter, M. (1985), « Economic Action and Social Structure. The problem of Embeddedness », *American Journal of Sociology*, volume 91, n° 3, november 1995), pp. 481-510.

Granovetter, M. (1992), « Economic Institutions as Social Constructions : A Framework for Analysis », *Acta Sociologica*, 35, pp. 3-11.

Gravier, J.-F. (1947), *Paris et le désert français*, Paris : Flammarion.

Grooetaert, C. (1997), « Social Capital : The Missing Link ? », *Expanding the Measure of Wealth : Indicators of Environmentally Sustainable Development*, sous la direction de la Banque mondiale, Washington, Banque internationale pour la reconstruction et le développement.

Grooetaert, C., Van Bastelaer, T. (2001), « Understanding and measuring social capital : a synthesis of findings and recommendations from the Social Capital Initiative », Social Capital Initiative, Working Paper n° 24, Washington, DC : The World Bank.

Guérin, I. (2006), « Femmes et économie solidaire », in Laville, J.-L. et Cattani, A.D. (eds.), *Dictionnaire de l'autre économie*, Paris : Desclée de Brouwer, pp. 410-418.

Gueslin, A. (1987), *L'invention de l'économie sociale*, Paris : Economica.

Gupta, A. *et al.* (2001), Paper invited for presentation at the World Social Forum Workshop in Brazil, January 25-30.

Habermas, J. (1992), « L'espace public, 30 ans après », *I Quaderni*, n° 18, automne.

Hall, P. (1992), *Inventing the Nonprofit Sector*, Baltimore, MD : The John Hopkins University Press.

Hamadi, A.K. (2004), « Trajectoire spatiale et mobilité résidentielle : l'exemple des rapatriés d'Algérie à Roubaix », *Atelier Mobilité et Résidence*, 16-17 novembre, CEPED, Nogent-Sur-Marne.

Hanifan, L.J. (1916), « The Rural Scholl Community Center », *Annals of the American Academy of Political and Social Science*, n° 67, pp. 130-138.

Harding, A. (1996), « Is there a "New Community Power" and Why Should We Need One ? », *International Journal of Urban and Regional Research*, vol. 20, n° 4, pp. 637-655.

Hardy, D. (1979), *Alternative Communities in Nineteenth Century England*, London : Longman.

Harloe, M. (1992), « Switching to the slow lane : restraining growth in a boom town », Communication à l'International Conference on comparative regional studies, Sendai, Japon, 19-25 septembre.

Harriss, J., De Renzio, P. (1997), « "Missing link" or Analytical Missing ? The concept of Social Capital », *Journal of International Development*, 9 (7), pp. 919-937.

Hart, O. (1995), « Corporate governance – some theory and implications », *Economic journal.*

Hermet, G. (2004), « Un régime à pluralisme limité ? À propos de la gouvernance démocratique », *Revue française de science politique*, vol. 54, n° 1, février, pp. 159-178.

Hillier, J., Moulaert, F., Nussbaumer, J. (2004), « Trois essais sur le rôle de l'innovation sociale dans le développement spatial », *Géographie, Économie, Sociétés*, volume 6, n° 2 avril-juin : Innovation sociale et territoire.

Hirschman, A.O. (1964), *La stratégie du développement économique*, Paris : Les éditions ouvrières.

Hirschman A.O. (1980), *Les passions et les intérêts*, Paris : PUF.

Hirschman, A.O. (1984), « Against Parsimony : Three easy Ways of Complicating Some Categories of Economic Discourse », *American Economic Review Proceedings*, n° 74.

Holec, N., Brunet-Jolivald, G. (1999), « Synthèses… réflexions sur la connaissance des territoires urbains », Direction générale de l'urbanisme, de l'habitat et de la construction (www.urbanisme.equipement.gouv.fr/cdu/accueil/bibliographies/gouvernance/biblio.htm).

Homans, G.C. (1961), *Social Behaviour : Its Elementary Forms*, New York : Harcourt, Brace & World.

Ilczuk, D. (2001), *Private action for the public good : regulations, incentives and examples of practice* (http://www.coe.int/).

Isaac, H. (1996), « À propos de l'épistémologie et de la méthodologie de l'ouvrage de L. Boltanski & L. Thévenot "De la justification. Les économies de la grandeur" », *Cahier de recherche n° 34*, CREPA.

Isambert, F.-A. (1996), « L'engagement humanitaire et les formes contemporaines de la solidarité », in S. Paugam (ed.), *L'exclusion, l'état des savoirs*, Paris : La Découverte, pp. 101-108.

Jacobs, J. (1961), The death and life of great American cities, New York : Random Books.

Jara, C. J. (2001), « As dimensões intangíveis do desenvolvimento sustentável », Brasília, IICA (Inter-American Institute for Cooperation on Agriculture).

Jérôme, B. (2004), « Les bobos investissent la banlieue rouge à Paris », *Le Monde*, 30-31 mai.

Jessop, B. (1994), « Post-fordism and the State », dans Amin, A. (dir.), *Post-Fordism*, Oxford : Blackwell, cité dans *Gouvernance locale, pauvreté et exclusion dans les villes anglo-saxonnes*, textes réunis par Carré, J. et Body-Gendrot, S., Paris : PUF.

Jessop, B. (1997), « A neo-Gramscian approach to the regulation of urban regimes : Accumulation strategies, hegemonic projects, adn governance », in M. Lauria, *Reconstructing regime theory : regulating urban politics in a global economy*, Thousand Oaks, CA : Sage, pp. 51-74.

Jessop, B. (1998), « The Rise of Governance and the Risk of Failure : The Case of Economic Development », *Revue internationale des sciences sociales*, n° 155, mars, pp. 29-49.

Jonas, A.E., Wilson, D. (1999), « The City as a Growth Machine : Critical Reflections Two Decades Later », in Jonas, A.E. et Wilson, D. (eds.), *The Urban Growth Machine. Critical Perspectives Two Decades Later*, New York : State University of New York Press, pp. 3-20.

Jouve, B. (1995), « Communautés et réseaux politiques en action », in Le Galès, P. et Thatcher, M. (eds.), Les réseaux de politique publique. Débats autour des *policy networks*, Paris : L'Harmattan, p. 121-140.

Jouve, B. (2003), « Gouvernance métropolitaine : vers un programme de recherche comparatif », *Politique et Société*, vol. 22, n° 1.

Kantor, P., Savitch, H.V., Haddock-Vicari, S. (1997), « The Political Economy of Urban Regimes. A Comparative Perspective », *Urban Affairs Review*, vol. 32, n° 3, January, pp. 348-377.

KATARSIS (2005), « Growing Inequality and Social Innovation : Alternative Knowledge and Practice in Overcoming Social Exclusion in Europe », 6th FP European Union, Priority 7 : « Citizens and governance in a Knowledge-based Society ».

Kazancigil, A. (1998), « Gouvernance et science : modes de gestion de la société et de production du savoir emprunté au marché », *Revue internationale des sciences sociales*, n° 155/mars, pp. 73-84.

Kazancigil, A. (2002), « La gouvernance, itinéraires d'un concept », dans Santiso, J. (ed.), *À la recherche de la démocratie : mélanges offerts à Guy Hermet*, Paris : Karthala, pp. 113-123.

Kazepov, Y., Benassi, D., Mingione, E. (1997), « Socio-economic restructuring and urban poverty under different welfare regimes », in Moulaert, F. and Scott, A. (eds.), *Cities, enterprises and society on the eve of the 21st century*, London : Pinter, pp. 174-218.

Keohane, R. (1984), *After Hegemony, Cooperation and Discord in the World Political Economy*, Princeton, New Jersey : Princeton University Press.

Khosa, M.M. (2001), « Empowerment and Transformation in South Africa », in Khosa, M.M. (ed.), *Empowerment through Economic Transformation*, HSRC Press, 490 pp. (www.hsrcpress.ac.za/).

King, P., Waldegrave, C. (2003), « Le capital social, les réseaux sociaux et l'accès à l'emploi. Une enquête sur la participation au marché du travail en Nouvelle-Zélande », *Horizons*, volume 6, numéro 3.

Klanfer, J. (1965), *L'exclusion sociale. Étude de la marginalité dans les sociétés occidentales*, Paris : Bureau des recherches sociales.

Klein, J.-L., Harrisson, D. (2004), « La société d'abord ! », *Le Devoir*, journal quotidien de langue française d'information générale, politique, culturelle, technologique, économique et internationale situé à Montréal, 30-31 octobre.

Knack, S., Keefer, Ph. (1995), « Institutions and Economic Performance : Cross-Country Tests Using Alternative Institutional Measures », *Economics and Politics*, 7(3), pp. 207-227.

Knack, S., Keefer Ph. (1997), « Does Social Capital Have an Economic Pay-off ? A Cross-Country Investigation », *Quarterly Journal of Economics*, 112, pp. 1251-1288.

Kooiman, J. (1993), *Modern Governance*, London : Sage.

Krasner, S. D. (ed.) (1983), *International Regimes*, Ithaca, New York : Cornell University Press.

Kuhn, T. (1962/1983), *La structure des révolutions scientifiques*, Flammarion-champs (1re édition 1962).

Lagendijk, A. (1998), « Will new regionalism survive ? Tracing dominant concepts in economic geography », Discussion Paper, Centre for Urban and Regional Development Studies, University of Newcastle upon Tyne.

Lallement, M. (2006), « Socio-économie du travail », dans Laville, J.-L. et Cattani, A.D. (eds.), *Dictionnaire de l'autre économie*, Paris : Desclée de Brouwer, pp. 590-598.

Langellier, J.-P. (2007), « Tony Blair et le blairisme : dix ans de troisième voie », *Le Monde*, 11 avril.

Langlois, P. (1999), « La mondialisation rend-t-elle obsolètes les modèles de développement nationaux ? », Cahiers du CRISES – Collection Études théoriques – n° ET9911, septembre.

Latouche, S. (1986), *Faut-il refuser le développement ? Essai sur l'antiéconomique du Tiers Monde*, Paris : PUF.

Latouche, S., (1988), *La ligne d'horizon, essai sur l'après-développement, François Partant*, Paris : La Découverte.

Latouche, S. (1991), *La planète de naufragés. Essai sur l'après-développement*, Paris : La Découverte.

Latouche, S. (2001), « Le développement est-il la solution... ou le problème ? », *L'Écologiste – Défaire le développement, refaire le monde !*, n° 6, hiver, numéro spécial sur la critique du « développement », l'après développement et la décroissance, réalisé en partenariat avec l'association *La ligne d'horizon – Les amis de François Partant.*

Latouche, S. (2005), *L'occidentalisation du monde à l'heure de la « Globalisation »*, Paris : La Découverte Poche.

Lauria, M. (1994), « The transformation of local politics : manufacturing plant closures and governing coalition fragmentation », *Political geography*, 13 (6), pp. 515-539.

Laville, J.-L. (1992), *Les services de proximité en Europe*, Paris : Vuibert.

Laville, J.-L. (ed.) (1994), *L'économie solidaire, une perspective internationale*, Paris : Desclée de Brouwer.

Laville, J.-L. (2006), « Solidarité », in Laville, J.-L. et Cattani, A.D. (eds.), *Dictionnaire de l'autre économie*, Paris : Desclée de Brouwer, pp. 609-618.

Laville, J.-L., Cattani, A.D. (2006), « L'autre économie », dans Laville, J.-L. et Cattani, A.D. (dir.), *Dictionnaire de l'autre économie*, Paris : Desclée de Brouwer, pp. 9-27.

Laville, J.-L., Delfau, G. (2000), *Aux sources de l'économie solidaire*, Domont : Éd. Thierry Quinqueton.

Laville, J.-L., Nyssens, M. (2000), « Solidarity-Based Third Sector Organizations in the "Proximity Services" Field : a European Francophone Perspective », *Voluntas*, 11-1, pp. 67-84.

Lazarfeld, P., Johada, M., Ziesel, H. (1981), *Les chômeurs de Marienthal*, Paris : Les Éditions de Minuit (première édition, 1932).

Leborgne, D., Lipietz, A. (1988), « L'Après-Fordisme et son espace », *Les Temps Modernes*, avril, Couverture Ornage n° 8807 (art. 381) (en ligne : http://lipietz.net).

Leca, J. (1995), « Gouvernance et *institutions publiques : l'État entre sociétés nationales et globalisation* », Ronéo.

Leca, J. (1996), « La gouvernance de la France sous la Cinquième République », dans D'Arcy, F., Rouban, L. (dir.), *De la Cinquième République à l'Europe*, Paris : Presses de Sciences Po.

Lechat, N.M.P. (2006), « Économie morale », in J.-L. Laville et A.D. Cattani (eds.), *Dictionnaire de l'autre économie*, Paris : Desclée de Brouwer, pp. 220-228.

Lefebvre, R. (2003), « Les métamorphoses d'une identité locale : genèse de la roubaisien-ité », *Les Cahiers de Roubaix*, n° 9.

Le Galès, P. (1995), « Du gouvernement des villes à la gouvernance urbaine », *Revue française de science politique*, vol. 45, n° 1, p. 27-95.

Le Galès, P. (2005), « Gouvernance », *Dictionnaire des politiques publiques*, Journée « Gouvernance urbaine », Université de Lille 1, 14 octobre.

Leloup, X., Apparicio, Ph., Séguin, A.-M. (2005), « Le concept de *Relative Deprivation* : survol des définitions et des tentatives de mesure appliquées à l'urbain », INRS – Institut national de la recherche scientifique « Urbanisation, Culture et Société », Document de recherche, Décembre.

Leloup F., Moyart L., Pecqueur B. (2004) : « La gouvernance territoriale comme nouveau mode de coordination territoriale ? », *Actes des 4e journée de la proximité « Proximité, réseaux et coordinations »*, 17-18 juin.

Lemieux, V. (2001), « Le capital social dans les situations de coopération et de conflit », *ISUMA*, printemps 2001, pp. 83-86.

Lénoir, A. (2006), « La fibre de la réussite », *L'Express*, le 26 janvier.

Lénoir, R. (1974), *Les exclus, un Français sur dix*, Paris : Le Seuil.

Leplat, J. (2002), « De l'étude de cas à l'analyse de l'activité », *Pistes*, vol. 4, n° 2, novembre, (http://pettnt/pistes/v4n2/articles/v4n2a8.htm).

Leresche, J.P. (2001), « Gouvernance et coordination des politiques publiques », in Leresche, J.P. (ed.), *Gouvernance locale, coopération et légitimité*, Paris : Pédone, pp. 31-65.

Létard, V. (2005), *Rapport d'information fait au nom de la commission des Affaires sociales (1) sur les minima sociaux*, n° 334, SÉNAT, Session ordinaire de 2004-2005, Annexe au procès-verbal de la séance du 11 mai 2005.

Lévesque, B. (2001), « Le développement régional et local, avant et après la mondialisation », Conférence prononcée à l'occasion de l'Assemblée générale du Conseil régional de développement (CRD) des Laurentides, 7 juin, Cahiers du CRISES, n° ET 0116.

Lévesque, B. (2006), « Sociologie économique », in Laville, J.-L. et Cattani, A.D. (eds.), *Dictionnaire de l'autre économie*, Paris : Desclée de Brouwer, pp. 599-608.

Lévesque, B., Bourque, G. L., Forgues, E. (2001), *La nouvelle sociologie économique*, Paris : Desclée de Brouwer.

Lévesque, B., Malo, M.-C., Girard, J.-P. (1999), « L'ancienne et la nouvelle économie sociale », dans J. Defourny, P. Develtere et B. Fonteneau (eds.), *L'économie sociale au Nord et au Sud*, Paris : De Boeck & Larcier, pp. 195-216.

Lévesque, B. (2004), « Un vent de changement », interview réalisé par Christian Lévesque avec Benoît Lévesque, publié dans *Le Devoir*, journal quotidien de langue française d'information générale, politique, culturelle, technologique, économique et internationale situé à Montréal, 30-31 octobre, p. 5.

Leyshon, A., Lee, R., Williams, C. C. (eds.) (2003), *Alternative Economic Spaces*, London : Sage.

Lichbach, M.I. (1997), « Social theory and comparative politics », in Lichbach, M.I. et Zuckerman, A.S. (eds.), *Comparative Politics : Rationality, culture, and structure*, Cambridge : Cambridge University Press, pp. 239-276.

Lin, N. (1992), « Social Ressources Theory », in *Encyclopedia of Sociology*, vol. 4,

Lin, N. (1999), « Social Networks and Status Attaintment », *Annual Reviews of Sociology*, 25, pp. 467-487.

Lin, N. (2001), *Social Capital : A Theory of Structure and Action.* Cambridge : Cambridge University Press.

Lindblom, C.E. (1977), *Politics and Markets*, New York : Basic Books Publishers.

Lipietz, A. (1993), « Nord-Sud : Partage du monde réel, ou concept dépassé ? », *Panoramiques*, n° 8, 1er trimestre.

Lipietz, A., Benko, G. (1995), « De la régulation des espaces aux espaces de régulation », dans R. Boyer et Y. Saillard, *L'état de la théorie de la régulation*, Paris : La Découverte.

Lipietz, A. (1996), *La société en sablier*, Paris : La Découverte.

Lipietz, A. (1998), « Ce que nous avons gagné », *Vert-Contact*, n° 500, 2 mai (http://lipietz.club.fr/).

Lipietz, A. (2000a), « Géographie culturelle, économie politique et écologie », *Géographie, Économie et Société*, vol. 2, n° 2.

Lipietz, A. (2000b), *L'opportunité d'un nouveau type de société à vocation sociale*, Rapport final relatif à la lettre de mission de Madame la ministre de l'Emploi et de la Solidarité, octobre.

Lipietz, A. (2001a), *Pour le tiers secteur. L'économie sociale et solidaire : pourquoi, comment*, Paris : La Découverte.

Lipietz, A. (2001b), « Du halo sociétal au tiers secteur : pour une loi-cadre sur les sociétés à vocation sociale », dans Fourel, C. (ed.), *La nouvelle économie sociale : efficacité, solidarité, démocratie*, Paris : La Déouverte & Syros, pp. 27-42.

Lipietz, A. (2003), « Travailler autrement, pour autre chose », *Vert Mensuel*, n° 3, décembre, art. 1162.

Littré, E. (1964), *Dictionnaire de la langue française*, Tome 3, Gallimard/Hachette, p. 931.

Longpré, C., Forté, D., O'Doherty, C., Vissandjée, B. (1998), « Projet d'*empowerment* des femmes. Conception, application et évaluation de l'*empowerment* (phase 1) – 1998 », Centre d'excellence pour la santé des femmes (CESAF), Consortium Université de Montréal (www.cesaf.umontreal.ca/f.ress.doss.empow.doc1.html).

Lorendahl, B. (1997), « L'intégration de l'économie publique et de l'économie sociale et coopérative : vers un nouveau modèle suédois ? », dans L. Monnier et B. Thiry (eds.), *Mutations structurelles et intérêt général*, Bruxelles : De Boeck, pp. 73-88.

Lorrain, D. (1998), « Administrer, gouverner, réguler », dans *Gouvernances, Les Annales de la recherche urbaine*, n° 80-81, pp. 85.

Lorthiois, J. (2006), « Économie alternative », in J.-L. Laville et A.D. Cattani (eds.), *Dictionnaire de l'autre économie*, Paris : Desclée de Brouwer, pp. 190-200.

Loury, G.C. (1977), « A dynamic theory of racial income differences », in P.A. Wallace and A. LeMund (eds.), *Women, minorities, and employment discrimination*, Lexington Mass. : Lexington Books, pp. 153-186.

Lovering, J. (2001), « The coming regional crisis (and how to avoid it) », *Regional Studies*, 35, pp. 349-354.

Macleod, G., Goodwin, M. (1999), « Space, scale and state strategy : Rethinking urban and regional governance », *Progress in Human Geography*, 23 (4), pp. 503-527.

Madanipour, A. (1998), « Social Exclusion and Space », in A. Madanipour, G. Cars and J. Allen (eds.), *Social Exclusion in European Cities. Processes, Experiences and Responses*, London : The Stationary Office, pp. 75-94.

Madanipour, A., Cars, G., Allen, J. (1998), « Social Exclusion in European Cities », in A. Madanipour, G. Cars and J. Allen (eds.), *Social Exclusion in European Cities. Processes, Experiences and Responses*, London : The Stationary Office, pp. 279-288.

Maillat, D. *et al.* (1993), « Réseaux d'innovation et milieux innovateurs : un pari pour le développement régional », GREMI, Neuchatel : Éditions EDES.

March, G., Olsen, J.P. (1989), « Rediscovering Institutions. The Organizational Basis of Politics », New York : The Free Press.

March, G., Olsen, J.P. (1991), « The New Institutionalism in Organizational Analysis », W. Powell and P.J. Dimaggio (eds.), Chicago : University of Chicago Press.

Maréchal, J.-P. (2006), « Développement durable », in Laville, J.-L. et Cattani, A.D. (eds.), *Dictionnaire de l'autre économie*, Paris : Desclée de Brouwer, pp. 153-163.

Marshall, A. (1890/édition française en 1971), *Principes d'économie politique*, Paris : Gordon & Breach.

Martens, A., Vervaeke, M. (dir.) (1997), *La polarisation sociale des villes européennes*, Paris : Anthropos.

Martinelli, F. (1998), « The governance of post-war development and policy in Southern Italy : notes for a critical reappraisal », paper presented at the Second European Urban and Regional Studies Conference, Durham, September.

Massé, P. (1969), *Les dividendes du progrès*, Paris : Éd. du Soleil.

Mayer, M., Lorrain, D., Le Galès, P. (1993), « La gouvernance urbaine », in *Villes en Europe*, Paris : Éd. La Découverte, collection Recherches, série « Changement social en Europe occidentale », pp. 173-254.

Mayntz, R. (1993), « Governing Failure and the Problem of Governability : Some Comments on a Theorical Paradigm », in J. Kooiman (ed.), *Modern Governance : New Government-Society Interactions*, London : Sage, pp. 9-20.

Méda, D. (2006), « Richesse », in Laville, J.-L. et Cattani, A.D. (eds.), *Dictionnaire de l'autre économie*, Paris : Desclée de Brouwer, pp. 542-551.

Mellor, M., Hananh, J., Stirling, J. (1988), *Worker Cooperatives in Theory and Practice*, Milton Keynes : Open University Press.

Mendras, H. (2002), « Les systèmes locaux de production en Europe », *La Revue de l'OFCE*, Dossier « Chronique européenne de sociologie » n° 80, janvier (http://www.ofce.sciences-po.fr).

Merrien, F.X. (1997), *L'État-providence*, Paris : PUF, collection *Que sais-je ?*

Merrien, F.X. (2006), « État social », in Laville, J.-L. et Cattani, A.D. (eds.), *Dictionnaire de l'autre économie*, Paris : Desclée de Brouwer, pp. 367-375.

Merrien, F.X., Mendy, A.F. (2006), « Organisations internationales », in J.-L. Laville et A.D. Cattani (eds.), *Dictionnaire de l'autre économie*, Paris : Desclée de Brouwer, pp. 490-498.

Mingione, E. (1998), « Fragmentation et exclusion : la question sociale dans la phase actuelle de transition des villes dans les sociétés industrielles avancées », *Sociologie et sociétés*, vol. XXX, n° 1.

Mingione, E., Kazepov, Y., Zajczyk, F. (1997), « Socio-economic restructuring and the new urban poverty », in F. Moulaert and A. Scott (eds.), *Cities, enterprises and society in the eve of the 21st century*, London and Washington : Pinter.

Mingione, E., Oberti, M. (2003), « The struggle against Social Exclusion at the Local Level. Diversity and Convergence in European Cities », *European Journal of Spatial Development* (http://www.nordregio.se/EJSD/-ISSN).

Molotch, H. (1976), « The City as a Growth Machine : Toward a Political Economy of Place », *American Journal of Sociology*, vol. 82, n° 82, pp. 309-330.

Molotch, H., Logan, J. (1987), *Urban Fortunes. The Political Economy of Space*, Berkeley : University of California Press.

Mommaas, H. (1996), « Modernity, Postmodernity and the Crisis of Social Modernization », *International Journal of Urban and Regional Research*, vol. 20, n° 2, pp. 196-216.

Mondal, A.H. (2000), « Social capital formation : The role of NGO rural development programs in Bangladesh », *Policy Sciences*, vol. 33 (3/4), pp. 459-475.

Monzòn Campos, J. L. (1997), Les contributions de l'Économie sociale à l'intérêt général, in L. Monnier et B. Thiry (eds.), *Mutations structurelles et intérêt général*, Bruxelles : De Boeck, pp. 89-100.

Moreau, J. (1994), *L'économie sociale face à l'ultralibéralisme*, Paris : Syros.

Morgan, K. (1997), « The Learning Region : Institutions, Innovation and Regional Renewal », *Regional Studies*, 31, pp. 491-503.

Morgan, K., Nauwelaers, C. (1999), « A Regional Perspective on Innovation : From Theory to Strategy », in K. Morgan and C. Nauwelaers (eds.), *Regional Innovation Strategies. The Challenge for the Less-Favoured Regions*. London : The Stationary Office, pp. 1-18.

Morlicchio, E. (2000), *Povertà ed esclusione sociale : la prospettiva del mercato del lavoro*, Roma : Edizioni Lavoro.

Moulaert, F., Swyngedouw, E., Wilson, P. (1988), « The Geography of Fordist and Post-Fordist Accumulation and Regulation », *Papers of the Regional Science Association*, vol. 64, p. 11-23.

Moulaert, F. (1995), « Rediscovering spatial inequality in Europe. Building blocks for an appropriate "regulationist" framework », *Society and Space*, vol. 13.

Moulaert, F. (1996), « From national accountancy to international management consultancy firm », in P. Dicken, J.-E. Nilsson and J. Peck (eds.) *Transnational corporations in Europe : functional and spatial divisions of labour*, London : Chapman.

Moulaert, F. (2000/2002), *Globalization and Integrated Area Development in European Cities*, Oxford : Oxford University Press.

Moulaert, F. (2005), « Institutionnal economics and planning theory : a partnership between ostriches ? », *Planning Theory*, vol. 4 (1), pp. 21-32.

Moulaert, F., Ailenei, O. (2005), « Social Economy, Third Sector and Solidarity Relations : A Conceptual Synthesis from History to Present », *Urban Studies*, Volume 42, Number 11, October, pp. 2037-2053.

Moulaert, F., Cabaret, K. (2006), « Planning, Networks and Power Relations : is Democratic Planning Under Capitalism Possible ? », *Planning Theory*, vol. 5, n° 1, pp. 51-70, Sage Publications.

Moulaert, F., Delladetsima, P., Delvainquière, J.-C. *et al.* (1992), *Local development stratégies in economically disintegrated areas : a pro-active strategy against poverty in the European Community*, Reports for the EC-DG Research, IFRESI-CNRS, Lille (France).

Moulaert, F., Farcy, H. (1996), *La métropole du Nord et son organisation économique. Une application des théories économiques institutionnelles à la régulation du développement économique local*, Lille/Paris, IFRESI-CNRS, Recherche pour le Plan urbain.

Moulaert, F., Lambooy, J. G. (1996), « The economic organization of cities. An institutional perspective », *International Journal of Urban and Regional Research*, vol. 20, 2, 1996.

Moulaert, F., Martinelli, F. and Swyngedouw, E. (2005), *Social innovation, governance and community building*, EC FP6, Final Report. Lille/Newcastle, IFRESI and GURU.

Moulaert, F., Martinelli, F., Swyngedouw, E., Gonzáles, S. (2005), « Towards Alternative Model(s) of Local Innovation », *Urban Studies*, Volume 42, Number 11, October, pp. 1969-1990.

Moulaert, F., Morlicchio, E., Cavola, L. (2007), « Social exclusion and urban policy in European cities : combining Northern and Southern European perspectives », International Handbook Of Urban Policy, Volume 1.

Moulaert, F., Nussbaumer, J. (2003), « Die ökonomie der europäischen Grossstadt », in Siebel, W. (ed.) Die Europäische Stadt, pp. 396-405, Berlin : Suhrkamp.

Moulaert, F., Nussbaumer, J. (2004), « Beyond the learning region : the dialectics of innovation and culture in territorial development », in Kloosterman, R. and Boschma, R. (eds.), *Regions and Innovation*, Kluwer Academic Press.

Moulaert, F., Nussbaumer, J. (2005a), « The social region. Beyond the territorial dynamics of the learning economy », *European Urban and Regional Studies*, 12 (1), Sage Publications, pp. 45-64.

Moulaert, F., Nussbaumer, J. (2005b), « Defining the Social Capital and its Governance at the Neighbourhood level : A Methodological Reflection », *Urban Studies*, vol. 42, n° 11, pp. 2071-2088.

Moulaert, F., Nussbaumer, J. (2006), « L'innovation sociale au cœur des débats publics et scientifiques : un essai de déprivatisation de la société », dans Klein, J.L. et Harrison, D. (eds.), *L'innovation sociale*, Ste-Foye : Presses universitaires du Québec.

Moulaert, F., Scott, A. (1997) (eds.), *Cities, Enterprises and Society on the Eve of the 21st Century*, London : Pinter.

Moulaert, F., Sekia, F. (2003), « Territorial innovation models : a critical survey », *Regional Studies*, 37(3), pp. 289-302.

Moulaert, F., Sekia, F., Boyabé, J.B. (1999), *Innovative Region, Social Region ? An Alternative View of Regional Innovation*, Lille, IFRÉSI-CNRS.

Moulaert, F., Swyngedouw, E. (1989), « A Regulationist Approach to the Geography of the Flexible Production System », *Society and Space*, vol. 7, p. 327-345.

Moulaert, F., Swyngedouw, E. (1999), *Urban Redevelopment and social Polarisation in the City (URSPIC)*, IFRÉSI-CNRS, Rapport final pour la Commission européenne, DG XII.

Moulaert, F., Swyngedouw, E., Rodriguez, A. (eds.) (2001), « Social polarisation in urban cities », *European Urban and Regional Studies*, Special issue, vol. 8-2, April.

Moulaert, F., Swyngedouw, E., Rodriguez, A. (eds.) (2003), *The Globalized City : Economic Restructing and Social Polarization in European Cities*, Oxford : Oxford University Press.

Moulaert, F., Martinelli, F., Gonzáles, S., Swyngedouw, E. (2007), « Social innovation and governance in European cities. Urban development between path dependency and radical innovation », *European Urban and Regional Studies*, 14 (3), Sage Publications, pp. 195-209.

Mumford, M.D. (2002), « Social Innovation : Ten Cases from Benjamin Franklin », *Creativity Research Journal*, 14 (2), pp. 253-266.

Myrdal, G. (1957), *Economic Theory and Under-developed Regions*, London : Duckworth.

Myrdal, G. (1968), *Asian Drama : an Inquiry into the Poverty of Nations, A Twentieth Century Fund Study*, New York : The Twentieth Century Fund.

Myrdal, G. (1974), « What is development ? », *Journal of Economic Issues*, vol. 18, n° 4, pp. 729-736.

Nelson, R., Winter, S.G. (1982), *An Evolutionary Theory of Economic Change*, Cambridge (Mass.) : Belknap Press/Harvard University Press.

Neveu, C. (2001), « Les comités de quartier de Roubaix aux prises avec la politique de la ville. Un exemple d'associations phagocytées par la municipalité », *Les Annales de la Recherche urbaine*, n° 89, pp. 79-85.

Noiriel, P. (1997), « Le rôle de l'industrialisation dans la formation du monde ouvrier en France (1880-1980) », Conférence SHMC, 8 novembre (http://barthes.ens.fr).

North, D. C. (1990), *Institutions, Institutional Change and Economic Performance*, Cambridge : Cambridge University Press.

North, D. C. (1993), « The new Institutional Economics and Development », Working paper (Ronald Coase Institute, http://coase.org/niereadinglist.htm).

North, P. (1999), « Explorations in heterotopia : Local Exchange Trading Schemes (LETS) and the micropolitics of money and livelihood », *Environment and Society : Society and Space*, 17, pp. 69-86.

Novarina, G. (1998), « La construction des demandes sociales par le projet d'urbanisme », *Les Annales de la recherche urbaine*, numéro spécial « Gouvernances ».

Noya, A., Lecamp, G. (1999), *Les entreprises sociales*, Paris : OCDE.

Nussbaumer, J. (2002), *Le rôle de la culture et des institutions dans les débats sur le développement local : la contribution de l'École historique allemande*, Thèse de doctorat, Université des Sciences et Technologies de Lille.

Nyssens, M. (2006), « Tiers secteur », in J.-L. Laville et A.D. Cattani (eds.), *Dictionnaire de l'autre économie*, Paris : Desclée de Brouwer, pp. 619-628.

Observatoire urbain de Roubaix, Vademecum 1999 pour l'Épeule (Nord, Sud, Centre and Trichon), Fresnoy-Mackellerie et Roubaix.

OCDE (2005), *La mesure des activités scientifiques et technologiques. Manuel d'Oslo : Principes directeurs pour le recueil et l'interprétation des données sur l'innovation*, 3e édition.

OCDE/World Bank (1999), « Knowledge for development », World Development Report, Oxford : Oxford University Press.

O'Doherty, R., Durrschmidt, J., Purdue, D. (1999), « Local exchange and trading schemes : a useful strand of community economic development policy ? », *Environment and Planning*, (31), pp. 1639-1653.

OIT (1998), « Exclusion sociale et stratégies de lutte contre la pauvreté. Projet de recherche sur les modèles et les causes d'exclusion sociale et la formulation de politiques visant à promouvoir l'intégration. Une synthèse des résultats », Institut international d'études sociales.

Orr, M.E., Stoker, G. (1994), « Urban Regimes and Leadership in Detroit », *Urban Affairs Quaterly, 30 (1)*, pp. 48-73.

Ott, A. (1851), *Traité d'économie sociale*, Paris : Renou-éditeur.

Pagden, A. (1998), « La genèse de la "gouvernance" et l'ordre mondial "cosmopolitique" selon les Lumières », *Revue internationale des sciences sociales*, n° 155/mars, pp. 9-17.

PAI IV (Pôle d'Attraction Interuniversitaire) (2001), *Théorie de la Norme et Régulation Démocratique*, rapport final de la recherche PAI IV (1997-2001), Université catholique de Louvain, Centre de Philosophie du Droit, (http://www.cpdr.ucl.ac.be/publications/rapports.php).

Painter, J. (1995), « Regulation theory, post-Fordism and urban politics », in Judge, D., Stoker, G. and Wolman, H. (eds.), *Theories of urban politics*, London : Sage, pp. 276-295.

Painter, J., Goodwin, M., (2000), « Local government after Fordism », in G. Stoker (ed.), *The new politics of British local governance*, Houndmills, Basingstoke, Hampshire, UK : Macmillan, pp. 33-53.

Pantoja, E. (1999), « Exploring the concept of social capital and its relevance for community-based development », *Social Capital Initiative*, working paper n° 18, The World Bank, Washington, pp. 88.

Paquy, L. (2004), « Les systèmes européens de protection sociale : une mise en perspective », Direction de la recherche, des études, de l'évaluation et des statistiques DREES, Série MiRe, n° 6, janvier.

Partant, F. (1982), *La fin du développement. Naissance d'une alternative ?*, Paris : Malpero.

Passet, R. (2006), « Bioéconomie », in Laville, J.-L. et Cattani, A.D. (eds.), *Dictionnaire de l'autre économie*, Paris : Desclée de Brouwer, pp. 76-86.

Paugam, S. (1996), « Pauvreté et exclusion. La force des contrastes nationaux », in Paugam, S. (dir.), *L'exclusion : l'état des savoirs*, Paris : La Découverte, pp. 389-404.

Paugam, S., Prelis, J.A., Zoyem, J.-P. (1994), *Appréhension de la pauvreté sous l'angle de la disqualification sociale*, Rapport pour EUROSTAT.

Pauwels, F. *et al.* (2005), « Innovation au sens large. Une étude pour la mesure de l'innovation », *Politique Scientifique Fédérale/R&D et innovation en Belgique.*

Pearce, J. (1999), *Epose Regional Report*, Community Business Scotland Network (CBS Network), Edinburgh : Princes House (http://www.cbs-network.org.uk/EPOSErep.html).

Perna, T. (1998), *Fair Trade. La sfida etica al mercato mondiale*, Torino : Bollati Boringhieri, 1998.

Perri 6, Vidal, I. (1994) (eds.), *Delivering Welfare : Repositioning non-profit and cooperative action in Western European welfare states*, Barcelona : Centre d'Iniciatives de l'Economia Social (CIES).

Perrin-Gaillard, G., Duron, P. (2000), « Du zonage… au contrat, une stratégie pour l'avenir », www.edt.asso.fr/images/pdf/texte6officiel/310501/zonage.pdf.

Perroux, F. (1955), « Notes sur la notion de pôle de croissance », *Économie appliquée*, n° 1/2.

Petillon, C. (1997), « L'exceptionnelle croissance de la population de Roubaix au XIXe siècle », dans *Tensions sociales et transformations urbaines, changements politiques*, 5e Journées de l'IFRÉSI, 20-21 mars, pp. 23-66.

Petrella, R. (1995), « L'Europe entre l'innovation compétitive et un nouveau contrat social », *Revue internationale des sciences sociales*, n° 143, mars.

Petrella, R. (2006), « Ressources », in Laville, J.-L. et Cattani, A.D. (eds.), *Dictionnaire de l'autre économie*, Paris : Desclée de Brouwer, pp. 533-541.

Phillipson, C., Allan, G., Morgan, D. *et al.* (2004), « Social Networks and Social Exclusion » dans Phillipson, C., Allan, G. and Morgan, D. (eds.), *Social Networks and Social Exclusion : Sociological and Policy Perspectives*, Aldershot : Ashgate Publishing, pp. 1-6.

Plociniczak, S. (2003), « La construction sociale du marché des très petites entreprises. Des réseaux sociaux au capital social local des entrepreneurs », *Revue d'économie régionale et urbaine*, n° 3, pp. 441-476.

Plociniczak, S. (2004), « Création de petites entreprises, réseaux sociaux et capital social local des entre preneurs. Enseignements d'une enquête », *The 4th Congress on Proximity Economics : Proximity, Networks and Cordination*, 17-18 Juin, IDEP-LEST-GREQAM – Groupe de Recherche Dynamiques de proximité – Marseille.

PNUD (Programme des Nations unies pour le développement) (1996), *Rapport mondial sur le développement humain*, Paris : Economica.

Polany, K. (1944), *The Great Transformation*, Boston : Beacon Press.

Polèse, M. (1999), « From regional Development to Local Development : On the Life, Death and Rebirth of Regional Science as a Policy Relevant Science », *Canadian Journal of Regional Science*, vol. XXII, n° 3, Autumn.

Poncelet, M. (2004), « Concept de développement », *Université de Liège – Presse et Communication*, (www.presse.ulg.ac.be/eld/poncelet140104.shtml).

Pontieux, S. (2004), « Que faire du capital social ? », Actes du Colloque organisé par le Gris (Groupe de recherche Innovations et sociétés), Université de Rouen, 6 février 2003, Cellule Grise, n° 10, mars, pp. 241-251.

Porter, M., (1990), « Location, Competition and Economic Development : Local Clusters in a Global Economy », *Economic Development Quarterly*, 14(1), pp. 15-34.

Portes, A. (1998), « Social Capital : Its Origins and Applications in Modern Sociology », *Annual Revue of Sociology*, 24, pp. 1-24.

PRP (Projet de recherche sur les politiques) (2003), *Atelier sur le capital social. Les concepts, la mesure, et les incidences sur les politiques*, Ministère des Ressources humaines et du Développement social Canada (RHDSC), juin.

Putnam, R. (1993), *Making Democracy Work : Civic Traditions in Modern Italy*, New Jersey : Princeton University Press.

Putnam, R. (1995), *Bowling Alone : The Collapse and Revival of American Community*, New York : Simmon and Schuster.

Putnam, R. (1996), « The strange disappearance of civic America », *American Prospect*, 7(24), pp. 34-48.

Putnam, R. (2000), « Bowling Alone. The Collapse and Revival of American Community », New York : Simon & Schuster.

Putnam, R. (2001), « Mesure et conséquences du capital social », *Isuma : revue canadienne de recherche sur les politiques*, 2 (1), pp. 45-52.

Ragin, Ch. (1994), « Constructing Social Research : The Unity and Diversity of Method », Northwestern University, Pine Forge : Thousand Oaks, pp. 31-54.

Rahnema, M.A. (2001), « La production de la pauvreté moderne », *L'Écologiste*, 2(4), pp. 29-32.

Ramonet, I. (1997), « Marshall nostalgie », *Le Monde diplomatique*, juin.

Ramsey, M. (1996), « The local community : Maker of culture and wealth », *Journal of Urban Affairs*, 18 (2), pp. 95-118.

Ramstad, Y. (1986), « A pragmatist's quest for holistic knowledge : the scientific method of John R. Commons », *Journal of Economic Issues*, 20(4), pp. 1067-1105.

Ranci, C. (1990), « Doni senza reciprocità. La persistenza dell'altruismo sociale nei sistemi complessi », *Rassegna italiana di sociologia*, XXXI, n° 3, juillet-septembre.

Rawls, J. (1972), *A theory of justice*, Oxford : Clarendon.

Réseau Capacitation Citoyenne, « Roubaix, des dispositifs adaptés, fondés sur l'histoire », compte rendu des rencontres de Roubaix et du réseau Capacitation Citoyenne des 25 janvier, 13 avril et 18 mai 2000.

Rhein, C. (1996), « Territoire et exclusion : des mots de l'État-providence et des maux de la société civile », *Strates*, n° 9 – *Crises et mutations des territoires* (http://strates.revues.org/document613.html).

Rifkin, J. (1995), *The End of Work : The Decline of the Global Labor Force and the Dawn of the Post-market Era*, NewYork : G.P. Putnam's Sons.

Rist, G. (1986/2001, *Le développement. Histoire d'une croyance occidentale*, Paris : Presses de Science-Po.

Rist, G. (2001), « L'invention du développement », *L'Écologiste*, numéro spécial – *Défaire le développement, refaire le monde*, n° 6, hiver, pp. 19-22.

Rodrigue, J.-P. (2001), « L'espace économique mondial. Seconde vague : fordisme et post-fordisme » (http://people.hofstra.edu/faculty/Jeanpaul Rodrigue/downloads/EEM %20Chapitre %203.pdf).

Rosanvallon, P. (1995), *La Nouvelle Question Sociale*, Paris : Le Seuil.

Rose, R. (1991), « Comparing Forms of Comparative Analysis », *Political Studies*, vol. 39, pp. 446-462.

Rose, R. (1998), « Getting Things Done in an Anti-Modern Society : Social Capital Networks in Russia », Social Capital Initiative Working paper 8, World Bank, Social Development Department, Washington, D.C. Processed.

Rosenau, J. N., Czempiel, E. O. (1992), *Governance without government : order and change in world politics*, Cambridge : Cambridge University Press.

Rostow, W.W. (1960), *The Stages of Economic Growth*, Cambridge : Cambridge University Press.

Roubaix-info, « Roubaix, les couleurs du futur : neuf regards sur une ville actuelle et attachante », Hors série/janvier 2000.

Roustang, G. (2006), « Décroissance », in Laville, J.-L. et Cattani, A.D. (eds.), *Dictionnaire de l'autre économie*, Paris : Desclée de Brouwer, pp. 144-152.

Rouzel, J. (2001), « Le temps du sujet », *Revue Oasis* (www.travail-social.com/oasismag/article.php3 ?id_article=344).

Rubio, M. (1997), « Perverse Social Capital : Some Evidence From Columbia », *Journal of Economic Issues*, vol. 31, n° 3, September, pp. 805-816.

Sachs, I. (1980), *Stratégies de l'écodéveloppement*, Paris : Éditions ouvrières.

Sachs, I. (1995), « À la recherche de nouvelles stratégies de développement », *MOST*, documents de politiques sociales n° 1, UNESCO.

Sachs, W. (2000), « Le développement est un concept du passé », entretien avec Hervé Kempf publié dans *Le Monde*, 27 juin (http://www.apres-developpement.org/alire/textes.php).

Sachs, W. (2001), « La Technologie, cheval de Troie du développement », *L'Écologiste*, numéro spécial – *Défaire le développement, refaire le monde*, n° 6, hiver, pp. 33-35.

Salamon, L.M., Anheier, H.K. (1992), « In the search of the nonprofit sector : the question of definitions », *Voluntas*, 3(2), pp. 125-151.

Salamon, L.M., Anheier, H.K. (1994), « Caring sector or caring society ? Discovering the nonprofit sector cross-nationally », Working Papers on the Johns Hopkins Comparative Nonprofite Sector Project, Institute for Policy Studies, The Johns Hopkins University.

Salamon, L.M., Anheier, H.K. (1995), *The Emerging Sector : The Nonprofit Sector in Comparative Perspective. An Overview*, Baltimore, MD : Johns Hopkins University.

Salesse, Y. (2006), « Secteur public », dans Laville, J.-L. et Cattani, A.D. (eds.), *Dictionnaire de l'autre économie*, Paris : Desclée de Brouwer, pp. 552-560.

Salmon, A. (2006), « Responsabilité sociale de l'entreprise », dans Laville, J.-L. et Cattani, A.D. (eds.), *Dictionnaire de l'autre économie*, Paris : Desclée de Brouwer, pp. 523-532.

Santos, B.S., Rodriguez, C. (2002), « Introduçao : para ampliar o cânone da produçao », in B.S. Santos (ed.), *Produzir para viver : os cominhos da produçao nao capitalista*, Rio de Janeiro : Civilizaçao Braziliera.

Sartori, G. (1970), « Concept Misformation in Comparative Politics », *American Political Science Review*, vol. 64, n° 4, pp. 1033-1053.

Sartori, G. (1994), « Bien comparer, mal comparer », *Revue internationale de politique comparée*, vol. 1, n° 1, pp. 19-36.

Sassen, S. (1991), *The Global City : New York, London, Tokyo*, Princeton, N.J. : Princeton University Press.

Sauvy, A. (1952) « Trois mondes, une planète », *L'Observateur*, 14 août, n° 118 (www.homme-moderne.org/societe/demo/sauvy/3mondes.html).

Saxenian, A. (1994), *Regional Advantage*, Cambridge (Mass.) : Harvard University Press.

Sayer, A. (1992), *Method in Social Science : a realist approach*, 2e édition, London : Routledge.

Schiff (1999), *Labor Market Integration in the Presence of Social Capital*, Development Research Group World Bank (www1.worldbank.org/prem/poverty/scapital/library/schiff.htm).

Schmid, A. (1972), « Analytical Institutional Economies : Challenging Problems in the Economies of Resources for a New Environment », *American Journal of Agricultural Economies*, 54 (5), pp. 893-901.

Schnapper, D. (1989), « Rapport à l'emploi, protection sociale et statuts sociaux », *Revue française de sociologie*, XXX, 1, p. 3-29.

Schneider, M., Teske, P. (1993), « The antigrowth Entrepreneur/Challenging the "Equilibrium" of the Grothw Machine », *The Journal of Politics*, vol. 55, n° 3, pp. 720-736.

Schultz, T.W. (1961), « Investment in human capital », *American Economic Review*, 51(1), pp. 1-17.

Schumacher, E.F. (1978), *Small is beautiful*, Paris : Contretemps/Le Seuil.

Schumpeter, J.A. (1942/1990), *Capitalisme, Socialisme et Démocratie*, Paris : Payot, Collection : Bibliothèque historique.

Sciarrione, R. (1998), *Mafie vecchie, mafie nuove. Radicamento ed espansione*, Rome : Donzelli.

Seely, J.R., Sim, A.R., Loosley, E.W. (1956), *Crestwood Heights : A study of the Culture of Suburban Life*, New York : Basic Books.

Sellers, J.M. (2002), « The nation-state and urban governance : Toward multilevel analysis », *Urban Affairs Review*, 37 (5), pp. 611-641.

Sen, A. (1992), *Inequality Reexamined*, Oxford : Clarendon Press.

Serageldin, I., Grootaert, C. (2000), « Defining social capital : an integrating view », in P. Dasgupta and I. Serageldin (eds.), *Social Capital : A Multifaceted Perspective*, Washington DC : The World Bank, pp. 40-58.

Silver, H. (1994), « Social exclusion and Social solidarity : Three paradigms », *International Labour Review*, vol. 133, n° 5/6, ABI/INFORM Global, pp. 531-578.

Simonnet, J.-P. (2005), « Marché et société » (http://www.ac-limoges.fr/ses/).

Singer, P. (2006), « Économie solidaire (1) », dans J.-L. Laville et A.D. Cattani (eds.), Dictionnaire de l'autre économie, Paris : Desclée de Brouwer, pp. 290-302.

SINGOCOM, (2005), Rapport final, Ailenei, O., Gonzales, S., Martinelli, F., Moulaert, F., Swyngedouw, E. (eds.), 5e PC de l'UE, users.skynet.be/frank. moulaert/singocom/index2.html).

Sirven, N. (2001), « Capital social et développement : quelques éléments d'analyse », version adaptée du mémoire de DEA « Le capital social : concepts, théories et mesures », Université Montesquieu Bordeaux IV (http://ced.u-bordeaux4.fr/ceddt57.pdf).

Skocpol, T. (1995), *Protecting Solidiers and Mothers : The Political Origins of Social Policy in the United States*, Cambridge, Mass. : Harvard University Press.

Skocpol, T. (1996), « Unraveling from Above », *The American Prospect*, 25, pp. 20-25.

Smart, J., Smart, A. (1993), « Obligation and Control : Employment of Kin in Capitalist Labour Management in China », *Critique of Anthropology*, 13 (1), pp. 7-31.

Smith, A. (1995), *L'Europe politique au miroir du local. Les fonds structurels et les zones rurales en France, en Espagne et au Royaume-Uni*, Paris : L'Harmattan.

Smouts, M.-C. (1998), « Du bon usage de la gouvernance en relations internationales », *Revue internationale des sciences sociales*, n° 155/mars, pp. 85-94.

Solow, R. M. (1956), « A Contribution to the Theory of Economic Growth », *Quarterly Journal of Economics*, 70, pp. 65-94.

Somerville, P. (1998), « Explanations of social exclusion : where does housing fit in ? », *Housing Studies*, vol. 13, n° 4, pp. 761-780.

Spear, R. (1998), « Royaume Uni. L'insertion au pays de la flexibilité », in Defourny, J., Favreau, L. et Laville, J.-L. (1998), *Insertion et nouvelle économie sociale. Un bilan international*, Paris : Desclée de Brouwer.

Stiglitz, J.E., (2000), « Formal and informal institutions », in P. Dasgupta and I. Serageldin (eds.), *Social Capital : A Multifaceted Perspective*, Washington : The World Bank, pp. 59-71.

Stöhr, W.B. (1981), *Development from Above or Below ? A Radical Reappraisal of Spatial Planning in Developing Countries*, New York : John Wiley & Sons.

Stöhr, W.B. (1984), « La crise économique demande-t-elle de nouvelles stratégies de développement régional ? », in Aydalot, Ph. (ed.), *Crise et espace*, Paris : Economica.

Stoker, G. (1995), « Regime Theory and Urban Politics », in Judge, D., Stoker, G., Wolman, H. (eds.), *Theories of Urban Politics*, London : Sage, pp. 54-71.

Stoker, G. (1998), « Cinq propositions pour une théorie de la gouvernance », *Revue Internationale des Sciences Sociales*, n° 155/mars, pp. 17-28.

Stolle, G. (2003), « The sources of social capital », in Hooghe, M. and Stolle, D. (eds.), *Generating Social Social Capital : Civil Society and Institutions in Comparative Perspective*, New York : Palgrave Macmillan, pp. 19-42.

Stone, C. (1989), *Regime Politics : Governing Atlanta (1946-1988)*, Lawrence : Kansas University Press.

Storper, M., Scott, A.J. (1988), « The geographical foundations and social regulation of flexible production complexes », in Wolch, J. and Dear, M. (eds.), *The Power of Geography*, London : Allen & Unwin.

Storper, M., Walker, R. (1989), *The Capitalist imperative*, Oxford : Blackwell.

Strange, S. (1997), *The Retreat of the State : The Diffusion of Power in the World Economy*, Cambridge : Cambridge University Press.

Swedberg, R. (1994), *Une histoire de la sociologie économique*, Paris : Desclée de Brouwer.

Swedberg, R. (2006), « The Toolkit of Economic Sociology », Papier pour SOCIUS, Lisbonne, mars.

Swyngedouw, E., Moulaert, F., Rodriguez, A. (2002), « Neoliberal Urbanization in Europe : Large-scale Urban Development Projects and the New Urban Policy », *Antipode*, 34(3), pp. 542-577.

Tellier, T. (2003), « Le développement urbain de Roubaix dans la première partie du 20e siècle », Communication dans le cadre du colloque « Roubaix : 50 ans de transformations urbaines et de mutations sociales », 28-29 novembre 2003, Roubaix.

Tendler, J. (1997), *Good Government in the Tropics*, Baltimore, Md. : John Hopkins University Press.

Tirole, J. (1996), « A Theory of Collective Reputation with Application to the Persistence of Corruption », *Review of Economic Studies*, vol. 63, pp. 1-22.

Titmuss, R. (1958), *Essays on the Welfare State*, London : Allen and Unwin.

Tocqueville, A. (1835-1840/1968), *De la démocratie en Amérique*, UGE/10-18, Paris.

Topalov, C. (1990), « From the "Social Question" to "Urban Problems" : Reformers and the Working Classes at the Turn of the 20th Century », *International Social Science Journal* 42, August.

Topalov, C. (1999), « Les "réformateurs" et leurs réseaux : enjeux d'un objet de recherche », dans Topalov, C. (ed.), *Laboratoires du nouveau siècle : la nébuleuse réformatrice et ses réseaux en France, 1880-1914*, Paris : Éditions de l'École des Hautes Études en Sciences Sociales, pp. 11-58.

Toussaint, E. (2003), « Le trio infernal Banque mondiale/FMI/OMC », le 21 novembre 2003 (site web *Attac Wallonie-Bruxelles*, http://wb.attac.be).

Tremblay, S. (1999), « Du concept de développement au concept d'après développement : trajectoires et repères théoriques », Collection *Travaux et études en développement régional*, Université du Québec, Bibliothèque nationale du Québec (http://sdeir.uqac.ca/introduction_12056864.html).

URBAN, « Entreprendre dans la ville renouvelée… Regard sur le volet économie-emploi du programme européen URBAN de Roubaix-Tourcoing/1994-1999 », Les cahiers du Grand Projet Urbain Métropole, centre Mercure – 445, boulevard Gambetta 59976 Tourcoing cedex, dépôt légal : 3e trimestre 2001

URSPIC (1999), *Urban Redevelopment and Social Polarisation in the City*, European Commission (DG XII research project coordinated by Frank Moulaert, 1997-1999).

Van Der Maren, J.-M. (1993), *Méthodes de recherche pour l'éducation*, Bruxelles : De Boeck Université.

Van Der Meersch, M. (1933), *Quand les sirènes se taisent*, Paris : Albin Michel.

Verfaillie, B. (2000), « Cent fois sur le quartier... Regard sur l'action de l'association *AME Services* dans le quartier de l'*Épeule* à Roubaix », *Les cahiers du Grand Projet Urbain Métropole*, Centre Mercure-Tourcoing.

Vervaeke, M., Lefebvre, B. (1986), *Habiter en quartier ancien*, CLERSÉ, Université des Sciences et Technologies de Lille.

Vigour, C. (2005), *La comparaison dans les sciences sociales*, Paris : La Découverte.

Vincent, C. (1969), « 50 % de la population ouvrière vit encore dans les courées », *Nord-Éclair*, 16 octobre.

Vobruba, G. (2000), « Actors in Processes of Inclusion and Exclusion : Towards a Dynamic Approach », *Social Policy and Administration*, vol. 34, n° 5, pp. 601-613.

Vranken, J. (2001), « Unravelling the Social Strands of Poverty : Differenciation, Fragmentation, Inequality and Exclusion », in H.T. Andersen and R. Van Kempen (eds.), pp. 71-91.

Vuorinen, P. *et al.* (1999), « Élargir le Marché du Travail pour une Cohésion Sociale. Une recherche d'initiatives pour la création d'emplois », Rapport final pour le Conseil de l'Europe – Bureau de la Commission européenne pour la Cohésion Sociale, deuxième rencontre, Strasbourg, juin (http://www.coe.int).

Wacquant, L., Wilson, W. (1993), « The cost of racial and class exclusion in the inner city », in Wilson, W. J. (ed.), *The Ghetto Underclass : Social Science Perspectives*, London : Sage, pp. 25-42.

Wallerstein, E. (1982), « La crise comme transition », in *La crise, quelle crise ?*, Paris : Maspéro, pp. 10-57.

Walras, L. (1872-74/1996), *Cours*, Paris : Economica.

Walras, L. (1865), *Les associations populaires de consommation, de production et de crédit*, Paris : Dentu.

Walras, L. (1874), *Éléments d'économie politique pure*, Lausanne : Corbaz.

Walras, L. (1896), *Études d'économie sociale (Théorie de la répartition de la richesse sociale)*, Lausanne : F. Rouge.

Weber, M., (1905/traduit et publié en français en 1964), *Éthique protestante et Esprit du Capitalisme*, Paris : Éditions Plon.

Weitzman, M. L. (1987), *La economia de participacion*, Mexico : Fondo de Cultura Economica.

Westlund, H. (2003), « Social economy and employment : the case of Sweden », *Review of Social Economy*, 61(2), pp. 163-182.

Wieviorka, M. (1993), *La démocratie à l'épreuve : nationalisme, populisme, ethnicité*, Paris : La Découverte.

Williams, B. (2000), « Formal Structures and Social reality », in D. Gambetta (ed.), *Trust : Making and Breaking cooperative Relations*, Department of Sociology, University of Oxford, chapitre 1, (www.sociology.ox.ac.uk/ papers/williams3-13.pdf) pp. 3-13.

Wilson, W. J. (1987), *The Truly Disadvantaged : The Inner City, the Underclass and Public Policy*, Chicago : The University of Chicago Press.

Wolpert, J., Reiner, T. (1985), « The not-for-profit sector in stable and growing metropolitan regions », *Urban Affairs Quarterly*, 20(4), pp. 487-510.

Woolcock, M., (2001), « The Place of Social capital in Understanding Social and Economic Outcomes », *Isuma/Canadian Journal of Policy Research*, Ottawa : Government of Canada's Policy Research Secretariat, vol. 2, n° 1, Spring.

Woolcock, M., Narayan, D., 2000, « Social capital : Implications for Development Theory, Research, and Policy », *The World Bank Research Observer*, vol. 15, n° 2 (août 2000), pp. 225-249.

World Bank (1994), « Governance : the World Bank's Experience », *World Development*, numéro spécial, vol. 24, n° 9, septembre 1996.

World Bank (1998), *Assessing Aid : What Works, What Doesn't, and Why*, New York : Oxford University Press.

World Development (1996), Spécial issue on social capital, 24 (6).

Yin, R.K. (1993), *Applications of case study research*, Applied Social Research Methods Series, vol. 34, Newbury Park : California Sage Publications.

Yin, R.K. (1994), *Case Study Research : Design and Methods*, Newbury Park, California : Sage Publications.

ANNEXES

Annexe 1 – Le questionnaire pour l'enquête auprès des habitants

1. Contact

1 porte-à-porte
2 comité de quartier
3 autre association (...)
4 centre social
5 restaurant Univers
6 voisins
7 amis
8 famille
9 café
10 laverie automatique
11 autre

2. Sous-quartier

1 Trichon
2 Nord
3 Centre
4 Sud
5 Triangle de Gaulle
6 Triangle Allouette

3. Rue (préciser)

4. Type de logement

1 maison de rue (préciser si impasse)
2 maison de maître (préciser)
3 maison en courée (préciser nombre de maisons)
4 appartement dans une maison de maître
5 logement en collectif ancien (préciser la taille)
6 logement collectif récent (préciser la taille)
7 appartement en résidence
8 foyer (préciser la taille)
9 maison de retraite (préciser la taille)
10 autre

5. Qu'est-ce que c'est pour vous l'Épeule ?

1 termes positifs
2 termes négatifs

3 termes neutres
4 commerce
5 transport
6 services/équipements publics
7 initiatives associatives (culturelles)
8 initiatives associatives (sociales)
9 initiatives associatives (économiques)
10 aménagements
11 initiatives privées (entreprises)
12 initiatives publiques
13 position géogr. du quartier
14 population
15 architecture
16 autre
(Réponses simultanées possibles : 2)

6. Qu'est-ce que vous aimez dans le quartier de l'Épeule ? (représentations positives)

1 vivacité du commerce
2 vie culturelle, artistique
3 diversité des populations (toutes les couleurs)
4 animations (fêtes, braderies)
5 vie associative intense (manifestations, services)
6 convivialité et sociabilité
7 solidarité et réciprocité (entraide, échanges)
8 quartier accueillant
9 quartier jeune
10 environnement favorable pour agir
11 transport
12 position géographique
13 autre

7. Qu'est-ce que vous n'aimez pas dans le quartier de l'Épeule ? (représentations négatives)

1 disparition du commerce traditionnel
2 uniformisation des commerces (arabe, africain, asiatique)
3 saleté (chiens, ordures qui traînent)
4 saleté (par exemple les gens qui jettent des ordures)
5 bruit
6 insécurité routière
7 sentiment d'insécurité (jeunes, drogue, cambriolages)
8 sentiment d'une présence étrangère forte (lieux publics)

9 sentiment d'oubli par les pouvoirs publics
10 autre (préciser)

8. Pour vous, c'est où le quartier de l'Épeule ? (montrer le plan)

1 la rue de l'Épeule
2 rue Épeule et alentours
3 découpage administratif
4 définition comité de quartier
5 définition du comité de quartier sans Alouette
6 définition du comité de quartier sans triangle Sud
7 définition du comité de quartier sans Trichon et Alouette
8 autre (préciser)

9. Depuis quand habitez-vous dans le quartier ? (noter la date)

1 depuis toujours
2 plus de 20 ans
3 10-19 ans
4 5-9 ans
5 2-4 ans
6 moins de 1 an

10. Si vous n'avez pas toujours habité ici, où habitiez-vous avant ?

1 quartier proche de l'Épeule
2 autre quartier de Roubaix
3 commune voisine (Tourcoing, Croix)
4 autre CUDL (préciser si commune rurale ou urbaine)
5 dans une autre région de France (Paris, autre)
6 Belgique
7 Lille (Villeneuve D'Ascq etc.)
8 autre pays (préciser)

11. Pourquoi avez-vous quitté l'ancien quartier ? (noter la réponse)

1 histoire familiale (décohabitation, mariage, séparation, divorce)
2 raisons professionnelles
3 raisons liées au logement
4 raisons liées au quartier
5 rapprochements familiaux
6 accès à la propriété
7 difficultés financières
8 expulsion, fin bail
9 autre

12. Pourquoi êtes-vous venu à l'Épeule (noter la réponse exacte)

1 histoire familiale (séparation, enfants, mariage, décès)
2 raisons professionnelles (changement/rapprochement du travail)
3 raisons liées au logement (taille, confort)
4 raisons liées au quartier (commerces, équipements, transports)
5 rapprochements familiaux (rapprochement de parents, enfants)
6 accès à la propriété (prix, emplacement)
7 je n'ai pas eu le choix
8 autre

13. Depuis que vous êtes arrivé ici avez-vous eu plusieurs logements ?

1 zéro (SDF, hébergés)
2 un seul logement
3 deux logements
4 trois logements
5 plus

14. Depuis quand habitez-vous dans ce logement ?

1 depuis toujours
2 plus de 20 ans
3 10-19 ans
4 5-9 ans
5 1-4 ans
6 moins d'un an
7 pas de logement (SDF)

15. Quelles démarches avez-vous faites pour trouver votre logement ?

1 organisme HLM
2 permanence d'élu
3 services sociaux + mairie (service logements)
4 associations
5 agences immobilières
6 affiches et observation des logements dans la rue
7 famille
8 amis
9 autre

(Réponses simultanées possibles : 2)

16. Avez-vous rencontré des difficultés pour obtenir votre logement ?

1 non
2 oui, temps d'attente
3 oui, garanties
4 oui, justificatifs financiers

5 oui, difficultés administratives (titre séjour)
6 pas d'autres choix
7 oui, instance de divorce
8 autre

17. Est-ce que quelqu'un vous a aidé pour obtenir ce logement ?

1 aucune aide
2 famille
3 amis
4 voisins, collègues
5 travailleur social (autre que mairie)
6 employé mairie
7 employé d'organisme HLM
8 membre association
9 élu
10 employeur
11 autre

18. Êtes-vous (statut d'occupation de votre logement) :

1 propriétaire occupant
2 locataire
3 sous location
4 logé gratuitement
5 hébergé
6 hébergé avec PAF
7 squatter
8 colocataire
9 autre

19. À qui appartient votre logement ?

1 propriétaire occupant
2 parents propriétaires
3 propriétaire privé
4 Logicil
5 Roubaix Habitat
6 CALPACT
7 hôpital de Roubaix
8 CUDL
9 autre

20. Comment êtes-vous chauffé ?

1 pas de chauffage
2 chauffage d'appoint (pétrole, gaz, électrique)

3 feu à charbon ou bois
4 chauffage électrique
5 chauffage central individuel
6 chauffage central collectif

21. Avez-vous une salle de bain ?

1 non, pas d'eau courante
2 non, pas d'eau chaude
3 oui, douche seulement
4 oui, salle de bain
5 autre

22. Les toilettes sont-elles à l'intérieur ou à l'extérieur du logement ?

1 intérieur
2 extérieur

23. Avez-vous un jardin privé ?

1 oui
2 non

24. Avez-vous un garage ?

1 non
2 oui, garage privé
3 oui, garage collectif
4 parking privé
5 parking collectif
6 autre

25. Combien de pièces y a-t-il dans votre logement (noter le nombre)

1 une
2 deux-trois
3 quatre-cinq
4 six-sept
5 huit-neuf
6 dix et plus

26. Combien des personnes y a-t-il dans le logement ?

1 une
2 deux
3 trois
4 quatre
5 cinq
6 six à huit

7 huit à dix
8 dix et plus

27. Quelles sont les personnes qui habitent dans le logement ?

1 couple
2 homme seul
3 femme seule
4 homme seul avec enfant(s)
5 femme seule avec enfant(s)
6 couple avec enfant(s)
7 cohabitation familiale (ascendant ou descend)
8 cohabitation non familiale (…)
9 cohabitation autre (préciser…)
10 autre

28. Combien d'enfants vivent à la maison ? (indiquer les âges)

1 enfants moins 25 ans sans aucun revenu
2 enfants moins 18 ans
3 enfants plus 18 ans avec revenu
4 enfants plus 18 ans sans revenus

29. Avez-vous d'autres enfants à charge ou en garde partielle hors foyer ?

1 non
2 oui, garde partielle
3 oui, en foyer ou internat
4 oui, dans la famille (grand-parents, autre parent)
5 oui, étudiants
6 autre

30. À quel âge avez-vous commencé à travailler ?

1 n'a jamais travaillé
2 avant 14 ans
3 14-15 ans
4 16-17 ans
5 18-25 ans
6 plus de 25 ans

31. Pouvez-vous me dire quelle est ou quelle était votre profession ? (noter la profession)

1 commerçant, artisan, chef d'entreprise (moins de 10 salariés)
2 cadre, profession intellectuelle supérieure
3 profession intermédiaire
4 employé

5 ouvrier
6 patron entreprise (plus de 10 salariés)
7 autre

32. Quelle est la profession de votre conjoint ? Si retraité, préciser la profession ancienne

1 commerçant, artisan, chef d'entreprise (moins de 10 salariés)
2 cadre, profession intellectuelle supérieure
3 profession intermédiaire
4 employé
5 ouvrier
6 patron entreprise (plus de 10 salariés)
7 autre

33. Avez-vous suivi une formation ou des études ? Êtes-vous titulaire d'un diplôme (lequel) ?

1 jamais scolarisé
2 ne sait pas lire et écrire en français
3 allé à l'école mais aucun diplôme
4 niveau BAC sans diplôme
5 CEP
6 BEPC
7 CAP ou BEP
8 BAC ou Brevet professionnel
9 diplôme niveau BAC + 2
10 diplôme niveau supérieur (maîtrise, DESS, DEA, doctorat)
11 diplôme étranger
12 autre

34. Quel est le niveau d'études de votre conjoint ? Est-il titulaire d'un diplôme (lequel) ?

1 jamais scolarisé
2 ne sait pas lire et écrire en français
3 allé à l'école mais aucun diplôme
4 niveau BAC sans diplôme
5 CEP
6 BEPC
7 CAP ou BEP
8 BAC ou Brevet professionnel
9 diplôme niveau BAC + 2
10 diplôme niveau sup (maîtrise, DESS, DEA, doctorat)

11 diplôme étranger
12 autre

35. Si vous ne travaillez pas en ce moment, quelle est votre situation ?

1 oui, je travaille en ce moment
2 retraité
3 invalide
4 étudiant
5 en formation
6 mère au foyer
7 jamais travaillé
8 licencié économique
9 fin CDD
10 chômeur indemnisé
11 chômeur RMI
12 indemnisé (moins de 25 ans)
13 sans-papiers
14 autre

36. Si vous êtes au chômage, depuis quand avez-vous arrêté le travail ?

1 moins d'un mois
2 2 à 3 mois
3 3 à 6 mois
4 6 mois à 1 an
5 1 à 3 ans
6 plus de trois ans

37. Si vous avez un emploi actuellement, quel type de contrat (si salarié) ?

1 CDI
2 CDD
3 intérimaire
4 emploi aidé
5 apprentissage-stage
6 titulaire fonction publique
7 vacataire
8 temps partiel
9 indépendant (préciser)
10 intermittent de spectacle
11 cumul emploi + ASSEDIC
12 cumul emploi + RMI + CES
13 travail au noir

38. Au total, combien d'emplois avez-vous occupés ?

1 je ne sais pas
2 1-3
3 4-6
4 7-10
5 11-20
6 plus de 20 emplois

39. Combien de temps a duré votre emploi le plus durable ?

1 plus de 30 ans
2 10 à 30 ans
3 5 à 10 ans
4 2 à 5 ans
5 1 à 2 ans
6 6 mois à 1 an
7 1 à 6 mois
8 moins d'un mois

40. Est-ce que votre conjoint travaille en ce moment ? Si non, quelle est sa situation ?

1 retraité
2 invalide
3 étudiant
4 en formation
5 mère au foyer
6 jamais travaillé
7 licencié économique
8 fin CDD
9 chômeur indemnisé
10 chômeur RMI
11 indemnité (moins de 25 ans)
12 sans-papiers
13 autre

41. Si votre conjoint est au chômage, depuis quand a-t-il arrêté de travailler ?

1 moins d'un mois
2 2 à 3 mois
3 3 à 6 mois
4 6 mois à 1 an
5 1 à 3 ans
6 plus de 3 ans

42. Si votre conjoint a un emploi, quel est le type du contrat (si salarié) ?

1 CDI
2 CDD
3 intérimaire
4 emploi aidé
5 apprentissage-stage
6 titulaire fonction publique
7 vacataire
8 temps partiel
9 independant (préciser)
10 intermittent de spectacle
11 cumul emploi + ASSEDIC
12 cumul emploi + RMI + CES
13 travail au noir

43. Combien d'emplois votre conjoint a-t-il occupés au total ?

1 je ne sais pas
2 1-3
3 4-6
4 7-10
5 11-20
6 plus 20 emplois

44. Combien de temps a duré l'emploi le plus long de votre conjoint ?

1 plus de 30 ans
2 10 à 30 ans
3 5 à 10 ans
4 2 à 5 ans
5 1 à 2 ans
6 6 mois à 1 an
7 1 à 6 mois
8 moins d'un mois

45. Dans votre ménage, quelles sont les personnes qui travaillent ?

1 père
2 mère
3 un enfant
4 deux enfants
5 trois enfants et plus
6 grand-père
7 grand-mère

8 frère ou sœur
9 autre
(Réponses simultanées possibles : 4)

46. Au total, de quels revenus bénéficie votre ménage ?

1 salaire (combien)
2 retraite (combien)
3 pensions alimentaires (combien)
4 revenus sociaux (API, RMI, CAF, AAH, ASSEDIC)
5 rentes
6 autre

47. Dans quelle tranche de revenus vous (le ménage) situez-vous ?

1 moins de 800 € (5 000 Ff)
2 900-500 € (5 000-10 000 Ff)
3 1 500-2500 € (10 000-15 000 Ff)
4 2 500-3 500 € (15 000-20 000 Ff)
5 3 500-5 000 € (20 000-30 000 Ff)
6 plus de 5 000 € (plus de 30 000 Ff)

48. Après vous, quel est le meilleur système pour économiser l'argent ? (préciser si difficultés, quel type : cambriolage, pertes, arnaques, etc.)

1 je ne fais pas d'économies
2 à la maison (« bas de laine »)
3 à la banque
4 à la Poste
5 système de crédit par rotation
6 instrument informel d'épargne (préciser)
7 placements immobiliers
8 placements actions
9 à l'étranger
10 autre

49. Où travaille la personne de référence (la personne qui apporte le plus de revenus dans le ménage ou qui travaille le plus loin) ?

1 sans objet
2 Épeule
3 Roubaix
4 Tourcoing ou Croix
5 Métropole lilloise
6 Nord-Pas-de-Calais
7 France (préciser où)

8 Belgique
9 autre

50. Comment vous rendez-vous à votre travail ? (ou la personne qui apporte le plus de revenus dans le ménage ou travaille le plus loin)
1 sans objet
2 à pied
3 vélo
4 bus, métro
5 voiture personnelle
6 covoiturage
7 train
8 cyclomoteur

51. Possédez-vous une ou plusieurs voitures ?
1 aucune
2 une voiture
3 deux voitures
4 trois voitures et plus

52. Si vous n'avez pas de voiture, rencontrez-vous des difficultés dans votre recherche d'emploi ou dans votre travail (préciser)
1 sans objet
2 oui (lesquelles)
3 non, transport en commun
4 non, covoiturage
5 non, moto ou vélo
6 non, à pied
7 autre

53. Et pour vos courses, comment faites-vous en général ?
1 à pied ou vélo
2 bus ou métro
3 voiture
4 service livraison à domicile
5 quelqu'un me les ramène
6 autre

54. Où faites-vous vos courses ? (préciser)
1 majoritairement Épeule
2 Épeule et Roubaix
3 Épeule et extérieur
4 Épeule et Lille
5 Épeule et Belgique

6 majoritairement dans d'autres quartiers de Roubaix
7 majoritairement à l'extérieur de Roubaix (Leers, Roncq etc.)
8 majoritairement à Lille
9 majoritairement en Belgique
10 en ligne (Internet)
11 autre

55. En général, vous faites vos courses plutôt (produits de première nécessité) :

1 marchés de l'Épeule
2 autres marchés
3 commerce de proximité traditionnel français
4 commerce de proximité oriental, asiatique, etc.
5 commerce discount (ex. Aldi, Lidl)
6 moyenne surface (ex. Match, Champion)
7 super-hyper marchés (Casino, Auchan etc.)
8 épiceries solidaires
9 autre

56. Si vous ne faites pas vos courses dans le quartier, pourquoi ?

1 disparition du commerce traditionnel
2 proximité travail, école, autres activités
3 habitude d'aller dans les grandes surfaces
4 absence de certains produits
5 prix trop élevés des produits
6 autre

57. Pour les sorties et loisirs, vous allez où ?

1 je ne sors pas
2 quartier uniquement
3 Roubaix
4 Lille
5 Belgique
6 villes voisines de Roubaix
7 autre

58. Avec qui sortez-vous en général ?

1 seul
2 couple
3 famille
4 amis
5 collègues
6 voisins

7 associations (événements organisés par)
8 ville (événements organisés par)
9 autre

59. Allez-vous parfois en vacances ? (préciser où)

1 jamais
2 dans la région
3 autres régions France
4 autres pays
5 pays d'origine

60. Avez-vous rencontré des difficultés depuis que vous êtes dans ce quartier ? (réponse spontanée, puis relance : noter le type de problème et comment il a été résolu)

1 sécurité des personnes
2 sécurité des biens
3 manque de places dans les écoles publiques primaires
4 santé
5 travail
6 difficultés familiales
7 conflits de voisinage
8 problèmes de propriété (logement, garage, jardin)

61. Quelles sont les personnes qui vous ont aidé ?

1 personne ne m'a aidé
2 amis
3 voisins
4 famille
5 services privés marchands
6 associations (préciser)
7 institutions religieuses
8 police
9 mairie
10 services sociaux (préciser)
11 autre (préciser)

(Réponses simultanées possibles : 2)

62. Avez-vous de la famille dans le quartier ?

1 famille proche
2 famille éloignée
3 les deux
4 pas de famille dans le quartier
5 pas de famille du tout

63. Si oui, avez-vous des contacts avec votre famille dans le quartier ?

1 pas de famille
2 pas de contacts
3 services (garde d'enfant, prêt d'outils, travaux, etc. – préciser)
4 aides (financières, alimentaires, etc. – préciser)
5 visites, fêtes (préciser les occasions)
6 apéro, café, repas
7 autre

64. Si vous avez des contacts dans le quartier, avec qui est-ce ?

1 voisins
2 amis
3 collègues
4 membres d'associations (préciser)
5 commerçants
6 café
7 autre (préciser)

(Réponses simultanées possibles : 2)

65. Avec ces personnes, quel type d'échange avez-vous ? (préciser)

1 aucun échange
2 simple « bonjour »
3 bavardage
4 visites à la maison
5 entraide et services
6 activités culturelles ou sportives
7 activités associatives, manifestations
8 réunions, débats sur des problèmes du quartier
9 autre (préciser)

(Réponses simultanées possibles : 2)

66. Maintenant, nous allons parler de la vie dans le quartier de l'Épeule. Voici une liste de problèmes. Pouvez-vous nous indiquer les plus importants pour vous ?

1 fermeture des usines, chômage
2 changement ou disparition des commerces
3 insuffisance des équipements sportifs
4 moyens de transport insuffisants
5 manque des équipements culturels
6 manque des infrastructures de santé
7 manque des structures de sécurité
8 manque des cafés, discothèques, cinémas

9 manque d'espaces verts
10 manque d'animations (fêtes, manifestations culturelles)
11 insuffisance d'activités associatives
12 insuffisance d'activités pour les enfants
13 insuffisance d'activités pour les jeunes
14 nuisances (saleté, bruit, etc.)
15 insuffisance (ou excessive) de mixité sociale
16 abandon, marginalisation du quartier
17 esthétique du quartier
18 autre (préciser)

Ordonnez les réponses. (Réponses simultanées possibles : 2)

67. Quelles initiatives spécifiques (Épeule ou Roubaix) ont été prises pour répondre aux problèmes que vous citez ?

1 équipements (cinéma)
2 rénovation des façades
3 fêtes dans le quartier
4 animations parc Brondeloire
5 Lille 2004
6 animations Noël (association des commerçants)
7 animations des associations des parents des élèves
8 zone franche l'Épeule
9 nettoyage des rues par la mairie
10 arrivée du métro
11 Colisée
12 initiatives individuelles vers la mairie
13 initiatives associatives
14 autre

68. Qui a pris ces initiatives ?

1 mairie
2 associations
3 groupe d'habitants
4 établissement religieux
5 CUDL, région
6 État, Europe
7 autre

69. Êtes-vous satisfait des résultats des actions entreprises ?

1 oui, pourquoi ?
2 non, pourquoi ?
3 réponse mitigée

70. Avez-vous vous-même pris des initiatives ? (Lesquelles ?)

71. Selon vous, combien d'associations y a-t-il dans le quartier de l'Épeule ? (préciser chiffre)

1 je ne sais pas
2 0-5
3 6-10
4 11-20
5 plus de 20

72. Nommer les associations que vous connaissez dans le quartier et à Roubaix :

73. Est-ce que vous-même êtes membre d'une association (dans l'Épeule, Roubaix, autres communes) ?

1 non
2 oui, club sportif
3 oui, association de loisir
4 oui, activités culturelles ou scientifiques
5 oui, musique, théâtre, danse
6 oui, économique, technique, aménagement
7 oui, santé
8 oui, autres services sociaux
9 oui, caritative
10 oui, comité de défense des habitants
11 autre

74. Participez-vous à des activités au sein d'une association religieuse, parti politique, syndicat ?

1 non
2 oui (laquelle, quelles activités – préciser)

75. Est-ce que vous connaissez l'association Univers (rue de l'Épeule) ?

1 oui
2 non

76. Est-ce que vous connaissez l'épicerie solidaire de l'Épeule (rue Inkermann) ?

1 oui
2 non

77. Est-ce que vous connaissez le centre social Nautilus (2, rue Croix) ?

1 oui
2 non

78. Est-ce que vous connaissez le Comité de quartier Épeule-Alouette-Trichon ?

1 oui
2 non

79. Est-ce que vous connaissez l'association « Entre deux parcs » ?

1 oui
2 non

80. Est-ce que vous connaissez l'association Alentour ?

1 oui
2 non

81. Est-ce que vous connaissez l'association Astuce ?

1 oui
2 non

82. Avez-vous déjà utilisé leurs services ? Lesquels ? Pouvez-vous nous dire quel est votre avis ? Vous êtes satisfait ou pas ? Pourquoi ? Est-ce que vous connaissez du monde qui y va ?

83. Toutes ces associations ont eu des initiatives, ont créé des activités, des services. Selon vous, y a-t-il parmi elles associations qui vous semblent innovantes ? Lesquelles ? Pour quelles activités ? En quoi consiste l'innovation ? (développer)

84. En général, vous participez ou assistez aux manifestations organisées dans votre quartier ? Si oui, lesquelles ?

1 non, je ne participe pas
2 oui, « Roubaix l'accordéon »
3 oui, « Les 28 heures de marche »
4 oui, « Fête de la musique »
5 oui, « Journées du patrimoine »
6 le musée de la « Piscine »
7 oui, animations dans le parc Brondeloire
8 oui, aux braderies
9 autre

(Réponses simultanées possibles : 2)

85. Si vous ne participez ou n'assistez pas aux animations, fêtes, pourquoi ?

1 sans objet
2 manque de temps
3 insécurité
4 manque d'intérêt

5 âge
6 on n'est pas informés
7 invalides
8 autre

86. Si vous participez aux animations, fêtes, avec qui vous allez ?

1 sans objet
2 famille
3 amis
4 voisins
5 seul
6 autre

87. Est-ce que vous lisez les journaux (locaux, nationaux) ?

1 non, jamais
2 oui, que les journaux locaux
3 oui, que les journaux nationaux
4 oui, tous les types de journaux
5 M6 Lille
6 FR 3
7 autre

88. Êtes-vous informés sur les débats, les services, les projets ou les animations dans le quartier ? Si oui, quel est le canal principal d'information ?

1 non, je ne suis pas informé
2 *Le quartier libre* (journal du comité de quartier)
3 journal de la mairie
4 presse locale (*Voix du Nord, Nord Éclair*)
5 télévision (préciser laquelle)
6 radio (préciser laquelle)
7 affiches
8 bouche à oreille
9 informations dans la boîte aux lettres
10 Internet
11 en allant aux associations
12 autre

89. Quel serait selon vous le meilleur moyen d'information pour les habitants ?

1 chaîne TV du quartier ou de Roubaix
2 chaîne radio du quartier ou de Roubaix
3 quotidien roubaisien

4 journal de la mairie
5 site Internet quartier
6 bouche à l'oreille
7 autre

90. Est-ce que vous avez déjà participé à des réunions, débats sur la vie dans le quartier de l'Épeule ?

1 oui (préciser lesquels)
2 non

91. Si non, pourquoi ?

1 manque de temps
2 pas d'intérêt
3 pas d'information
4 pas de résultats concrets
5 ça crée des conflits, des tensions
6 autre

92. Si vous avez déjà participé, quel a été le sujet du débat ou de la réunion ?

1 sans objet
2 propreté
3 religion
4 échange entre cultures
5 sexisme
6 racisme
7 aménagements du quartier
8 activités économiques dans le quartier
9 insécurité routière
10 insécurité d'un autre type (jeunes)
11 la vie à l'école
12 autre

93. Qui les a organisés ?

1 comité du quartier
2 association (préciser)
3 association religieuse
4 mairie
5 habitants
6 école
7 un service public
8 autre

94. Pourquoi y êtes-vous allé ?

1 sans objet
2 curiosité
3 habitude de participer
4 obligation (membre d'association, élu, etc.)
5 faire une proposition
6 s'informer
7 pour rencontrer du monde
8 autre

95. Combien de personnes étaient présentes ?

1 sans objet
2 je ne sais pas
3 1-4
4 5-9
5 10-19
6 20-29
7 30-49
8 50 et plus

96. Quels ont été les résultats des débats ?

1 je ne sais pas
2 aucun résultat
3 conflit, tension
4 revendications
5 application immédiate des décisions
6 conception et proposition d'un projet
7 prise de décision
8 autre

97. Y a-t-il des lieux où les gens peuvent venir régulièrement exprimer leurs difficultés, leurs demandes, discuter ou proposer des projets liés à la vie dans le quartier ?

1 non
2 Comité de quartier
3 Mairie de quartier
4 Mairie de Roubaix
5 L'épicerie solidaire
6 Centre social Nautilus
7 Restaurant social Univers
8 autre association (préciser)
9 cafés

10 dans la rue
11 les écoles
12 assistants sociaux du secteur
13 autre

98. Si un tel lieu existe, quelle est la régularité des réunions ?

1 une fois par semaine
2 une fois par mois
3 toutes les deux-trois mois
4 deux fois par an
5 une fois par an
6 moins
7 individuellement
8 pas de régularité

99. Sinon, pensez-vous que ce serait utile ? Pourquoi ? Avez-vous des idées pour rendre un tel lieu possible ?

100. Est-ce que vous participez au vote (local ou national) ?

1 non, ça ne m'intéresse pas
2 non, je n'ai pas (je n'avais pas) l'âge
3 non, je n'ai pas (je n'avais pas) la nationalité française
4 non, je n'ai plus confiance, je suis déçu
5 oui, je vote chaque fois, c'est mon droit et obligation
6 oui, je vote qu'aux élections locales
7 oui, je vote qu'aux élections nationales
8 autre (vote à l'étranger : préciser quel pays)

101. Avez-vous déjà parlé au maire de Roubaix (ou à un adjoint) ? De quoi lui avez-vous parlé ?

1 non
2 oui, de mes problèmes personnels (travail, logement, formation)
3 oui, des problèmes du quartier (saleté, commerces, insécurité)
4 discussion amicale (temps, sport, etc.)
5 sujets politiques (locale, nationale)
6 autre

102. Si vous les rencontriez (maire ou adjoint), qu'aimeriez-vous leur dire ?

103. Est-ce que vous connaissez personnellement des personnes très populaires (très connues) dans le quartier ou à Roubaix ? (préciser leur rôle, pourquoi elles sont connues)

1 maire ou adjoint
2 employé mairie
3 employé services sociaux
4 membre association
5 artiste
6 habitant
7 autre

104. Quels sont vos projets résidentiels ? (préciser pourquoi)

1 rester dans ce logement
2 rester et améliorer mon logement
3 déménager dans le quartier (pourquoi ?)
4 quitter le quartier (pour où et pourquoi ?)
5 quitter Roubaix (pour où et pourquoi ?)
6 quitter la région
7 réhabilitation pour plus-value
8 autre

105. Quels sont vous projets professionnels ?

1 changer de travail
2 rester dans le même travail
3 rester au foyer
4 promotion
5 chercher du travail
6 formation
7 retraite
8 autre

106. Vous avez d'autres projets (souhaits, envies) dans le quartier ?

1 non
2 implication associative
3 initiative entrepreneuriale
4 projet culturel, artistique
5 projet sportif
6 autre

107. Avez-vous d'autres idées, propositions pour améliorer la vie dans le quartier ?

1 logement
2 sécurité

3 emploi
5 peuplement
4 commerce
6 aménagement, embellissement du quartier
7 autre

108. Qui doit prendre l'initiative ?

1 État
2 mairie
3 particuliers
4 entreprises
5 associations
6 moi-même
7 autre

109. Sexe de la personne interviewée

1 homme
2 femme

110. Âge de la personne interviewée

1 15-29
2 30-39
3 40-49
4 50-59
5 60-74
6 75 et plus

111. Âge du conjoint (ou du cohabitant)

1 sans objet
2 15-29
3 30-39
4 40-49
5 50-59
6 60-74
7 75 et plus

112. Situation matrimoniale

1 marié
2 union libre
3 séparé
4 divorcé
5 veuf

6 célibataire
7 autre

113. Quelle est la personne de référence ?

1 personne interviewée
2 conjoint
3 un parent
4 un enfant
5 autre

114. Milieu socioprofessionnel du ménage

1 commerçant, artisan, chef d'entreprise (moins de 10 salariés)
2 cadre, profession intellectuelle supérieure
3 profession intermédiaire
4 employé
5 ouvrier
6 patron entreprise (plus de 10 salariés)
7 autre

115. Stabilité professionnelle du ménage

1 très stable
2 relativement stable
3 instable
4 très instable

116. État extérieur du logement

1 neuf
2 façade restaurée
3 façade repeinte récemment
4 entretien régulier
5 peinture et façade écaillées
6 dégradé
7 très dégradé (fissuré)
8 maison murée squattée
9 autre

117. État intérieur du logement

1 neuf
2 rénovation récente
3 peinture récente
4 entretien régulier
5 entretien irrégulier
6 humidité

7 saleté
8 taudis
9 autre

118. Origine culturelle de la personne interviewée

1 française
2 algérienne
3 portugaise
4 marocaine
5 italienne
6 tunisienne
7 laotienne
8 belge
9 sénégalaise
10 espagnole
11 cambodgienne
12 vietnamienne
13 polonaise
14 zaïroise
15 camerounaise
16 congolaise
17 gabonaise
18 autre

119. Origine culturelle du conjoint

1 française
2 algérienne
3 portugaise
4 marocaine
5 italienne
6 turque
7 tunisienne
8 laotienne
9 belge
10 sénégalaise
11 espagnole
12 cambodgienne
13 vietnamienne
14 polonaise
15 zaïroise
16 camerounaise

17 congolaise
18 autre

120. Générations d'immigration
1 primo-arrivant
2 parents
3 grands-parents
4 autre

121. Origine culturelle du ménage
1 franco-française
2 mixte
3 étrangère

Annexe 2 – Le guide d'entretien avec les témoins-clés

I. Création, objectifs, projets, évolution

- Pouvez-vous nous présenter votre fonction au sein de l'association (organisme) et votre parcours en général ?
- Comment et quand votre association a été créée ? Pour répondre à quels besoins ? Dans quel contexte social, économique, politique et associatif ? Blocages, difficultés ?
- Quels sont les objectifs de l'association ? Est-ce qu'ils ont évolué par rapport aux objectifs de départ ? Est-ce que vous avez une approche globale (plusieurs objectifs complémentaires et articulés : par exemple, augmenter la cohésion sociale et le dialogue entre groupes d'habitants, créer de l'emploi, améliorer l'image du quartier, sortir le quartier de son isolement, etc.) ou vos projets s'adressent à des problèmes spécifiques des habitants ?
- Est-ce que la pérennisation des activités est un objectif ?
- Quelles sont les populations cibles ? Quelles sont vos méthodes pour connaître les attentes des habitants ? Quels sont les canaux utilisés par l'institution pour communiquer avec les habitants : journal de quartier ? fêtes ? café ? actions culturelles ? réunions ? Est-ce que vous pouvez nous fournir des études déjà réalisées par vous-même ou par d'autres acteurs locaux ? Y a-t-il participation des habitants ?
- Pouvez-vous nous parler des ressources humaines de votre organisation, ou organisme ? Combien de salariés et combien de bénévoles ? Et quels locaux, quelle logistique ? Et quelles sont les ressources financières dont bénéficie votre organisation ? Qui sont les financeurs ? Quelle a été l'évolution de ces ressources ?

- Est-ce que votre organisation est indépendante par rapport à ses sources financières ou ses réseaux sociaux et politiques ? Comment cette indépendance a-t-elle évolué ?
- Pouvez-vous nous présenter les activités (projets) de l'association ? Quel est le périmètre d'action des projets ? Quelle est la durée de chaque projet mentionné ? Quels ont été les résultats des projets ? Quels ont été les effets positifs et négatifs, qu'est qu'il faut encore améliorer ?
- Est-ce qu'il y a des initiatives qui sont devenues autonomes par rapport à l'association-mère ? Lesquelles ? Comment ça s'est passé ?
- Y a-t-il des situations où la ville a intégré ou institutionnalisé les initiatives locales ? Comment ça s'est passé ? Quels ont été les motivations et les inconvénients de ces institutionnalisations ? Quels sont les résultats et les conséquences ?
- Comment votre organisation se voit-elle évoluer à court, moyen et long terme ?

II. L'innovation sociale

- Selon vous, quels sont vos projets les plus innovants (par rapport aux autres services à l'œuvre dans le quartier et ailleurs) ?
- En quoi consistent les innovations ? Par exemple, nouveaux modes de communication dans le quartier (entre associations, entre associations et habitants, entre associations et organismes publics, entre associations et commerçants ou entrepreneurs) ? Nouveaux moyens et canaux pour connaître les demandes des habitants ? Nouveaux services pour répondre aux attentes des habitants ?
- Est-ce que les initiatives mentionnées ont servi comme sources d'inspiration dans d'autres associations, collectivités locales ? Dans quels quartiers ou villes ? (quelles initiatives ?) Ou inversement, elles ont été inspirées d'initiatives développées autre part ?
- Combien de temps les initiatives ont-elles été innovatrices ? Si l'initiative s'est « pétrifiée », quelle en a été la raison ?
- À votre avis, quelles sont les initiatives les plus innovatrices au niveau de la ville de Roubaix ? Et dans le quartier l'Épeule ? Qui a été à l'origine de ces initiatives (associations, ville, autres acteurs) ?
- Connaissez-vous les activités de l'association Alentour (quartier de l'Épeule) ? Que pouvez-vous nous dire sur le contenu innovateur de leurs initiatives ? Quel est leur impact en matière de développement socio-économique du quartier ? Quels sont vos relations, projets

communs, collaborations, partenariats ? Qui a été à l'origine de ces collaborations ?

- Quelles sont vos relations avec les autres acteurs dans la ville de Roubaix, la CUDL, la région : centre d'aide social, office HLM, Chambre de commerce, autres services publics de la ville ?
- Et quels sont vos liens dans le quartier de l'Épeule : avec le comité de quartier, le centre social, la mairie de quartier, la paroisse, la police, les associations, les écoles, les commerçants, les entrepreneurs, etc. ?
- Connaissez-vous d'autres actions communes, partenariats notables au niveau de la ville de Roubaix et au niveau du quartier de l'Épeule ? Et pouvez-vous nous donner des exemples de partenariats entre la ville, les associations et les entreprises locales ? Est-ce qu'il y a des tensions, des conflits entre les partenaires (la ville, associations, entreprises) ? Quelle est la cause de ces tensions ?

III. Informations sur les phénomènes d'exclusion dans la ville et le quartier (questions de réserve pour la mairie, comité de quartier)

- Pouvez-vous nous parler des disparités sociales et économiques entre la ville de Roubaix et la métropole lilloise ? Et à l'intérieur de la ville de Roubaix ? Quelles sont les causes des disparités ?
- Est-ce que la ville pratique une discrimination positive des quartiers en crise ou une approche plus axée sur certaines catégories sociales que sur d'autres ? Est-ce que c'est le cas du quartier de l'Épeule ?
- Pouvez-vous comparer le quartier de l'Épeule aux autres quartiers proches (par ex. Fresnoy, Mackellerie, St. Pierre, Croix Blanche, etc. ? Au niveau de la pauvreté, quelle est sa place dans la ville ? Le quartier de l'Épeule bénéficie-t-il de plus d'aides ? De la part de qui ?
- Avez-vous des informations récentes sur la population, les logements (état, type), les équipements et activités économiques dans le quartier l'Épeule ? Pouvez-vous nous situer les endroits de grande pauvreté dans le quartier ?
- Selon vous, quelles sont les catégories de population qui posent le plus de problèmes ? Quels sont les plus importants phénomènes d'exclusion à l'œuvre dans le quartier ? Comment on y répond dans la ville et dans le quartier ?
- Dans quels types d'habitat se concentrent les populations exclues, pauvres, en difficulté : courées, HLM, etc. ? Pouvez-vous nous situer sur un plan du quartier ?

- Y a-t-il des activités industrielles, commerciales ou artisanales qui ont fermé ou qui vont fermer ? Lesquelles ? Et quels problèmes sont posés ?

IV. Le développement des quartiers

- Pouvez-vous nous parler des principaux projets en matière de développement des quartiers, spécialement initiés depuis une dizaine d'années ? Y a-t-il une articulation ou une complémentarité entre les projets ?
- Quels acteurs locaux ont été à l'origine de ces projets de développement local ? Y a-t-il des personnes qui ont un rôle moteur particulier (élus, représentants d'associations, etc.) ? Pouvez-vous nous dire deux mots sur le parcours de ces personnes ? Il y a eu une concertation au départ entre les acteurs ?
- Ces projets sont-ils devenus obsolètes avec l'arrivée d'une nouvelle équipe au pouvoir ?
- Quels sont les objectifs principaux de ces projets de développement du quartier ? (développement social, économique ou physique : installation des équipements, rénovations, etc.)
- Quels partenariats entre les associations ou avec les collectivités locales ont été établis à cette occasion ? Quelles structures ont été mises en place pour coordonner les projets de développement ?
- Comment la participation des habitants a-t-elle été assurée ?
- Et votre organisation, comment est-elle impliquée dans cette politique ?
- Quelle est l'influence de la politique des partis dans le développement de quartier ? (par exemple la réaction des partis d'extrême droite ?)

D'autres questions

- Quels sont les autres acteurs-clés que nous devons rencontrer ?
- De quels documents disposez-vous qui pourraient nous être utiles : rapports, budgets, organigrammes, plans de développement de quartier, statistiques, études, brochures, articles de presse ?

Intégration régionale et cohésion sociale (RISC)

Intégration régionale et cohésion sociale est une collection interdisciplinaire et multilingue qui étudie l'impact humain qu'exerce l'intégration régionale, telle que définie légalement/politiquement (supranationalisme), économiquement (mondialisation), socialement (identité) et géographiquement (frontières).

La collection cherche à mettre en relation d'une part l'analyse globale de problématiques associées à la cohésion sociale – les mouvements des marchés économiques, l'immigration, les enjeux écologiques, la préservation des ressources naturelles, les droits de l'homme, la violence et la sécurité, etc. – et d'autre part les études nationales et régionales/locales qui se centrent sur la prise de décision politique, le secteur non gouvernemental, la participation dans les débats publics, les transformations économiques, la marginalisation sociale, l'identité, etc.

La collection cherche dès lors à combiner international, national et régional/local dans une perspective thématique. Si les études de cas y sont les bienvenues, on tentera cependant de privilégier les analyses comparatistes, dans le champ des sciences humaines, toutes disciplines confondues. Une attention toute particulière sera accordée aux études établissant des comparaisons entre continents.

En outre, la collection souhaite relier l'analyse théorique de questions liées à la cohésion sociale à une recherche de type politique. Elle examine ainsi le rôle des acteurs politiques aux différents niveaux de l'intégration régionale et elle étudie la réaction des citoyens face aux mutations des structures économiques, sociales et politiques.

RISC met dès lors en lumière les tendances contemporaines des usages et des types de pouvoir à l'œuvre dans les processus de prise de décision. La question de savoir comment les politiques sont élaborées est liée aux questions suivantes : « Qui peut influencer les politiques ? » et « quel est l'impact des politiques sur la scène politique et économique ? ».

Directeur de collection : *Harlan Koff, Université du Luxembourg*

Ouvrages parus

No.1 – Harlan KOFF, *Fortress Europe or a Europe of Fortresses? The Integration of Migrants in Western Europe*, 2008

No.2 – Adriana GONZÁLEZ GIL (ed.), *Lugares, procesos y migrantes. Aspectos de la migración colombiana*, 2009

No.3 – Harlan KOFF (ed.), *Social Cohesion in Europe and the Americas. Power, Time and Space / Cohesión social en Europa y las Américas. Poder, tiempo y espacio*, 2009

No.4 – Carmen MAGANDA & Harlan KOFF (eds.), *Perspectivas comparativas del Liderazgo. RISC 2008 / Comparative Perspectives on Leadership. RISC 2008*, 2009

No.5 – Felipe J. HEVIA, *Poder y ciudadanía en el combate a la pobreza. El caso de Progresa/Oportunidades de México*, 2011

No.6 – Claudia PUERTA SILVA y Juan Carlos VÉLEZ RENDÓN (eds.), *Fronteras y reconfiguraciones regionales. RISC 2009*, 2011

N° 7 – Oana AILENEI, *Le rôle de l'économie sociale dans les dynamiques socioéconomiques locales. Des concepts aux initiatives d'innovation sociale à l'échelle des quartiers en Europe et à Roubaix, France*, 2011

FSC
www.fsc.org
MIX
Papier | Fördert gute Waldnutzung
FSC® C083411

Kolibri 360 GmbH
Ferdinand-Jühlke-Straße 7
99095 Erfurt, Deutschland
produktsicherheit@kolibri360.de